C7 C01BPV653

HBS CI

HENRY BRADSHAW
SOCIETY

Founded in the Year of Our Lord 1890
for the editing of Rare Liturgical Texts

Volume CI

Issued to Members for the years 1972,
1973, 1974, 1975, 1976 and 1977

BX
2037
.A3
F8
1980

Published for the Society by
Saint Michael's Abbey Press
Farnborough, Hampshire, GU14 7NQ, England

British Library Cataloguing in Publication Data
Catholic, Church
  Sacramentarium Fuldense sæculi x. — (Henry
  Bradshaw Society, ISSN 0144-0241; 101)
  1. Catholic Church; Liturgy and ritual
  I. Title II. Richter, Gregor
  III. Schönfelder, Albert IV. Sacramentarium
  Fuldense V. Series
  264'02 BX2037

  ISBN 0-907077-19-6

INTRODUCTION

to the Henry Bradshaw Society Reprint

The Council of the Henry Bradshaw Society decided to mark the Benedictine celebrations of 1980 by including in its series, if possible, a reprint of the rare edition of the Fulda Sacramentary prepared by Richter and Schönfelder and issued as Bd IX of *Quellen und Abhandlungen zur Geschichte der Abtei und der Diözese Fulda* in 1912. That this is possible is due to the gracious permission of the Diocese of Fulda, and of the Göttingen University Library, for which grateful acknowledgement is hereby made.

The Council also directed that a note be prepared in which some account should be given, for the benefit of readers, of subsequent work relevant to the Sacramentary.

1. *Bibliographical surveys* are offered by K. Gamber in his *Sakramentartypen* (= *Texte und Arbeiten*, I.Abt., Heft 49-50, Beuron 1958) 149f, and also in his *Codices Liturgici Latini Antiquiores* (= *Spicilegii Friburgensis Subsidia* 1, Fribourg 1963 and ²1968) 187-191 (as No. 970).

2. *General descriptions* of the MS include:

W. Meyer, *Handschriften in Göttingen*, Bd II (Göttingen 1893) 440;

St. Beissel, 'Ein Sakramentar des 11. Jhdts aus Fulda', in *Zeitschrift für christliche Kunst* 7 (Düsseldorf 1894) 65-80;

H. Leclercq, OSB, art. 'Fulda (manuscrits liturgiques de)' in DACL 5/2, coll. 2684-92 — on peculiar features and contents;

B. Opfermann, 'Das Fuldaer Sakramentar' in *Fuldaer Geschichtsblätter*, 28 (1936) 74-80, 90-5;

E. Bourque, *Etudes sur les sacramentaires romains*, II/2 (Rome 1958), p. 259 (No. 198).

3. On *particular passages and expressions*, see:

W. Meyer, in one of his series of studies on prose rhythms — 'Gildae oratio rythmica', in *Nachrichten von der kgl. Gesellschaft der Wissenschaften zu Göttingen*, phil.-hist. Klasse, 1912, 48-108 — especially on. the prayers for travellers (pp. 68-84) and the Holy Saturday prayers (pp. 84-7);

Z. Obertynski, ed., *The Cracow Pontifical* (HBS, 100, 1978) has noted parallels to *Fuldense* which occur in *Cracowiense* (his references

to *Fuldense* indicate only the title number — we add here the formula
number for convenience of readers):

Fulda	Cracow

28 (194)—355
28 (200)—375
54 (345)—2
55 (352)—⎫
56 (364)—⎬ 395
101 (654)—⎭
57 (366)—377
101 (659)—402, 396
128 (892)—289, 325
382 (2136)—101 (gives 328 for F, in error)
382 (2137)—115
401 (2235)—405
418 (2309)—275
419 (2311)—276
424 (2326)—277
425 (2327)—278
(2328)—279
434 (2360)—307
436 (2365)—301
438 (2394)—27
(2443)—404
(2445)—406
478 (2727)—126 + 127 = 475 + 476
(2728)—128 = 477
479 (2734)—473
484 (2741)—269
485 (2742)—264
(2743)—265
489 (2755)—270 (gives 488 for F, in error)
508 (2797)—4
(2798)—5
(2799)—6
(2800)—7 (= 47) + 8
(2801)—10
510 (2853)—293
511 (2854)—292
512 (2855)—294
512 (2856)—295
(2857)—296 + 297

Ch. Coebergh, OSB, '«Coniunctio» dans le sacramentaire de Fulda', in *Ephemerides Liturgicæ*, LXXI (1971) 428-430 (and on 'coniunctio' = the *Communicantes*, see *Sakramentartypen*, 38-9, 90-1;

for the *agenda mortuorum:* L. Gougaud, 'Etudes sur les *ordines commendationis animæ*' in *Ephemerides Liturgicæ* IX (1935); H.R. Philippeau, 'Textes et rubriques des *Agenda Mortuorum*' in *Archiv für Liturgiewissenschaft* IV (1955) 52-72, and other literature cited by G. Rowell, *The Liturgy of Christian Burial* (= Alcuin Club, Coll. 59) London 1977;

for the physical context of the prayers of S. Boniface, see G. Richter, *Beiträge zur Geschichte der Grabeskirche des hl. Bonifatius in Fulda = Festgabe zum Bonifatius-Jubiläum 1905*, I (Fulda, 1905).

4. *Related MSS*

as noted by Gamber, include: Lucca, bibl. governativa cod. 1275 = Lucchesini 5; Vercelli, bibl. cap. cod. CLXXXI; Bamberg, Staatl. Bibl. cod. lit. 1 (A.II, 52); Clm 10077; Cod. Vat. Lat 3548; Udine, bibl. cap cod. 76.V; and the lost sacramentary for S. Pantoleon, Cologne, edited by C. Schulting in *Biblioteca ecclesiastica* (Cologne 1599), and studies by G. Ellard, 'Remnants of a tenth century sacramentary from Fulda' in *Ephemerides Liturgicæ* XLIV (1930) 208-221. This group is representative of Gamber's 'F-type', one of the expanded versions of his 'T-type' (a seventh/eighth century mixed sacramentary for the city of Rome).

Pages surviving in the Leipzig Gospel-book Hs CXC and in Fulda Landesbibl. Aa 136, from a ninth century sacramentary which may have served as the archetype of *Fuldense*, are discussed by Adolf Schmidt, 'Das Reichenauer Evangelistar, Hdschr CXC der St. Bibl. zu Leipzig' in the *Festschrift zum 250-jährigen Jubiläum der Leipziger Stadtbibliothek* (Leipzig 1927), and by Carl Scherer, 'Über ein Blatt eines Karolingersakramentars. Aus der Fuldaer Schreibschule' in *Archiv für Schreib- und Buchwesen*, Jahrg. 2 (Leipzig and Wolfenbüttel 1928) 51-6, and also 'Über ein Blatt eines karolingischen Prachtsakramentars aus der Fuldaer Schreibschule' in *Fuldaer Zeitung*, 10.8.1927, Nr 182 (Beiblatt).

Other related MSS have been identified and edited by A. Dold, OSB, 'Drei „Vettern"-Funde zum Sacramentarium Fuldense' in C. Raabe et al., *Sankt Bonifatius* (Fulda 1954) 94-101; two in the Württembergische Landesbibliothek — a front leaf of cod. math. Q. 34 and the back cover of cod. theol. et philos. 6 — and one (unnumbered) in the fragment collection of the Archabbey of Beuron;

See also: B. Opfermann, 'Der Inhalt der Fuldaer Sakramentarhandschriften' in *Fuldaer Geschichtsblätter* 33 (1957) 148-152.

5. *The codicological and art-historical place of Fuldense*
is considered by H. Ebner, *Quellen und Forschungen zur Geschichte und Kunstgeschichte des Missale Romanum im Mittelalter. Iter Italicum* (Freiburg-im-Br. 1896); and by E.H. Zimmermann, *Die Fuldaer Buchmalerei in karolingischer und ottonischer Zeit* (Wien 1910).

6. On the wider subject of *the Fulda scriptorium tradition*, see
P. Lehmann, *Fuldaer Studien*, and *Fuldaer Studien, neue Folge,* = *Sitzungsberichte der philosophisch-philologischen Klasse und der historischen Klasse der Bayerischen Akademie der Wissenschaften zu München*, 1925, 1. Abh.; 1927, 2. Abh.;
B. Opfermann, 'Un frammento liturgico di Fulda del IX secolo' in *Ephemerides Liturgicæ*, L (1936) 207-223 — on Kassel, Öffentliche Bibliothek, fol. theol. 36;
A. Dold, osb, 'Bedeutsame Reste dreier gregorianischer Sakramentare' (= Clm 29164 and 29164 — 1a and Maihingen fragment I.2 lat 4a), in *Ephemerides Liturgicae* L (1936) 359-374;
E.E. Stengel, *Die Reichsabtei Fulda in der deutschen Geschichte*, Weimer 1948;
W. Kloos, 'Buch fur die Ewigkeit...' in *Die Lesestunde*, 31 (1953) 65-74;
H. Retzlauf, 'Buchmalerei zur Ehre Gottes . . . ein Bildbericht', in *Fuldaer Volkszeitung*, 11.4.1963;
P. Rübsam, 'Die Prachtsakramentare der Fuldaer Schreib- und Malschule', in *Heimat im Bild*, Jahrg. 1969, Nr 10 (March);
A. Brall, ed.: *Von der Klosterbibliothek zur Landesbibliothek. Beiträge zum zweihundertjährigen Bestehen der Hessischen Landesbibliothek Fulda (* = Bibliothek des Buchwesens 6) Stuttgart 1978.

D.H. Tripp

Quellen und Abhandlungen

zur

Geschichte der Abtei und der Diözese Fulda.

Im Auftrage des Historischen Vereins der Diözese Fulda

herausgegeben

von

GREGOR RICHTER

Doktor der Theologie und der Philosophie, Professor an der

philos.-theol. Lehr-Anstalt zu Fulda.

———•►◄•►◆►◄•———

IX.

SACRAMENTARIUM FULDENSE
SAECULI X.

———•►◄•►◄•———

FULDA 1912.

DRUCK DER FULDAER ACTIENDRUCKEREI.

SACRAMENTARIUM FULDENSE

SAECULI X.

COD. THEOL. 231 DER K. UNIVERSITÄTSBIBLIOTHEK ZU GÖTTINGEN.

TEXT UND BILDERKREIS (43 TAFELN).

ALS

FESTGABE

DES

HISTORISCHEN VEREINS DER DIÖZESE FULDA

ZUM

50JÄHRIGEN PRIESTERJUBILÄUM

SR. EMINENZ

DES HOCHWÜRDIGSTEN HERRN FÜRSTBISCHOFS VON BRESLAU,

GEORG KARDINAL KOPP,

EHEMALIGEN BISCHOFS VON FULDA (1881—1887),

HERAUSGEGEBEN

VON

GREGOR RICHTER UND ALBERT SCHÖNFELDER.

FULDA 1912.
DRUCK DER FULDAER ACTIENDRUCKEREI.

EMINENTISSIMO AC REVERENDISSIMO DOMINO

DOMINO

Georgio Cardinali Kopp

EPISCOPO PRINCIPI VRATISLAVIENSI IUBILARIO

CUM

QUINQUAGESIMUM SACERDOTII ANNUM COMPLEVISSET

EX DIOECESI FULDENSI
CUI PRIUS FIDELISSIME PRAEFUERAT

HOC OPUS DEDICATUM EST.

Zur Einführung.

In der Entwicklungsgeschichte des Missale Romanum seit Papst Gregor I. († 604) ist keine Periode wichtiger als die karolingisch-ottonische. Ihr gehören insbesondere an jene Bestrebungen Karls d. Gr., die auf allgemeine Einführung des ihm von Papst Hadrian I. übersandten Sacramentarium Gregorianum im ganzen, weiten Frankenreiche gerichtet waren; sodann vielfache Erweiterungen dieses Gregorianums durch Anfügung oder Einschiebung von Bestandteilen anderer liturgischer Bücher, älterer und jüngerer Formulare, die nun aus Frankreich und Deutschland auch nach Italien und Rom kamen und dort Aufnahme fanden; endlich die Ergänzung des reinen Sakramentars zum sog. Vollmissale durch Einschaltung der biblischen Lesestücke und der vom Chor zu singenden Partien, die früher bei der Messe immer aus besonderen Büchern (Epistolar, Evangeliar, Antiphonar) hatten entnommen werden müssen. Der Gang der Entwicklung selbst innerhalb der genannten Periode ist aber bisher von der liturgiegeschichtlichen Forschung noch keineswegs völlig klar aufgezeigt worden. Dazu bedarf es noch vielfacher handschriftlicher Studien, speziell in deutschen Bibliotheken.[1]

Wer die ausserordentliche Bedeutung kennt, die in jenen Jahrhunderten des frühen Mittelalters dem Kloster Fulda auf den verschiedensten Gebieten des kulturellen Lebens zukam, wird von vornherein annehmen, dass dieses Kloster damals auch hinsichtlich der Liturgie eine bedeutsame Rolle gespielt haben müsse. In der Tat fehlt es dafür nicht an besonderen Anhaltspunkten. Zunächst ist kein Zweifel, dass man in Fulda bereits von der Zeit der Gründung (744) an sich möglichst eng an den römischen Ritus anschloss. Das ergibt sich schon aus den Grundsätzen, nach denen Bonifatius und

---

[1] Für Italien wurden die wichtigsten Vorarbeiten bereits vor zwei Jahrzehnten geleistet durch A. E b n e r; vgl. dessen „Quellen und Forschungen zur Geschichte und Kunstgeschichte des Missale Romanum im Mittelalter. Iter Italicum" (Freiburg 1896). Leider starb der Verfasser, ehe er das von ihm als Gegenstück geplante „Iter Germanicum" zum Abschluss bringen konnte.

Sturmius bei der Einrichtung des Klosters überhaupt verfuhren. [1])
Hier wird darum auch nach den Reformmassregeln Karls d. Gr., die
die im Frankenreiche bestehenden Verschiedenheiten zugunsten des
römischen Ritus zu beseitigen suchten, weniger als sonst an der bestehenden Praxis zu ändern gewesen sein. Die besten Dienste leistete
damals dem Frankenkönig durch seine verständnisvolle vermittelnde
Tätigkeit auch auf liturgischem Gebiete der berühmte A l k u i n. Es
ist jedenfalls bemerkenswert, dass dieser zu Beginn des neunten Jahrhunderts sich veranlasst sah, gerade den Mönchen von Fulda eine
eigens für sie zusammengestellte „cartula missalis" zu übersenden,
deren sie sich nach Belieben bedienen möchten. Dieselbe enthielt
eine grössere Anzahl Votivmessen, darunter eine zu Ehren des
hl. Bonifatius. [2]) Wahrscheinlich noch in demselben neunten Jahrhundert schrieb von Fulda aus ein auswärtiger Diakon T h e o t r o c h u s
einen Brief an einen Priester Otbert, worin er diesem genauestens
zu schildern suchte, „qualiter officium missae agatur in monasterio
Fulda". [3]) Er bemerkt dabei ausdrücklich, dass in Fulda der Gottes-
dienst nach römischem Ritus ordnungsgemäss und vorbildlich gehalten
werde: „ubi rationabiliter et cum sufficientia rituque Romano eadem
officia peraguntur"; „hic in Fulda decentissimus ordo est presbyterorum
ministrantium cum omni decore, apud nos vero non adeo."

---

[1]) Vita s. Sturmii c. 14 (MG. SS. II, 371).

[2]) Das Begleitschreiben Alkuins zu dieser Sendung ist uns erhalten; vgl.
Mon. Germ. Epist. t. IV p. 404 s. (a. 801 oder 802). Es heisst darin: „Misi
c a r t u l a m m i s s a l e m vobis, o sanctissimi presbyteri, ut habeatis singulis
diebus, quibus preces Deo dirigere cuilibet placeat: quando in honorem sanctae
Trinitatis, quando de amore sapientiae, quando de poenitentiae lacrimis, quando
de caritate perfecta vel quando de suffragio angelico postulando vel omnium
sanctorum cuilibet postolare placet; vel etiam si quis pro peccatis suis vel pro
quolibet amico vivente vel etiam pro amicis plurimis vel etiam fratribus de
hoc saeculo recedentibus facere velit orationes; vel quando specialiter beatae
Mariae genetricis Dei virginis perpetuae deprecari velit intercessiones, vel etiam
sanctissimi patris vestri Bonifacii cantare quis velit et praesentiam illius piissi-
mam advocare precibus. Haec omnia caritatis intuitu vobis dirigere curavimus,
deprecantes humilitatem vestram benigne suscipere, quod plenissima caritate
vobis dirigimus. Faciat quislibet de eis quodcumque placeat et ne me repre-
hendat in caritatis officio" etc. Sachlich und sprachlich zeigen sich hier An-
klänge an den berühmten, Alkuin zugeschriebenen Prolog „Hucusque" (vgl.
Probst, Die ältesten römischen Sakramentarien, Münster 1892, S. 366 f.).

[3]) Die Schilderung reicht leider nur bis zur Opferung, da der Brief nicht
vollständig auf uns gekommen ist. Das Fragment ist abgedruckt in Heft IV
dieser Sammlung (1907) S. 102 ff.

Das Kloster Fulda besass nun seit dem Anfang des 9. Jahrhunderts zugleich eine sehr bedeutende Schreibstube. Die Erzeugnisse derselben dienten nicht nur zur Bereicherung der eigenen Bibliothek des Klosters, sondern wanderten vielfach auch nach auswärts: in fremde Klöster, an Pfarr- und Bischofssitze, gelegentlich selbst als kostbare Dedikationsexemplare an Kaiser und Papst. Es lässt sich denken, dass sorgfältig hergestellte und kunstvoll ausgestattete Handschriften für den gottesdienstlichen Gebrauch, die aus dem berühmten Kloster des hl. Bonifatius herstammten, auswärts besonders hoch geschätzt wurden. Dem Wunsche nach solchen trug man denn auch in Fulda gern Rechnung. Ein Geschichtsschreiber des 16. Jahrhunderts, der noch eine inzwischen verloren gegangene Fuldaer Briefsammlung aus der karolingischen Zeit benutzen konnte, sagt von den Fuldaer Mönchen unter Berufung auf einen Brief des dortigen Abtes Hatto († 856) an König Ludwig d. D.: „Quidam codices et missalia sacra describebant, ut patet ex epistola Hattonis ad Ludovicum". Ebenderselbe Geschichtsschreiber zitiert auch einen Brief, mit dem der gelehrte Fuldaer Abt Hrabanus Maurus (822—842) einem auswärtigen Bischof Symeon „ein Missale" nebst zugehörigen Büchern übermittelte: „Transmitto vobis unum missale cum lectionibus et evangeliis unumque psalterium et librum actus apostolorum". [1] Es ist sehr wahrscheinlich, dass in mancher Bibliothek und in manchem alten Kirchenschatze noch heute solche Fuldaer liturgische Handschriften aus karolingischer Zeit aufbewahrt werden, ohne dass man ihren Fuldaer Ursprung bisher erkannt hätte. Es würden, um ihn zu erkennen, in den meisten Fällen wohl auch erst eingehende textliche und paläographische Untersuchungen nötig sein.

Sicher festgestellt ist aber die Fuldaer Herkunft einiger Sakramentarien des ausgehenden zehnten und des beginnenden elften Jahrhunderts, die sich an verschiedenen Orten erhalten haben. Fulda selbst besitzt leider keines dieser für uns so wertvollen Stücke mehr. Der Fuldaer Ursprung verrät sich naturgemäss besonders deutlich in denjenigen, die unmittelbar für den Gebrauch innerhalb der Abtei bestimmt waren; am deutlichsten hier wohl im angehängten Kalendarium, aber auch im Text des eigentlichen Sakramentars. Man findet da nicht nur die Namen der Fuldaer

[1] Beide Briefstellen sind aus der grossen Kirchengeschichte der Magdeburger Centuriatoren (Cent. IX, cap. VI, col. 230, 277) mitgeteilt in Forschungen zur deutschen Geschichte 5. Bd. S. 382, 386.

Heiligen Bonifatius und Lioba wiederholt im Kanon mitaufgeführt, sondern auch besondere Messen für Vigil und Oktav des Bonifatiusfestes, ferner für die Feier der Dedicatio Basilicae s. Salvatoris in monasterio Fuldensi zusammen mit dem Feste Allerheiligen (1. Nov.), sowie verschiedene Hinweise auf das Bonifatiuskloster und seinen bevorzugten Patron in den Votivmessen. Bietet nun das eine oder andere jener Sakramentarien, deren Fuldaer Provenienz durch bestimmte Anhaltspunkte im Text gesichert ist, zugleich Malereien dar, so können diese wieder als Hilfsmittel dazu dienen, andere Kodizes mit Malereien verwandten Charakters derselben Schreibschule zuzuweisen, auch wenn diese anderen Handschriften in ihrem Texte keine oder wenigstens keine deutlichen Beziehungen zu Fulda verraten. Durch die gründlichen Untersuchungen E. H. Zimmermanns[1]) ist in neuerer Zeit über den künstlerischen Stil und die sonstigen Besonderheiten der karolingisch-ottonischen Buchmalerei des Klosters Fulda unter spezieller Berücksichtigung der Fuldaer Sakramentarien wünschenswertes Licht verbreitet worden, und es scheint nun an der Zeit zu sein, dass auch die Texte jener Sakramentarien selbst einer genaueren wissenschaftlichen Untersuchung unterzogen werden.

Es kommen dafür bis jetzt folgende Handschriften — sämtlich reine Sakramentarien, ohne Perikopen usw. — in Betracht:

1) Cod. theol. 231 der Königl. Universitätsbibliothek zu Göttingen. Es ist ein stattlicher Foliant mit 256 Pergamentblättern in einem neueren braunen Ledereinband; 27×34 cm. An zwei Stellen, zwischen den jetzigen Blättern 3 und 4 und dann wieder zwischen Bl. 40 und 41, ist je ein Doppelblatt verloren gegangen. Eine kurze Beschreibung des Kodex, seiner textlichen Zusammensetzung und seiner künstlerischen Ausstattung gab i. J. 1893 W. Meyer in: „Verzeichnis der Handschriften im Preussischen Staate. I (Hannover), 2 Göttingen" II, Berlin 1893, S. 440—442;[2]) sodann im folgenden Jahre St. Beissel in Zeitschrift für christl. Kunst VII. Jahrg. (1894) Sp. 65—80, letzterer unter dem Titel: „Ein Sakramentar des XI. Jahrhunderts aus Fulda". Meyer hatte die Handschrift aus paläo-

---

[1]) „Die Fuldaer Buchmalerei in karolingischer und ottonischer Zeit", in: „Kunstgeschichtliches Jahrbuch der K. K. Zentralkommission für Erforschung und Erhaltung der Kunst- und historischen Denkmale", 1910 (hrsg. v. Prof. Dr. Max Dvorak; Wien, A. Schroll & Co.).

[2]) Ueber die Reisegebete unseres Kodex (unten S. 269 ff.) handelte W. Meyer jüngst in einer Abhandlung „Gildae oratio rythmica", in: „Nachrichten der K. Gesellschaft der Wissenschaften zu Göttingen", Philol.-hist. Klasse, 1912, S. 68 ff.

graphischen Gründen dem X. Jahrh. zugeschrieben. Zimmermann macht auf Grund stilkritischer Vergleichungen ihre Entstehung näherhin im dritten Viertel des X. Jahrhunderts, etwa gegen 975, wahrscheinlich. Später wird man sie in der Tat nicht ansetzen dürfen. Die oben charakterisierten Hinweise auf Fulda wird man im vorliegenden Bande leicht auffinden können. Vgl. S. 3, 119, 161; von den Votivmessen vergleiche man beispielsweise Kap. 384, 385, 401, 415. Dazu kommen hier noch einige Ortsangaben in Kap. 509 (S. 371 ff.), wo die Orationen zusammengestellt sind, die bei der sonntäglichen Prozession durch den Klosterbezirk in einzelnen Gebäuden und Räumlichkeiten desselben zu verrichten waren. Hier begegnet uns u. a. (S. 376) als capella rotunda die noch heute hier bestehende St. Michaelskirche, als capella regis eine auch anderwärts unter diesem Namen bezeugte Kapelle am Paradies der alten Stiftskirche.[1]) Beim Eintritt in die Stiftskirche werden speziell Bonifatius und andere Heilige angerufen, „deren Leiber hier ruhen" (S. 377). Einen lokalen Hinweis enthält auch die Ueberschrift zu Kap. 327: „Missa sanctorum, quorum reliquiae in una continentur domo."[2]) Aus dem Kalendarium sei als besonders charakteristisch hervorgehoben ein Eintrag zum 28. September: „In territorio Fuldensi depositio s. Liobae virg." Nach Göttingen scheint die Handschrift aus der ehemaligen Universitätsbibliothek zu Helmstedt gekommen zu sein.[3]) Im XVI. Jahrhundert dürfte sie noch in Fulda gewesen sein: ich vermute ihre Identität mit einem alten Prachtmissale, das um die Mitte des XVI. Jahrhunderts Georg Witzel in Fulda benutzte.

2) Cod. A II, 52 der K. Bibliothek zu Bamberg. 225 Pergamentblätter in 4^0 (16,5×22,4 cm.) mit zahlreichen Miniaturen. Im Text weist auf Fulda neben den oben erwähnten gewöhnlichen Anhaltspunkten eine Notiz des Kalendariums zum 17. Dezember: „Obiit Sturmi abbas." Das Kalendarium kann wegen des Eintrages zum 4. Juli: „Depositio s. Udalrici episcopi" erst nach 993 geschrieben sein; von anderer Hand wurden in dasselbe, und zwar bereits in Bamberg, Nachträge eingefügt, die sich auf die Jahre 1021—1041 beziehen. Vielleicht stellte dieses Sakramentar eine Gabe der Abtei Fulda zur Errichtung des Bistums Bamberg unter Kaiser Heinrich II.

---

[1]) Vgl. G. Richter, Beiträge zur Geschichte der Grabeskirche des hl. Bonifatius in Fulda (1905), S. XLVIII f.

[2]) Ebenda S. XXII.

[3]) Zimmermann a. a. O. S. 3.

dar. Eine genauere Beschreibung der Handschrift und nähere Literaturangaben finden sich in dem gedruckten Handschriftenkatalog der Bamberger Bibliothek von F. Leitschuh und H. Fischer (I, 1 S. 135 ff., unter den liturgischen Handschriften).

3) Cod. 181 der Biblioteca capitolare zu Vercelli. Pergamenthandschrift in 4⁰ (20×26,2 cm.). Ohne figürliche Miniaturen, bloss mit Initialenschmuck ausgestattet. Hier kommt zu den gewöhnlichen Hinweisen auf Fulda noch folgender Eintrag auf dem Schlussblatt: „Noverit astantium et futurorum populorum pia devotio, quemadmodum Erkanbaldus, sancti Fuldensis collegii provisor indignus, Heinricho, sancte Wirceburgensis ecclesie presuli venerabillimo, librum hunc missalem Deo sanctisque suis serviendum prestitit, eo dicto, ut post terminum vite suae ad Dei sanctique Bonifatii servitium sine dilatione presentetur." Danach lieh also der Fuldaer Abt Erkanbald (997—1011) diese Handschrift dem Würzburger Bischof Heinrich (995—1018) auf Lebenszeit. Wie sie nach Vercelli kam, ist unbekannt. Jedenfalls befand sie sich dort schon im XII. Jahrhundert; denn offenbar bereits in diesem Jahrhundert wurde auf Bl. 2 eine Messe zu Ehren des hl. Bischofs Eusebius von Vercelli nachgetragen. Eine kurze Beschreibung und nähere Literaturangaben bietet Ebner in seinem Iter Italicum S. 282 f. Er schreibt den Codex dem ausgehenden X. Jahrhundert zu, näherhin dem Anfang der Regierungszeit Erkanbalds.

4) Cod. lat. 3548 der Vatikanischen Bibliothek zu Rom. Pergamenthandschrift mit 183 Bl. in 4⁰ (20×28,5 cm). Sie enthält nur zwei figürliche Miniaturen, aber reichen sonstigen Schmuck. H. Ehrensberger (Libri liturgici Bibliothecae Vaticanae manu scripti, Frib. 1897, p. 402 s.) weist die Handschrift dem X. Jahrhundert zu, Ebner (Iter Italicum 208 f.) bezeichnet sie als „Prachthandschrift vom Anfange des XI. Jahrhunderts", Zimmermann setzt ihre Entstehung etwa in das zweite Viertel des XI. Jahrhunderts. In einer Messe zu Ehren des hl. Bonifatius heisst es von diesem ausdrücklich: „qui in praesenti requiescit ecclesia" (f. 159). In die Vatikanische Bibliothek gelangte die Handschrift laut Eintrag durch Testament des Kardinals Anton Carafa, der von 1585—1590 Bibliothekar der Vaticana war.

Diese vier Sakramentarien zeigen sämtlich schon in ihrem Texte an, dass sie in und zunächst für Fulda geschrieben wurden. Zwei andere wurden erst in neuerer Zeit ohne zwingende Anhaltspunkte im Text ihrer für Fulda charakteristischen künstlerischen Ausstattung wegen dieser Gruppe zugeteilt. So zuerst durch Ebner (a. a. O. S. 258 ff.)

5) Cod. 75, V der Biblioteca capitolare zu U d i n e. Pergamenthandschrift, bestehend aus 122 Bl. in 4⁰ (23✕27,5 cm), mit zahlreichen Miniaturen. Wegen der besonderen Auszeichnung des hl. Willehad durch eine blattgrosse Initiale (D) vermutet Ebner, dass die Handschrift aus dem Sprengel von Bremen-Hamburg stamme. Durch einen der Patriarchen von Aquileja deutscher Herkunft könnte sie nach Aquileja gekommen sein, von wo sie an Udine überging. Dieses Sakramentar bietet im allgemeinen nur Messen für besonders bevorzugte Tage des Kirchenjahres. Um so beachtenswerter erscheint deswegen die Berücksichtigung eines Festes der Heiligen Sixtus und Sinnicius (1. Sept.), die in Fulda keine besondere Verehrung genossen. Dass aber doch auch für den Text eine Fuldaer Vorlage benutzt wurde, bewies mir bei persönlicher Einsichtnahme in den Kodex besonders die unveränderte Herübernahme der Oration: „Familiam huius sacri coenobii intercedente beato Bonifatio" etc. (fol. 104 b) = n. 2293 des vorliegenden Bandes. Am wahrscheinlichsten ist es mir, dass die ganze Handschrift, Text und Malereien, in Fulda selbst für ein auswärtiges (wohl norddeutsches) Kloster hergestellt wurde.[1)]

6) Cod. lat. 10077 der Hof- und Staatsbibliothek zu M ü n c h e n. Pergamenthandschrift in 4⁰ (18✕25,5 cm) mit 227 Bl. Beschrieben im „Catalogus codicum manuscriptorum Bibliothecae regiae Monacensis", t. IV p. 1 (1874), hier als Handschr. des XI. oder XII. Jahrh. bezeichnet. Die Handschrift befand sich einst im Domschatze von Verdun; Kurfürst Karl Theodor erwarb sie für die Mannheimer Hofbibliothek (1790). Erst neuerdings wurde sie ihres charakteristischen reichen Initialschmuckes und ihrer beiden figürlichen Darstellungen wegen für Fulda in Anspruch genommen; vgl. W. Stengel, Das Taubensymbol des hl. Geistes, S. 9, und H. Zimmermann a. a. O. S. 35. Letzterer bemerkt: „Der Kodex scheint gleich für den Export hergestellt zu sein, da er die Auszeichnung der spezifisch Fuldaer Heiligen, des hl. Bonifatius und der hl. Lioba, vermissen lässt;

[1)] Da der kunstsinnige Patriarch Poppo von Aquileja, ein Verwandter des Bischofs Meinwerk von Paderborn, im Jahre 1020 dem Papste Benedikt VIII. nach Bamberg folgte, woran auch ein Besuch in Fulda sich anschloss (vgl. Hirsch-Bresslau, Jahrbücher des deutschen Reichs unter Heinrich II., 3. Bd., 1875, S. 143, 163), so möchte ich am ehesten annehmen, dass der zunächst für eine andere Kirche geschriebene Kodex gleich bei dieser Gelegenheit mit nach Aquileja wanderte.

trotzdem können wir die Entstehung des Sakramentars in Fulda als
gesichert ansehen". H. Leidingers kürzlich erschienenes „Verzeichnis
der wichtigsten Miniaturhandschriften der Hof- und Staatsbibliothek
München" (München 1912 S. 6) weist den Kodex ebenfalls der
Fuldaer Malschule und zeitlich dem X. oder XI. Jahrhundert zu.

Dagegen mussten zwei andere Sakramentarhandschriften, die
früher wohl der Fuldaer Schreib- und Malschule zugeteilt wurden,
dieser später wieder abgesprochen werden. So zunächst Cod. lat.
3806 (saec. X. ex.) der Vatikanischen Bibliothek in Rom, noch bei
Ebner (S. 212) und Ehrensberger (S. 404) als fuldisch bezeichnet,
von Zimmermann (S. 102 f.) aber jetzt als „Arbeit eines Regensburger
oder in Regensburger Traditionen gross gewordenen Künstlers" erklärt;
immerhin bedarf hier der Text noch einer näheren Untersuchung unter
dem Gesichtspunkt der Fuldaer Provenienz. Sodann ein Sakramentar-
fragment aus dem XI. Jahrh. zu Lucca, Cod. 1275 der dortigen
Biblioteca pubblica, das, weil früher als fuldisch bezeichnet, von
Beissel genauer untersucht wurde. Der Stil der Malereien weicht
aber nach Beissel allzusehr von dem der beglaubigten Fuldaer Sachen
ab, als dass man sie auf dieselbe Schule zurückführen könnte (Zeitschrift für christl. Kunst VII, 1894, S. 79; vgl. Zimmermann S. 102).

Anderseits steht zu erwarten, das bei weiteren Nachforschungen
noch manche andere Handschrift jener Fuldaer Gruppe sich wird
anreihen lassen.

Für diese Nachforschungen, wie auch für die wissenschaftliche
Bearbeitung dieses ganzen Materials erschien es zweckmässig, zunächst einmal den gesamten Text und Bilderkreis eines
jener Fuldaer Sakramentarien der Forschung allgemein zu-
gänglich zu machen. Als das reichhaltigste von allen empfahl sich
hierfür dasjenige der Königl. Universitätsbibliothek zu Göttingen.

Der hier vorgelegte Text desselben dürfte allen Liturgie-
historikern willkommen sein. Wurden auch einige wenige frühmittel-
alterliche Sakramentarien aus anderen Gegenden bereits früher gedruckt, so doch keines, das die Veröffentlichung des vorliegenden
hätte überflüssig erscheinen lassen.[1]) Uebrigens bietet ein solcher

---

[1]) Es sei hier ein Wort des in diesen Dingen wohl kompetentesten For-
schers, A. Franz („Das Rituale von St. Florian aus dem 12. Jahrh.", Freiburg
1904, S. 4), angeführt: „Gegenüber dem lebendigen Interesse, welches die mittel-

vollständiger Sakramentartext nicht nur einen Beitrag zur Entwicklungsgeschichte des heutigen Missale Romanum, sondern auch
zur Geschichte des kirchlichen Rituale. Man beachte im vorliegenden die wichtigen Formeln für die Verwaltung der öffentlichen und
privaten Busse, für Taufskrutinien und Taufspendung, für die kirch-
liche Trauung, für Krankenbesuch, letzte Oelung und Begräbnis, für
Einkleidung von Ordensleuten, für Exorzismen und insbesondere für
Benediktionen der mannigfaltigsten Art. Die althochdeutsche Beicht
unseres Kodex (S. 282) findet in jeder deutschen Literaturgeschichte
Erwähnung. Was die Messformulare selbst angeht, welch ein Reich-
tum an Orationen und besonders Präfationen tritt uns da im Ver-
gleich zum heutigen Missale entgegen! Auf wie viele Stücke stösst
man hier, die in der Folgezeit aus dem liturgischen Gebrauche aus-
geschieden wurden und dann vielfach ganz in Vergessenheit gerieten!
Man erhält dabei so manchen intimeren Einblick in das Gebetsleben
jener Zeit. Das liturgische Leben erscheint hier vor unseren Augen
noch im vollen Flusse seiner freien Entwicklung; freilich in engem An-
schlusse an altehrwürdige Ueberlieferungen, aber noch nicht sorgsam
eingedämmt durch gesetzliche Regelung und einheitliche Normierung.

Die beigefügten Tafeln liefern der kirchlichen Ikonographie
und der Kunstgeschichte schätzbares Material. Von der Farbenpracht
des Originals können freilich diese Autotypien keine Vorstellung
geben. Was für jene am wirksamsten ist, der Schimmer des reichlich
angewandten Goldes und Purpurs, kommt auf der Photographie am
allerwenigsten zur Geltung. Von den farbigen Initialen, deren Zahl
sich auf weit über 400 beläuft und die auch durch die Feinheit ihrer
dekorativen Linien oft überraschen, konnte hier nur eine ganz kleine
Anzahl wiedergegeben werden, farblos wie alle aufgenommenen
Bilder. Dagegen sind die figürlichen Miniaturen unseres Kodex voll-
zählig vertreten, die allermeisten davon hier zum ersten Mal veröffentlicht. Der Mangel der Farbe lässt allerdings gerade hier ge-

alterlichen liturgischen Bücher in England oder Frankreich finden, ist diese
Teilnahmslosigkeit der deutschen Theologen wahrhaft beschämend . . . . In
Deutschland und Oesterreich ist unseres Wissens seit Martin Gerberts Zeit kein
mittelalterliches handschriftliches liturgisches Buch veröffentlicht worden. Das
ist gewiss zu beklagen, denn für die Kenntnis der Gestaltung der Liturgie im
deutschen Mittelalter ist die Drucklegung der wichtigsten Sakramentarien,
Missalien, Lektionarien, Antiphonarien, Ordinarien und Ritualien unbedingt
notwendig."

wisse Mängel der Komposition und der Zeichnung, wie sie die
Miniaturen der damaligen Zeit auch sonst aufweisen, um so stärker
hervortreten. Allerlei Missbildungen, besonders an Kopf und Händen,
auch wohl unnatürliche Gliederverrenkungen muss ·man da mit in den
Kauf nehmen. Aber trotz dieser Unvollkommenheiten sind für den
Kunsthistoriker gerade solche Denkmäler der frühmittelalterlichen
Buchmalerei von ganz besonderem Werte. Da von Wandmalereien
der karolingisch - ottonischen Periode nur sehr wenig erhalten geblieben ist, sind wir eben vorzugsweise auf jene älteren Miniaturen
angewiesen, wenn wir die ersten Aeusserungen germanischen Kunst-
empfindens auf dem Gebiete der Malerei verfolgen, wenn wir überhaupt das Werden der mittelalterlichen Kunst allseitig und richtig
verstehen wollen. Es ist von hohem Interesse, näher festzustellen,
wieviel von jenen kleinen Kunstwerken aus antiken und altchristlichen
Quellen geflossen ist, was etwa auf Einwirkung der gleichzeitigen
Kunst des griechischen Ostens beruhen mag, was endlich heimisches
Gut ist, was also unsere nordischen Buchmaler an eigenen künstlerischen Gedanken für ihre Aufgabe mitbrachten und wie sie mit
den Schwierigkeiten rangen, dafür die richtigen Ausdrucksformen zu
finden. In unserem Falle ist es besonders reizvoll, die Fortschritte
innerhalb einer und derselben Schule während einer bestimmten Zeit
an einem sich ziemlich gleich bleibenden Bilderkreis beobachten zu
können. Und dass gerade Fulda die Heimat dieser Erzeugnisse ist,
erhöht noch ihren geschichtlichen Wert, da ja dieses Kloster als ein
Hauptkulturzentrum auf deutschem Boden in jener Frühzeit unserer
vaterländischen Geschichte bekannt ist.

Für den Historischen Verein der Diözese Fulda ist es eine besondere Ehre und Freude, die Publikation dieses kostbaren Denkmals
gottesdienstlichen und künstlerischen Lebens in der alten Abtei Fulda
dem hochwürdigsten Herrn Kardinal-Fürstbischof Dr. Georg
Kopp zum goldenen Priesterjubiläum widmen zu dürfen. Priester-
liche Gebete sind es ja, die hier dargeboten werden, genau so, wie
sie vor tausend Jahren im Kloster des hl. Bonifatius zum hl. Opfer
sowie zur Spendung von Sakramenten und kirchlichen Segnungen
gedient haben. Mögen sie nun durch diese Veröffentlichung auch
der liturgischen Wissenschaft dienen, deren neuere Literatur schon
so manches mit dem hohen Namen Seiner Eminenz verknüpfte Werk
aufweist. Möge aber diese Widmung zugleich ein schwacher Aus-

druck des ehrfurchtsvollsten Dankes sein, den der Historische Verein
der Diözese Fulda für das ihm gnädigst geschenkte Wohlwollen Seiner
Eminenz empfindet, ja des Dankes der Diözese Fulda überhaupt, die
die segensvolle Wirksamkeit ihres ersten Bischofs nach den Tagen
des Kulturkampfes stets als ein besonderes Ruhmesblatt in ihrer Geschichte betrachten wird.

Der Herausgeber dieser Sammlung hatte von vornherein die Ab-
sicht, seinen „Quellen zur Geschichte der Abtei Fulda" auch liturgisches
Material einzureihen, soweit dieses irgendwie lokal bedingt ist. Offen-
bart sich doch in solchen Ueberresten einstigen liturgischen Lebens viel
mehr von dem, was das Sinnen und Handeln der Klosterinsassen in
ferner Vergangenheit beherrschte, als in so vielen Abmachungen ver-
mögensrechtlicher Art, wie sie die Archive und die gedruckten Urkunden-
bücher unserer grossen mittelalterlichen Klöster füllen. Speziell meine
Bemühungen um eine zweckmässige Verwertung des Göttinger Sakramentars reichen über ein halbes Jahrzehnt zurück. Sehr förderlich war
für dieselben der Umstand, dass zu Ostern 1909 ein Theologiestudieren-
der aus Göttingen selbst (R. Klein) im hiesigen Priesterseminar mein
Schüler wurde: derselbe liess sich gern anleiten und bewegen, während
seiner Ferien regelmässig ein beträchtliches Stück des umfangreichen
Werkes sorgfältig abzuschreiben. Ich hätte gleichwohl an eine so rasche
teilweise Verwirklichung meines Planes nicht denken können, wenn nicht
Herr Dr. A. Schönfelder, Pfarrer in Mühlbock, Herausgeber einer eigenen
„Liturgischen Bibliothek" (Paderborn, Schöningh), seit Herbst 1911 seine
liturgiewissenschaftlichen Fachkenntnisse in selbstlosester Weise in den
Dienst des Unternehmens gestellt hätte.

Die hier vorliegende Publikation will, wie ihr Titel sagt, vorerst
lediglich eine Edition des Göttinger Sakramentars darstellen. Nur
für die daraus verloren gegangenen Blätter wurde der Codex Bambergensis zur Ergänzung herangezogen (S. 1 und 51). Dieser und die
übrigen fuldischen Sakramentarien wurden zwar auch eingesehen und
exzerpiert, aber nicht einkollationiert. Letzteres würde erhebliche
Schwierigkeiten bereitet haben, da es sich nicht etwa durchgängig nur
um verschiedene Rezensionen eines und desselben Textes handelt. Dazu
kam die äussere Schwierigkeit, dass keine dieser heute so weit von
einander entfernt liegenden Handschriften von ihrem Aufbewahrungsorte
versandt werden kann. Nachdem jetzt der Göttinger Text in über-
sichtlichem Druck, mit Kapiteln, Nummern und Index versehen, vorliegt,
wird der der übrigen Kodizes, soweit er irgend bemerkenswerte Abweichungen enthält, an Ort und Stelle viel leichter aufgenommen werden

können. Wir hoffen aber auch, wie gesagt, dass durch eben dieses
Hilfsmittel noch weitere Texteszeugen sich gewinnen lassen. Die schon
früher gedruckten Texte frühmittelalterlicher Sakramentarien wurden in
der Regel, namentlich an schwierigeren Stellen, auch verglichen; deren
Abweichungen aber in einem kritischen Apparat zu verzeichnen, wäre
um so weniger angebracht gewesen, als diese Ausgaben selbst nicht als
kritische im vollen Sinne bezeichnet werden können. Nur das Kalendarium des Göttinger Kodex mit seinem ziemlich komplizierten Bei-
werk glaubten wir aus verschiedenen Gründen nicht ohne Rücksicht auf
die übrigen älteren fuldischen Kalendarien abdrucken zu dürfen. Dieses
wurde darum für eines der folgenden Hefte der vorliegenden
Sammlung zurückgestellt, das noch mancherlei anderes zu bringen
haben wird, was sonst wohl auch in der Einleitung zu einer solchen
Textpublikation Platz findet. Wir denken dabei zunächt an eine Ver-
vollständigung unserer Beschreibung des Göttinger Kodex, namentlich
nach der paläographischen und kunstgeschichtlichen Seite, sodann auch an
sachliche Erläuterungen zum Texte, eine Art liturgiegeschichtlichen
Kommentars. Es war gewiss zweckmässig, auch diese Aufgaben einstweilen
zurückzustellen, bis sie zugleich in bezug auf die übrigen in
Betracht kommenden Handschriften im Zusammenhang
erledigt werden können. Dabei möchten wir dann, soweit die Mittel es
erlauben, auch aus den übrigen Kodizes noch recht viele Miniaturen
reproduzieren, wenigstens aber diese Fuldaer Kunstdenkmäler in dieser
lokalgeschichtlichen Sammlung sämtlich sozusagen inventarisieren.

Da wir hier vorerst nur die Göttinger Handschrift wiedergeben, so
schien es geboten, auch die Orthographie derselben möglichst bei-
zubehalten. Das bedingte manche Inkonsequenzen und Verschiedenheiten
auch in der Schreibweise eines und desselben Wortes. Für Satzanfänge
und Eigennamen aber wurden stets grosse Anfangsbuchstaben gewählt,
während die Handschrift die Satzanfänge oft und die Eigennamen stets
(soweit sie nicht ganz in Majuskeln geschrieben sind) mit kleinen Buchstaben beginnen lässt. Statt des häufigen ę schreiben wir ae, statt des
sehr seltenen v stets u. Unbedeutende Schreibversehen sind öfters still-
schweigend verbessert, bemerkenswertere Fehler dagegen immer wenigstens
in den Anmerkungen angegeben. Die zahlreichen Abkürzungen sind im
Text aufgelöst, in den Ueberschriften meist beibehalten worden. Ueber-
flüssige Worte oder Buchstaben wurden in runde, von uns ergänzte in
eckige Klammern gesetzt. Die Schlussformeln der Gebete, „Per Dominum"
bezw. „Per Christum", wurden durch die Anfangsbuchstaben angedeutet,
gleichviel ob die Handschrift sie ausschreibt oder anders abkürzt. Statt
des Präfationszeichens wurden die Anfangsbuchstaben UD gedruckt, die
jenem auch in der Regel unmittelbar entsprechen (vgl. Tafel 17). Für

XIX

die eigentlichen Kapitelüberschriften wurden die Majuskeln der Handschrift beibehalten, für Stationsangaben aber durch Fettdruck und für andere mehr untergeordnete Ueberschriften durch Kursivdruck ersetzt. Auch alle Rubriken sind in Kursivdruck gegeben. Ganz unberücksichtigt blieb, dass in der Handschrift der gesamte Kanon in Unzialen geschrieben ist und sehr häufig auch, namentlich am Kapitelsanfang, das erste Wort oder die ersten Worte der Orationen. Die Interpunktion wurde modernisiert, aber möglichst sparsam angewandt. Die Zählung der Kapitel und der liturgischen Formeln, letztere am Rande, rührt von uns her. Wo gleiche Texte sich wiederholen, wurden sie unter Hinweis auf die entsprechende Randnummer abgekürzt. Auf letztere weist auch das alphabetische Verzeichnis der Gebete und Anreden. Die in diesem angewandten Abkürzungen (q. = quesumus u. s. w.) werden sich beim praktischen Gebrauch alsbald von selbst verständlich machen. Soviel hier über die beobachteten Editionsgrundsätze.

Schliesslich obliegt es mir noch, auch an dieser Stelle allen denen herzlichst zu danken, die diese Publikation durch persönliche oder materielle Beihilfe gefördert haben. In erster Linie gebührt ehrerbietigster Dank dem hochwürdigsten Herrn Bischof von Fulda und der hiesigen bischöflichen Behörde, die durch eine besondere Zuwendung die Beigabe der Tafeln ermöglichten.

Fulda, am 28. August 1912.   G. Richter.

Inhaltsübersicht.

XXVI

Tafeln. [1]

1) Bl. 1ᵇ. Eingangsbild (Kanonbild). 19,5×23,5 cm. Oben alttestamentliche Vorbilder des Messopfers: Abel, Abraham, Melchisedech. In der Mitte Papst Gelasius I. und Gregor I., offenbar im Hinblick auf die nach ihnen benannten Sakramentarien. Die untere Szene ist noch nicht befriedigend erklärt.

2) Bl. 12ᵇ des Cod. Bambergensis (dort Kanonbild zusammen mit Bl. 13ᵃ, das dem obersten Streifen des Göttinger Kanonbildes entspricht). 13,5×15 cm. Hier aufgenommen, weil die alten Beischriften zugleich den mittleren Streifen des Göttinger Kanonbildes erläutern, der von Meyer und Beissel anders erklärt worden war.

3) Bl. 2ᵃ. Sakramentar-Ueberschrift und Einleitung. 20,3×23,6 cm. Vgl. S. 1. Initiale J mehrfarbig, sonst Unzialen in Goldschrift. Das Ganze auf Purpurgrund in Säulenumrahmung. Dieselbe Ausstattung zeigt der gesamte Kanon bis zum Agnus Dei (Bl. 9ᵃ, n. 21).

4) Bl. 3ᵃ. Präfationsanfang. 20×23,7 cm. Die Goldschrift neben und unter der Initiale V (nicht diese selbst) wurde hier, weil sie auf der Photographie zu wenig erkennbar war, bei Anfertigung des Clichés etwas nachgezeichnet.

5) Bl. 14ᵇ des Cod. Bambergensis. Kanonanfang (Te igitur). 9,9×14,3 cm. Vgl. S. 1 unten.

---

[1] In den Beischriften zu den Bildern beziehen sich Blattangaben ohne näheren Zusatz immer auf den Göttinger Kodex, Seitenangaben ebenso immer auf den hier vorliegenden Druck. Betreffs des Bamberger und des Udineser Kodex vgl. oben S. XI, XIII. Wenn die Blattangabe der Bildbezeichnung vorausgeht, ist die betreffende Seite des Kodex vollständig reproduziert. Die Masse geben die Grösse des Originals an, in der Regel nach Zimmermann (vgl. oben S. X). — Für Tafel 5, 10, 16, 18, 35, 41 und Initialen 4—6 der Tafel 43 sowie für Initiale auf S. 430 wurden die für den Aufsatz Zimmermanns hergestellten Clichés von der K. K. Zentralkommission für Kunst- und historische Denkmale, für Tafel 13, 22, 40 die für den Aufsatz Beissels benutzten Clichés vom Verlag der Zeitschrift für christl. Kunst in liebenswürdigstem Entgegenkommen zur Verfügung gestellt; von Herrn Dr. Zimmermann persönlich noch Photographien zu Tafel 3, 8 und 17.

6) Bl. 3^b des Cod. Udinensis. „Te igitur". 17,2$\times$19 cm. — Tafel 5 und 6 wurden aufgenommen als Ersatz für die im Göttinger Kodex jetzt fehlende entsprechende Zierseite.

7) Bl. 4^b. Aus dem Kanon (vgl. S. 2 n. 8). Beispiel einer Kanonseite ohne Initiale. An den Säulen Arbeiter (in ähnlicher Weise auf Bl. 6^b zwei Affen).

8) Bl. 8^a. Pater noster (S. 4). 19,9$\times$23,8 cm. Initiale P.

9) Bl. 9^a. Agnus Dei (S. 4.) 20,5$\times$25 cm. Ornamentales Schlussblatt des Kanons. In den vier Ecken Medaillons der Evangelisten; das Mittelmedaillon, durch Diagonalen mit den Ecken verbunden, zeigt ein verwundetes Lamm, dessen Blut eine darunter auf grünem Hügel stehende Frauengestalt (die Kirche) mit einem Kelch in der Rechten auffängt; ihre Linke umfasst das Siegeskreuz.

10) Weihnachtsbild mit Initiale D. Bl. 11^b. 19,7$\times$19 cm. Neben der Initiale Anfang der Oration n. 38 in Gold (vgl. Text S. 7); es schimmert aber zugleich, wie gewöhnlich neben der Goldschrift, die Tinte von der Rückseite durch. — In gleicher Weise wie hier sind im Original auch in vielen späteren Fällen Initialen (nebst Orationsanfängen auf farbigem Grunde) mit Bilderszenen zusammen gruppiert, wo unsere Tafeln, der grösseren Deutlichkeit wegen, lediglich letztere wiedergeben und die Initialen nur an dieser Stelle erwähnt werden.

11) Christi Geburt und Verkündigung an die Hirten (Detail von Tafel 10). 18,4$\times$8,9 cm.

12) St. Stephanus. 26. Dez. Bl. 14^b (S. 10). 18,2$\times$10,5 cm. Der von den Steinen getroffene Protomartyr schaut zu Christus (in der Mandorla zwischen Engeln) empor; links drei Männer, die Steine schleudern und weitere in ihrem Mantel bereit halten, rechts Saulus. Direkt unter diesem Bilde zwischen Säulen Initiale D nebst Anfang der Oration 72 in Goldschrift auf Purpur. Grösse des Gesamtbildes 21,2$\times$19,1 cm.

13) St. Johannes Evang.: letzte Messe und Begräbnis. 27. Dez. Bl. 15^b. 18,1$\times$10,5 cm. Oben Johannes unter einer Kuppel (Absis?) hinter einem kleinen über Eck stehenden Altar (mit Kelch und Patene); daneben zwischen gleichartigen Architekturen andächtig teilnehmende Gläubige. Unten rechts der Evangelist bereit, in das frisch geschaufelte Grab zu steigen, einer Gruppe von schmerzlich bewegten Männern zuredend, bezw. seinen letzten Gruss entbietend. Darunter Initiale A mit Oration 82 (S. 11). Grösse des Gesamtbildes (ganzseitig) 18,6$\times$23,7 cm.

14) Bethlehemitischer Kindermord (SS. Innocentes, 28. Dez.). Bl. 16^b (S. 13). 18,3$\times$6,8 cm. Links König Herodes auf einem Faltstuhl vor einem

Hause und bewaffneten Soldaten. In der Mitte zwei Soldaten mit
Schwertern, einer mit einer Lanze, Kinder tötend. Rechts klagende
Frauen, im Gebäude wohl Rachel (Matth. 2, 18). Unter dem Bild
Initiale D mit Anfang von Oration 92. Grösse des Gesamtbildes
18,5×17,3 cm.

15) Octava domini (Gang zum Tempel). 1. Jan. Bl. 17 b, rechte Kolumne;
mit Initiale D und Anfang von Oration 105 (S. 14). 9,2×19,9 cm,
das obere Bild allein 8,6×8 cm. Es ist anscheinend einiges auf dem
Bilde verdeckt bezw. verwischt. Die Beziehung zum Feste liegt wohl
in der Namengebung Jesu (Luk. 2,21; vgl. Tafel 30).

16) Epiphania (Anbetung der Könige, Hochzeit zu Kana, Taufe Christi).
6. Jan. Bl. 19 a. Mit Initiale D zu Oration 119 (S. 16). 17,7×18,9 cm.

17) Bl. 21 b und 22 a mit Initialen in jeder Kolumne. Vgl. S. 19 f.

18) Bl. 24 b. Hypapante (Darstellung Jesu im Tempel: rechts Symeon und
Anna, links Maria und Joseph, letzterer Tauben tragend). 2. Febr.
(S. 24). 10,2×9,9 cm.

19) Mariä Verkündigung. 25. März. Bl. 30 a (S. 33). 9,6×10,5 cm.

20) Palmsonntag: Einzug in Jerusalem. Bl. 54 a. 17,5×7,6 cm. Darunter
Initiale O mit Anfang von Oration 625 (S. 73). Gesamtgrösse 20,2×18,5 cm.

21) Gründonnerstag: Abendmahl und Fusswaschung. Bl. 58 b (S. 80).
18,2×8,3 cm. Beim Abendmahl sitzt Christus auf einem polster-
artigen Thron, zunächst neben ihm Johannes, dann Petrus und weitere
acht (!) Apostel, im Vordergrunde Judas, den Bissen entgegennehmend.
Auf dem anderen Bilde rechts Petrus, in sitzender Stellung in der
Luft schwebend, den linken Fuss in ein Wasserbecken stellend; vor
ihm Christus, mit der Linken eine Schriftrolle haltend, dann die
übrigen Apostel. Unter diesen Bildern zwischen Säulen grosse Initiale D
mit Anfang von Oration 671. Gesamtgrösse (ganzseitig) 19,2×23,9 cm.

22) Bl. 60 a. Karfreitag: Christus vor Pilatus, Kreuzigung (S. 81). Grösse
des unteren Bildes 18,8×7,8 cm, des oberen 20,6×17,2 cm. Ersteres
zeigt Pilatus auf einem Thronsitz; Hintergrund wie auf Tafel 14, in den
Arkaden des Hauses aber hier die Frau des Pilatus, neben einem
Manne, warnend. Rechts von Christus sieben Männer anklagend.
Auf dem Kreuzigungsbilde unten Adam und Eva und zwei Gerechte
aus ihren Gräbern steigend und ihre Hände nach dem Kreuze erhebend.
An diesem hängt Christus in langem Gewande, mit geschlossenen Augen.
Zu seiner Rechten Longinus, mit der Lanze die Seite des Herrn
öffnend, und der reuige Schächer, zum Heiland herübersehend; auf der
anderen Seite der Soldat mit dem Essigschwamme und der linke

Schächer, sich abwendend. Beide Schächer sind nur mit Lenden-
schurz bekleidet. Ueber dem Kreuze Personifikationen von Sonne
und Mond, ihren Schmerz ausdrückend.

23) Karsamstag: Kreuzabnahme und Grablegung Christi. Bl. 64^b.18,2×8,6 cm.
Darunter Initiale D mit Anfang der Oration 714 (S. 86). Grösse des
Gesamtbildes (ganzseitig) 20,1×24 cm.

24) Ostern: Die Frauen am Grabe, Noli me tangere. Bl. 65^a. 18,2×8 cm.
Auf ersterem Bilde drei nimbierte Frauen mit Salbgefässen vor dem
auf einer Steinplatte sitzenden und zu ihnen redenden Engel, der in
der Linken ein Zepter hält. Die Platte ist schräg gegen das leere
Kuppelgrab (mit sichtbarem Leichentuch) gelehnt. Auf dem zweiten
Bilde rechts von einem Baume Christus mit abwehrender Gebärde
gegenüber zwei Frauen (wohl Joh. 20,17). Darunter Initiale D mit
Anfang von Oration 722 (S. 88). Grösse des Gesamtbildes (ganzseitig)
20,7×24 cm.

25) Christi Himmelfahrt. Bl. 79^b, zweite Kolumne. Mit Initiale C und Anfang
von Oration 942 (S. 110). 23,9×11 cm; das obere Bild allein 8,5×13,4 cm.
Christus mit dem Kreuz in der Mandorla auf einer Wolke. Neben
ihm zwei Engel, die beide mit einer Hand zu ihm empor, mit der
andern nach unten weisen. Unten Maria mit fünf Aposteln stehend
und Petrus mit ebensovielen knieend.

26) Bl. 82^a. Pfingsten (S. 113). Die Apostel in einer Linie sitzend, aber
in zwei Gruppen zu je sechs geteilt, sich paarweise unterhaltend. Auf
Petrus zunächst senkt sich die Taube mit Feuerzungen. Auf dem
Original sieht man im Nimbus eines jeden Apostels eine rote Flamme.
Unter dem Bilde Initiale D mit Anfang von Oration 967. Gesamtgrösse
19,8×25,3 cm; das obere Bild allein 15,9×7,1 cm.

27) St. Bonifatius: Taufspendung und Martyrium. 5. Juni. Bl. 87^a(S. 120).
15,8×7,2 cm. Darunter Initiale D mit Anfang von Oration 1031.
Grösse des Gesamtbildes (ganzseitig) 22,2×18,3 cm.

28) Dasselbe Bild aus dem Cod. Udinensis (Bl. 43^b). 16×6,8 cm.

29) Das entsprechende Bild des Cod. Bambergensis (Bl. 126^b). 10,1×14,4 cm.
Hier stehen die im Göttinger und Udineser Kodex neben einander
gestellten, durch Säulen getrennten Bilder über einander, wie auch
sonst einigemal im Cod. Bamb.

Tafel 28 und 29 wurden hier eingestellt, um an diesen auch dem
Inhalte nach für Fulda signifikanten Darstellungen die Zugehörigkeit
der drei Sakramentarien zu einer und derselben Schreibschule besonders deutlich zu veranschaulichen. Wir schliessen die vergleichende

Beschreibung Zimmermanns (S. 49 f.) hier an: „G.: In der Mitte des linken Bildes steht Bonifatius mit Nimbus, die Linke auf den Bischofs-stab stützend, die Rechte redend gegen den nur mit den Schultern aus dem Becken hervorragenden Täufling erhoben. Diesem legt von der anderen Seite ein Priester die rechte Hand aufs Haupt. Hinter dem Geistlichen steht zunächst eine Frau, die ein Kind in den Händen hält. Hinter ihr sind noch zwei Frauen mit spitzer Kapuze sowie zwei Männer angedeutet. Hinter Bonifatius wird links oben eine Gruppe von sechs Männern sichtbar, von denen drei durch die Tonsur als Geistliche charakterisiert sind; der vorderste von ihnen scheint einen Tragaltar [?] mit der rechten Hand emporzuhalten. Vor ihnen hängt das Gewand der Täuflinge wie ein Vorhang aufgespannt. Auf der rechten Bildhälfte erscheint wieder Bonifatius im Profil, von rechts nach links schreitend. Sein Kopf ist gesenkt, da ihn gerade das Schwert des vor ihm stehenden Kriegers trifft; das Buch hält er vor, um den Schlag zu parieren. Von hinten trifft ihn die Lanze eines rechts stehenden Kriegers in den Rücken. Der Krieger rechts ist von zwei weiteren Soldaten begleitet, während dem auf der linken Seite drei nachfolgen. In U. wieder das Ganze nicht so hoch in der Abmessung; kein freier Raum über den Köpfen. Das Ganze ist etwas mehr zusammengeschoben, sonst stimmt die Kom-position genau überein. In B. hält Bonifatius bei der Taufe in der linken Hand ein geöffnetes Buch, aus dem er vorliest, und begleitet dies durch Gesten der rechten Hand. Die drei Männer links, die hinter dem Gewande des Täuflings stehen, sind durch ihre Nimben als Gefährten des Bonifatius gekennzeichnet. Rechts am Rande wird ein Zuschauer sichtbar, der die Hand andächtig erhebt; über ihm die Andeutung von zwei weiteren Köpfen. Beim Tode des Bonifatius stimmt das Allgemeine der Komposition überein, nur die Krieger sind in ihren Bewegungen etwas verändert."

30) St. Johannes Bapt.: Verkündigung seiner Geburt, Namengebung. 24. Juni. Bl. 90^b (S. 125). 14,5$\times$19,2 cm. Zacharias mit dem Rauchfass neben einem Altar stehend. Der noch zu ihm redende Engel wendet sich bereits zum Gehen. Auf dem andern Bilde hält Zacharias eine Tafel mit dem Namen „Johannes"; neben ihm Elisabeth mit dem Kinde. Singulär ist, dass hier über den die Szenen ein-schliessenden Säulen sich Rundbögen erheben (mit Architekturen als Hintergrundbildern). Darunter Initiale D mit Anfang von Oration 1075. Gesamtgrösse des Bildes (ganzseitig) 19,2$\times$24,2 cm.

31) Martyrium Petri und Pauli. 29. Juli. Bl. 93^a (S. 128). 18,3$\times$10,7 cm. Links die beiden Apostel vor dem Kaiser. Im Hintergrunde Sturz

des Simon Magus, dabei zwei beflügelte Teufel. Rechts von der Säule
Paulus enthauptet, Petrus mit dem Kopf nach unten am Kreuze
hängend. Am Fuss des letzteren ein Mann mit Nimbus knieend. Zu
äusserst rechts sieben Gläubige. Unter diesen Szenen Initiale D mit
Anfang der Oration 1107. Gesamtgrösse des Bildes (fast ganzseitig)
22,4×20,1 cm.

32) St. Laurentius. 10. August. Bl. 98^a, zweite Kolumne (S. 137).
9,2×8,3 cm. Links der Kaiser in der gewöhnlichen Umgebung;
Laurentius auf dem schräg emporgestellten flammenden Rost, von
zwei Henkersknechten festgehalten (oder wird er gerade umgewandt?),
spricht zum Kaiser hin. Die fast gleich grosse Initiale D darunter
mit Anfang von Oration 1188 ausnahmsweise nicht in architektonischer
Umrahmung.

33) Verehrung des himmlischen Lammes. Zu Allerheiligen und Dedicatio
Basilicae sancti Salvatoris in monasterio Fuldensi. Bl. 111^a, unmittel-
bar vor der Messe von „Dedicatio" (Kap. 227, S. 161), während die
Messe von allen Heiligen (Kap. 225) nur eine grössere Initiale O mit
Anfang von Oration 1397 aufweist; in Fulda fielen aber die beiden
Feste auf denselben Tag. 18,8×14 cm. In der Mitte Lamm und Kirche
wie auf Taf. 9. „An beiden Seiten sind in vier Reihen die Brustbilder
von Engeln und Heiligen gemalt: in der obersten rechts [heraldisch]
sechs Engel, links Maria mit vier Engeln; in der zweiten die zwölf
Apostel und dreizehn Aelteste mit goldenen Schalen; in der dritten
acht Könige und neun Königinnen (Jungfrauen?) Kugeln haltend,
aber ohne Nimbus; in der untersten rechts je vier Laien und Priester
mit Nimben, links acht Mönche und Nonnen ohne Nimben" (Beissel
S. 72). Engel und Heilige schweben beiderseits auf Wolken, sind
daher nur von der Brust an sichtbar gedacht.

34) Allerheiligenbild des Codex Udinensis, fol. 67^b (ganzseitig), 17×19,8 cm.
Unmittelbar vor der Messe von Allerheiligen, auf welche dort nicht
die von der Fuldaer Kirchweihe folgt, sondern die von der Vigil des
hl. Willehad. Diese Tafel hier eingefügt, weil sie Tafel 33 erklären
hilft: derselbe Gegenstand hier als Hochbild, zugleich nach unten
ergänzt. Der Hügel, auf dem die Kirche steht, schwebt hier auf
Wolken. Darunter eine andere weibliche Gestalt, rechts und links
von ihr Männer und Frauen, alle ihre Hände ausstreckend: wohl
zusammen die Gläubigen auf der Erde darstellend.

35) Bl. 111^b. Zierseite mit dem Anfang der Messe für „Dedicatio Basilicae
Fuldensis" (S. 161): Ueberschrift von Kap. 227, Initiale D,

Oration 1406 und zur Hälfte noch 1407 (Goldunzialen auf Purpur.) 20,3✕26,2 cm.

36) St. Martinus. 11. Nov. Bl. 113ᵃ (S. 163). 18,2✕11,6 cm. In der Mitte Christus zwischen Engeln mit Schalen und Kugeln. Unten links Martinus, einem nur dürftig bekleideten Bettler die Hälfte seines Mantels zuteilend, rechts von seinem Bette aus Christum schauend, wie er jene Hälfte des Mantels um seine Brust geschlungen trägt.

37) Martyrium des hl. Andreas. 30. Nov. Bl. 116ᵃ (S. 167). 18✕9,1 cm. Mit drei Stricken am Kreuze befestigt, schaut der Apostel nach dem vor einem Vorhang sitzenden Kaiser, der mit der Rechten auf ihn deutet, mit der Linken das Zepter hält. Links Andeutung des Himmels und sieben Gläubige.

38) Maiestas domini. Titelbild zum zweiten Teil. Bl. 136ᵃ (S. 202). 19,5✕14 cm. Das Bild steht unmittelbar vor den Votivmessen, von deren erster es ja auch die Ueberschrift zeigt (zu Kap. 301). Die erste Oration dieser Messe (1779) ist dann noch durch eine grössere Initiale ausgezeichnet. In der Mitte unseres Bildes Christus in der Mandorla, segnend, rechts und links stabtragende Engel, ihn verehrend. „Da das Bild die grössten Figuren des Buches enthält, zeigt es am klarsten die flotte, etwas primitive aber feste Hand des Malers" (Beissel).

39) Visitatio infirmorum. Bl. 185ᵃ (vor den Gebeten für den Kranken- besuch; vgl. S. 279). 17✕10,2 cm. Links der Abt in Kasel, Dalmatik und Albe, mit noch drei Geistlichen. Rechts ein Haus, in dessen offenen Arkaden ein Kranker liegt. Hinter diesem ein Mann und eine Frau; vor ihm jetzt der Abt, segnend, mit zwei Geistlichen.

40) Confessio. Bl. 187ᵃ (vor der althochd. Beicht; vgl. S. 282). 19✕10,3 cm. Sieben Männer und fünf Frauen erscheinen in demütiger Haltung vor dem Abte und sechs Geistlichen zur öffentlichen Beicht. „Ein durch das Kopftuch der Frauen über der Stirne gebildeter Winkel zeugt für die Treue des Zeichners in Wiedergabe der Tracht" (Beissel S. 73).

41) Unctio infirmi (letzte Oelung). Bl. 192ᵇ (vor der Formel für die Salbung „ad aurem dexteram", n. 2411; vgl. S. 292). 19,1✕11,5 cm. Aus dem Hause links tritt ein Priester, vor ihm gehen ein Crucifer und zwei Ceroferare. Im Hause rechts vollzieht der Priester die Salbung am Ohr des Kranken, zwei Geistliche stehen vor ihm und halten Gefässe, drei hinter ihm.

42) Taufskrutinium. Bl. 214ᵃ, vor Kap. 470 (n. 2630): „Denuntiatio scrutinii in dominica III. Quadragesimae" (S. 329). 18,3✕6,8 cm. Alle Personen stehen unter offenen Arkadenbögen. Dass hier ein bestimmtes Ge-

bäude oder eine bestimmte architektonische Art von Kirchengebäuden dargestellt werden sollte, ist wohl kaum anzunehmen. Unter dem Mittelbogen thront der Abt. Links (von ihm aus genommen: rechts) schliessen sich unter dem nächsten Bogen drei Priester in Kaseln an; ein weiterer unter dem folgenden Bogen spricht mit zwei Männern unter dem letzten Bogen, von denen jeder ein kleines Kind auf dem linken Arm trägt. Auf der rechten Seite statt der Priester Diakone in Dalmatiken, statt der Männer fünf Frauen, von denen zwei ebenfalls Kinder eingewickelt tragen.

43) Initialen: 1. **O**, von n. 252 (Nat. s. Benedicti abbatis; S. 31). — 2. **D**, von n. 1125 (Octava apostolorum, scil. Petri et Pauli; S. 130). — 3. **O**, von n. 1133 (Nat. s. Benedicti abbatis; S. 131). — 4—6. **A**, **O**, **D**, vom Anfang der Kapitel 423—425 (S. 272).

Auf S. 430 Initiale O aus dem Cod. Udinensis fol. 84ᵃ: Anfang der Missa de s. Trinitate (Oration 1779). Auf dem Buch liest man die Worte: „Ego sum ostium".

Imprimatur.

Fuldae, 2. Oct. 1912.

Dr. Arenhold, Vicarius generalis.

Bl. 1b. Eingangsbild.

Bl. 12 b des Cod. Bambergensis.

Bl. 2ª. Sakramentar-Ueberschrift und Einleitung.

Bl. 3ª. Präfationsanfang.

Bl. 14ᵇ des Cod. Bambergensis. Kanon-Anfang (Te igitur).
Vgl. S. 1 unten.

Bl. 3 b des Cod. Udinensis.   „Te igitur".

Bl. 4 b. (Aus dem Kanon; vgl. S. 2.)

Bl. 8a. Pater noster (S. 4).

Bl. 9ª. Agnus Dei (S. 4).

In Christi nomine incipit liber sacramentorum de circulo anni a sancto Gregorio papa romano editus, qualiter missa romana celebratur. Hoc est in primis introitus, qualis fuerit statutis temporibus siue diebus festis seu cotidianis diebus. Deinde kyrie eleison. Item dicitur ,gloria in excelsis deo', si episcopus affuerit. A presbyteris autem minime dicitur nisi in pascha. Quando uero laetania agitur neque ,gloria in excelsis deo' neque alleluia cantatur. Postmodum dicitur oratio. Deinde apostolus. Item gradalis seu alleluia. Postmodum legitur euangelium. Deinde offertur et dicitur oratio super oblata. Qua conpleta dicit sacerdos excelsa uoce:

1.

Per omnia secula seculorum. ℞ Amen. Dominus uobiscum. ℞ Et cum spiritu tuo. Sursum corda. ℞ Habemus ad dominum. Gratias agamus domino deo nostro. ℞ Dignum et iustum est. [fol. 3]

Praefatio. Vere dignum et iustum est, aequum et salutare nos 1 tibi semper et ubique gratias agere, domine sancte pater omnipotens, aeterne deus, per Christum dominum nostrum. Per quem maiestatem tuam laudant angeli, adorant dominationes, tremunt potestates, caeli caelorumque uirtutes ac beata seraphin socia exultatione concelebrant, cum quibus et nostras uoces ut admitti iubeas deprecamur supplici confessione dicentes:

Sanctus sanctus sanctus dominus deus sabaoth. Pleni sunt caeli et terra gloria tua. Osanna in excelsis. Benedictus qui uenit in nomine domini. Osanna in excelsis.[1]

[Te igitur clementissime pater per Iesum Christum filium tuum 2 dominum nostrum supplices rogamus et petimus, uti accepta habeas et benedicas † haec † dona haec † munera haec † sancta sacrificia illibata. Inprimis quae tibi offerimus pro aecclesia tua sancta catholica quam pacificare custodire adunare et regere digneris toto orbe terrarum una cum famulo tuo papa nostro et antistite nostro N. et omnibus orthodoxis atque apostolicae fidei cultoribus.

---

[1] Ein Doppelblatt fehlt. Der entsprechende, oben in kleinerem Druck folgende Text ist entnommen aus dem Fuldaer Sakramentar der Kgl. Bibliothek Bamberg: Ms. lit. 1 (A. II. 52), fol. 15.

3   Memento domine famulorum famularumque tuarum et omnium circumastantium, quorum tibi fides cognita est et nota deuotio. Qui tibi offerunt hoc sacrificium laudis pro se suisque omnibus pro redemptione animarum suarum pro spe salutis et incolumitatis suae, tibi reddunt uota sua aeterno deo uiuo et uero.

4   Communicantes et memoriam uenerantes inprimis gloriosae semper uirginis Mariae genitricis dei et domini nostri Iesu Christi, sed et beatorum apostolorum ac martyrum tuorum Petri Pauli Andreae Iacobi Iohannis Thomae Iacobi Philippi Bartholomei Mathei Symonis et Tathei Lini Cleti Clementis Syxti Cornelii et Cypriani Laurentii Chrisogoni Iohannis et Pauli Cosmae et Damiani Dionisii Bonifatii Martini Gregorii Augustini Hieronimi Benedicti nec non et illorum sanctorum quorum sollemnitas hodie in conspectu maiestatis tuae celebratur domine deus noster in toto orbe terrarum et omnium sanctorum tuorum. Quorum meritis precibusque concedas, ut in omnibus protectionis tuae muniamur auxilio. Per Christum.

5   Hanc igitur oblationem seruitutis nostrae sed et cunctae familiae tuae quaesumus domine]
[fol. 4] ut placatus accipias diesque nostros in tua pace disponas atque ab aeterna damnatione nos eripi et in electorum tuorum iubeas grege numerari. Per Christum dominum nostrum.

6   Quam oblationem tu deus in omnibus quaesumus benedictam † ascriptam † ratam † rationabilem acceptabilemque facere digneris, ut nobis corpus † et sanguis † fiat dilectissimi filii tui domini nostri Iesu Christi.

7   Qui pridie quam pateretur, accepit panem in sanctas ac uenerabiles manus suas eleuatis [oculis] in caelum ad te deum patrem suum omnipotentem tibi gratias agens benedixit † fregit dedit discipulis suis dicens: Accipite et manducate ex hoc omnes. Hoc est enim corpus meum.

8   Simili modo posteaquam cenatum est, accipiens et hunc preclarum calicem in sanctas ac uenerabiles manus suas item tibi gratias agens benedixit † dedit discipulis suis dicens: Accipite et bibite ex eo omnes. Hic est enim calix sanguinis mei noui et aeterni testamenti, mysterium fidei, qui pro uobis et pro multis effundetur in remissionem peccatorum. Haec quotiescumque feceritis, in mei memoriam facietis.

9   Unde et memores domine nos tui serui, sed et plebs tua sancta Christi filii tui domini dei nostri tam beatae passionis necnon et ab inferis resurrectionis, sed et in caelos gloriosae ascensionis offerimus

praeclarae maiestati tuae de tuis donis ac datis hostiam † puram, hostiam † sanctam, hostiam † inmaculatam, panem sanctum uitae aeternae et calicem † salutis perpetuae. [fol. 5]

Supra quae propitio ac sereno uultu respicere digneris et accepta 10 habere, sicuti accepta habere dignatus es munera pueri tui iusti Abel et sacrificium patriarchae nostri Abrahae et quod tibi obtulit summus sacerdos tuus Melchisedech sanctum sacrificium inmaculatam hostiam.

Supplices te rogamus, omnipotens deus, iube haec perferri per 11 manus sancti angeli tui in sublime altare tuum, in conspectum diuinae maiestatis tuae, ut quotquot ex hac altaris participatione sacrosanctum filii tui corpus † et sanguinem † sumpserimus, omni benedictione caelesti et gratia repleamur. Per eundem Christum dominum nostrum.

Memento mei quaeso domine et miserere, licet haec indigne tibi 12 sancte pater omnipotens aeterne deus meis manibus offerantur sacrificia, qui nec inuocare nomen tuum dignus sum, sed quoniam in honore laude et memoria gloriosissimi dilecti filii tui domini dei nostri Iesu Christi offeruntur, sicut incensum in conspectu diuinae maiestatis tuae cum odore suauitatis accendantur. Per eundem Christum dominum nostrum.

Memento etiam domine et eorum, qui nos precesserunt cum 13 signo fidei et dormiunt somno [fol. 6] pacis.

Ipsis domine et omnibus in Christo quiescentibus locum refrigerii 14 lucis et pacis, ut indulgeas, deprecamur. Per eundem Christum dominum nostrum.

Nobis quoque peccatoribus famulis tuis de multitudine miserationum 15 tuarum sperantibus partem aliquam et societatem donare digneris cum tuis sanctis apostolis et martyribus: cum Iohanne Stephano Mathia Barnaba Ignatio Alexandro Marcellino Petro Bonifatio Felicitate Perpetua Agatha Lncia Agnete Cecilia Anastasia Lioba et cum omnibus sanctis tuis, intra quorum nos consortium non aestimator meriti sed ueniae quaesumus largitor admitte. Per Christum dominum nostrum.

Per quem haec omnia domine semper bona creas sanctificas † 16 uiuificas † benedicis † et praestas nobis. [fol. 7]

Per ipsum et cum ipso et in ipso est tibi deo patri omnipotenti 17 in unitate spiritus sancti omnis honor et gloria. Per omnia saecula saeculorum. ℟ Amen. Oremus.

18   Praeceptis salutaribus moniti et diuina institutione formati audemus dicere:

19   *Dominica oratio.* [fol. 8] Pater noster, qui es in caelis, sanctificetur nomen tuum, adueniat regnum tuum, fiat uoluntas tua sicut in caelo et in terra. Panem nostrum cotidianum da nobis hodie et dimitte nobis debita nostra, sicut et nos dimittimus debitoribus nostris. Et ne nos inducas in temptationem, sed libera nos a malo. Amen.

20   Libera [nos] quaesumus ab omnibus malis praeteritis praesentibus et futuris intercedente pro nobis beata et gloriosa dei genitrice semperque uirgine Maria et sanctis apostolis tuis Petro et Paulo atque Andrea necnon et beato Bonifatio martyre tuo atque pontifice cum omnibus sanctis, da propitius pacem in diebus nostris, ut ope misericordiae tuae adiuti et a peccato simus semper liberi et ab omni perturbatione securi. Per dominum nostrum Iesum Christum filium tuum.

Pax domini sit semper uobiscum. [fol. 9]

21   Agnus dei, qui tollis peccata mundi, miserere nobis.

22   *Quando corpus sanguini domini miscetur.* Fiat nobis et omnibus sumentibus quaesumus domine commixtio et consecratio corporis et sanguinis domini nostri Iesu Christi [in] remissionem omnium peccatorum, tutamentum quoque mentis et corporis et ad uitam capessendam aeternam praeparatio salutaris.

23   *Oratio ante osculum.* Qui es omnium deus et dominator, fac nos pacificando digne operari in hora ista, amator humanitatis, ut emundatos ab omni dolo et simulatione suscipias nos inuicem in osculo et dilectione sancta, in quo manet uera pacificatio et caritas et unitatis coniunctio.

24   *Ante perceptionem eucharistiae.* Perceptio corporis et sanguinis tui, domine Iesu Christe, quam ego indignus sumere praesumo, non mihi proueniat ad iudicium et condempnationem[1]), sed pro tua pietate prosit mihi ad tutamentum mentis et corporis te donante, qui cum patre et spiritu sancto.

25   *Alia.* Domine Iesu Christe fili dei uiui, qui ex uoluntate patris cooperante spiritu sancto per mortem tuam mundum uiuificasti, libera me per hoc sacrum corpus et sanguinem tuum a cunctis iniquitatibus meis et uniuersis malis et fac me tuis oboedire praeceptis et a te numquam in perpetuum separari, saluator mundi, qui uiuis et regnas cum patre.

---

¹) Handschrift: t statt d.

Alia. Domine sancte pater omnipotens aeterne deus, da mihi corpus 26 et sanguinem Christi filii tui domini nostri ita sumere, ut merear per hoc remissionem peccatorum accipere et tuo sancto spiritu repleri, quia tu es deus et in te est deus et praeter te non est alius, qui uiuis et regnas.

Alia. Deus noster, deus saluos faciendi, tu nos doce gratias agere 27 tibi digne pro beneficiis tuis, quae fecisti et facis nobiscum. Iudex noster, qui suscipis dona ista, munda [fol. 10] nos ab omni inquinamento carnis et spiritus et doce perficere sanctificationem in timore tuo, ut in testimonio mundo conscientiae nostrae suscipientes participationem sacramentorum tuorum (m)uniamur sancto corpori et sanguini Christi tui et accipientes ea digne habeamus Christum habitantem in cordibus nostris et efficiamur templum sancti tui spiritus. Etiam deus noster et neminem nostrum reum facias terribilium tuorum istorum et supercaelestium mysteriorum neque anima uel corpore ex eo quod indigne suscipiamus, sed da nobis usque ad ultimam nostram expirationem digne suscipere spiritum sanctificationis tuae in uiaticum uitae aeternae, in defensionem acceptabilem ante terribile tribunal Christi tui, quatinus cum omnibus sanctis tuis qui tibi a saeculo placuerunt et nos efficiamur participes aeternorum bonorum, quae praeparasti diligentibus te domine.

Expleta missarum celebritate ueniat sacerdos ante altare et osculando dicet:

Placeat tibi, deus sancta trinitas, obsequium seruitutis meae 28 et praesta, ut hoc sacrificium, quod oculis tuae maiestatis indignus obtuli, sit tibi acceptabile mihique et omnibus, pro quibus illud optuli, sit te miserante propitiabile, qui uiuis et regnas in cuncta saeculorum saecula. Amen.

2.
ORATIO PRO EBDOMADARIO REFECTORII LECTORE.

Domine, labia mea aperies.

[S]aluum fac me seruum tuum.

Conuertere domine usquequo.

Dominus custodiat te ab omni malo, custodiat animam tuam dominus. Oremus.

Dominus custodiat introitum tuum et exitum tuum et auferat a 29 te spiritum elationis, saluator mundi, qui uiuit et regnat in secula seculorum. Amen.

3.

VIIII. KL. IAN. IN UIGILIA NAT. DNI.
Statio ad sanctam Mariam. [fol. 11]

30   Deus qui nos redemptionis nostrae annua expectatione laetificas, praesta, ut unigenitum tuum, quem redemptorem laeti suscipimus,
uenientem quoque iudicem securi uideamus dominum nostrum.

31   *Alia.* Da nobis quaesumus omnipotens, ut sicut adoranda filii
tui natalicia praeuenimus, sic eius munera capiamus sempiterna gaudentes. Qui tecum.

32   *Super oblata.* Da nobis domine, ut natiuitatis domini nostri Iesu
Christi sollemnia, quae praesentibus sacrificiis praeuenimus, sic noua
sint nobis, ut continuata permaneant, sic perpetua perseuerent, ut pro
sui miraculo noua semper existant. Per eundem.

33   *Alia.* Tanto nos domine quaesumus promptiori seruitio huius
sacrificii praecurrere concede sollemnia, quanto in hoc principium constare nostrae redemptionis ostendis. P.

34   *Praefatio.* UD. per Christum dominum nostrum. Cuius hodie
faciem in confessione praeuenimus et uoce supplici exoramus, ut
super uenturae noctis officiis ita nos peruigiles reddat, ut sinceris
mentibus eius percipere mereamur natale uenturum. In quo inuisibilis ex substantia tua uisibilis per carnem apparuit in nostra;
tecumque unus non tempore genitus, non natura inferior ad nos uenit
ex tempore natus. Per quem maiestatem.

35   *Ad complendum.* Da nobis domine quaesumus unigeniti filii
recensita natiuitate respirare, cuius caelesti mysterio pascimur et
potamur. Per eundem.

36   *Super populum.* Praesta quaesumus domine deus noster, ut
familia tua, quae filii tui domini nostri Iesu Christi est aduentu saluata,
eius etiam sit perpetua redemptione secura. Per eundem.

37   *Ad uesperum.* Praesta misericors deus, ut ad suscipiendum filii
tui singulare natiuitatis mysterium et mentes credentium preparentur
et non credentium corda subdantur. Per eundem dominum nostrum
Iesum Christum filium tuum, qui tecum uiuit.

4.

VIII. KL. IAN. IN UIGILIA NAT. DNI.
PRIMO GALLI CANTU.

Ad sanctam Mariam.

Deus qui hanc sacratis[s]imam noctem ueri luminis [fecisti] illu- 38
stratione clarescere, [fol. 12] da quaesumus, ut cuius lucis mysteria in
terra cognouimus, eius quoque gaudiis in caelo perfruamur. Qui tecum.

Alia. Respice nos misericors deus et mentibus clementer 39
humanis nascente Christo summae ueritatis lumen ostende. Qui tecum.

Super oblata. Accepta tibi sit domine quaesumus hodiernae 40
festiuitatis oblatio, ut tua gratia largiente per haec sacrosancta
commertia in illius inueniamur forma, in quo tecum est nostra substantia. Qui tecum.

Alia. Munera domine quaesumus natiuitatis hodiernae mysteriis 41
apta proueniant et pacem nobis semper infundant, ut sicut homo
genitus idem refulsit et deus, sic nobis haec terrena substantia conferat quod diuinum est. Per eundem.

Praefatio. UD. per Christum dominum nostrum. Cuius diuine 42
natiuitatis potentiam ingenita uirtutis tuae genuit magnitudo. Quem
semper filium et ante tempora aeterna genitum, quia tibi pleno atque
perfecto aeterni patris nomen non defuit, predicamus et honore maiestate atque uirtute aequalem tibi cum spiritu sancto confitemur, et in
trino uocabulo unam credimus maiestatem. Et ideo cum angelis et
archangelis, cum thronis et dominationibus cumque omni militia
caelestis exercitus ymnum gloriae tuae canimus sine fine dicentes.

Infra actionem. Communicantes et noctem sacratissimam cele- 43
brantes, qua beatae Mariae intemerata uirginitas huic mundo edidit
saluatorem, sed et memoriam uenerantes eiusdem gloriose semper
uirginis Mariae genitricis dei et domini nostri Iesu Christi, sed et
beatorum.

Ad complendum. Da nobis domine quaesumus deus noster, ut 44
qui natiuitatem domini nostri Iesu Christi nos frequentare gaudemus,
dignis conuersationibus ad eius mereamur pertinere consortium. Qui
tecum uiuit.

5.

MANE PRIMO.
Statio ad sanctam Anastasiam.

45 Da quesumus omnipotens deus, ut qui noua incarnati uerbi tui luce perfundimur, hoc in nostro resplendeat opere, quod per fidem fulget in mente. Per eundem.

46 *Alia.* Da quesumus omnipotens deus, ut qui beatae Anastasiae martyris tuae sollemnia colimus, eius apud te patrocinia sentiamus. P.

47 *Super oblata.* Cuncta quaesumus domine his muneribus a nobis semper diabolica figmenta seclude, ut nostri redemptoris exordia purificatis mentibus celebremus. Per eundem.

48 *Alia.* Accipe quesumus domine munera dignanter oblata et beatae Anastasiae suffragantibus meritis ad nostrae salutis auxilium prouenire concede. P.

49 *Praefatio.* UD. aeterne deus. Quia nostri saluatoris hodie lux uera processit, quae clara nobis omnia et intellectu manifestauit et uisu. Et ideo.

50 *Praefatio.* UD. aeterne deus. Qui [ut] de hoste generis humani maior uictoria duceretur, non solum per uiros uirtute martyrii, sed de eo etiam per feminas triumphasti. Et ideo.

51 *Ad complendum.* Huius nos domine sacramenti semper nouitas natalis instauret, cuius natiuitas singularis humanam reppulit uetustatem. Per eundem.

52 *Super populum.* Satiasti domine familiam tuam, muneribus sacris: eius quaesumus semper interuentione nos refoue, cuius sollemnia colimus. P.

53 *Alia.* Populum tuum domine quaesumus tueantur sanctificent et gubernent aeternumque perficiant tam deuotionibus acta sollemnibus quam nataliciis agenda diuinis. P. [fol. 13]

6.

IN DIE AD MISSAM.
Statio ad sanctum Petrum.

54 Concede quesumus omnipotens deus, ut nos unigeniti tui noua per carnem natiuitas liberet, quos sub peccati iugo uetusta seruitus tenet. Qui tecum uiuit.

Weihnachtsbild mit Initiale D.
Bl. 11ᵇ; S. 7.

Geburt Christi und Verkündigung an die Hirten (Detail von Tafel 10).

Steinigung des hl. Stephanus. 26. Dez.

Bl. 14 b; S. 10.

St. Johannes Evang.: letzte Messe und Begräbnis. 27. Dez.
Bl. 15^b; S. 11.

St. Johannes Evang.: letzte Messe und Begräbnis. 27. Dez.
Bl. 15[b]; S. 11.

Alia. Omnipotens sempiterne deus, qui hunc diem per incar- 55
nationem uerbi tui et partum beatae uirginis Mariae consecrasti, da
populis tuis in hac celebritate consortium, ut qui tua gratia sunt
redempti, tua sint adoptione securi. Per eundem.

Super oblata. Oblatio tibi sit domine quaesumus hodiernae festi- 56
uitatis accepta, qua et nostrae reconciliationis processit perfecta
placatio et diuini cultus nobis est indita plenitudo. P.

Praefatio. UD. aeterne deus. Te laudis hostiam immolantes, 57
cuius figuram Abel iustus instituit, agnus quoque legalis ostendit,
celebrauit Abraham, Melchisedech sacerdos exhibuit, sed uerus agnus
et aeternus pontifex hodie natus Christus impleuit. Et ideo.

Infra actionem. Communicantes et diem sacratissimum celebrantes, 58
quo beatae Mariae intemerata uirginitas. *Ut supra.*

Ad complendum. Laeti domine frequentamus salutis humanae 59
principia, quia trina celebratio competit mysterio trinitatis. P.

Alia. Praesta quaesumus omnipotens deus, ut natus hodie 60
saluator mundi, sicut diuinae nobis generationis est auctor, ita et
immortalitatis sit ipse largitor. Qui tecum.

Alia oratio. Deus qui natiuitatis tuae exordium pro nostra 61
necessarium salute duxisti, respice in nos propitius, et quos similes
ad imaginem tuam fecisti, similiores obseruatione tuorum perfice mandatorum, qui cum.

Alia. Largire quaesumus domine famulis tuis fidei et securi- 62
tatis augmentum, ut qui de natiuitate filii tui domini nostri gloriantur,
et aduersa mundi te gubernante non sentiant et quae temporaliter
celebrare desiderant sine fine percipiant. Per eundem.

Alia. Deus, qui per beatae Mariae uirginis partum sine humana 63
concupiscentia procreatum in filii tui membra uenientes paternis fecisti
praeiudiciis non teneri, praesta quaesumus, ut huius creaturae nouitate
suscepta uetustatis antiquae [fol. 14] contagiis exuamur. Per eundem.

Alia. Concede nobis omnipotens deus, ut salutare tuum noua 64
caelorum luce mirabile, quod ad salutem mundi hodierna festiuitate
processit, nostris semper innouandis cordibus oriatur. P.

Alia. Adesto domine supplicationibus nostris et populus tuus, 65
qui te factore conditus teque est auctore reparatus, te etiam iugiter
operante saluetur. P.

66 *Alia.* Deus qui humanae substantiae dignitatem et mirabiliter condidisti et mirabilius reformasti, da nobis quaesumus eius diuinitatis esse consortes, qui humanitatis nostrae fieri dignatus est particeps. Qui tecum.

67 *Alia.* Omnipotens sempiterne deus, qui in filii tui domini nostri natiuitate tribuisti totius religionis initium perfectionemque constare, da nobis quaesumus in eius portione censeri, in quo totius salutis humanae summa consistit. Qui tecum.

68 *Alia.* Da quaesumus domine populo tuo inuiolabilem fidei firmitatem, ut qui unigenitum tuum in tua tecum gloria sempiternum in ueritate nostri corporis natum de matre uirgine confitentur, et a praesentibus liberentur aduersis et mansuris gaudiis inserantur. Per eundem.

69 *Alia.* Omnipotens sempiterne deus, creator humanae reformatorque naturae, quam unigenitus tuus in utero perpetuae uirginis assumpsit, respice nos propitius, ut filii tui incarnatione suscepta inter ipsius mereamur membra numerari. Qui tecum.

70 *Alia.* Fundamentum fidei nostrae deus, qui in mentibus sanctis tanquam in excelsis montibus aeternitatis portas iustitia muniente componis, concede nobis in te gloriose credere, tuumque filium dominum nostrum ad redemptionem animarum hominem factum praedicabiliter confiteri. Qui tecum.

71 *Alia.* Deus qui populo tuo plenae praestitisti redemptionis effectum, ut non solum unigeniti tui natiuitate corporea, sed etiam crucis eius patibulo saluaretur, huius quaesumus fidei famulis tuis tribue firmitatem, ut usque ad promissum gloriae tuae praemium ipso quoque gubernante perueniant. Qui tecum uiuit et regnat deus in unitate.

7.

VII. KL. IAN. NAT. SCI STEPHANI.

72 Da nobis quesumus domine imitari quod colimus, ut discamus et inimicos diligere, quia eius na[ta]licia [fol. 15] celebramus, qui nouit etiam pro persecutoribus exorare dominum.

73 *Alia.* Omnipotens sempiterne deus, qui primitias martyrum in beati leuitae Stephani sanguine dedicasti, tribue quaesumus, ut pro nobis intercessor existat, qui pro suis etiam persecutoribus exorauit dominum nostrum.

Super oblata. Grata tibi sint domine munera quaesumus deuo- 74
tionis hodiernae, quae beati Stephani martyris tui commemoratio
gloriosa depromit. P. d.

Praefatio. UD. aeterne deus. Beati Stephani leuitae simul et 75
martyris natalicia recolentes. Qui fidei, qui sacrae miliciae, qui dispensationis et castitatis egregie, qui praedicationis mirabilisque constantiae, qui confessionis ac patientiae exempla nobis ueneranda
reliquit. Et ideo natiuitatem filii tui merito prae ceteris passionis
suae festiuitate prosequitur, cuius gloriae sempiternae primus martyr
occurrit. Per quem maiestatem.

Ad complendum. Auxilientur nobis domine sumpta mysteria et 76
intercedente beato Stephano martyre tuo sempiterna protectione confirment. P.

Super populum. Beatus martyr Stephanus domine quaesumus 77
pro fidelibus tuis suffragator accedat, qui dum bene sit placitus, pro
his etiam possit audiri. P.

Aliae orationes. Gratias agimus domine multiplicatis circa nos 78
miserationibus tuis, qui et filii tui natiuitate nos saluas et beati
Stephani deprecatione sustentas. Per eundem.

Alia. Deus qui nos unigeniti tui clementer incarnatione rede- 79
misti, da nobis patrocinia tuorum continuata sanctorum, quibus capere
ualeamus salutaris mysterii portionem. Per eundem.

Alia. Da nobis domine quaesumus beati Stephani protomartyris 80
intercessione adiuuari, ut qui pro suis exorauit lapidatoribus, pro suis
intercedere dignetur ueneratoribus dominum.

Alia. Praesta quaesumus omnipotens deus, ut beatus Stephanus 81
leuita magnificus, sicut ante alios imitator dominicae passionis et pietatis
enituit, ita sit fragilitati nostrae promptus adiutor. Per eundem.

8.

[VI. KL. IAN. NAT. SCI IOHANNIS EUANGELISTAE.]

Aecclesiam tuam domine benignus illustra, ut beati Iohannis 82
euangelistae illuminata doctrinis ad dona perueniat sempiterna. P.
d. [fol. 16]

Alia. Deus qui per os beati apostoli tui Iohannis uerbi tui 83
nobis archana reserasti, praesta quaesumus, ut quod ille nostris auribus
excellenter infudit, intellegentiae competentis eruditione capiamus. P.

84   *Super oblata.* Suscipe munera domine, quae in eius tibi sollemnitate deferimus, cuius nos confidimus patrocinio liberari. P.

85   *Praefatio.* UD. aeterne deus. Beati apostoli tui et euangelistae Iohannis ueneranda natalicia recensentes, qui domini nostri Iesu Christi filii tui uocatione suscepta terrenum respuit patrem, ut posset inuenire caelestem. Adeptus in regno caelorum sedem apostolici culminis, qui tantum retia contempserat genitoris quique ab eodem unigenito tuo sic familiariter est dilectus et inmensae gratiae muneribus approbatus, ut eum idem dominus in cruce iam positus uicarium suae matri uirgini filium subrogaret, quatinus beatae genitricis integritati probati dilectique discipuli uirginitas deseruiret. Nam et in caenae mysticae sacrosancto conuiuio super ipsum uitae fontem aeternum scilicet pectus recubuerat saluatoris. De quo perenniter manantia caelestis hauriens fluenta doctrinae tam profundis ac mysticis reuelationibus est imbutus, ut omnem transgrediens creaturam excelsa mente conspiceret et euangelica uoce proferret, quod ‚in principio erat uerbum, et uerbum erat apud deum et deus erat uerbum'. Et ideo.

86   *Ad complendum.* Refecti cibo potuque caelesti, deus noster, te supplices deprecamur, ut in cuius haec commemoratione percepimus, eius muniamur et precibus. P.

87   *Super populum.* Assit aecclesiae tuae domine quaesumus beatus euangelista Iohannes, ut cuius perpetuus doctor existit, semper esse non desinat suffragator. P.

88   *Aliae orationes.* Deus qui beati Iohannis euangelistae praeconiis principii sempiterni secreta reserasti, da quaesumus, ut ad intellegentiam uerbi eius, per quem nobis resplendet, suffragiis accedamus. P.

89   *Alia.* Praesta quaesumus omnipotens deus, ut excellentiam uerbi tui, quam beatus euangelista Iohannes asseruit, et conuenienter intellegere ualeamus et ueraciter profiteri. Per eundem.

90   *Alia.* Omnipotens sempiterne deus, qui huius diei uenerandam sanctamque laetitiam beati apostoli tui Iohannis et euangelistae festiuitate tribuisti, da aecclesiae tuae quaesumus et amare quod credidit et praedicare quod docuit. P.

91   *Alia.* Sit domine quaesumus beatus Iohannes euangelista nostrae fragilitatis adiutor et pro nobis tibi supplicans copiosius audiatur. P.

9.
V. KL. IAN. NAT. SCORUM INNOCENTUM.

Deus, cuius hodierna die praeconium innocentes martyres [fol. 17] 92
non loquendo, sed moriendo confessi sunt, omnia in nobis uitiorum
mala mortifica, ut fidem tuam, quam lingua nostra loquitur, etiam
moribus uita fateatur. P.

Alia. Deus qui donis tuis infantium quoque nescia sacramenti 93
corda praecedis, tribue quaesumus, ut et nostrae conscientiae fiduciam
non habentes indulgentia semper nos copiosa praeueniat. P.

Super oblata. Sanctorum tuorum nobis domine pia non desit 94
oratio, quae et munera nostra conciliet et tuam nobis indulgentiam
semper obtineat. P.

Alia. Adesto domine muneribus innocentum festiuitate sacrandis 95
et praesta, quaesumus, ut eorum sinceritatem possimus imitari, quorum
tibi dicatam ueneramur infantiam. P.

UD. aeterne deus. Et in pretiosis mortibus paruulorum, quos 96
propter nostri saluatoris infantiam bestiali saeuitia Herodes funestus
occidit, inmensa clementiae tuae dona praedicare. In quibus fulget
sola magis gratia quam uoluntas, et clara est prius confessio quam
loquela, ante passio quam membra idonea passioni. Existunt testes
Christi qui eius nondum fuerant agnitores. O infinita benignitas,
o ineffabilis misericordia, quae pro suo nomine trucidatis meritum
gloriae perire non patitur, sed proprio cruore perfusis et salus regenerationis adhibetur et imputatur corona martyrii. Et ideo.

Ad complendum. Uotiua domine dona percepimus, quae sancto- 97
rum nobis precibus et praesentis quaesumus uitae pariter et aeternae
tribuant conferre subsidium. P.

Aliae orationes. Discat aecclesia tua deus infantium quos hodie 98
ueneramur exemplo sinceram tenere pietatem, quae prius uitam
praestitit sempiternam, quam posset nosse presentem. P.

Alia. Deus, qui licet sis magnus in magnis, mirabilia tamen 99
gloriosius operaris in minimis, da nobis quaesumus in eorum celebritate gaudere, qui filio tuo domino nostro testimonium prebuerunt
etiam non loquentes. P.

Alia. Adiuua nos domine quaesumus eorum deprecatione sancto- 100
rum, qui filium tuum necdum humana uoce profitentes caelesti sunt
pro eius natiuitate gratia coronati. Per eundem.

101   *Alia.* Ipsi nobis domine quaesumus postulent mentium puritatem, quorum innocentiam hodie sollemniter celebramus. P. d. n. I. Chr.

10.
II. KL. IAN. NAT. SCI SILUESTRI PAPE.

102   Da quesumus omnipotens deus, ut beati Siluestri confessoris tui atque pontificis ueneranda sollemnitas et deuotionem nobis augeat et salutem. P.

103   *Super oblata.* Sacris altaribus domine hostias superpositas sanctus Siluester quaesumus in salutem nobis prouenire deposcat. P.

104   *Ad complendum.* Praesta quaesumus omnipotens deus, ut de perceptis muneribus gratias exhibentes beneficia potiora sumamus. P.

11.
KL. IAN. OCTAB. DNI.
Statio ad sanctam Mariam.

105   Deus qui nobis [fol. 18] nati saluatoris diem celebrare concedis octauum, fac quaesumus nos eius perpetua diuinitate muniri, cuius sumus carnali commertio reparati. Qui tecum.

106   *Alia.* Omnipotens sempiterne deus, qui in unigenito tuo nouam creaturam nos tibi esse fecisti, custodi opera misericordiae tuae et ab omnibus nos maculis uetustatis emunda, ut per auxilium gratiae tuae in illius inueniamur forma, in quo tecum est nostra substantia. Qui tecum.

107   *Super oblata.* Praesta quaesumus domine, ut per haec munera, quae domini nostri Iesu Christi archanae natiuitatis mysterio gerimus, purificatae mentis intellegentiam consequamur. Per eundem.

108   *Praefatio.* UD. per Christum dominum nostrum. Cuius hodie circumcisionis diem et natiuitatis octauum celebrantes tua domine mirabilia ueneramur, quia quae peperit et mater et uirgo est; qui natus est, et infans et deus est: merito caeli locuti sunt, angeli gratulati, pastores laetati, magi mutati, reges turbati, paruuli gloriosa passione coronati. Et ideo.

109   *Ad complendum.* Praesta quaesumus domine, ut quod saluatoris nostri iterata sollemnitate percepimus, perpetue nobis redemptionis conferat medicinam. Per eundem.

Super populum. Omnipotens sempiterne deus, qui tuae mensae 110 participes a diabolico iubes abstinere conuiuio, da quaesumus plebi tuae, ut gustu mortiferae profanitatis abiecto puris mentibus ad aepulas aeternae salutis accedat. P.

12.

III. NON. IAN. NAT. SCAE GENOUEFE UIRGINIS.

Beatae Genouefae natalicia ueneranda domine quaesumus aec- 111 clesia tua deuota suscipiat et fiat magnae glorificationis amore deuotior et tantae fidei proficiat exemplo. P.

Super oblata. Offerimus domine preces et munera in honore 112 sanctae Genouefae gaudentes. Praesta quaesumus, ut et conuenienter haec agere et remedium sempiternum ualeamus adquirere. P.

Praefatio. UD. aeterne deus. Beatae Genouefae natalicia reco- 113 lentes. Uere enim huius honorandus est dies, quae sic terrena generatione processit, ut ad diuinitatis consortium perueniret. Per Christum.

Adiuuent nos quaesumus domine et haec mysteria sacra quae 114 sumpsimus et beatae Genouefae intercessio ueneranda. P.

13.

NON. IAN. UIGILIA EPIPHANIE.

Corda nostra quaesumus domine uenturae festiuitatis splendor 115 illustret, quo mundi huius tenebris carere ualeamus et perueniamus ad patriam claritatis aeternae. P.

Super oblata. Tribue quaesumus domine, ut ei praesentibus 116 immolemus sacrificiis et sumamus, quem uenturae sollemnitatis pia munera preloquuntur. P.

Praefatio. UD. aeterne deus. Et te laudare mirabilem deum 117 in omnibus operibus tuis, quibus sacratissima regni tui mysteria reuelasti. Hanc etenim festiuitatem dominicae apparitionis index stella precessit, quae natum in terra caeli dominum magis stupentibus nuntiaret: ut manifestandus mundo deus et caelesti denuntiaretur indicio et temporaliter procreatus signorum temporalium ministerio panderetur. Et ideo.

118   *Ad complendum.* Illumina quaesumus domine populum tuum et splendore gloriae tuae cor eius semper acce[n]de, ut saluatorem suum et incessanter agnoscat et ueraciter apprehendat dominum nostrum Iesum Christum. [fol. 19]

14.

VIII. ID. IAN. EPIPHANIA DNI NRI IESU CHRISTI.

119   Deus qui hodierna die unigenitum tuum gentibus stella duce reuelasti, concede propitius, ut qui iam te ex fide cognoscimus, usque ad contemplandam speciem tuae celsitudinis perducamur. Per eundem.

120   *Alia.* Omnipotens sempiterne deus, qui uerbi tui incarnationem preclari testimonio sideris indicasti, quod uidentes magi oblatis maiestatem tuam muneribus adorarunt, concede semper, ut in mentibus nostris tuae appareat stella iustitiae et noster in tua sit confessione thesaurus. P.

121   *Super oblata.* Aecclesiae tuae quaesumus domine dona propitius intuere, quibus non iam aurum thus et myrra profertur, sed quod eisdem muneribus declaratur immolatur et sumitur. P.

122   *Praefatio.* UD. aeterne deus. Qui notam fecisti in populis misericordiam tuam et salutare tuum cunctis gentibus declarasti, hodiernum eligens diem, in quem [ad] adorandam ueri regis infantiam excitatos de remotis partibus magos clarior caeteris sideribus stella perduceret et caeli ac terrae dominum corporaliter natum radio suae lucis ostenderet. Et ideo.

123   *Infra actionem.* Communicantes et diem sacratissimum celebrantes, quo unigenitus tuus in tua tecum gloria coaeternus in ueritate nostrae carnis natus magis de longinquo uenientibus uisibilis et corporalis apparuit. Sed et memoriam.

124   *Ad complendum.* Praesta quaesumus omnipotens deus, ut quae sollemni celebramus officio, purificate mentis intellegentia consequamur. P.

125   *Super populum.* Deus qui per huius celebritatis mysterium aeternitatis tuae lumen cunctis gentibus suscitasti, da plebi tuae redemptoris sui plenum cognoscere fulgorem, ut ad perpetuam claritatem per eius incrementa perueniat, per quem eadem sumpsit exordia. Qui tecum.

Bethlehemitischer Kindermord (SS. Innocentes). 28. Dez.

Bl. 16 b; S. 13

Octava domini (Gang zum Tempel). 1. Jan.

Bl 17 b; S. 14.

Epiphania (Anbetung der Könige, Hochzeit zu Kana, Taufe Christi). 6. Jan.
Bl. 19ª S. 16.

Aliae orationes. Deus illuminator omnium gentium da populis 126 tuis perpetua pace gaudere et illud lumen splendidum infunde·cordibus nostris, quod trium magorum mentibus aspirasti. P.

Alia. Omnipotens sempiterne deus fidelium splendor animarum, 127 qui hanc sollemnitatem electionis gentium primitiis consecrasti, imple mundum gloria tua et subditis tibi populis per luminis tui appare claritatem. Qui tecum.

Alia. Concede nobis omnipotens deus, ut salutare tuum noua 128 caelorum luce [fol. 20] mirabile, quod ad salutem mundi hodierna festiuitate processit, nostris semper innouandis cordibus oriatur. Per eundem.

Alia. Praesta quaesumus omnipotens deus, ut saluatoris mundi 129 stella duce manifestata natiuitas mentibus nostris reueletur semper et crescat. Per eundem.

Alia. Da nobis quaesumus domine digne celebrare mysterium, 130 quod in nostri saluatoris infantia miraculis coruscantibus declaratur et corporalibus incrementis manifesta designatur humanitas. Per eundem.

15.

ID. IAN. OCT. EPIPHANIAE ET NAT. SCI HILARII CONFESSORIS.

Deus cuius unigenitus in substantia nostrae carnis apparuit, presta 131 quaesumus, ut per eum, quem similem nobis foris agnouimus, intus reformari mereamur. Qui tecum.

Alia. Deus cuius miseratione delinquentes mutantur ad ueniam, 132 iusti transferuntur ad palmam, qui infusus corde beati Hilarii antistitis quasi de tuo templo fidei responsa dedisti, concede propitius, ut qui tunc inclitum confessorem fecisti caesarem non timere, eius intercessione ab spiritali hoste plebem protegas obsecrantem, ut cuius sollemnitate tripudiat, eius sit fida prece defensa. P.

Super oblata. Hostias tibi domine pro nati filii tui apparitione 133 deferimus suppliciter exorantes, ut sicut ipse nostrorum auctor est munerum, ita ipse sit misericors et susceptor, Iesus Christus dominus noster. Qui tecum.

Alia. Uniuersitatis conditor et humani generis reformator omni- 134 potens deus, annue quaesumus precibus nostris, ut qui miramur in doctore, quod colimus, mereamur in munere, quo placeamus; et sicut beato Hilario confessori tuo atque pontifici dedisti, da aecclesiae tuae concordiam memoriam gloriosam eo obtinente, ut sacrificium nostrum ·eius meritis tibi efficiatur acceptum. Per d.

135 *Praefatio.* UD. Nos tibi semper et ubique gratias agere, uota soluere, munera consecrare, domine sancte pater omnipotens aeterne deus. Qui beatum Hilarium confessorem tuum praeelegisti tibi sacratae confessionis antistitem ingenti lumine coruscantem, morum lenitate pollentem, fidei feruore flagrantem, eloqui[i] fonte torrentem. Cui quae sit gloria, ostendit concursus ad tumulum, purificatio incursorum, medela languentium, mirandarum signa uirtutum. Quia etsi hic natura fecit finem per transitum, illic uiuunt pontificis merita post sepulchrum, ubi praesentia saluatoris est Iesu Christi domini nostri. Per quem.

136 *Ad complendum.* Caelesti lumine quaesumus domine semper et ubique [nos] preueni, ut mysterium, cuius nos participes esse uoluisti, et puro cernamus intuitu et digno percipiamus effectu. P.

137 *Alia.* Illumina quaesumus domine populum tuum et splendore gratiae tuae cor eius semper accende, ut saluatorem suum et incessanter agnoscat et ueraciter apprehendat dominum nostrum.

138 *Alia.* Deus fidelium remunerator animarum praesta quaesumus, ut beati Hilarii confessoris tui atque pontificis, cuius uenerandam celebramus festiuitatem, eius precibus indulgentiam consequamur. P.

16.
XVIIII. KL. FEB. NAT. SCI FELICIS PRESBYTERI.

139 Concede quesumus omnipotens deus, ut ad meliorem uitam sanctorum tuorum exempla nos prouocent, quatinus quorum sollemnia agimus, etiam actus imitemur. P.

140 *Alia.* Da quaesumus omnipotens deus, ut beatus Felix, qui donis tuis extitit glorio-[fol. 21]sus, apud te pro nobis existat idoneus interuentor. P.

141 *Super oblata.* Hostias tibi domine beati Felicis confessoris tui dicatas meritis benignus assume et ad perpetuum nobis tribue prouenire subsidium. P.

142 *Praefatio.* UD. aeterne deus. Et confessionem sancti Felicis memorabilem non tacere, qui nec hereticis prauitatibus nec saeculi blandimentis a sui status rectitudine potuit immutari, sed inter utraque discrimina ueritatis assertor firmitatem tuae fidei non reliquit. Per Chr.

Ad complendum. Sanctorum precibus confidentes quaesumus 143
domine, ut per ea quae sumpsimus aeterna remedia capiamus. P.

17.

XVII. KL. FEB. NAT. SCI MARCELLI PAPE ET MARTYRIS.

Preces populi tui quaesumus domine clementer exaudi, ut beati 144
Marcelli martyris tui atque pontificis meritis adiuuemur, cuius passione
laetamur. P.

Alia. Da quaesumus omnipotens deus, ut qui beati Marcelli 145
martyris tui atque pontificis sollemnia colimus, eius apud te intercessionibus adiuuemur. P.

Super oblata. Suscipe quaesumus domine munera dignanter oblata 146
et beati Marcelli suffragantibus meritis ad nostrae salutis auxilium
prouenire concede. P.

Praefatio. UD. aeterne deus. Qui glorificaris in tuorum con- 147
fessione sanctorum et non solum excellentioribus premiis martyrum
tuorum merita gloriosa prosequeris, sed etiam sacro ministerio compe-
tentibus seruitiis exequentes gaudium domini sui tribuis benignus
intrare. P. Chr.

Ad complendum. Satiasti domine familiam tuam muneribus sacris: 148
eius quaesumus interuen[tione] nos refoue, cuius sollemnia celebramus. P.

18.

XV. KL. FEB. NAT. SCAE PRISCAE MARTYRIS.

Da quesumus omnipotens deus, ut qui beatae Priscae martyris 149
tuae natalicia colimus, et annua sollemnitate laetemur et tantae fidei
proficiamus exemplo. P.

Super oblata. Hostia haec domine quesumus, quam in sanctorum 150
tuorum nataliciis recensentes offerimus, et uincula nostrae prauitatis
absoluat et tuae nobis misericordie dona conciliet. P.

Ad complendum. Quesumus domine salutaribus repleti mysteriis, 151
ut cuius sollemnia celebramus, eius orationibus adiuuemur. P.

2*

19.

XIIII. KL. FEB. NAT. SCORUM MARII ET MARTHAE.

152   Exaudi domine populum tuum cum sanctorum tuorum tibi patrocinio supplicantem, ut et temporalis uitae nos tribuas pace gaudere
et aeternae reperire subsidium. P.

153   *Super oblata.* Preces domine tuorum respice oblationesque fidelium, ut et tibi gratae sint pro tuorum festiuitate sanctorum et nobis
conferant tuae propitiationis auxilium. P.

154   *Ad complendum.* Sanctorum tuorum domine intercessione placatus praesta quaesumus, ut quod temporali celebramus actione, perpetua saluatione capiamus. P.

20.

XIII. KL. FEB. NAT. SCI FABIANI MARTYRIS. [fol. 22]

155   Infirmitatem nostram respice omnipotens deus, et quia pondus
propriae actionis grauat, beati Fabiani martyris tui atque pontificis
intercessio gloriosa nos protegat. P.

156   *Alia.* Assit domine quaesumus sancta precatio beati pontificis et
martyris tui Fabiani, quae nos et terrenis affectibus incessanter expediat et caelestia desiderare perficiat. P.

157   *Super oblata.* Intercessio quaesumus domine beati pontificis et
martyris tui Fabiani munera nostra commendet nosque eius ueneratio
tuae maiestati reddat acceptos. P.

158   *Ad complendum.* Refecti participatione muneris sacri quaesumus
domine deus noster, ut cuius exequimur cultum, sentiamus auxilium. P.

21.

EODEM DIE NAT. SCI SEBASTIANI MARTYRIS.

159   Deus qui beatum Saebastianum martyrem tuum uirtute constantiae
in passione roborasti, ex eius nobis imitatione tribue pro amore tuo
prospera mundi despicere et nulla eius aduersa formidare. P.

160   *Alia.* Praesta quaesumus domine, ut intercedente beato Sebastiano
martyre tuo et a cunctis aduersitatibus muniamur in corpore et a
prauis cogitationibus mundemur in mente. P.

Super oblata. Sancto Sebastiano interueniente domine tibi seruitus 161
nostra complaceat et obsequia munerum fiant praesidia deuotorum. P.

Praefatio. UD. aeterne deus. Quoniam martyris beati Sebastiani 162
pro confessione nominis tui uenerabilis sanguis effusus simul et mirabilia tua manifestat, qui perficis in infirmitate uirtutem, et nostris
studiis dat profectum et infirmis apud te prestat auxilium. P. Chr.

Ad complendum. Sacro munere satiati supplices te domine de- 163
precamur, ut quod debitae seruitutis celebramus officio, intercedente
beato Sebastiano martyre tuo saluationis tuae sentiamus augmentum. P.

22.

XII. KL. FEB. NAT. SCAE AGNETIS UIRGINIS.

Crescat domine semper in nobis sanctae iocunditatis affectus et 164
beatae Agnetis uirginis atque martyris tuae ueneranda festiuitas
augeatur. P.

Alia. Praesta quaesumus domine mentibus nostris cum exulta- 165
tione prouectum, ut beatae Agnetis martyris tuae, cuius diem passionis
annua deuotione recolimus, etiam fidei constantia[m] subsequamur. P.

Super oblata. Hostias domine quas tibi offerimus propitius re- 166
spice et intercedente beata Agna martyre tua uincula peccatorum
nostrorum absolue. P.

Alia. Hodiernum domine sacrificium laetantes exequimur, quo 167
beatae Agnetis caelestem uictoriam recensentes et tua magnalia praedicamus et nos adquisisse gaudemus suffragia gloriosa. P.

Praefatio. UD. aeterne deus. Et diem beatae Agnetis martyrio 168
consecratam sollemniter recensere, quae terrenae generositatis oblectamenta despiciens caelestem meruit dignitatem. Societatis humanae
uota contempnens aeterni regis est sociata consortio. Et pretiosam
mortem sexus fragilitate calcata pro Christi confessione suscipiens
simul facta est conformis et sempiternitatis eius et gloriae. Per quem.

Ad complendum. Sumentes domine gaudia sempiterna de parti- 169
cipatione sacramenti festiuitatis sanctae martyris Agnetis suppliciter
deprecamur, ut quae sedula seruitute donante te [fol. 23] gerimus,
dignis sensibus tuo munere capiamus. P.

Alia. Refecti cibo [etc. = n. 86]. 170

23.

XI. KL. FEB. NAT. SCI UINCENTII MARTYRIS.

171   Adesto quesumus domine supplicationibus nostris, ut qui ex iniquitate nostra reos nos esse cognoscimus, beati Uincentii martyris tui intercessione liberemur. P.

172   *Super oblata.* Muneribus nostris quesumus domine precibusque susceptis et caelestibus nos munda mysteriis et clementer exaudi. P.

173   *Alia.* Hostias tibi domine beati Uincentii martyris tui dicatas meritis benignus assume et ad perpetuum nobis tribue prouenire subsidium. P.

174   *Praefatio.* UD. p. Chr. d. n. Pro cuius nomine gloriosus leuita Uincentius et miles inuictus rabidi hostis insaniam interritus adiit, modestus sustinuit, securus irrisit, sciens paratus esse, ut resisteret, nesciens elatus esse, quod uinceret, in utroque domini ac magistri, sui uestigia sequens, qui et humilitatis custodiendae et de hostibus triumphandis suis fidelibus exempla sequenda monstrauit. Per quem.

175   *Ad complendum.* Quaesumus omnipotens deus, ut qui caelestia alimenta percepimus, intercedente beato Uincentio martyre tuo per haec contra omnia aduersa muniamur. P.

24.

X. [KL.] FEB. NAT. SCORUM EMERENTIANAE MACHARII ATQUE EUGENIAE.

176   Maiestati tuae nos quesumus domine martyrum tuorum Emerentianae[1]) et Macharii supplicatio beata conciliet, ut qui incessabiliter actibus nostris offendimus, iustorum precibus expiemur. P.

177   *Alia.* Martyrum tuorum nos domine semper festa laetificent, et quorum celebramus meritum, experiamur auxilium. P.

178   *Super oblata.* Accepta tibi sit domine sacratae plebis oblatio pro tuorum honore sanctorum, quorum meritis se percepisse in tribulatione cognoscit auxilium. P.

179   *Ad complendum.* Iugiter nos domine sanctorum tuorum uota laetificent et patrocinia nobis martyrum ipsae semper festiuitates exhibeant. P.

[1]) Hs.: emerentiani.

25.

VIII. KL. FEB. CONUERSIO PAULI APOSTOLI.

Deus qui uniuersum mundum beati Pauli apostoli predicatione 180 docuisti, da nobis quesumus, ut qui eius hodie conuersionem colimus, per eius ad te exempla gradiamur. P.

Super oblata. Apostoli tui Pauli precibus domine plebis tuae 181 dona sanctifica, ut quae tibi tuo grata sunt instituto, gratiora fiant patrocinio supplicantis. P.

Praefatio. UD. aeterne deus. Et maiestatem tuam suppliciter 182 exorare, ut aecclesiam tuam beati Pauli apostoli tui predicatione edoctam nulla sinas fallacia uiolari. Et sicut nihil in uera religione manere dinoscitur, quod non eius condierit disciplina, ita ad peragenda ea quae docuit eius obtentu fidelibus tribuatur efficatia. Sentiatque credentium gentium multitudo eum pro se apud te intercessorem, quem habere cognouit magistrum atque doctorem. P. Chr.

Ad complendum. Satiasti nos domine salutari mysterio: quae- 183 sumus, ut pro nobis eius non desit oratio, cuius donasti patrocinio gubernari. P.

Super populum. Praesta populo tuo domine quesumus con- 184 solationis auxilium et diuturnis calamitatibus laborantem [fol. 24] beati Pauli apostoli tui intercessione a cunctis tribulationibus erue. P.

26.

EODEM DIE NAT. SCI PREIECTI MARTYRIS.

Martyris tui Preiecti nos domine quaesumus interuentio gloriosa 185 commendet, ut quod nostris actibus non meremur, eius precibus consequamur. P.

Super oblata. Suscipe domine propitius, orationem nostram cum 186 oblationibus hostiarum super impositis et martyris tui Preiecti deprecatione pietati tuae perfice benignus acceptas et illam quae in eo flagrauit fortem dilectionem in nobis benignus aspira. P.

Praefatio. UD. aeterne deus. Et tuam misericordiam deprecari, 187 ut mentibus nostris beati martyris tui Preiecti praesenti sollemnitate spiritalis laetitiae tribuas iugiter suauitatem. Concedasque nobis, ut uenerando passionis eius triumphum obtentu illius et peccatorum remissionem et sanctorum mereamur adipisci consortium. P. Chr.

188   *Ad complendum.* Uotiua domine pro beati martyris tui Preiecti passione dona percepimus: quaesumus, ut eius precibus et praesentis uitae nobis pariter et aeternae tribuas conferre subsidium. P.

27.
V. KL. FEB. NAT. SCAE AGNAE SECUNDO.

189   Adesto nobis omnipotens deus beatae Agnetis festa repetentibus, quam hodiernae festiuitatis prolatam exortu ineffabili munere subleuasti. P.

190   *Super oblata.* Grata tibi sint domine quaesumus munera, quibus sanctae Agnetis magnificae sollemnitas recensetur; sic enim ab exordio sui usque in finem beati certaminis extitit gloriosa, ut eius nec initium debeamus praeterire nec finem. P.

191   *Praefatio.* UD. aeterne deus. Beatae Agnetis natalicia geminantes: uere enim huius honorandus est dies, quae sic terrena generatione processit, ut ad diuinitatis consortium perueniret. P. Chr.

192   *Ad complendum.* Sumpsimus domine celebritatis annuae uotiua sacramenta: praesta quaesumus, ut et temporalis nobis uitae remedia prebeant et aeternae. P. d.

193   *Alia.* Adiuuent nos quaesumus domine et haec mysteria sancta quae sumpsimus et beatae Agnetis intercessio ueneranda. P.

28.
IIII. NON. FEB. YPAPANTI.
Ad sanctam Mariam.

194   *Oratio ad collectam.* Erudi quesumus domine plebem tuam, et quae extrinsecus annua tribuis deuotione uenerari, interius assequi gratiae tuae luce concede. P.

Missa ad sanctam Mariam maiorem.

195   Omnipotens sempiterne deus, maiestatem tuam supplices exoramus, ut sicut unigenitus filius [fol. 25] tuus hodierna die cum nostrae carnis substantia in templo est praesentatus, ita nos facias purificatis tibi mentibus praesentari. P.

196   *Super oblata.* Exaudi domine preces nostras, et ut digna sint munera, quae oculis tuae maiestatis offerimus, subsidium nobis tuae pietatis impende. P.

Bl. 21b und 22a. (S. 19 f.)

natalicia geminamuf Uoe
enimhuiuf honorandu fef
dief quefiecremona genera
raonepeeffre ucaddiunm
tautfconforaum peruennre
perxpin A o copt
Sumpfimufdne celebraauf
annue uocuafacramca prf
qfuceecemporalifnobifurge
remedia prebeare eccaeenne
per dnm A L
Adiuuenc nofqfdne echec
mrfceria fea quefumpfimuf
ecbeageagnearfmerecffioue
neranda p IIIJNON FEBR
YPAPANTI A o S oaRIA

tua eequeexcrinfecufannua
tribuifdeuocaone uenerari lu
cernufaffequi gracae aue luce
concede per

A ADSCÃ oaRIA
oaf Beoo

NIPOTENS Beoo
PITERNA DS oaIes
tacentruam fupplicefexora
muf ucficacumzeneaffiliuf

ORATIO ADOOLL

Bl. 24 b. Hypapante (Darstellung Jesu im Tempel). 2. Febr. (S. 24.)

Praefatio. UD. aeterne deus. In exultatione precipuae sollemni- 197 tatis hodiernae, in qua coaeternus tibi filius tuus unigenitus in nostra natus substantia a parentibus legali traditione deportatur in templum, idem legislator et custos, praecipiens et oboediens, dives in suo, pauper in nostro: par turturum uel duos pullos columbarum sacrificium uix offerre sufficit caeli terraeque possessor. Hodie grandeui Symeonis inualidis gestatur in manibus, a quo mundi rector et dominus praedicatur. Accedit etiam oraculum uiduae testificantis, quoniam decebat, ut ab utroque annuntiaretur sexu utriusque saluator. Quem laudant.

Alia praefatio. UD. aeterne deus. Quia per incarnati uerbi 198 mysterium noua mentis nostrae oculis lux tuae claritatis effulsit, ut dum uisibiliter deum cognoscimus, per hunc inuisibilium amore rapiamur. Et ideo.

Ad complendum. Quaesumus domine deus noster, ut sacro- 199 sancta mysteria, quae pro reparationis nostrae munimine contulisti, intercedente beata semper uirgine Maria et praesens nobis remedium esse facias et futurum. Per eundem.

Ad complendum. Perfice in nobis quaesumus domine gratiam tuam, 200 qui iusti Symeonis expectationem implesti, ut sicut ille mortem non uidit, priusquam Christum dominum uidere mereretur, ita et nos uitam obtineamus aeternam. Per eundem.

Alia. Quaesumus omnipotens deus, tua nos protectione custodi 201 et castimoniam mentibus nostris atque corporibus intercedente beata Maria propitiatus indulge, ut ueniente sponso filio tuo unigenito accensis lampadibus eius digni prestolemur occursum. Qui tecum.

29.

NON. FEB. NAT. SCAE AGATHAE UIRGINIS.

Indulgentiam nobis domine beata Agatha martyr imploret, quae 202 tibi semper grata extitit uirtute martyrii et merito castitatis et tuae professione uirtutis. P.

Alia. Deus qui inter caetera potentiae tuae miracula etiam in 203 sexu fragili uictoriam martyrii contulisti, concede propitius, ut cuius natalicia colimus, per eius ad te exempla gradiamur. P.

204 *Super oblata.* Suscipe munera domine quaesumus, quae in beatae Agathae martyris tuae sollemnitate deferimus, cuius nos confidimus patrocinio liberari. P.

205 *Alia.* Fiant domine tuo grata conspectui munera supplicantis aecclesiae, et ut nostrae saluti proficiant, assit intercessio beatae tuae martyris Agathae. P.

206 *Praefatio.* UD. p. Chr. d. n. Pro cuius nomine poenarum mortisque contemptum in utroque sexu fidelium cunctis aetatibus contulisti: ut inter felicium martyrum palmas Agathen quoque beatissimam uirginem uictrici patientia coronares, quae nec minis territa nec suppliciis superata de diaboli saeuitia triumphauit, quia in tuae deitatis confessione permansit. Et ideo.

207 *Ad complendum.* Exultamus pariter et de percepto pane iustitiae et de tuae domine festiuitate martyris Agathae, quia interuentionibus tibi placentium confidimus nobis ad perpetuam uitam profutura quae sumpsimus. P.

30.

IIII. ID. FEB. NAT. SCAE SCOLASTICAE UIRGINIS.

208 Familiam tuam quesumus domine beatae uirginis tuae Scolasticae meritis propitius respice, ut sicut ipsius precibus ad optinendum quod cupiuit imbrem caelitus descendere fecisti, ita eius supplicationibus [fol. 26] ariditatem nostri cordis supernae digneris gratiae rore perfundere. P.

209 *Alia.* Deus qui beatae uirginis tuae Scolasticae animam ad ostendendam innocentiae uiam in columbae specie caelum penetrare fecisti, concede nobis ipsius meritis innocenter uiuere, ut ad eadem mereamur gaudia peruenire. P.

210 *Super oblata.* Suscipe quaesumus domine ob honorem sacrae uirginis tuae Scolasticae munus oblatum, et quod nostris assequi meritis non ualemus, eiusdem suffragantibus meritis largire propitius. P.

211 *Ad complendum.* Quos caelesti domine refectione satiasti, beatae quaesumus Scolasticae uirginis tuae meritis a cunctis exime propitiatus aduersis. P.

31.

EODEM DIE NAT. SCORUM ZOTICI HERENEI[1]) IACINTHI.

Domine deus noster, multiplica super nos gratiam tuam, et quorum 212 celebramus gloriosa certamina, tribue subsequi in sanctam professione uictoriam. P.

Super oblata. Suscipe quesumus domine munera populi tui pro 213 martyrum festiuitate sanctorum et sincero nos corde fac eorum nataliciis interesse. P.

Ad complendum. Sacramenti tui domine quesumus suscepta 214 benedictio corpora nostra mentesque sanctificet et perpetuae misericordiae nos praeparet ascribendos. P.

32.

EODEM DIE SCAE SOTERIS MARTYRIS.

Praesta quesumus omnipotens deus, ut sanctae Sotheris, cuius 215 humanitatis celebramus exordia, martyris beneficia sentiamus. P.

Super oblata. Preces nostras quaesumus domine propitiatus ad- 216 mitte et dicatum tibi sacrificium beata Sotheris martyr commendet. P.

Ad complendum. Sanctae Sotheris precibus confidentes quaesumus 217 domine, ut per ea quae sumpsimus aeterna remedia capiamus. P.

33.

XVI. KL. MAR. NAT. SCORUM UALENTINI UITALIS FELICULAE ET ZENONIS.

Tuorum nos domine quesumus precibus tuere sanctorum, ut festa 218 martyrum tuorum Ualentini Uitalis Feliculae et Zenonis sine cessatione uenerantes et fideli muniamur auxilio et magnifico proficiamus exemplo. P.

Super oblata. Ad martyrum tuorum Ualentini Uitalis Feliculae 219 et Zenonis domine festa uenientes cum muneribus nomini tuo dicatis nostra offerimus uota: praesta quesumus, ut illi[s] reuerentiam deferentes nobis ueniam impetremus. P.

Ad complendum. Protege domine plebem tuam et festiuitatem 220 martyrum tuorum Ualentini Uitalis Feliculae et Zenonis, quam nobis tradis assidue, debitam tibi persolui precibus concedas sanctorum. P·

---

[1]) Hs.: HENERENEI.

34.

XIIII. KL. MAR. NAT. SCAE IULIANAE UIRGINIS.

221   Omnipotens sempiterne deus, qui infirma mundi eligis ut fortia quaeque confundas, da nobis in festiuitate sanctae martyris tuae Iulianae congrua deuotione gaudere, ut et potentiam tuam in eius passione laudemus et prouisum nobis percipiamus auxilium. P.

222   *Super oblata.* In sanctae martyris tuae Iulianae passione pretiosa te domine mirabi-[fol. 27]lem praedicantes munera uotiua deferimus: praesta quesumus, ut sicut eius tibi grata sunt merita, sic nostrae seruitutis accepta reddantur officia. P.

223   *Ad complendum.* Libantes domine mensae tuae beata mysteria quesumus, ut sanctae Iulianae martyris tuae interuentionibus et prae-sentem nobis misericordiam conferant et aeternam. P.

35.

VIII. KL. MAR. CATHEDRA SCI PETRI.

224   Deus qui beato apostolo tuo Petro collatis clauibus regni caelestis animas ligandi atque soluendi pontificium tradidisti, concede, ut inter-cessionis eius auxilio a peccatorum nostrorum nexibus liberemur. Qui uiuis.

225   *Super oblata.* Aecclesiae tuae quesumus domine preces et hostias beati Petri apostoli commendet oratio, ut quod pro illius gloria cele-bramus, nobis prosit ad ueniam. P.

226   *Praefatio.* UD. aeterne deus. Et te laudare mirabilem deum in sanctis tuis, in quibus glorificatus es uehementer. Per quos uni-geniti tui sacrum corpus exornas et in quibus aecclesiae tuae funda-menta constituis, quam in patriarchis fundasti, in prophetis praeparasti, in apostolis condidisti. Ex quibus beatum Petrum apostolorum prin-cipem ob confessionem unigeniti filii tui per os eiusdem uerbi tui confirmatum in fundamento domus tuae mutato nomine caelestium claustrorum praesulem custodemque fecisti, diuino ei iure concesso, ut quae statuisset in terris, seruarentur in caelis. In cuius ueneratione hodierna die maiestati tuae haec festa persoluimus et gratiarum ac laudis hostiam immolamus. Per quem.

Ad complendum. Laetificet nos quaesumus domine munus oblatum, 227 ut sicut in apostolo Petro te mirabilem praedicamus, sic per illum tuae sumamus indulgentiae largitatem. P.

36.

VI. KL. MAR. NAT. SCI MATHIE[1]) APOSTOLI.

Deus qui beatum Mathiam apostolorum tuorum collegio sociasti, 228 tribue quesumus, ut eius interuentione tuae circa nos pietatis semper uiscera sentiamus. P.

Super oblata. Deus, qui proditoris apostatae ruinam, ne aposto- 229 lorum tuorum numerus sacratus perfectione careret, beati Mathiae electione supplesti, praesentia munera sanctifica et per ea nos gratiae tuae uirtute confirma. P.

Ad complendum. Praesta quesumus omnipotens et misericors 230 deus, ut per haec sancta quae sumpsimus interueniente beato Mathia apostolo tuo ueniam consequamur et pacem. P.

Super populum. Percipiat domine quesumus populus tuus inter- 231 cedente beato Mathia apostolo tuo misericordiam quam deposcit, et quam precatur humiliter indulgentiam consequatur et pacem. P.

37.

NON. MAR. NAT. SCARUM PERPETUAE ET FELICITATIS.

Da nobis domine deus noster sanctorum martyrum palmas in- 232 cessabili deuotione uenerari, ut quos digna mente non possumus sequi, humilibus saltem frequentemus[2]) obsequiis. P.

Super oblata. Intende domine munera quaesumus alta-[fol. 28] 233 ribus tuis pro sanctarum tuarum Felicitatis et Perpetuae commemoratione proposita, ut sicut per haec beata mysteria illis gloriam contulisti, ita nobis indulgentiam largiaris. P.

Ad complendum. Praesta nobis domine quaesumus intercedentibus 234 sanctis tuis, ut quae ore contingimus, pura mente capiamus. P.

38.

V. ID. MAR. UIGILIA SCI GREGORII PAPAE.

Concede quesumus domine fidelibus tuis digne sancti Gregorii 235 confessoris tui atque pontificis celebrare sollemnia, ut eius quae

---

¹) Hs.: MATHEI. ²) Hs.: frequentamus.

fideliter expe[c]tant et hic experiantur auxilia et aeternis effectibus apprehendant. P.

236 *Super oblata.* Hostias domine quas nomini tuo sacrandas offerimus sancti Gregorii prosequatur oratio, per quas nos et expiari facias et defendi. P.

237 *Praefatio.* UD. aeterne deus. Quia sic tribuis aecclesiam tuam sancti Gregorii pontificis tui commemoratione gaudere, ut eam semper illius et festiuitate laetifices et exemplo piae conuersationis exerceas grataque tibi supplicatione tuearis. P. Chr.

238 *Ad complendum.* Prestent domine quaesumus tua sancta praesidia, quod interuenientibus beati Gregorii meritis ab omnibus nos absoluant peccatis. P.

39.

IIII. ID. MAR. NAT. SCI GREGORII PAPAE.

239 Deus qui animae famuli tui Gregorii aeternae beatitudinis pre- mia contulisti, concede propitius, ut qui peccatorum nostrorum pondere premimur, eius apud te precibus subleuemur. P.

240 *Super oblata.* Annue nobis domine, ut animae famuli tui Gregorii prosit oblatio, quam immolando totius mundi tribuisti relaxare delicta. P.

241 *Praefatio.* UD. aeterne deus. Qui sic tribuis aecclesiam tuam sancti Gregorii pontificis tui commemoratione gaudere, ut eam et illius festiuitate laetifices et exemplo piae conuersationis exerceas et uerbo praedicationis erudias grataque tibi supplicatione tuearis. P. Chr.

242 *Ad complendum.* Deus qui beatum Gregorium pontificem sanctorum tuorum meritis coequasti, concede propitius, ut qui commemorationis eius festa percolimus, uitae quoque imitemur exempla. P.

40.

XIII. KL. APR. UIGILIA SCI BENEDICTI ABBATIS.

243 Concede nobis quesumus domine alacribus animis beati confessoris tui Benedicti sollemnia praeuenire, cuius diuersis decorata uirtutibus tibi uita complacuit. P.

244 *Super oblata.* Oblata beati confessoris tui Benedicti honore sint tibi domine nostra grata libamina et nostrarum apud te supplicationum effectum obtineant. P.

Ad complendum. Quos caelestibus domine recreas alimentis, 245
interueniente beato confessore Benedicto ab omnibus tuere periculis. P.

Super populum. Fac nos quesumus domine beati confessoris tui 246
Benedicti digne sollemnia praeuenire, qui largitatis tuae praeuentus
munere laudabilis uitae cursum glorioso fine conclusit. P.

41.

EODEM DIE NAT. SCI CUTHBERTI EPISCOPI. [fol. 29]

Omnipotens sempiterne deus, qui in meritis sancti tui Cuthberti 247
sacerdotis semper es et ubique mirabilis, quaesumus clementiam tuam,
ut sicut ei eminentem gloriam contulisti, sic ad consequendam misericordiam tuam eius nos facias precibus adiuuari. P.

Super oblata. Haec tibi domine quesumus beati Cuthberti sacer- 248
dotis precibus grata reddatur oblatio et pro ea nostrum gloriosa
famulatum purificet. P.

Praefatio. UD. aeterne deus. In quo ita uirtus antiqui hostis 249
elisa est, ut eius quem ipse superauerat beatum Cuthbertum sacerdotem inter ceteros talem fecit esse uictorem, cuius aerias potestates
gratia(e) tuae protectionis multiplici prostrauit militia. Unde et merito
magnifica signorum floruit sanctitate, qui sanitatem morbis restituit
multorum suumque nobis mirabile reliquit exemplum. Ideo etiam
in illo speciale gratiae tuae munus agnoscimus, qui apostolici pontificatus dignus in sua aetate successor et in actu extitit fidelissimus
dispensator et alumnus aecclesiae acceptus sacerdos effulsit insignis
et egregius. P. Chr.

Ad complendum. Deus qui nos sanctorum tuorum temporali facis 250
commemoratione gaudere, praesta quesumus, ut beato Cuthberto interueniente in ea numeremur sorte salutis, in qua illi tecum sunt tua
gratia gloriosi. P.

Super populum. Deus qui sanctorum tuorum libenter suscipis 251
uoluntates, intercedente beato Cuthberto familiam tuam miserationis
tuae dextera ab hostium insidiis protege semper et guberna. P.

42.

XII. KL. APR. NAT. SCI BENEDICTI ABBATIS ET CON-
FESSORIS.

Omnipotens sempiterne deus, qui hodierna die carnis eductum 252
de ergastulo beatum confessorem tuum Benedictum subleuasti ad

caelum, concede quesumus haec festa tuis famulis celebrantibus
cunctorum ueniam delictorum, ut qui exultantibus animis eius claritati
congaudent, ipso apud te interueniente consocientur et meritis. P.

253   *Super oblata.* Oblatis domine ob honorem beati confessoris tui
Benedicti placare[1]) muneribus et ipsius tuis famulis interuentu cunctorum [tribue] indulgentiam peccatorum. P.

254   *Praefatio.* UD. aeterne deus. Honorandi[2]) patris Benedicti
gloriosum celebrantes diem, in quo hoc triste saeculum deserens ad
caelestis patriae gaudia migrauit aeterna; qui sancti spiritus repletus
dono decoro[3]) monachorum gregi dignus pater effulsit, et quicquid sacris
monuit dictis, sanctis impleuit operibus; ut quam diuinis inchoauerat
oraculis semitam, exemplis monstraret lucidis; ut gloriosa monachorum
plebs paterna intuens uestigia ad perpetua lucis aeternae premia
uenire mereretur. P. Chr.

255   *Ad complendum.* Perceptis tui corporis et sanguinis domine
sacramentis concede nobis supplicante beato Benedicto confessore tuo
ita muniri, ut et temporalibus abundemur commodis et fulciamur
aeternis. P.

256   *Aliae orationes.* Omnipotens et misericors deus, qui beatum
Benedictum ad caelorum gloriam discipulis uidentibus migrare fecisti,
da nobis, ut sicut ille egregius pastor extitit monachorum, nos quoque orationibus eius adiuti illius exempla sectantes te auxiliante ad
uitam peruenire mereamur aeternam. P. [fol. 30]

257   *Alia.* Fidelium tuorum quesumus domine uota serenus intende,
et interuentu beati Benedicti cuius depositionis celebramus diem a
cunctis nos reatibus absolutos festis concede interesse perpetuis. P.

258   *Alia.* Annue tuis famulis quaesumus omnipotens, ut sicut beato
confessori tuo Benedicto aquam de rupis largitus es uertice, ita nobis
eius suffragantibus meritis supernae largiaris misericordiae fontem. P.

259   *Alia.* Deus qui ad beati Benedicti confessoris tui imperium
oboedientem discipulum super undas ambulare fecisti, fac nos quaesumus mundanos fluctus tibi semper deuote famulando calcare. P.

260   *Alia.* Deus cuius uirtute beatus Benedictus extincti fecit pueri
membra uiuiscere, praesta quaesumus nos eius meritis per afflatum
tui spiritus uiuificari. P.

---

[1]) Hs.: placere.   [2]) Hs.: honorandum.   [3]) Hs.: decori.

Mariae Verkündigung.   25 März.

Bl. 30ª; S. 33.

Alia. Deus qui beati confessoris tui Benedicti meritis prolapsum 261 ab imo lacus gurgite ferrum remeare fecisti, praesta quesumus ipsius nos interuentu de lacu miseriae eripi et ad supernae hereditatis gaudia reformari. P.

Alia. Deus qui nos pii confessoris tui Benedicti uoluisti magisteriis 262 erudiri, eius meritis dignare ab omni insidiatoris fraude protegere. P.

Alia. Omnipotens sempiterne deus, qui radiantibus beati con- 263 fessoris tui Benedicti exemplis arduum tuis imitabile famulis iter fecisti, da nobis inoffensis per eius instituta gressibus pergere, ut eiusdem in regione uiuentium mereamur gaudiis admisceri. P.

43.

VIII. KL. APR. ANNUNTIATIO SCAE MARIAE UIRGINIS.

Deus qui in beatae Mariae uirginis utero uerbum tuum angelo 264 annuntiante carnem suscipere uoluisti, praesta supplicibus tuis, ut qui uere eam dei genitricem credimus, eius apud te intercessionibus adiuuemur. P.

Alia. Deus qui hodierna die uerbum tuum in beatae uirginis 265 aluo adunare uoluisti, fac nos ita cuncta peragere, ut tibi placere ualeamus. P.

Alia. Exaudi nos domine sancte pater omnipotens aeterne deus, 266 qui per beatae Mariae sacrum uterum diuina gratia obumbratum uniuersum mundum illuminare dignatus es, maiestatem tuam suppliciter exorantes, ut quod nostris meritis non ualemus obtinere, eius adipisci presidiis mereamur. P.

Super oblata. Altari tuo domine superposita munera spiritus 267 sanctus assumat, qui hodie beatae Mariae uiscera splendoribus suae uirtutis repleuit. Per. in unitate eiusdem.

Alia. Oblationes nostras quaesumus domine propitiatus intende, 268 quas in honorem beatae et gloriosae semperque uirginis dei genitricis Mariae annua sollemnitate deferimus, ut coaeternus tibi spiritus sanctus, qui illius uiscera splendore suae gratiae repleuit, nos ab omni facinore delictorum emundet benignus. P.

Praefatio. UD. aeterne deus. Qui per beatae Mariae uirginis 269 partum aecclesiae tuae tribuisti celebrare mirabile mysterium et inenarrabile sacramentum. In qua manet intacta castitas, pudor integer,

3

firma constantia. Quae laetatur, quod uirgo concepit, quod caeli
dominum castis portabat [fol. 31] uisceribus, quod uirgo edidit partum.
O admirandam diuine dispensationis operationem! Quae uirum non
cognouit, et mater est et post filium uirgo est: duobus enim gauisa
muneribus miratur, quod uirgo peperit, laetatur, quod redemptorem
mundi edidit Iesum Christum dominum nostrum. Per quem.

270   *Ad complendum.* Adesto domine populo tuo, ut quae sumpsit
fideliter, et mente sibi et corpore beatae Mariae semper uirginis
intercessione custodiat. P.

271   *Super populum.* Protege domine famulos tuos subsidiis mentis
et corporis et beatae Mariae patrociniis confidentes a cunctis hostibus
redde securos. P.

272   *Aliae orationes.* Beate et gloriosae semperque uirginis dei
genitricis Mariae nos quaesumus domine merita prosequantur et tuam
nobis indulgentiam semper implorent. P.

273   *Alia.* Gratiam tuam domine mentibus nostris infunde, ut qui
angelo nuntiante Christi filii tui incarnationem cognouimus, per passionem eius et crucem ad resurrectionis gloriam perducamur. Qui
tecum.

274   *Alia.* Omnipotens sempiterne deus, qui coaeternum tibi filium
hodie pro salute mundi secundum carnem spiritu sancto concipiendum
angelico ministerio beatae Mariae semper uirgini declarasti, adesto
propitius populo tuo, ut ad eius natiuitatem pace concessa liberioribus
animis occurramus. P.

275   *Alia.* Beate et gloriosae semperque uirginis dei genitricis
Mariae, quaesumus omnipotens deus, intercessio nos gloriosa protegat
et ad uitam perducat aeternam. P.

276   *Alia.* Porrige nobis [domine deus] dexteram tuam et per intercessionem beatae et gloriosae semperque uirginis dei genitricis Mariae
auxilium nobis supernae uirtutis impende. P.

44.
DOMINICA PRIMA POST NAT. DNI.

277   Deus qui salutis aeternae beate Mariae uirginitate fecunda
humano generi premia praestitisti, tribue quaesumus, ut ipsam pro
nobis intercedere sentiamus, per quam meruimus auctorem uitae
suscipere dominum nostrum Iesum Christum.

Alia. Da nobis quaesumus omnipotens deus, ut qui natiuitatis 278
domini nostri Iesu Christi sollemnia ueneramur, eius semper muniamur
auxilio. Qui tecum.

Super oblata. Muneribus nostris quaesumus [etc. = n. 172]. 279

Praefatio. UD. aeterne deus. Et sursum cordibus erectis diui- 280
num adorare mysterium, ut quod magno dei munere geritur, magnis
aecclesiae gaudiis celebretur; quoniam humana conditio ueteri [1]) terrenaque lege cessante noua caelestique substantia mirabiliter restaurata
profertur. P. Chr.

Ad complendum. Da nobis quaesumus domine deus noster, ut 281
qui natiuitatem domini nostri Iesu Christi nos frequentare gaudemus,
dignis conuersationibus ad eius mereamur pertinere consortium. P. d.

Super populum. Benedictionem tuam domine populus fidelis 282
accipiat, qua corpore saluatus ac mente et gratam tibi semper exhibeat seruitutem et propitiationis tuae beneficia semper inueniat. P.

45.
DOMINICA II. POST NAT. DNI.

Omnipotens sempiterne deus, dirige actus nostros in beneplacito 283
tuo, ut in nomine dilecti filii tui mereamur bonis operibus abundare.
Qui tecum.

Alia. Propitiare misericors deus supplicationibus nostris et 284
populum tuum peruigili protectione custodi, ut qui unigenitum tuum
in carne nostri corporis deum natum esse fatentur, nulla possint diaboli falsitate cor-[fol. 32]rumpi. Per eundem.

Super oblata. Concede quaesumus domine, ut oculis tuae maiestatis 285
munus oblatum et gratiam nobis deuotionis obtineat et effectum beatae
perennitatis adquirat. P.

Praefatio. UD. aeterne deus. Qui peccato primi parentis ho- 286
minem a salutis finibus exulantem pietatis indulgentia ad ueniam
uitamque reuocasti mittendo nobis unigenitum filium tuum dominum
et saluatorem nostrum. Per quem.

Ad complendum. Per huius domine operationem mysterii et 287
uitia nostra purgentur et iusta desideria compleantur. P.

Super populum. Respice propitius domine ad debitam tibi populi 288
seruitutem, et inter humanae fragilitatis incerta nullis aduersitatibus
opprimatur, qui de tua protectione confidit. P.

---

[1]) Hs.: uetera.

46.
DOMINICA PRIMA POST THEOPHANIAM.

289   Uota quesumus domine populi supplicantis caelesti pietate prosequere, ut et quae agenda sunt uideant et ad implenda quae uiderint conualescant. P.

290   *Alia.* Fac nos domine deus noster tuis oboedire mandatis, quia tunc nobis prospera cuncta proueniant, si te totius uitae sequamur auctorem. P.

291   *Super oblata.* Oblatum tibi domine sacrificium uiuificet nos semper et muniat. P.

292   *Praefatio.* UD. aeterne deus. Quia cum unigenitus tuus in substantia nostrae mortalitatis apparuit, in noua nos immortalitatis suae luce reparauit. Et ideo.

293   *Ad complendum.* Supplices te rogamus omnipotens deus, ut quos tuis donis reficis sacramentis, tibi etiam placitis moribus dignanter deseruire concedas. P.

294   *Super populum.* Conserua quaesumus domine familiam tuam et benedictionum tuarum propitius ubertate purifica, ut eruditionibus tuis semper multiplicetur et donis. P.

47.
DOMINICA II. POST THEOPHANIAM.

295   Omnipotens sempiterne deus, qui caelestia simul et terrena moderaris, supplicationes populi tui clementer exaudi et pacem tuam nostris concede temporibus. P.

296   *Alia.* Mirabilium deus operator inmense, qui quondam aquas in conspectu tuo sistentes deinceps in uina mutasti, te humiliter imploramus, ut suscepta uoce clamoris nostri misericordiam tuam nobis deprecantibus numquam auferas, sed propitius inclina aurem tuam et exaudi preces nostras tibi supplicantes, ut serenissimo uultu uidere mereamur, quem in hac captiuitate nostra cum gloria uenturum expectamus. Qui uiuis.

297   *Super oblata.* Ut tibi grata sint domine munera populi supplicantis, ab omni quesumus eum contagione peruersitatis emunda. P.

298   *Praefatio.* UD. aeterne deus. Semperque uirtutes et laudes tuas labiis exultationis effari, qui nobis ad releuandos istius uitae labores

diuersa donorum tuorum solatia et munerum salutarium gaudia contulisti mittendo nobis Iesum Christum filium tuum dominum nostrum. Per quem.

Ad complendum. Augeatur in nobis domine quaesumus tuae 299 uirtutis operatio, ut diuinis uegetati sacramentis ad eorum promissa capienda tuo munere praeparemur. P.

Super populum. Auxiliare domine populo tuo, ut sacre deuo- 300 tionis proficiens [fol. 33] incrementis et tuo semper munere gubernetur et ad redemptionis aeternae pertineat te ducente consortium. P. d. n. I. Chr.

48.

DOMINICA III. POST THEOPHANIAM.

Omnipotens sempiterne deus, infirmitatem nostram propitius re- 301 spice atque ad protegendum nos dexteram tuae maiestatis extende. P.

Alia. Familiam tuam quesumus domine dextera tua perpetuo 302 circumdet auxilio, ut ab omni prauitate defen[sa] donis caelestibus prosequatur. P.

Super oblata. Haec hostia domine quaesumus emundet nostra 303 delicta et[1]) ad sacrificium celebrandum subditorum tibi corpora mentesque sanctificet. P.

Praefatio. UD. aeterne deus. Et te in omni tempore collau- 304 dare et benedicere, quia in te uiuimus et mouemur et sumus. Et nullum tempus nullumque momentum est, quod a beneficiis pietatis tuae uacui transigamus: uariis etenim sollemnitatum causis salutarium nobis operum tuorum et munerum memoria praesentis uitae tempora exornat. Unde et nos uel innouante laetitia praeteriti gaudii uel permanentis boni tempus agnoscentes indefessas maiestati tuae grates exoluimus. P. Chr.

Ad complendum. Quos tantis domine largiris uti mysteriis, quae- 305 sumus, ut effectibus nos eorum ueraciter aptare digneris. P.

Super populum. Assit domine quesumus propitiatio tua populo 306 supplicanti, ut quod te inspirante fideliter expetit, tua celeri largitate percipiat. P. d. n. [etc.]

---

1) Hs.: ut.

49.
DOMINICA IIII. POST THEOPHANIAM.

307   Deus qui nos in tantis periculis constitutos pro humana scis fragilitate non posse subsistere, da nobis salutem mentis et corporis, ut ea quae pro peccatis nostris patimur te adiuuante uincamus. P.

308   *Alia.* Porrige dexteram tuam quesumus domine plebi tuam misericordiam postulanti, per quam et errores declinet humanos et solatia uitae mortalis accipiat et sempiterna gaudia comprehendat. P.

309   *Super oblata.* Concede quesumus omnipotens deus, ut huius sacrificii munus oblatum fragilitatem nostram ab omni malo purget semper et muniat. P.

310   *Praefatio.* UD. aeterne deus. Qui genus humanum praeuaricatione sua in ipsius originis radice damnatum per florem uirginalis uteri reddere dignatus est absolutum, ut hominem, quem [per] unigenitum creaueras, per filium tuum deum et hominem recreares, et diabolus, qui Adam in fragili carne deuicerat, conseruata iustitia a deo carne uinceretur assumpta. P. Chr.

311   *Ad complendum.* Munera tua nos deus a delectationibus terrenis expediant et caelestibus nos instruant alimentis. P.

312   *Super populum.* Uox clamantis aecclesiae ad aures domine quesumus tuae pietatis ascendat, ut percepta uenia peccatorum te fiant operante deuota, te protegente secura. P.

50.
DOM. V. POST THEOPHANIAM.

313   Familiam tuam quesumus domine continuata pietate custodi, ut quae in sola spe gratiae caelestis innititur, tua semper protectione muniatur. P. [fol. 34]

314   *Alia.* Deus qui solus es bonus et sine quo nullus est bonus, iube nos quesumus tales fieri, qui a tua non mereamur bonitate priuari. P.

315   *Super oblata.* Hostias tibi domine placationis offerimus, ut et delicta nostra miseratus absoluas et nutantia corda ad te dirigas. P.

316   *Praefatio.* UD. aeterne deus. Et tibi hanc hostiam offerre, quae salutifero et ineffabili diuinae gratiae sacramento offertur a

plurimis et unum Christi corpus sancti spiritus infusione perficitur. Singuli accipiunt Christum dominum et in singulis portionibus est totus. Nec per singulos minuitur, sed integrum se praebet in singulis. Propterea ipsi qui sumimus communionem huius sancti panis et calicis unum Christi corpus efficimur. Per ipsius itaque maiestatem te supplices exoramus, ut nos ab omnibus emundes contagiis uetustatis et in nouitate uitae perseuerare concedas. Per quem.

Ad complendum. Quesumus omnipotens deus, ut illius salutaris 317 capiamus effectum, cuius per haec mysteria pignus accepimus. P. d.

Super populum. Aecclesiae tuae domine uoces placatus admitte, 318 ut destructis aduersitatibus uniuersis secura tibi seruiat libertate. P.

51.
DOMINICA VI. POST THEOPHANIAM.

Conserua populum tuum et tuo nomini fac deuotum, ut diuinis 319 subiectus officiis et temporalis uite pariter et aeternae dona percipiat. P.

Alia. Praesta quesumus omnipotens deus, ut semper quae sunt 320 rationabilia meditantes, quae tibi sunt placita et dictis exequamur et factis. P.

Super oblata. Haec oblatio nos deus mundet et renouet, guber- 321 net et protegat. P.

Praefatio. UD. aeterne deus. Ad cuius inmensam pertinet 322 gloriam, ut non solum mortalibus tua pietate succurreres, sed de ipsa etiam mortalitate nostra nobis remedium prouideres et perditos quosque unde perierant inde saluares. P. Chr.

Ad complendum. Caelestibus domine pasti deliciis quesumus, ut 323 easdem per quas ueraciter uiuimus appetamus. P.

Super populum. Adesto domine fidelibus tuis, et quibus suppli- 324 candi tribuis miseratus affectum, conde benignissime consolationis auxilium. P.

52.
DOMINICA IN LXX.
Ad sanctum Laurentium foris murum.

Concede quesumus omnipotens deus fragilitati nostrae suffi- 325 cientiam competentem, ut suae reparationis effectum et pia conuersatione recenseat et cum exultatione suscipiat. P.

326   *Super oblata.* Concede nobis misericors deus et digne tuis seruire semper altaribus et eorum perpetua participatione saluari. P.

327   *Praefatio.* UD. aeterne deus. Quia per ea quae conspiciuntur
instruimur, quibus modis ad inuisibilia tendere debeamus. Denique
commouemur anni ducente successu de praeteritis ad futura, de uetustate in nouitatem uitae transire: ut terrenis sustentationibus expediti
caelestis doni capiamus desiderabilius ubertatem, et per eum cibum,
qui beneficiis praerogatur alternis, perueniamus ad uictum sine fine
mansurum Iesum Christum dominum nostrum. Per quem

328   *Ad complendum.* Fideles tui deus per tua dona firmentur, ut
eadem et percipiendo requirant et quaerendo sine fine percipiant. P.

329   *Alia.* Sacrae nobis quesumus domine mense libatio et piae
conuersationis augmentum et tuae propitiationis continuum praestet
auxilium. P.

330   *Super populum.* Preces populi tui domine clementer exaudi, ut
qui iuste pro peccatis nostris affligimur, pro tui nominis gloria misericorditer liberemur. P.

331   *Ad uesperum.* Deus qui per ineffabilem obserua-[fol. 35]tionem
sacramenti famulorum tuorum praeparas uoluntates, donis gratiae tuae
corda nostra purifica, ut quod sancta est deuotione tractandum, sinceris mentibus exequamur. P.

53.
IN SEXAGESIMA.
Ad sanctum Paulum.

332   Deus qui conspicis qui[a] ex nulla nostra actione confidimus, concede
propitius, ut contra aduersa omnia doctoris gentium protectione
muniamur. P.

333   *Super oblata.* Oblatum tibi domine [etc. = n. 291].

334   *Alia.* Intende quesumus domine hostias familiae tuae, et quam
sacris muneribus facis esse participem, tribuas ad eius plenitudinem
peruenire. P.

335   *Praefatio.* UD. aeterne deus. Qui rationabilem creaturam, ne
temporalibus dedita bonis ad praemia sempiterna non tendat, eius
dispensatione dignaris erudire, ut nec castigatione deficiat nec pro-

speritatibus insolescat, sed in hoc poti[us] fiat eius gloriosa deuotio, quo nullis aduersitatibus obruta superetur. P. Chr.

Ad complendum. Sit nobis quesumus domine cibus sacer potus- 336 que salutaris, qui et temporalem uitam muniat et prestet aeternam. P.

Super populum. Rege quesumus domine populum tuum et 337 gratiae tuae in eo dona multiplica, ut ab omnibus liber offensis et temporalibus non destituatur auxiliis et sempiternis gaudeat institutis. P.

Ad uesperum. Tuere quesumus domine plebem tuam et sacram 338 sollemnitatem recolentem gratiae caelestis largitate prosequere, ut uisibilibus adiuta solatiis ad inuisibilia bona promptius incitetur. P. d. n. I. Chr.

54.
DOMINICA IN QUINQUAGESIMA.
Statio ad sanctum Petrum.

Preces nostras quesumus domine clementer exaudi atque a pecca- 339 torum uinculis absolutos ab omni nos aduersitate custodi. P.

[*Alia.*] [H]aec hostia quesumus domine emundet [etc. = n. 303]. 340

Super oblata. Sacrificium domine obseruantiae paschalis offerimus: 341 presta quesumus, ut tibi et mentes nostras reddat acceptas et continentiae promptioris nobis tribuat facultatem. P.

Praefatio. UD. aeterne deus. Et maiestatem tuam cernua 342 deuotione exorare, ut modulum terrenae fragilitatis aspiciens non in ira tua pro nostra prauitate nos arguas, sed inmensa clementia tua purifices erudias consoleris; quia cum sine te nihil possimus facere quod tibi sit placitum, tua nobis gratia sola prestabit, ut salubri conuersatione uiuamus. P. Chr.

Ad complendum. Repleti domine donorum participatione cae- 343 lestium, praesta quesumus, ut eadem et sumamus iugiter et incessabiliter ambiamus. P.

Super populum. De multitudine misericordiae tuae domine 344 populum tibi protege confitentem et corporaliter gubernatum piae mentis affectu tuis muneribus assequendis effice promptiorem. P.

Ad uesperum. Aufer a nobis domine quesumus iniquitates nostras, 345 ut ad sancta sanctorum puris mereamur mentibus introire. P. d. n. I. Chr.

55.

ORDO PRIUATAE SEU ANNUALIS POENITENTIAE ITA PROSEQUENDUS EST.

Praemonere debet omnis sacerdos eos, qui sibi confiteri solent, ut in capite ieiunii [fol. 36] concurrere incipiant ad renouandam confessionem. Et tunc suscepta secundum prolatam rationem confessione indicat singulis congruam paenitentiam siue obseruantiam usque in caenam domini magnopere intimans illis in presenti, ut tunc ad reconciliandum festinare nullatenus parui pendant. Si uero interest causa aut itineris aut cuiuslibet occupationis aut ita forte hebes est, ut ei hoc sacerdos persuadere nequeat, iniungat ei tam quadragesimalem quamque annualem paenitentiam et reconciliet eum statim.

Cum autem accesserit penitens ad sacerdotem, si laicus est, dimisso baculo, quisquis uero ille est, siue laicus siue clericus siue monachus, suppliciter se inclinet ante sacerdotem. Deinde iubeat eum sacerdos sedere contra se et interroget ita dicens:

Credis in patrem et filium et spiritum sanctum? *Respondeat paenitens:* Credo.

Credis, quia istae tres personae quas modo dixi, pater et filius et spiritus sanctus, unus deus sit? *Respondeat:* Credo.

Credis, quia in hac ipsa carne in qua modo es resurgere habes et recipere siue bonum siue malum, prout gessisti? *Respondeat:* Credo.

Uis dimittere illis qui in te peccauerunt omnia, ut et deus dimittat tibi omnia peccata tua ipso dicente: ‚Si non dimiseritis hominibus peccata eorum, nec pater uester caelestis dimittet uobis peccata uestra' |Marc. 11,26|?

Si uult dimittere, suscipias eius confessionem et indicas ei paenitentiam. Si non uult, non suscipias eius confessionem. Uolens ergo dimittere omnia his qui in se peccauerunt confiteatur omnia peccata sua quae recordari potest. Quo facto fixis in terra genibus et super ipsa innixus stans suppliciter tensis manibus blando ac flebili uultu respiciens sacerdotem dicat his uerbis:

346   Multa quidem et innumerabilia sunt alia peccata mea quae recordari nequeo in factis, in dictis, in cogitationibus. Pro quibus omnibus misera mens mea conpungitur et acri interdum penitentia cruciatur. Ideoque consilium immo iudicium tuum, qui sequester ac medius inter deum et peccatorem ordinatus es hominem, supplex deprecor et ut pro eisdem peccatis meis intercessor existas humiliter imploro.

Quo perdicto totum se in terram prosternat et gemitus atque suspiria uel lacrimas prout deus dederit ab intimo corde producat. Sacerdos uero patiatur eum aliquantis [momentis] periacere prostratum, iuxta quod uiderit eum diuina inspiratione conpunctum. Deinde iubeat eum sacerdos consurgere. Et cum steterit super pedes suos, cum tremore et humilitate prestoletur iudicium sacerdotis. Et indicat ei sacerdos abstinentiam siue obseruantiam perpendens subtiliter personae qualitatem, modum culpae, intentionem animi et corporis ualitudinem siue inbecillitatem. Percepta autem sententia sacerdotis iterum prosternat se paenitens pedibus illius petens pro se orationem fieri, ut suggerat ei diuina uisitatio uirtutem constanter obseruandi, quae ei iniuncta sunt, et ita reuerenter sacerdotis iudicio obtemperare, ac si ab ipsius diuinae maiestatis ore oportuna salutis suae medicamenta susciperet.

Tunc sacerdos dicat super eum orationes has:
Oratio. Domine deus omnipotens, propitius esto mihi peccatori. 347 *Require retro in iunctione.*

Alia. Exaudi domine preces nostras. *Require retro in iunctione.* 348

Alia. Assit quesumus domine huic famulo tuo inspiratio gratiae 349 salutaris, quae cor eius fletuum ubertate resoluat; sicque se macerando conficiat, ut iracundiae tuae motus idonea satisfactione compescat. P.

Alia. [fol. 37] Da quesumus domine huic famulo tuo continuam 350 purgationis suae obseruantiam paenitendo gerere, et ut hoc efficaciter implere ualeat, gratia eum tuae uisitationis et preueniat et subsequatur. P.

Alia. Preueniat hunc famulum tuum. *Require in iunctione.* 351

Alia. Adesto domine supplicationibus nostris. *Require in* 352 *iunctione.*

Alia. Domine deus noster qui peccatis nostris offenderis. *Re-* 353 *quire in iunctione.*

Quibus dictis iubeat sacerdos poenitentem surgere de terra. Sed ipse surgat de sedili suo. Et si loco uel tempori congruit, ingressi aecclesiam et super genua uel cubitos uterque innixus cantat VII subiectos poenitentiae psalmos cum capitulo et precibus sibi conexis.

Domine ne in ira tua I [Ps. 6] Kyrie eleison. Christe eleison. Kyrie eleison. *Ter.* Pater noster. *Deinde preces et capitulum.*

Domine conuertere et eripe animam meam [Ps. 6,5]. Respice et exaudi me, domine deus meus. Illumina oculos meos, ne umquam obdormiam in morte [Ps. 12,4] *et reliqua.*

Ab occultis meis munda me domine [Ps. 18,13] *et cetera.*

354 *Oratio.* Exauditor omnium deus, exaudi nostrorum fletuum supplicem uocem et tribue infirmitatibus nostris perpetem sospitatem, ut dum dignanter gemitum nostri laboris suscipis, tua nos semper misericordia conso[leris. P.]

Alius psalmus. Pater noster et preces.

Beati quorum remisse sunt iniquitates [Ps. 31]. *Capitulum ut supra.*

Delicta iuuentutis et ignorantias [Ps. 24,7] *et cetera.*

Propter nomen tuum domine propitiaberis [Ps. 24,11].

Delictum meum cognitum tibi feci [Ps. 31,5].

355 Sancte domine qui remissis delictis beatitudinem te confessis attribuis, exaudi uota presentis familiae et confractis peccatacculeis spiritali nos exultatione perfunde. P.

Pater noster et preces.

Domine, ne in ira tua II [Ps. 37]. *Preces ut supra.*

Domine, ante [te est omne desiderium meum [Ps. 37,10].

Ne derelinquas me domine deus meus [Ps. 37,22].

Exaudi orationem meam domine et deprecor [Ps. 63,2].

Complaceat tibi domine, ut eruas me [Ps. 39,14].

356 *Oratio.* Emitte domine salutare tuum infirmitatibus nostris, uulnerum cicatricumque mortalium potentissime medicator, ut omnem gemitum doloremque nostrum coram te deplorantes ualeamus euincere insultationes aduersantium uitiorum. P.

Pater noster et preces.

Miserere mei deus secundum magnam [Ps. 50]. *Preces ut supra.*

Domine, miserere mei, sana animam meam [Ps. 40,5].

Miserere mei deus, miserere mei, quoniam in te confidit anima mea [Ps. 56,2].

Ne auertas faciem tuam a(peccatis) me(is) [Ps. 26,9].

Ne memineris domine iniquitatum nostrarum [Ps. 78,8].

Adiuua nos deus salutaris noster [Ps. 78,9].

357 Persolue miserationes tuas domine per ineffabile nomen tuum, trinitas deus, qui humani pectoris antrum emundatis uitiis super

candorem efficis niuis. Innoua quesumus in uisceribus nostris sanctum tuum spiritum, quo laudem tuam annuntiare possimus, ut recto principalique spiritu confirmati mereamur aeternis sedibus in Hierusalem caelesti componi. Qui uiuis.

Item psalmus Domine exaudi I [Ps. 101].
Kyrie. Pater noster et preces.
Deus tu scis insipientiam meam [Ps. 68,6].
In multitudine misericordiae [Ps. 68,14].
Exaudi me domine, quoniam benigna est [Ps. 68,17].
Intende anime meae [Ps. 68,19] *et reliqua.*

Oratio. Exorabilis domine, intende orationem supplicum tuorum, 358 ut qui in peccatis detenti sicut faenum aruimus, respectu caelestis misericordiae consolemur. P.

Item psalmus De profundis [Ps. 129]. *Kyrie et preces.*
Ne perdas domine cum impiis animam [Ps. 25,9].
Redime me domine et miserere mei [Ps. 25,11].
Pes enim meus stetit in uia recta [Ps. 25,12].

Oratio. Intendant quesumus domine pietatis tuae aures in ora- 359 tionem supplicum, quia apud te est propitiatio peccatorum, ut non obserues[1]) iniquitates nostras, sed impertias nobis misericordias tuas. P.

Item psalmus Domine exaudi II [Ps. 142]. *Kyrie et preces.*
Clamaui ad te domine, dixi: tu es spes mea [Ps. 141,6].
Intende in orationem meam, quia humiliatus [Ps. 141,7].
Libera me a persequentibus me [Ps. 141,7].
Educ de carcere animam meam [Ps. 141,8]. [fol. 38]
Me expectant iusti, donec retribuas [Ps. 141,8].

Oratio. Deus qui matutinam sacrae resurrectionis tuae auditam 360 fecisti iocunditatem, cum ex inferno rediens replesti terram gaudiis quam reliqueras in obscuris, rogamus potentiae tuae ineffabilem maiestatem, ut sicut tunc cateruam apostolicam gaudere fecisti sacra in anastasi, ita hanc ecclesiam tuam misericordiam expansis manibus flagitantem splendore caelestis iubaris illustrare digneris. Qui uiuis.

Sequitur officium.

Antiphona. Qui cognoscis omnium occulta, a peccatis meis munda me. Tempus mihi concede, ut repaenitens plangam. Peccaui, miserere mei, saluator mundi. *Psalmus.* Auerte faciem tuam a peccatis meis [Ps. 50,11]. *Grad[uale].* Saluum fac seruum tuum [Ps. 85,2].

---
[1]) Hs.: obseruas.

℣ Auribus percipe [Ps. 85,6]. Alleluia. ℣ Mittat tibi dominus auxilium de sancto ct de Sion tueatur te [Ps. 19,3].

Off[erenda]. Exaudi deus orationem meam et ne [Ps. 54,2]. ℣ Conturbatus sum [Ps. 54,3]. ℣ Ego autem ad dominum [Ps. 54,17]. *Communio.* Ab occultis meis [Ps. 18,13].

Missa post confessionem.

361   Deus qui iustificas impium. *Require totam missam, ubi pro amico scriptae sunt.*

Lectio epistole beati Iacobi apostoli. Karissimi. Confitemini alterutrum peccata uestra. *Require in rogationibus.*

Sequentia sancti euangelii secundum Lucam. In illo tempore: Erant appropinquantes ad Iesum publicani et peccatores. *Require in dominica IIII. post pentecosten.*

56.

INCIPIT ORDO AGENTIS PUBLICAM PAENITENTIAM.

Suscipis eum IIII. feria mane caput quadragesime et cooperies eum cilicio et recludis has orationes dicens:

362   *Oratio.* Exaudi domine preces nostras. *Ut supra.*

363   Preueniat hunc famulum tuum. *Ut supra.*

364   [A]desto domine supplicationibus nostris. *Ut supra.*

365   *Oratio.* Domine deus noster, qui offensione nostra non uinceris, sed satisfactione placaris. *Ut supra.*

57.

FERIA IIII.

Ad sanctam Anastasiam.

366   *Oratio ad collectam.* Concede nobis domine praesidia militiae christianae sanctis inchoare ieiuniis, ut contra spiritales nequitias pugnaturi continentiae muniamur auxiliis. P.

Missa ad sanctam Sabinam.

367   Praesta domine fidelibus tuis, ut ieiuniorum ueneranda sollemnia et congrua pietate suscipiant et secura deuotione percurrant. P.

368   *Super oblata.* Fac nos quesumus domine his muneribus offerendis conuenienter aptari, quibus ipsius uenerabilis sacramenti uenturum celebramus exordium. P.

Praefatio. UD. aeterne deus. Qui corporali ieiunio uitia com- 369 primis, mentem eleuas, uirtutem largiris et premia. P. Chr.

Ad complendum. Percepta nobis domine prebeant sacramenta 370 subsidium, ut et tibi grata sint nostra ieiunia et nobis proficiant ad medelam. P.

Super populum. Tuere domine populum tuum et ab omnibus 371 peccatis clementer emunda, quia nulla ei nocebit aduersitas, si nulla dominetur iniquitas. P.

Ad uesperum. Respice domine super famulos tuos et in tua 372 misericordia confidentes caelesti protege benignus auxilio. P.

58.

FERIA V.

Statio ad sanctum Georgium.

Da quaesumus domine fidelibus tuis ieiuniis paschalibus con- 373 uenienter aptari, ut suscepta sollemniter castigatio corporalis cunctis ad fructum proficiat animarum. P.

Alia. Deus qui culpa offenderis, paenitentia placaris, preces 374 populi tui supplicantis propitius respice et flagella tuae iracundiae quae pro peccatis nostris meremur auerte. P.

Super oblata. [fol. 39] Sacrificiis presentibus domine quesumus 375 intende placatus, ut et deuotioni nostrae proficiant[1]) et saluti. P.

Praefatio. UD. aequum et salutare. Tibi domine sanctificare 376 ieiunium, quod nos ab initio seculi docuisti. Magnam enim in hoc munere corporibus salubritatem et sanitatem mentibus contulisti. Quod si illa humani generis mater interdicta sibi arbore custodisset, et immortalitatem retinuisset et patriam. Sed peccatum matris antiquae, quod illicita uetustatis usurpatione commisit[2]), in nostris oramus absolui ieiuniis; ut qui de paradyso non abstinendo cecidimus, ad eundem nunc ieiunando redeamus. P.

Ad complendum. Caelestis doni benedictione percepta supplices 377 te deus omnipotens deprecamur, ut hoc idem nobis et sacramenti causa sit et salutis. P.

Alia. Haec nos reparent quesumus domine beata mysteria et 378 suo munere dignos efficiant. P.

---

[1]) Hs.: complaceant. — [2]) Hs.: commissit.

379   *Super populum.* Inclinantes domine maiestati tuae propitiatus intende, ut qui diuino munere sunt refecti, celestibus semper nutriantur auxiliis. P.

380   *Alia super populum.* Parce domine, parce populo tuo, ut dignis flagellationibus castigatus in tua miseratione respiret. P.

381   *Ad uesperum.* Fac nos quesumus domine salutis nostrae causas et deuotis semper frequentare seruitiis et deuotius recolere principaliter inchoata. P.

59.
FERIA VI.
Ad sanctos Iohannem et Paulum.

382   Inchoata ieiunia quaesumus domine benigno fauore prosequere, ut obseruantiam, quam corporaliter exhibemus, mentibus etiam sinceris exercere ualeamus. P. d. n.

383   *Alia.* Adiuua nos deus salutaris noster, ut quae collata nobis honorabiliter recensemus, deuotis mentibus assequamur. P.

384   *Super oblata.* Prepara nos quesumus domine huius precipue festiuitatis officiis, ut haec sacrificia sobriis mentibus celebremus. P.

385   *Alia.* Sacrificium domine obseruantiae paschalis [etc. = n. 341].

386   *Praefatio.* UD. aeterne deus. Et maiestatem tuam suppliciter deprecari, ut indulgentiae nobis spiritum benignus infundas. Quo ue! ipsi rationabiliter agenda cernamus uel eis qui inutilia sentiunt indicemus esse censendum. Nec studia nostra sectemur, sed offerentibus meliora subdamur. Quoniam haec apud te sapientia est, quae non suis inheret uitiis, sed undecumque prolatam diligit ueritatem. P. Chr.

387   *Ad complendum.* Tribue nobis omnipotens deus, ut dona caelestia quae debito frequentamus obsequio salutaria nobis iugiter sentiamus. P.

388   *Super populum.* Praesta famulis tuis domine habundantiam protectionis et gratiae, da salutem mentis et corporis, da continuae[1]) prosperitatis augmenta et tibi semper fac esse deuotos. P.

389   *Ad uesperum.* Fac nos quaesumus domine salutis [etc. = n. 381].

---
[1]) Hs.: continentiae.

60.

FERIA VII.

Ad sanctam Mariam.

Adesto domine supplicationibus nostris et concede, ut hoc 390
sollemne ieiunium, quod animis corporibusque curandis salubriter
institutum est, deuoto seruitio celebremus. P.

Super oblata. Suscipe domine sacrificium, cuius te uoluisti di- 391
gnanter immolatione placari, et praesta quesumus, ut huius operatione
mundati beneplacitum tibi nostrae mentis offeramus affectum. P.

Praefatio. UD. aeterne deus. Et maiestatem tuam suppliciter 392
deprecari, ut mentem nostram tibi placitam benignus efficias. Quae
non tantum speciem bonitatis ostendat, sed iustitiae fructibus illuminata clarescat tuaeque semper dedita maiestati beneficia desiderata
percipiat. Qui necessariis pro-[fol. 40]sequi muneribus non omittis,
quos tuo cultui praestiteris conuenienter intentos. P.

Ad complendum. Caelestis uitae munere uegetati quaesumus 393
domine, ut quod est nobis in praesenti uita mysterium, fiat aeternitatis
auxilium. P.

Super populum. Fideles tui deus [etc. = n. 328].   394

Ad uesperum. Obseruationis huius annua celebritate laetantes 395
quaesumus domine, ut quadragesimalibus ieiuniis inherentes plenis
eius affectibus gaudeamus. P.

61.

DOMINICA IN QUADRAGESIMA.

Ad sanctum Iohannem in Laterano.

Deus qui aecclesiam tuam annua quadragesimae obseruatione 396
purificas, praesta familiae tuae, ut quod a te obtinere abstinendo
nititur, hoc bonis operibus exequatur. P.

Alia. Concede nobis omnipotens deus, ut per annua quadra- 397
gesimalis exercitia sacramenti et ad intellegendum Christi proficiamus
archanum et effectus eius digna conuersatione sectemur. P.

Super oblata. Sacrificium quadragesimalis initii sollemniter im- 398
molamus te domine deprecantes, ut cum epularum restrictione carnalium a noxiis quoque uoluptatibus temperemur. P.

399   *Praefatio.* UD. per Chr. d. n. Qui continuatis quadraginta diebus et noctibus hoc ieiunium non esuriens dedicauit. Post enim esuriit non tam cibum hominum quam salutem. Nec aescarum saecularium aepulas concupiuit, sed animarum desiderauit potius sanctitatem. Cibus eius est redemptio populorum. Cibus namque eius est totius bonae uoluntatis affectus. Qui nos docuit operari non solum cibum, qui terrenis dapibus apparatur, sed etiam eum, qui diuinarum scripturarum lectione percipitur. Per quem.

400   *Ad complendum.* Tui nos domine sacramenti libatio sancta restauret et a uetustate purgatos in mysterii salutaris faciat transire consortium. P.

401   *Super populum.* Super populum tuum domine quaesumus benedictio copiosa descendat, indulgentia ueniat, consolatio tribuatur, fides sancta succrescat, redemptio sempiterna firmetur. P.

402   *Ad uesperum.* Omnipotens sempiterne deus, qui nobis in obseruatione ieiunii et elemosinarum semine posuisti nostrorum remedia peccatorum, concede nos opere mentis et corporis semper tibi esse deuotos. P.

403   *Alia.* Adesto quaesumus domine supplicationibus nostris et in tua misericordia confidentes ab omni nos aduersitate custodi. P.

62.
FERIA II.
Statio ad uincula.

404   Conuerte nos deus salutaris noster, et ut nobis ieiunium quadragesimale proficiat, mentes nostras caelestibus instrue disciplinis. P.

405   *Super oblata.* Accepta tibi sit domine nostrae deuotionis oblatio, quae et ieiunium nostrum te operante sanctificet et indulgentiam nobis tuae consolationis obtineat. P.

406   *Praefatio.* UD. aeterne deus. Qui das aescam omni carni et nos non solum carnalibus sed etiam spiritalibus aescis reficis; ut non in solo pane uiuamus, sed in omni uerbo tuo uitalem habeamus alimoniam. Nec tantum aepulando sed etiam ieiunando pascamur. Nam ut dapibus et poculis corpora, sic ieiuniis et uirtutibus animae saginantur. Magnam in hoc munere salubritatem mentis ac corporis contulisti, quia ieiunium nobis uenerabile dedicasti, ut ad paradysum

de quo non abstinendo cecidimus ieiunando sollemnius redeamus.
P. Chr.

Ad complendum. Salutaris tui munere satiati supplices exoramus, 407
ut cuius laetamur[1])
[gustu, renouemur effectu. P.

Super populum. Absolue quesumus domine nostrorum uincula 408
peccatorum et quicquid pro eis meremur propitiatus auerte. P.

63.
FERIA III.
Ad sanctam Anastasiam.

Respice domine familiam tuam et praesta, ut apud te mens nostra 409
tuo desiderio fulgeat, quae se carnis maceratione castigat. P.

Super oblata. Oblatis quesumus domine placare muneribus et a 410
cunctis nos defende periculis. P.

Ad complendum. Quesumus omnipotens deus, ut illius [etc. = n. 317]. 411

Super populum. Ascendant ad te domine preces nostrae et ab 412
aecclesia tua cunctam repelle nequitiam. P. d.

64.
FERIA IIII.
Ad sanctam Mariam.

Preces nostras quesumus domine clementer exaudi et contra cuncta 413
nobis aduersantia dexteram tuae maiestatis extende. P.

Alia. Deuotionem populi tui domine quesumus benignus intende, 414
ut qui per abstinentiam macerantur in corpore, per fructum boni operis
reficiantur in mente. P.

Super oblata. Hostias tibi domine placationis [etc. = n. 315]. 415

Ad complendum. Tui domine perceptione sacramenti et a nostris 416
mundemur occultis et ab hostium liberemur insidiis. P.

Super populum. Respice domine propitius ad plebem tuam, et 417
quam diuinis tribuis proficere sacramentis, ab omnibus absolue peccatis. P. d.

65.
FERIA V.
Ad sanctum Laurentium.

Suscipe domine quesumus preces nostras et ad aures misericordie 418
[tuae] postulationes sacratae tibi plebis placatus admitte. P. d.

---

[1]) Ein Doppelblatt fehlt. Der oben in kleinerem Druck folgende Text (bis
n. 430) steht in dem S. 1 erwähnten Fuldaer Sakramentar der Kgl. Bibliothek
Bamberg, fol. 41—43.

419   *Super oblata.* Sacrificia domine quesumus propensius ista nos saluent, quae medicinalibus sunt instituta ioiuniis. P.

420   *Ad complendum.* Tuorum nos domine largitate donorum et temporalibus attolle praesidiis et renoua sempiternis. P.

421   *Super populum.* Da quesumus domine populis christianis et quae profitentur agnoscere et caeleste munus diligere quod frequentant. P.

66.
FERIA VI.
Ad apostolos.

422   Esto domine propitius plebi tuae et quam tibi facis esse deuotam, benigno refoue miseratus auxilio. P.

423   *Super oblata.* Suscipe quesumus domine nostris oblata seruitiis et tua propitius dona sanctifica. P. d. n.

424   *Ad complendum.* Per huius domine operationem [etc. = n. 287].

425   *Super populum.* Conserua quesumus domine populum tuum et ab omnibus quas meretur aduersitatibus redde securum, ut tranquillitate percepta deuota tibi mente deseruiat. P. d.

67.
SABBATO.
Ad sanctum Petrum.

426   Populum tuum domine quesumus propitius respice atque ab eo flagella tuae iracundiae clementer auerte. P.

427   *Alia.* Deus qui delinquentes perire non pateris, sed expectas ut conuertantur et uiuant, debitam quesumus peccatis nostris suspende uindictam et praesta propitius, ne dissimulatio cumulet ultionem, sed potius per ieiunium emendatio prosit ad ueniam. P.

428   *Alia.* Protector noster aspice deus, ut qui malorum nostrorum pondere premimur, percepta misericordia libera tibi mente famulemur. P.

429   *Alia.* Adesto quesumus domine supplicationibus nostris, ut esse te largiente mereamur et inter prospera humiles et inter aduersa securi. Per d.

430   *Alia.* Actiones nostras quesumus domine et aspirando praeueni et adiuuando prosequere, ut cuncta nostra operatio et a te semper incipiat et per te coepta finiatur. P.

Ad missam.]

[fol. 41] Deus quem omnia opera benedicunt, quem caeli glori- 431 ficant, angelorum multitudo collaudat, quesumus te, ut sicut tres pueros de camino ignis non solum illesos sed etiam in tuis laudibus conclamantes liberasti, ita nos peccatorum nexibus obuolutos uelut de uoragine ignis eripias; ut dum te deum patrem benedictionum laudamus, criminum flammas operumque carnalium incendia superantes hymnum tibi debitum iure meritoque reddamus. P.

Super oblata. Praesentibus sacrificiis domine ieiunia nostra 432 sanctifica, ut quod obseruantia nostra profitetur extrinsecus, interius operetur. P.

Praefatio. UD. aeterne deus. Illuminator et redemptor animarum 433 nostrarum, qui nos per primum Adam abstinentiae lege uiolata paradyso eiectos fortioris ieiunii remedio ad antiquae patriae beatitudinem per gratiam reuocasti, nosque pia institutione docuisti, quibus obseruationibus a peccatis omnibus liberemur. P. Chr.

Ad complendum. Perpetuo domine fauore prosequere quos reficis 434 diuino mysterio, et quos imbuisti caelestibus institutis, salutaribus comitare solatiis. P.

Super populum. Fideles tuos domine benedictio desiderata con- 435 firmet, quae eos et a tua uoluntate numquam faciat discrepare et tuis semper indulgeat beneficiis gratulari. P.

Ad uesperum. Deus qui nos gloriosis remediis in terris adhuc 436 positos iam caelestium rerum facis esse consortes, tu quesumus in ista qua uiuimus nos uita guberna, ut ad illam in qua ipse es lucem perducas. P.

68.

DOMINICA UACAT.

Deus qui conspicis omni nos uirtute destitui, interius exteriusque 437 custodi, ut et ab omnibus aduersitatibus muniamur in corpore et a prauis cogitationibus mundemur in mente. P.

Alia. Praesta nobis misericors deus, ut placationem tuam promptis 438 mentibus exoremus et peccatorum ueniam consequentes a noxiis liberemur incursibus. P.

Super oblata. Sacrificiis presentibus domine [etc. = n. 375]. 439

440 *Alia.* Aecclesiae tuae domine munera placatus assume, quae et misericors offerenda tribuisti et in nostrae salutis potenter efficis transire mysterium. P.

441 *Praefatio.* UD. aeterne deus. Et maiestatem tuam suppliciter exorare, ut mentibus nostris medicinalis obseruantiae munus infundas, et qui etiam neglegentibus subsidium ferre non desinis, beneficia praebeas potiora deuotis. P. Chr.

442 *Ad complendum.* Supplices te rogamus omnipotens deus, ut quos [etc. = n. 293].

443 [R]efecti domine pane caelesti ad uitam quesumus nutriamur aeternam. P.

444 *Super populum.* Familiam tuam quesumus domine propitiatus illustra, ut beneplacitis inhaerendo cuncta quae bona sunt mereatur accipere. P.

445 *Ad uesperum.* Reparet nos quesumus domine semper et innouet tuae prouidentia pietatis, quae fragilitatem nostram et inter mundi tempestates protegat et gubernet et in portum perpetuae salutis inducat. P.

69.

FERIA II. EBDOMADAE II.

Statio ad sanctum Clementem. [fol. 42]

446 Praesta quesumus omnipotens deus, ut familia tua quae se affligendo carne ab alimentis abstinet sectando iustitiam a culpa ieiunet. P.

447 *Super oblata.* Haec hostia domine placationis et laudis tua nos propitiatione dignos efficiat. P.

448 *Praefatio.* UD. aeterne deus. Et pietatem tuam supplici deuotione deposcere, ut ieiunii nostri oblatione placatus et peccatorum nobis concedas ueniam et nos a noxiis liberes insidiis. P. Chr.

449 *Ad complendum.* Percepta domine sancta nos adiuuent et suis repleant institutis. P.

450 *Alia.* Adesto supplicationibus nostris omnipotens deus, et quibus fiduciam sperandae pietatis indulges, consuetae misericordiae tribue benignus effectum. P.

Super populum. Populum tuum domine quaesumus ad te toto 451
corde conuerte, quia quos defendis etiam delinquentes, maiori pietate
tueris sincera mente deuotos. P. d. n.

Ad uesperum. Tuis quaesumus domine adesto supplicibus et 452
inter mundanae prauitatis insidias fragilitatem nostram sempiterna
pietate prosequere. P.

70.
FERIA III. EBDOMADAE II.
Ad sanctam Balbinam.

Perfice quaesumus domine benignus in [no]bis obseruantiae sanctae 453
subsidium, ut quae te auctore facienda cognouimus, te operante
impleamus. P.

Super oblata. Sanctificationem tuam nobis domine his mysteriis 454
placatus operare, quae nos et a terrenis purget uitiis et ad caelestia
dona perducat. P.

Praefatio. UD. aeterne deus. Qui ob animarum medelam 455
ieiunii deuotione castigari corpora precepisti, concede quesumus, ut
corda nostra ita pietatis tuae ualeant exercere mandata, ut ad tua
mereamur te opitulante peruenire promissa. P. Chr.

Ad complendum. Delicias domine mirabiles mensae caelestis 456
ambimus, quibus ieiunando copiosius saginamur. P.

Super populum. Da quesumus domine fidelibus tuis et sine 457
cessatione capere paschalia sacramenta et desideranter expectare
uentura, ut in mysteriis quibus renati sumus permanentes ad nouam
uitam his operibus perducamur. P.

Ad uesperum. Deus qui ob animarum medelam ieiunii deuotione 458
castigari corpora praecepisti, concede, ut corda nostra ita pietatis tuae
ualeant exercere mandata, quatinus ab omnibus possimus semper
abstinere peccatis. P.

Alia. Imploramus domine clementiam tuam, ut haec diuina 459
ieiuniorum subsidia a uitiis expiatos ad festa uentura nos preparent. P.

71.
FERIA IIII. EBDOMADAE II.
Statio ad sanctum Clementem.

Deus qui per uerbum tuum humani generis reconciliationem 460
mirabiliter operaris, praesta quesumus, ut sancto ieiunio purificati et
tibi toto corde simus subiecti et in tua efficiamur prece concordes. P.

461   *Super oblata.* Hostias domine quas tibi offerimus propitius respice et per haec sancta commertia uincula peccatorum nostrorum absolue. P.

462   *Praefatio.* UD. per Chr. d. n. Per quem humani generis re-conciliationem mirabili dispensatione operatus es: praesta quaesumus, ut sancto purificati ieiu-[fol. 43]nio et tibi toto corde simus subiecti et inter mundanae prauitatis insidias te miserante perseueremus illesi. Per quem.

463   *Ad complendum.* Gratia tua nos domine quesumus non derelin-quat, quae et sacrae nos deditos faciat seruituti et tuam nobis opem semper adquirat. P.

464   *Alia.* Sumptis domine [salutaribus] sacramentis ad redemptionis aeterne quesumus proficiamus augmentum. P.

465   *Super populum.* Populum tuum domine propitius respice, et quos ab aescis carnalibus precipis abstinere, a noxiis quoque uitiis cessare concede. P.

466   *Alia.* Deus innocentiae restitutor et amator, dirige tuorum corda seruorum, ut spiritus tui feruore concepto et in fide inueniantur stabiles et in opere efficaces. P. d. n.

467   *Ad uesperum.* Praesta nobis domine quesumus auxilium gratiae tuae, ut ieiuniis et orationibus conuenienter intenti liberemur ab hostibus mentis et corporis. P.

72.
FERIA V. EBDOMADAE II.
Statio ad sanctam Mariam.

468   Aecclesiam tuam domine perpetua miseratione prosequere, ut inter saeculi turbines constituta et praesenti iocunditate respiret et aeternam beatitudinem percipiat. P.

469   *Super oblata.* Accepta tibi sint domine quesumus nostri dona ieiunii, quae et expiando nos tuae gratiae dignos efficiant et ad sempiterna promissa perducant. P.

470   *Praefatio.* UD. aeterne deus. Et tuam cum celebratione ieiunii pietatem deuotis mentibus obsecrare, ut qui peccatis ingruentibus ma-lorum pondere premimur, et a peccatis omnibus liberemur et libera tibi mente famulemur. P. Chr.

Ad complendum. Prebeant nobis domine quesumus diuinum tua 471
sancta feruorem, quo eorum pariter et actu delectemur et fructu. P.

Super populum. Adesto domine famulis tuis et perpetuam be- 472
nignitatem largire poscentibus, ut his, qui te auctore et gubernatore
gloriantur, et congregata restaures et restaurata conserues. P.

Ad uesperum. Adiuua nos deus salutaris noster et in sacrificio 473
ieiuniorum nostras mentes purifica et ad beneficia recolenda quibus
nos instaurare dignatus es tribue uenire gaudentes. P.

73.
FER. VI. EBDOMADAE II.
Statio ad sanctum Uitalem.

Da quesumus omnipotens deus, ut sacro nos purificante ieiunio 474
sinceris mentibus ad sancta uentura facias peruenire. P.

Super oblata. Haec in nobis sacrificia deus et sanctificatione 475
permaneant et operatione firmentur. P.

Praefatio. UD. aeterne deus. Qui delinquentes perire non pateris, 476
sed ut ad te conuertantur et uiuant hortaris. Poscimus itaque pietatem
tuam, ut a peccatis nostris tuae seueritatis suspendas uindictam et
nobis optatam misericorditer tribuas ueniam. Nec iniquitatum nostrarum moles te prouocet ad ultionem, sed ieiunii obseruatio et morum
emendatio te flectat ad peccatorum nostrorum remissionem. P. Chr·

Ad complendum. Fac nos quesumus domine accepto pignore 477
salutis aeternae sic tendere congruenter, ut ad eam peruenire
possimus. P.

Super populum. Da quesumus domine populo tuo salutem mentis 478
et corporis, ut bonis operibus inhaerendo tuae semper [uirtutis] mereatur protectione defendi. P.

Ad uesperum. Ad hostes nostros domine superandos praesta 479
quaesumus, ut auxilium tuum ieiuniis tibi placitis et bonis operibus
impetremus. P. [fol. 44]

74.
SABBATO.
Ad sanctos Marcellinum et Petrum.

Da quaesumus domine nostris effectum ieiuniis salutarem, ut 480
castigatio carnis assumpta ad nostrarum uegetationem transeat animarum. P.

481 *Super oblata.* His sacrificiis domine concede placatus, ut qui propriis oramus absolui delictis, non grauemur externis. P.

482 *Praefatio.* UD. aeterne deus. Et tuam iugiter exorare clementiam, ut mentes nostras, quas conspicis terrenis affectibus pregrauari, medicinalibus tribuas ieiuniis exonerari et per afflictionem corporum proueniat nobis robur animarum. P. Chr.

483 *Ad complendum.* Sacramenti tui domine diuina libatio penetrabilia nostri cordis infundat et sui participes potenter efficiat. P.

484 *Super populum.* Implorantes domine misericordiam tuam fideles populos propitius intuere, et qui preter te alium non nouerunt, tuis semper beneficiis glorientur. P.

485 *Alia.* Familiam tuam quaesumus domine continua pietate [etc. = n. 313].

486 *Ad uesperum.* Subueni domine seruis tuis pro sua iugiter iniquitate gementibus mentesque nostras terrenis affectibus pregrauatas medicinalibus tribue exonerari ieiuniis et corporis afflictione corroborari. P.

75.
DOM. III. IN QUADRAGESIMA.
Ad sanctum Laurentium.

487 Quaesumus omnipotens deus, uota humilium respice atque ad defensionem nostram dexteram tuae maiestatis extende. P.

488 *Super oblata.* Suscipe quaesumus domine deuotorum munera famulorum et tua diuinis purifica seruientes pietate mysteriis, quibus etiam iustificas ignorantes. P.

489 *Praefatio.* UD. aeterne deus. Et te suppliciter exorare, ut cum abstinentia corporali mens quoque nostra sensus declinet illicitos, et quae terrena delectatione carnalibus aepulis abnegamus, humanae uoluntatis prauis intentionibus amputemus; quatinus ad sancta sanctorum fideliter salubriterque capienda competenti ieiunio ualeamus aptari, tanto nobis certi propensius iugiter affutura, quanto fuerimus eorum institutionibus gratiores. P. Chr.

490 *Ad complendum.* A [c]unctis nos domine reatibus et periculis propitiatus absolue, quos tanti mysterii tribuis esse participes. P.

Super populum. Subiectum tibi populum quaesumus domine 491 propitiatio caelestis amplificet et tuis semper faciat seruire mandatis. P.

Ad uesperum. Propitiare domine supplicationibus nostris et ani- 492 marum nostrarum medere languoribus, ut remissione percepta in tua semper benedictione laetemur. P.

76.
FERIA II. EBDOMADAE III.
Ad sanctum Marcum.

Cordibus nostris quesumus domine benignus infunde, ut sicut 493 ab aescis corporalibus abstinemus, ita sensus quoque nostros a noxiis retrahamus excessibus. P.

Super oblata. Munus quod tibi domine nostrae seruitutis offe- 494 rimus, tu salutare nobis perfice sacramentum. P.

Praefatio. [fol. 45] UD. aeterne deus. Et clementiam tuam cum 495 omni supplicatione precari, ut per hanc ieiuniorum obseruationem crescat nostrae deuotionis affectus et nostras actiones religiosus exornet effectus;[1]) quatinus te auxiliante et ab humanis semper retrahamur excessibus et monitis inherere ualeamus te largiente caelestibus. P. Chr.

Ad complendum. Quos ieiunia uotiua castigant, tua domine 496 sacramenta uiuificent, ut terrenis affectibus mitigatis facilius caelestia capiamus. P.

Super populum. Gratias tibi referat domine corde subiecto tua 497 semper aecclesia et consequenter obtineat, ut obseruationes antiquas iugiter recensendo proficiat in futurum. P.

Ad uesperum. Conserua domine familiam tuam bonis semper 498 operibus eruditam et sic presentibus consolare subsidiis, ut ad superna perducas dona propitius. P.

77.
FERIA III. EBDOMADAE III.
Ad sanctam Potentianam.

Exaudi nos omnipotens et misericors deus et continentiae salu- 499 taris propitius dona concede. P.

Super oblata. Per haec ueniat quaesumus domine sacramenta 500 nostrae redemptionis effectus, qui nos et ab humanis retrahat semper excessibus et ad salutaria cuncta perducat. P.

---
[1]) Hs.: affectus.

501 *Praefatio.* UD. aeterne deus. Qui [peccantium] non uis animas
perire sed culpas, et peccantes non semper continuo iudicas sed ad
paenitentiam prouocatos expectas: auerte quaesumus a nobis quam
meremur iram et quam optamus super nos effunde clementiam, ut sacro
purificati ieiunio electorum tuorum ascisci[1]) mereamur collegio. P. Chr.

502 *Ad complendum.* Sacris domine mysteriis expiati et ueniam consequamur et gratiam. P.

503 *Super populum.* Concede nobis misericors deus, ut deuotus tibi
populus semper existat et tua clementia quod ei prosit indesinenter
optineat. P.

504 *Ad uesperum.* Prosequere omnipotens deus ieiuniorum sacra
mysteria, [et quos] ab aescis carnalibus precipis abstinere, a noxiis
quoque uitiis cessare concede. P.

78.
FERIA IIII. EBDOMADAE III.
Ad sanctum Syxtum.

505 Praesta nobis quesumus domine, ut salutaribus ieiuniis eruditi
a noxiis quoque uitiis abstinentes propitiationem tuam facilius impetremus. P. d. n.

506 *Super oblata.* Suscipe domine preces populi tui cum oblationibus
hostiarum et tua mysteria celebrantes ab omnibus nos defende periculis. P.

507 *Praefatio.* UD. aeterne deus. Tuamque misericordiam suppliciter exorare, ut ieiuniorum nostrorum sacrosancta mysteria tue sint
pietati semper accepta; concedasque, ut quorum corpora abstinentiae
obseruatione macerantur, mentes quoque uirtutibus et caelestibus institutis exornentur. P. Chr.

508 *Ad complendum.* Sanctificet nos domine qua pasti sumus mensa
caelestis et a cunctis erroribus expiatos supernis promissionibus reddat
acceptos. P. d. n.

509 *Super populum.* Defende domine familiam tuam et toto tibi
corde prostratam ab hostium tuere formidine, nec bona tua difficulter
inueniat, pro quibus et sancti tui et angelicae tibi supplicant
potestates. P.

---

[1]) Hs.: adipisci.

Ad uesperum. Deus qui nos formam humilitatis ieiunando et 510 orando unigeniti tui domini nostri imitatione [fol. 46] docuisti, concede quaesumus, ut quod ille iugi ieiuniorum continuatione compleuit, nos quoque per partes dierum facias adimplere. Per eundem.

79.

FERIA V. EBDOMADAE III.
Ad sanctos Cosmam et Damianum.

Da quaesumus domine rex aeterne cunctorum, ut sacro nos 511 purificatos ieiunio sinceris quoque mentibus ad tua sancta uentura facias peruenire. P.

Super oblata. Deus de cuius gratiae rore descendit, ut ad 512 mysteria tua purgatis sensibus accedamus, praesta quaesumus, ut in eorum traditione sollemniter honoranda competens deferamus obsequium. P.

Praefatio. UD. aeterne deus. Et tuam inmensam clementiam 513 supplici uoto deposcere, ut nos famulos tuos et ieiunii maceratione castigatos et ceteris bonorum operum exhibitionibus eruditos in mandatis tuis facias perseuerare sinceros et ad paschalia festa peruenire illaesos. Sicque presentibus subsidiis consolemur, quatinus ad aeterna gaudia pertingere mereamur. P. Chr.

Ad complendum. Sacramenti tui domine ueneranda perceptio et 514 mystico nos mundet effectu et perpetua uirtute defendat. P.

Super populum. Concede quaesumus omnipotens deus, ut qui 515 protectionis tuae gratiam quaerimus, liberati a malis omnibus secura tibi mente seruiamus. P.

Ad uesperum. Deus qui peccantium animas non uis perire sed 516 culpas, contine quam meremur iram et quam precamur super nos effunde clementiam, ut de merore gaudium tuae misericordiae consequi mereamur. P. d. n. I. Chr.

80.

FERIA VI.
Ad sanctum Laurentium.

Ieiunia nostra quaesumus domine benigno fauore prosequere, ut 517 sicut ab alimentis in corpore, ita a uitiis ieiunemus in mente. P. d.

518   *Super oblata.* Respice domine propitius ad munera quae sacramus, ut et tibi sint grata et nobis salutaria semper existant. P.

519   *Praefatio.* UD. p. Chr. d. n. Quia ad insinuandum humilitatis suae mysterium fatigatus resedit ad puteum, qui a muliere samaritana aquae sibi petiit porrigi potum, qui in ea creauerat fidei donum. Et ita eius sitire dignatus est fidem, ut dum ab ea aquam peteret, in ea ignem diuini amoris accenderet. Imploramus itaque tuam inmensam clementiam, ut contempnentes tenebrosam profunditatem uitiorum et relinquentes noxiarum hydriam cupiditatum te, qui fons uitae et origo bonitatis es, semper sitiamus et ieiuniorum nostrorum obseruatione tibi placeamus. Per quem.

520   *Ad complendum.* Huius nos perceptio sacramenti mundet a crimine et ad caelestia regna perducat. P. d. n.

521   *Super populum.* Gaudeat quaesumus domine populus tua semper benedictione confisus, ut et temporalibus beneficiis adiuuetur et erudiatur aeternis. P.

522   *Ad uesperum.* Adesto quaesumus omnipotens deus et ieiunio corporali mentem nostram operibus tuorum refice mandatorum. P.

81.
SABBATO.
Ad sanctam Susannam.

523   Praesta quaesumus omnipotens deus, ut qui se affligendo carne ab alimentis abstinent, sectando iustitiam a culpa ieiunent. P. d.

524   *Super oblata.* [fol. 47] Domine deus noster, qui in his [potius] creaturis, quas ad fragilitatis nostrae subsidium condidisti, tuo quoque nomini munera iussisti dicanda constitui, tribue quaesumus, ut et uitae nobis presentis auxilium et aeternitatis efficiant sacramentum. P.

525   *Praefatio.* UD. aeterne deus. Qui ieiunii quadragesimalis obseruationem in Moyse et Helia dedicasti et in unigenito filio tuo legis et prophetarum nostrorumque omnium domino exornasti. Tuam igitur inmensam bonitatem supplices exposcimus, ut quod ille iugi ieiuniorum compleuit continuatione, nos adimplere ualeamus illius adiuti largissima miseratione, et adimplentes ea quae precepit dona percipere mereamur quae promisit. Per quem.

Ad complendum. Nos domine quos reficis sacramentis, tuis attolle 526 benignus auxiliis, ut tuae redemptionis effectum et mysteriis capiamus et moribus. P.

Super populum. Praetende domine fidelibus tuis dexteram cae- 527 lestis auxilii, ut et te toto corde perquirant et quae digne postulant consequi mereantur. P.

Ad uesperum. Auge fidem tuam domine quaesumus miseratus 528 in nobis, quia pietatis tuae subsidia non negabis, quibus integram contuleris firmitatem. P.

82.
DOMINICA IIII.
Ad Hierusalem.

Concede quesumus omnipotens deus, ut qui ex merito nostrae 529 actionis affligimur, tuae gratiae consolatione liberemur. P.

Super oblata. Suscipe domine sacrificium, cuius te [etc. = n. 391]. 530

Praefatio. UD. aeterne deus. Et te creatorem omnium de 531 preteritis fructibus glorificare et de uenturis suppliciter exorare, ut cum de perceptis inuenimur ingrati, de percipiendis non iudicemur indigni; sed [per] exhibita totiens sollemni deuotione ieiunia profectum quoque capiamus animarum. P.

Ad complendum. Da nobis misericors deus, ut sancta tua quibus 532 incessanter explemur sinceris tractemus obsequiis et fideli mente semper sumamus. P.

Super populum. Tu semper quaesumus domine tuam attolle 533 benignus familiam, tu dispone correctam, tu propitius tuere subiectam, tu guberna perpetua benignitate salvandam. P.

Ad uesperum. Deus qui in deserti regione multitudinem populi 534 tua uirtute satiasti, in huius quoque saeculi transeuntis excursu uictum nobis spiritalem ne deficiamus impende. P.

83.
FERIA II.
Ad sanctos IIII Coronatos.

Proficiat quaesumus domine plebs tibi dicata piae deuotionis 535 affectu, ut sacris actionibus erudita quanto maiestatis tuae fit gratior, tanto donis potioribus augeatur. P. d.

536   *Alia.* Praesta quaesumus omnipotens deus, ut obseruationes sacras annua deuotione recolentes et corpore tibi placeamus et mente. P.

537   *Super oblata.* Cunctis nos domine reatibus et periculis propitiatus absolue, quos tanti mysterii tribuis esse consortes. P.

538   *Alia.* Oblatum tibi domine [etc. = n. 291].

539   *Praefatio.* UD. aeterne deus. Et tuam suppliciter misericordiam implorare, ut exercitatio ueneranda ieiu-[fol. 48]nii ealutaris nos a peccatorum nostrorum maculis purgatos reddat et ad supernorum ciuium societatem perducat; ut et hic deuotorum actuum sumamus augmentum et illic aeternae beatitudinis percipiamus emolumentum. P. Chr.

540   *Ad complendum.* Sumptis domine salutaribus [etc. = n. 464].

541   *Alia.* Diuini satiati muneris largitate quaesumus domine deus noster, ut in huius semper participatione uiuamus. P.

542   *Super populum.* Tueatur quaesumus domine dextera tua populum tibi deprecantem et purificatum dignanter erudiat, ut consolatione presenti ad futura bona proficiat. P.

543   *Ad uesperum.* Deprecationem nostram quaesumus domine benignus exaudi, et quibus supplicandi prestas effectum, tribue defensionis auxilium. P.

84.

FERIA III.

Ad sanctum Laurentium.

544   Sacre nobis quesumus domine obseruationis ieiunia et piae conuersationis augmentum et tuae propitiationis continuum prestent auxilium. P.

545   *Super oblata.* Purifica nos misericors deus, ut aecclesiae tuae preces quae tibi gratae sunt pia munera deferentes fiant expiatis mentibus gratiores. P.

546   *Praefatio.* UD. aeterne deus. Per mediatorem dei et hominum Iesum Christum dominum nostrum, qui mediante die festo ascendit in templum docere, qui de caelo descenderat mundum ab ignorantiae tenebris liberare. Cuius descensus genus humanum doctrina salutari instruit, mors a perpetua morte redemit, ascensio ad caelestia regna

Palmsonntag: Einzug in Jerusalem.
Bl. 54 a; S. 73.

Gründonnerstag: Abendmahl und Fusswaschung.
Bl. 58ᵇ; S. 80.

perducit. Per quem te summe pater poscimus, ut eius institutione edocti, salutaris parsimoniae deuotione purificati ad tua perueniamus promissa securi. Per quem.

Ad complendum. Caelestia dona capientibus quaesumus domine 547 non ad iudicium peruenire patiaris, quod fidelibus tuis ad remedium prouidisti. P.

Super populum. Exercitatione ueneranda domine ieiunii salutaris 548 populi tui corda dispone, ut et dignis mentibus suscipiat paschale mysterium et continuatae deuotionis sumat augmentum. P.

Alia. Miserere domine populo tuo et continuis tribulationibus 549 laborantem propitius respirare concede. P.

Ad uesperum. Da nostrae summae conditionis reparator omni- 550 potens deus, ut et semper declinemus a malis et omne quod bonum est prompta uoluntate sectemur. P.

85.
FERIA IIII.
Statio ad sanctum Paulum.

Omnipotens sempiterne deus, qui et iustis premia meritorum et 551 peccatoribus per ieiunium ueniam prebes, miserere supplicibus, parce peccantibus, ut reatus nostri confessio indulgentiam ualeat percipere delictorum. [P.]

Alia. Concede quaesumus omnipotens deus, ut huius sacrificii 552 [etc. = n. 309].

Super oblata. Supplices domine te rogamus, ut his sacrificiis 553 peccata nostra mundentur, quia tunc ueram nobis tribuis et mentis et corporis sanitatem P.

Praefatio. UD. p. Chr. d. n. Qui illu-[fol. 49]minatione suae 554 fidei tenebras expulit mundi et genus humanum, quod primae matris uterus profuderat caecum, incarnationis suae mysterio reddidit illu-minatum; fecitque filios adoptionis, qui tenebantur uinculis iustae damnationis. Per ipsum te petimus, ut tales in eius inueniamur iustissima examinatione, quales facti sumus in lauacri salutaris feli-cissima regeneratione; ut eius incarnationis medicamine imbuti, sacro-sancti lauacri ablutione loti, parsimoniae deuotione ornati ad aeterna gaudia perueniamus illaesi. Per quem maiestatem.

5

555 *Ad complendum.* Sacramenta quae sumpsimus domine deus noster et spiritalibus nos repleant alimentis et corporalibus tueantur auxiliis. P.

556 *Super populum.* Da plebi tuae domine piae semper deuotionis affectum, ut quae praua sunt respuens sancta conuersatione firmetur et a peccatis libera nullis aduersitatibus atteratur. P.

557 *Ad uesperum.* Tempora nostra quaesumus domine pio fauore prosequere, et quibus cursum tribuis largiorem, praesta continuum benignus auxilium. P.

86.
FERIA V.
Ad sanctum Siluestrum.

558 Praesta quaesumus omnipotens deus, ut quos ieiunia uotiua castigant, ipsa quoque deuotio sancta laetificet, ut terrenis affectibus mitigatis facilius caelestia capiamus. P.

559 *Super oblata.* Haec hostia quaesumus domine emundet [etc. = n. 303].

560 *Alia.* Efficiatur haec hostia domine quaesumus sollemnibus grata ieiuniis, et ut tibi fiat acceptior, purificatis mentibus immoletur. P.

561 *Praefatio.* UD. aeterne deus. Cuius bonitas hominem condidit, iustitia damnauit, misericordia redemit: te humiliter exoramus, ut sicut per illicitos appetitus a beata regione decidimus, sic ad aeternam patriam per abstinentiam redeamus; sicque moderetur tua miseratione nostra fragilitas, ut et transitoriis subsidiis nostra sustentetur mortalitas et per bonorum operum incrementa beata adquiratur immortalitas. P. Chr.

562 *Ad complendum.* Sancta tua nos domine quaesumus et uiuificando renouent et renouando uiuificent. P.

563 *Super populum.* Populi tui deus institutor et rector peccata quibus impugnatur expelle, ut semper tibi sit placitus et tuo munimine sit securus. P.

564 *Ad uesperum.* Plebem tuam domine quaesumus interius exteriusque restaura, ut quam corporeis non uis delectationibus impediri, spiritali facias uigere proposito, et sic rebus foueas transitoriis, ut tribuas potius inherere perpetuis. P.

87.

FERIA VI.

Ad sanctum Eusebium.

Deus qui ineffabilibus mundum renouas sacramentis, praesta 565 quaesumus, ut aecclesia tua et aeternis proficiat institutis et temporalibus non destituatur auxiliis. P.

Super oblata. Haec sacrificia nos omnipotens deus potenti uirtute 566 mundatos ad suum faciant puriores uenire principium. P.

Praefatio. UD. p. Chr. d. n. **Qui est dies aeternus, lux inde-** 567 ficiens, claritas sempiterna, qui sic sequaces suos in luce precepit ambulare, ut noctis aeternae ualeant caliginem euadere et ad lu-[fol. 50] cis aeternae patriam feliciter peruenire. Qui per humilitatem assumptae humanitatis Lazarum fleuit, per diuinitatis potentiam uitae reddidit genusque humanum quadrifida peccatorum mole obrutum ad uitam reduxit. Per quem petimus ieiunii obseruatione a peccatorum nostrorum nexibus solui, aeternae uitae felicitati reddi et sanctorum coetibus connumerari. Per quem.

Ad complendum. Haec nos quaesumus domine participatio 568 sacramenti et a propriis reatibus indesinenter expediat et ab omnibus tueatur aduersis. P.

Super populum. Adesto domine populis qui sacra mysteria conti- 569 gerunt, ut nullis periculis affligantur, qui te protectore confidunt. P. d. n.

Ad uesperum. Omnipotens sempiterne deus, qui sic hominem 570 condidisti, ut meliorem temporalibus beneficiis competenter instructum ad caelestia dona proueheres, praesta quaesumus, ut sicut per illicitos appetitus de beatitudinis regione decidimus, sic per alimoniam tuo munere distributam et transitoria sustentetur humanitas et amissa recuperetur aeternitas. P.

88.

SABBATO.

Statio ad sanctum Laurentium.

Deus omnium misericordiarum ac totius bonitatis auctor, 571 qui peccatorum remedia ieiuniis orationibus et elemosinis demonstrasti, respice propitius in hanc humilitatis nostrae confessionem, ut qui inclinamur conscientia nostra, tua semper misericordia erigamur. P.

572   *Alia.* Fiat domine quesumus per gratiam tuam fructuosus nostrae deuotionis affectus, quia tunc nobis prodcrunt suscepta ieiunia, si tuae sint placita pietati. P.

573   *Super oblata.* Oblationibus quesumus domine placare susceptis et ad te nostras etiam rebelles compelle propitius uoluntates. P.

574   *Praefatio.* UD. aeterne deus. Misericordiae dator et totius bonitatis auctor, qui in ieiuniis ac orationibus et elemosinis peccatorum remedia et uirtutum omnium tribuis incrementa: te humili deuotione precamur, ut qui ad haec agenda saluberrimam dedisti doctrinam, ad complendum indefessam tribuis efficatiam, ut obedienter tua exequentes precepta feliciter tua capiamus promissa. P. Chr.

575   *Ad complendum.* Tua nos quesumus domine sancta purificent et operatione sua tibi faciant esse deuotos. P.

576   *Super populum.* Deus qui sperantibus in te misereri potius eligis quam irasci, da nobis digne flere mala quae fecimus, ut tuae consolationis gratiam inuenire ualeamus. P.

577   *Ad uesperum.* Tua nos domine quesumus gratia et sanctis exerceat ueneranda ieiuniis et caelestibus mysteriis efficiat aptiores. P.

89.
DOMINICA V. IN XL.
Ad sanctum Petrum.

578   Quesumus omnipotens deus, familiam tuam propitius respice, ut te largiente regatur in corpore et te seruante custodiatur in mente. P.

579   *Super oblata.* Haec munera domine quesumus et uincula nostrae prauitatis absoluant et tuae nobis misericordiae dona concilient. P.

580   *Praefatio.* UD. aeterne deus. Maiestatem tuam propensius implorantes, ut quanto magis dies salutiferae festiuitatis accedit, tanto deuotius ad eius digne celebrandum proficiamus paschale [fol. 51] mysterium. P. Chr.

581   *Ad complendum.* Adesto nobis domine deus noster, et quos tuis mysteriis recreasti, perpetuis defende presidiis. P.

582   *Super populum.* Benedictio domine quesumus in tuos fideles copiosa descendat, et quam subiectis cordibus expetunt, [largiter] consequantur. P.

Ad uesperum. Libera domine quesumus a peccatis et hostibus 583
tibi populum supplicantem, ut in sancta conuersatione uiuentes nullis
afficiantur aduersis. P.

90.

FERIA II.

Ad sanctum Chrissogonum.

Sanctifica quesumus domine nostra ieiunia [et] cunctorum nobis 584
propitius indulgentiam largire culparum. P.

Super oblata. Concede nobis domine deus noster, ut haec hostia 585
salutaris et nostrorum fiat purgatio delictorum et tuae propitiatio
maiestatis. P.

Praefatio. UD. aeterne deus. Te suppliciter exorantes, ut sic 586
nostra sanctificentur ieiunia, quo cunctorum nobis proueniat indulgentia;
quatinus appropinquante unigeniti filii tui passione bonorum tibi placere
ualeamus exhibitione. Per quem.

Ad complendum. Sacramenti tui quesumus domine participatio 587
salutaris et purificationem nobis tribuat et medelam. P.

Super populum. Da quesumus domine populo tuo salutem 588
[etc. = n. 478].

Ad uesperum. Deus qui homini ad imaginem tuam condito ideo 589
das temporalia ut largiaris aeterna, aecclesiam tuam spiritali fecunditate multiplica, ut qui sunt generatione terreni, fiant regeneratione
caelestes. P.

91.

FERIA III.

Ad sanctum Cyriacum.

Nostra tibi quesumus domine sint accepta ieiunia, quae nos et 590
expiando gratia tua dignos efficiant et ad remedia perducant aeterna. P.

Super oblata. Hostias tibi domine deferimus immolandas, quae 591
quesumus temporalem nobis consolationem impendant, ut promissa
certius non desperemus aeterna. P.

Praefatio. UD. aeterne deus. Et te deuotis mentibus supplicare, 592
ut nos interius exteriusque restaures et parsimonia salutari a peccatorum sordibus purges; et quos illecebrosis delectationibus non uis

impediri, spiritalium uirtutum facias uigore muniri, et sic in rebus transitoriis foueas, ut perpetuis inherere concedas. P. Chr.

593 *Ad complendum.* Da quesumus omnipotens deus, ut quae diuina sunt iugiter exequentes donis mereamur caelestibus propinquare. P.

594 *Super populum.* Da nobis domine quesumus perseuerantem in tua uoluntate famulatum, ut in diebus nostris et merito et numero populus tibi seruiens augeatur. P.

595 *Ad uesperum.* Afflictionem familiae tuae quesumus domine intende placatus, ut indulta uenia peccatorum de tuis semper beneficiis gloriemur. P.

92.
FERIA IIII.
Ad sanctum Marcellum.

596 Sanctificato hoc ieiunio deus tuorum corda fidelium miserator illustra, et quibus deuo-[fol. 52]tionis prestas affectum, prebe supplicantibus pium benignus auditum. P.

597 *Super oblata.* Annue misericors deus, ut hostias placationis et laudis sincero tibi deferamus obsequio. P.

598 *Praefatio.* UD. aeterne deus. Et te supplici deuotione exorare, ut per ieiunia, quae sacris institutis exequimur, a cunctis reatibus emundari mereamur; tuamque percipere ualeamus propitiationem, qui preparamur ad celebrandum unigeniti tui filii passionem. Per quem.

599 *Ad complendum.* Caelestis doni benedictione [etc. = n. 377].

600 *Super populum.* Exaudi quesumus domine gemitum populi supplicantis, et qui de meritorum qualitate diffidimus, non iudicium tuum sed misericordiam consequi mereamur. P.

601 *Ad uesperum.* Ieiunia quesumus domine, quae sacris exequimur institutis, et nos a reatibus nostris semper expediant et tuam nobis iustitiam faciant esse placatam. P.

93.
FERIA V.
Ad sanctum Apollinarem.

602 Presta quesumus omnipotens deus, ut dignitas conditionis humanae per immoderantiam sauciata medicinalis parsimoniae studio reformetur. P.

Super oblata. Concede nobis domine quesumus, ut celebraturi 603 sancta mysteria non solum abstinentiam corporalem, sed quod est potius habeamus mentium puritatem. P.

Praefatio. UD. aeterne deus. Qui sic nos tribuis sollemne tibi 604 deferre ieiunium, ut indulgentiae tuae speremus nos percipere subsidium; sic nos instituis ad celebranda festa paschalia, ut per haec adquiramus gaudia sempiterna. P. Chr.

Ad complendum. Uegetet nos domine semper et innouet tuae 605 mensae libatio, quae fragilitatem nostram gubernet et protegat et in portum perpetuae salutis inducat. P.

Super populum. Esto quesumus domine propitius plebi tuae, et 606 quae tibi non placent respuens tuorum potius repleatur delectationibus mandatorum. P.

Alia. Succurre quesumus domine populo supplicanti et opem 607 tuam tribue benignus infirmis, ut sincera tibi mente deuoti et presentis uitae remediis gaudeant et futurae. P.

Ad uesperum. Concede misericors deus, ut sicut nos tribuis 608 sollemne tibi deferre ieiunium, sic nobis indulgentiae tuae prebe benignus auxilium. P.

94.
FERIA VI.
Ad sanctum Stephanum.

Cordibus nostris domine benignus infunde, ut peccata nostra 609 castigatione uoluntaria cohibentes temporaliter potius maceremur, quam suppliciis deputemur aeternis. P.

Super oblata. Sanctifica nos quesumus domine his muneribus 610 offerendis et paschalis obseruantiae sufficientem nobis tribue facultatem. P.

Praefatio. UD. aeterne deus. Cuius nos misericordia preuenit 611 ut bene agamus, subsequitur ne frustra agamus; accendit intentionem, qua ad bona opera inardescamus, tribuit efficatiam, qua haec ad perfectum perducere ualeamus. Tuam ergo clementiam indefessis [fol. 53] uocibus obsecramus, ut nos ieiunii uictimis a peccatis mundatos ad celebrandam unigeniti filii tui domini nostri passionem facias esse deuotos. Per quem maiestatem.

612   *Ad complendum.* Sumpti(s) sacrificii domine perpetua nos tuitio non relinquat et noxia semper a nobis cuncta depellat. P.

613   *Super populum.* Tribue nobis quesumus domine indulgentiam peccatorum, ut instituta ieiunia tibi placitis sensibus operemur. P.

614   *Ad uesperum.* Omnipotens sempiterne deus, clementiam tuam suppliciter exoramus, ut qui mala nostra semper preuenis miserando, facias nos tibi placitos et piis actionibus et ieiuniis salubribus expiando. P.

95.

SABBATO.

Ad sanctum Petrum, quando elemosina datur.

615   Da nobis domine obseruantiam legitima deuotione perfectam, ut cum refrenatione carnalis alimoniae sancta tibi conuersatione placeamus. P.

616   *Super oblata.* Praesta quesumus omnipotens deus, ut ieiuniorum placatus sacrificiis remissionis tuae nos uenia prosequaris. P.

617   *Praefatio.* UD. aeterne deus. Cuius nos fides excitat, spes erigit, caritas iungit; cuius miseratio gratuita purificat, quos conscientiae reatus accusat. Te igitur cum interno rugitu deprecamur, ut carnalis alimoniae refrenatione castigati ad celebrandum paschale mysterium inueniamur idonei. P. Chr.

618   *Ad complendum.* Adesto domine fidelibus tuis, et quos caelestibus reficis sacramentis, a terrenis conserua periculis. P.

619   *Super populum.* Uisita quesumus domine plebem tuam et corda sacris dicata mysteriis pietate tuere peruigili, ut remedia salutis aeternae, quae te miserante percepit, te protegente custodiat. P. d.

620   *Ad uesperum.* Deus qui iuste irasceris et clementer ignoscis, afflictionem populi et lacrimas respice et iram tuae indignationis quam iuste meremur propitiatus auerte. P.

621   *Oratio ad processionem.* Adiuua domine fragilitatem plebis tuae, ut ad uotiuum magne festiuitatis effectum intercedente beata dei genitrice Maria et corporaliter gubernata recurrat et ad perpetuam gratiam deuota mente perueniat. P.

Bl. 60ª. Karfreitag: Christus vor Pilatus, Kreuzigung. (S. 81.)

Zum Karsamstag: Kreuzabnahme und Grablegung Christi.

Bl. 64ᵇ: S. 86.

96.
BENEDICTIO PALMARUM.

Deus cuius filius pro salute generis humani de caelo descendit 622
ad terras et appropinquante hora passionis suae Hierosolymam in
asino uenire et a turbis rex appellari ac laudari uoluit, benedicere
dignare hos palmarum florum ceterarumque frondium ramos, ut omnes
qui eos laturi sunt ita benedictionis tuae dono repleantur, quatinus
et in hoc saeculo hostis antiqui temptamenta superare et in futuro
cum palma uictoriae et fructu bonorum operum tibi ualeant apparere.
Per eundem.

Post acceptos ramos palmarum. Praesta quesumus omnipotens 623
et misericors deus, ut sicut in condemnatione filii tui salus omnium
fuit piaculum perfidorum, ita per misericordiam tuam communis sit
cultus iste credentium. Per [eundem].

Oratio in choro. Deus qui in omnibus aecclesiae tuae filiis 624
sanctorum prophetarum uoce manifestasti in omni loco dominationis
tuae satorem te bonorum seminum et electa-[fol. 54]rum palmitum
esse cultorem, tribue quesumus populis tuis, qui et uinearum apud te
nomine censentur et segetum, ut spinarum et tribulorum squalore
resecato digni efficiantur fruge faecunda. P. d. n. I. Chr.

97.
DOMINICA IN PALMIS.
Statio ad Lateranum.

Omnipotens sempiterne deus, qui humano generi ad imitandum 625
humilitatis exemplum saluatorem nostrum carnem sumere et crucem
subire fecisti, concede propitius, ut et patientiae ipsius habere docu-
menta et resurrectionis consortia mereamur. P.

Super oblata. Ipsa maiestati tuae domine fideles populos com- 626
mendet oblatio, quae per filium tuum reconciliauit inimicos. Qui tecum.

Praefatio. UD. p. Chr. d. n. Qui se ipsum pro nobis optulit 627
immolandum, ne brutorum animalium sanguis ultra sacris altaribus
funderetur. Ipse dominus et saluator noster sacerdos simul existere
dignatus et hostia, per quam non solum sanctificaret populum, sed
ipsos quoque dicatos maiestati tuae mundaret antistites; ut cotidianis
sacrificiis salutaribus sumentes in pane hoc corpus quod pependit in

cruce, et libantes in calice quod manauit ex latere, omni benedictione sancti spiritus replcamur. Et ideo cum angelis.

628 *Praefatio.* UD. p. Chr. d. n. Per quem nobis indulgentia largitur et pax per omne saeculum predicatur: traditur cunctis credentibus disciplina, ut sanctificatos nos possit dies uenturus excipere. Et ideo.

629 *Ad complendum.* Praesta nobis omnipotens deus, ut quia uitiis subiacet nostra mortalitas, tua nos et medicina purificet et potentia tueatur. P.

630 *Super populum.* Purifica quesumus domine familiam tuam et ab omnibus contagiis prauitatis emunda, ut redempta uasa sui domini passione non spiritus inmundus rursus inficiat, sed saluatio sempiterna possideat. Per eundem d. n.

631 *Ad uesperum.* Deus quem diligere et amare iustitia est, ineffabilis gratiae tuae in nobis dona multiplica, ut qui fecisti nos morte filii tui sperare quod credimus, fac nos eodem resurgente peruenire quo tendimus. Per eundem d. n.

98.
FERIA II.
Ad sanctos Nereum et Achilleum. [fol. 55]

632 Da quesumus omnipotens deus, ut qui in tot aduersis ex nostra infirmitate deficimus, intercedente unigeniti filii tui passione respiremus. Qui tecum.

633 *Super oblata.* Respice domine propitius sacra mysteria quae gerimus, et quod ad nostra euacuanda preiudicia misericors prouidisti, uitam nobis tribue fructificare perpetuam. P.

634 *Praefatio.* UD. p. Chr. d. n. Cuius nos humanitas colligit, humilitas erigit, traditio absoluit, poena redemit, crux saluificat, sanguis emaculat, caro saginat; per quem te summe pater cum ieiuniorum obsequiis obsecramus, ut ad eius celebrandam passionem purificatis mentibus accedamus. Per quem.

635 *Ad complendum.* Sacramentorum tuorum benedictione saciati quesumus domine, ut per hec semper mundemur a uitiis. P.

636 *Super populum.* Tua nos misericordia deus et ab omni surreptione uetustatis expurget et capaces sanctae nouitatis efficiat. P.

Ad uesperum. Adiuua nos deus salutaris noster et ad beneficia 637 recolenda quibus nos instaurare dignatus es tribue uenire gaudentes. P.

Alia. Da misericors deus, ut quod in tui filii passione mundus 638 exercuit, salutare nobis fideliter sentiamus. Per eundem.

99.

FERIA III.

Ad sanctam Priscam.

Omnipotens sempiterne deus, da nobis ita dominicae passionis 639 sacramenta peragere, ut indulgentiam percipere mereamur. P.

Super oblata. Grata tibi sint domine munera, quibus mysteria 640 celebrantur nostrae libertatis et uitae. P.

Praefatio. UD. p. Chr. d. n. Cuius salutiferae passionis et 641 gloriosae resurrectionis dies appropinquare noscuntur, in quibus et de antiqui hostis superbia triumphatur et nostrae redemptionis mysterium celebratur. Unde poscimus tuam inmensam clementiam, ut sicut in eo solo consistit totius nostrae saluationis summa, ita per eum tibi sit ieiuniorum et actuum nostrorum semper uictima grata. Per quem.

Ad complendum. Repleti domine sacri muneris gratia supplices 642 exoramus, ut quae gustu corporeo dulci ueneratione contingimus, dulciora mentibus sentiamus. P.

Super populum. Reminiscere miserationum tuarum domine et 643 famulos tuos aeterna protectione sanctifica, pro quibus Iesus Christus filius tuus per suum cruorem nobis instituit paschale mysterium. Qui tecum.

Ad uesperum. Fac omnipotens deus, ut quae ueraciter facta 644 recurrimus, in nostrum transire remedium gratulemur. P.

100.

FERIA IIII.

Ad sanctam Mariam.

Presta quesumus omnipotens deus, ut qui nostris excessibus in- 645 cessanter affligimur, per unigeniti tui passionem liberemur. Qui tecum.

Alia. Deus qui pro nobis filium tuum crucis patibulum subire 646 uoluisti, ut inimici a nobis expelleres potestatem, concede nobis famulis tuis, ut resurrectionis gratiam consequamur. Per eundem. [fol. 56]

647 *Super oblata.* Praesta quesumus omnipotens et misericors deus, ut sicut in condempnatione [etc. = n. 623].

648 *Alia.* Suscipe quesumus domine munus oblatum et dignanter operare, ut quod passionis filii tui domini nostri mysterio gerimus, piis affectibus consequamur. Per eundem.

649 *Praefatio.* UD. p. Chr. d. n. Qui innocens pro impiis uoluit pati et pro sceleratis indebite condemnari. Cuius mors delicta nostra detersit et resurrectio iustificationem nobis exhibuit. Per quem tuam pietatem supplices exoramus, ut sic nos hodie a peccatis emacules, ut cras uenerabilis caenae dapibus saties. Hodie acceptes confessionem nostrorum peccaminum et cras tribuas spiritalium incrementa donorum. Hodie ieiuniorum nostrorum uota suscipias et cras nos ad sacratissimae caenae conuiuium introducas. Per quem.

650 *Alia.* UD. Qui propter redemptionem nostram implendam se perfidi proditoris indicio passus est tradi; cuius hostia et delictum preuaricationis antiquae et iugum aegyptiae dominationis amisimus, et cuius[1]) effusione sanguinis redempti sumus. Per quem.

651 *Ad complendum.* Largire sensibus nostris omnipotens deus, ut per temporalem filii tui mortem, quam mysteria ueneranda testantur, uitam nobis dedisse pepetuam confidamus. Per eundem.

652 *Super populum.* Respice domine quesumus super hanc familiam tuam, pro qua dominus noster Iesus Christus non dubitauit manibus tradi nocentium et crucis subire tormentum. Qui tecum.

653 Omnipotens sempiterne deus, qui Christi tui beata passione nos reparas, conserua in nobis opera misericordiae tuae, ut in huius celebritate mysterii perpetua deuotione uiuamus. P.

101.
RECONCILIATIO POENITENTIS IN CAENA DNI.

Primo decanta psalmum quinquagesimum cum antiphona: Cor mundum crea in me deus et spiritum rectum innoua in uisceribus meis [Ps. 50,12].
Kyrie [ele|is[on|. Pater noster. *Capitulum et preces.*
Saluum fac seruum tuum [Ps. 85,2].
Conuertere domine usquequo [Ps. 89,13].

[1]) Hs.: eius.

Mittat tibi dominus auxilium de sancto [Ps. 19,3].
Illustra faciem tuam super seruum tuum [Ps. 30,17].
Domine uide humilitatem meam [Ps. 118,153].
Exaudi me domine, quoniam benigna est misericordia tua [Ps. 68,17].
Ne memineris domine iniquitatum nostrarum antiquarum [Ps. 78,8]
Adiuua nos deus salutaris noster [Ps. 78,9].

Orationes. Adesto domine supplicationibus nostris et me, qui 654
etiam misericordia tua primus indigeo, clementer exaudi, et mihi,
quem non electione meriti, sed dono gratiae tuae constituisti operis
huius ministrum, da fiduciam tui muneris exequendi et ipse in nostro
ministerio quod tuae pietatis est operare. P.

Alia. Exaudi domine preces nostras et confitentium tibi parce 655
peccatis, ut quos conscientiae reatus accusat, indulgentia tuae miserationis absoluat. P.

Alia. Deus infinitae misericordiae ueritatisque inmensae, pro- 656
pitiare iniquitatibus nostris et omnibus animarum nostrarum medere
languoribus, ut miserationum tuarum remissione percepta in tua
semper benedictione laetemur. P.

Alia. Deus, sub cuius oculis omne cor trepidat omnesque con- 657
scientiae contremescunt, propitiare omnium gemitibus, ut sicut nemo
nostrum est liber a culpa, ita nemo sit alienus a uenia. P. d.

Alia. Praesta quesumus domine huic famulo tuo dignum 658
paenitentiae fructum, ut aecclesiae tuae sanctae, a cuius integritate
deuiarat peccando, admissorum ueniam consequendo reddatur innoxius. P.

Alia. Deus humani generis benignissime conditor et miseri- 659
cordis-[fol. 57]sime reformator, qui hominem inuidia diaboli ab
aeternitate deiectum unici filii tui sanguine redemisti, uiuifica hunc
famulum tuum, quem tibi nullatenus mori desideras. Et qui non
derelinquis deuium, assume correctum. Moueant pietatem [tuam]
quesumus domine huius famuli tui lacrimosa suspiria. Tu eius medere
uulneribus. Tu iacenti manum porrige salutarem, ne aecclesia tua
aliqua sui corporis porcione uastetur nec grex tuus detrimentum
sustineat nec de familiae tuae damno inimicus exultet, ne renatum
lauacro salutari mors secunda possideat. Tibi ergo domine supplices
preces, tibi fletum cordis effundimus. Tu parce confitenti, ut imminentibus poenis [post] sententiam futuri iudicii te miserante non incidat.
Nesciat quod terret in tenebris, quod stridet in flammis. Atque ab

erroris uia ad iter reuersus iustitiae nequaquam ultra nouis uulneribus saucictur; sed integrum sit ei atque perpetuum et quod gratia tua contulit et quod misericordia reformauit. P.

660   *Alia.* Precor domine clementiam tuae maiestatis ac nominis, ut huic famulo tuo peccata et facinora sua confitenti ueniam dare et preteritorum criminum errata relaxare digneris. Qui humeris tuis ouem perditam reduxisti ad caulas, qui publicani precibus uel confessione placatus es, tu etiam domine et huic famulo tuo placare. Tu eius precibus benignus as[s]iste, ut in confessione flebili permanens clementiam tuam celeriter exoret et sanctis ac sacris altaribus restitutus spei rursus aeternae et caelesti gloriae reformetur. P.

661   *Alia.* Deus, cuius indulgentia nemo non indiget, memento domine famuli tui *illius;* et qui lubrica terrenaque corporis fragilitate circumdatur, quesumus, ut des ueniam confitenti. Parce supplici, ut qui nostris meritis accusamur, tua miseratione soluamur. P.

102.
SEQUITUR OFFICIUM.

De necessitatibus meis [Ps. 24,17]. Ad te domine leuaui animam meam [Ps. 24,1].

Et si in quadragesima euenerit, tractus.[1]

662   Omnipotens sempiterne deus, confitenti huic famulo tuo pro tua pietate peccata relaxa, ut non plus ei noceat conscientiae reatus ad poenam, quam indulgentia tuae pietatis ad ueniam. P.

663   *Alia.* Domine sancte pater omnipotens aeterne deus, respice super hunc famulum tuum qui ab infesta saeculi tempestate demersus flebili lamentatione suos ac[cusat ex]cessus, ut fletus ac gemitus eius pie suscipias eumque de tenebris ad lumen reuoces, et medelam confitenti largire salutis. Cuiusque confessionem libenter admittens aecclesiae tuae purificatum restitue ac tuo altario representa, ut ad sacramentum reconciliationis admissus una nobiscum sancto nomini tuo gratias agere mereatur. P.

664   *Alia.* Omnipotens et misericors deus, qui peccatorum indulgentiam in confessione celeri posuisti, succurre lapsis, miserere confessis, ut quos delictorum catena constringit, miseratio tuae pietatis absoluat. P.

---

[1] Diese Rubrik gehört nicht hierher, sondern zum Graduale.

Ad Romanos [8,26-27]. Fratres: Spiritus adiuuat infirmitatem nostram. Nam quid oremus sicut oportet nescimus, sed ipse spiritus postulat pro nobis gemitibus inenarrabilibus. Qui autem scrutatur corda, scit quid desideret [spiritus], quia secundum deum postulat pro sanctis.

Graduale. De necessitatibus meis eripe me domine [Ps. 24,17]. ℣ Ad te domine leuaui animam meam Ps. 24,1]. ℣ Et enim uniuersi qui te expectant [Ps. 24,3].

Sequentia sancti euangelii secundum Iohannem [8,1-26]. In illo tempore: Subleuatis Iesus oculis in caelum dixit *usque* [fol. 58] ut dilectio qua dilexisti me in ipsis sit et ego in ipsis.

Off. Miserere mihi domine secundum magnam [Ps. 50,3]. ℣ Quoniam iniquitatem meam |Ps. 50,5]. ℣ [T]ibi soli peccaui [Ps. 50,6].

Super oblata. Uirtutum caelestium deus, de cuius gratiae rore 665 descendit, ut ad mysteria tua purgatis sensibus accedamus, praesta quesumus, ut in eorum tractatione sollemni honore tibi placitum deferamus obsequium. P.

Infra actionem. Communicantes et diem sacratissimum celebrantes, 666 quo traditus est dominus noster Iesus Christus, sed et memoriam.

Alia. Hanc igitur oblationem domine, sed et cunctae familiae tuae, 667 quam tibi offerimus ob diem ieiunii cenae dominicae, in qua dominus noster Iesus Christus tradidit discipulis suis corporis et sanguinis sui mysteria celebranda, quesumus domine placatus intende, ut per multa curricula annorum salua et incolumis munera sua tibi domino mereatur offerre. Diesque nostros.

Item infra actionem. Qui hac die antequam traderetur accepit 668 panem in suis sanctis manibus eleuatis oculis in caelum.

Com[munio]. Illumina faciem tuam [Ps. 30,17].

Ad complendum. Concede quesumus domine, ut perceptum noui 669 sacramenti mysterium et corpore sentiamus et mente. P.

Oratio super penitentes, postquam communicauerunt. Deus qui 670 confitentium tibi corda purificas et accusantes suas conscientias ab omni uinculo iniquitatis absoluis, da indulgentiam reis et medicinam tribue uulneratis, ut percepta remissione omnium peccatorum in sacramentis tuis sincera deinceps deuotione permaneant et nullum damnationis aeternae sustineant detrimentum. P.

103.
IN CENA DOMINI AD MISSAM.

671   Deus, a quo et Iudas reatus sui poenam et confessionis suae latro premium sumpsit, concede nobis tuae propitiationis effectum, ut sicut in passione sua Iesus Christus dominus noster [fol. 59] diuersa utrisque intulit stipendia meritorum, ita nobis ablato uetustatis errore resurrectionis suae gratiam largiatur. Qui tecum.

672   *Super oblata.* Ipse tibi, quesumus domine sancte pater omnipotens aeterne deus, sacrificium nostrum reddat acceptum, qui discipulis suis in sui commemorationem hoc fieri hodierna traditione monstrauit: dominus noster Iesus Christus. Qui tecum.

673   *Praefatio.* UD. p. Chr. d. n. Quem in hac nocte inter sacras epulas increpantem mens sibi conscia proditoris ferre non potuit; sed apostolorum relicto consortio sanguinis pretium a iudaeis accepit, ut uitam perderet quam distraxit. Caenauit igitur proditor mortem suam et cruentis manibus panem de manu saluatoris exiturus accepit; ut saginatum cibo maior poena constringeret, quem nec sacrati cibi collatio ab scelere reuocarat. Patitur itaque dominus noster Iesus Christus filius tuus cum hoste nouissimum participare conuiuium, a quo se nouerat continuo esse tradendum; ut exemplum innocentiae mundo relinqueret et passionem suam pro saeculi redemptione suppleret. Pascit itaque mitis deus inmitem Iudam et sustinet pius crudelem conuiuam, qui merito laqueo suo periturus erat, quia de magistri sanguine cogitarat. O dominum per omnia patientem, o magnum inter suas epulas mitem! Cibum eius Iudas in ore ferebat, et quibus eum traderet, persecutores aduocabat. Sed filius tuus dominus noster tamquam pia hostia et immolari se tibi pro nobis patienter permisit et peccatum quod mundus commiserat relaxauit. Per quem.

674   *Infra [actionem].* Communicantes et diem sacratissimum celebrantes, quo dominus noster Iesus Christus pro nobis est traditus, sed et memoriam.

675   *Coniunctio.* Hanc igitur oblationem seruitutis nostrae, sed et cunctae familiae tuae, quam tibi offerimus ob diem in qua dominus noster Iesus Christus tradidit discipulis suis corporis et sanguinis sui mysteria celebranda, quesumus domine, ut placatus accipias.

676   *Item post pauca.* Qui pridie quam pro nostra omnium salute pateretur, hoc est hodie, accepit panem in sanctas ac uenerabiles manus suas.

Ad complendum. Refecti uitalibus alimentis quesumus domine 677
deus noster, ut quod tempore nostrae mortalitatis [exequimur, immor-
talitatis] tuae munere consequamur. P. d. n. I. Chr. [fol. 60]

104.
FERIA VI. IN PARASCEUE.
Statio ad Hierusalem.

Deus, a quo et Iudas [etc. = n. 671]. 678

Deus qui peccati ueteris hereditariam mortem, in qua posteritatis 679
genus omne successerat, Christi tui domini nostri passione soluisti,
dona, ut conformes eidem facti, sicut imaginem terreni naturae necessitate portauimus, ita imaginem caelestis gratiae sanctificatione
portemus unigeniti filii tui domini nostri Iesu Christi. Qui tecum uiuit.

Finita passione decantentur orationes subscriptae:

Oremus dilectissimi nobis inprimis pro aecclesia sancta dei, ut 680
eam deus et dominus noster pacificare et custodire dignetur toto orbe
terrarum subiciens ei principatus et potestates, detque nobis quietam
et tranquillam uitam degentibus glorificare deum patrem omnipotentem.
Oremus. *Et diaconus:* Flectamus genua. *Postquam orauerint,*
dicit: Leuate. *Demum dicat sacerdos orationem:*

Omnipotens sempiterne deus, qui gloriam tuam omnibus in Christo 681
gentibus reuelasti, custodi opera misericordiae tuae, ut aecclesia tua
toto orbe diffusa stabili fide in confessione tui nominis perseueret.
Per eundem.

Oremus et pro beatissimo papa nostro *ill.*, ut deus et dominus 682
noster, qui elegit eum in ordinem episcopatus, saluum atque incolumem
custodiat ecclesiae suae sanctae ad regendum populum sanctum dei.
Oremus. Omnipotens sempiterne deus, cuius iudicio uniuersa 683
fundantur, respice propitius ad preces nostras et electum nobis antistitem tua pietate conserua, ut christiana plebs quae tali gubernatur
auctore sub tanto pontifice credulitatis suae meritis augeatur. P.

Oremus et pro omnibus episcopis [fol. 61] presbyteris diaconibus 684
subdiaconibus acolitis exorcistis lectoribus ostiariis confessoribus uirginibus uiduis et pro omni populo sancto dei.
Oremus. Omnipotens sempiterne deus, cuius spiritu totum corpus 685
ecclesiae sanctificatur et regitur, exaudi nos pro uniuersis ordinibus

6

supplicantes, ut gratiae tuae munere ab omnibus tibi gradibus fideliter seruiatur. P.

686   Oremus et pro christianissimo imperatore nostro, ut deus et dominus noster subditas illi faciat omnes barbaras nationes ad nostram perpetuam pacem.

687   Oremus. Omnipotens sempiterne deus, in cuius manu sunt omnium potestates et omnia iura regnorum, respice ad christianum benignus imperium, ut gentes, quae in sua feritate confidunt, potentiae tuae dextera comprimantur. P.

688   Oremus et pro catecuminis nostris, ut deus et dominus noster adaperiat aures precordiorum ipsorum ianuamque misericordiae, ut per lauacrum regenerationis accepta remissione omnium peccatorum et ipsi inueniantur in Christo Iesu domino nostro.

689   Oremus. Omnipotens sempiterne deus, qui ecclesiam tuam noua semper prole fecundas, auge fidem et intellectum catecuminis nostris, ut renati fonte baptismatis adoptionis tuae filiis aggregentur. P.

690   Oremus dilectissimi nobis deum patrem omnipotentem, ut cunctis mundum purget erroribus, morbos auferat, famem depellat, aperiat carceres, uincula dissoluat, peregrinantibus reditum, infirmantibus sanitatem, nauigantibus portum salutis indulgeat.

691   Oremus. Omnipotens sempiterne deus, mestorum consolatio, laborantium fortitudo, perueniant ad te preces de quacumque tribulatione clamantium, ut omnes sibi in necessitatibus suis misericordiam tuam gaudeant affuisse. P.

692   Oremus et pro hereticis ac scismaticis, ut deus et dominus noster eruat eos ab erroribus uniuersis et ad sanctam matrem aecclesiam catholicam atque apostolicam reuocare dignetur.

693   Oremus. Omnipotens sempiterne deus, qui saluas omnes et neminem uis perire, respice ad animas diabolica fraude deceptas, ut omni heretica prauitate deposita errantium corda resipiscant et ad ueritatis tuae redeant unitatem. P.

694   Oremus et pro perfidis iudaeis, ut deus et dominus noster auferat uelamen de cordibus eorum, ut et ipsi agnoscant Christum Iesum dominum nostrum.

Oremus absque flectamus genua dicet sacerdos.

695   Oremus. Omnipotens sempiterne deus, qui etiam iudaicam perfidiam a tua misericordia non repellis, exaudi preces nostras, quas

tibi pro illius populi obcaecatione deferimus, ut agnita ueritatis tuae luce quae Christus est a suis tenebris eruantur. P.

Oremus et pro paganis, ut deus omnipotens auferat iniquitatem 696 a cordibus eorum et relictis idolis suis conuertantur ad deum uiuum et uerum et unicum filium eius deum et dominum nostrum, cum quo uiuit et regnat cum spiritu sancto deus per omnia saecula saeculorum.

Oremus. Omnipotens sempiterne deus, qui non mortem peccatorum 697 sed uitam semper inquiris, suscipe propitius orationem nostram et libera eos ab idolorum cultura et aggrega aecclesiae tuae sanctae ad laudem et gloriam nominis tui. P.

Postea Oremus. Preceptis salutaribus moniti *usque* per omnia secula seculorum. *Et nihil amplius usque ad crucem.*

105.

BENEDICTIO CEREI IN SABBATO SANCTO

a sancto Augustino cum adhuc diaconus esset edita. [fol. 62]

Exultet iam angelica turba caelorum, exultent diuina mysteria et 698 pro tanti regis uictoria tuba insonet salutaris. Gaudeat se tellus tantis irradiatam fulgoribus, et aeterni regis splendore illustrata totius orbis se sentiat amisisse caliginem. Laetetur et mater aecclesia tanti luminis adornata fulgoribus, et magnis populorum uocibus haec aula resultet. Quapropter adstantes uos fratres karissimi ad tam miram sancti huius luminis claritatem una mecum quaeso dei omnipotentis misericordiam inuocate, ut qui non meis meritis intra leuitarum numerum dignatus est aggregare, luminis sui gratia[m] infundendo caerei huius laudem implere perficiat Iesus Christus dominus noster. Qui uiuit et regnat cum deo patre in unitate spiritus sancti deus. Per omnia saecula saeculorum. *Respondet clerus:* Amen.

Dominus uobiscum. ℟ Et cum spiritu tuo.
Sursum corda. ℟ Habemus ad dominum.
Gratias agamus domino deo nostro. ℟ Dignum et iustum est.

Uere quia dignum et iustum est inuisibilem deum omnipotentem 699 patrem filiumque eius unigenitum dominum nostrum Iesum Christum cum sancto spiritu toto cordis ac mentis affectu et uocis ministerio personare. Qui pro nobis aeterno patri Adae debitum soluit et ueteris piaculi cautionem pio cruore detersit. Haec sunt enim festa paschalia,

6*

in quibus uerus ille agnus occiditur ciusque sanguine postes conse-
crantur. Hacc nox est, in qua primum patres nostros filios Israel
eduxisti de Aegypto, quos postea rubrum mare sicco uestigio transire
fecisti. Haec igitur nox est, quae peccatorum tenebras columnae
illuminatione purgauit. Haec nox est, quae hodie per uniuersum
mundum in Christum credentes a uitiis saeculi et caligine peccatorum
segregatos reddit gratiae sociatque sanctitati. Haec nox est, in qua
destructis uinculis mortis Christus ab inferis uictor ascendit. Nihil
enim nobis nasci profuit, nisi redimi profuisset. O mira circa nos
tuae pietatis dignatio! O inaestimabilis dilectio caritatis: ut seruum
redimeres, filium tradidisti! O beata nox, quae sola meruit scire
tempus et horam, in qua Christus ab inferis resurrexit! Haec nox
est, de qua scriptum est [Ps. 138,12. 11]: ,Et nox ut dies illuminabitur, et
nox illuminatio mea in deliciis meis.' Huius igitur sanctificatio noctis fugat
scelera, culpas lauat et reddit innocentiam lapsis, maestis laetitiam.
Fugat odia, concordiam parat et curuat imperia. In huius igitur
noctis gratia suscipe sancte pater incensi huius sacrificium uesper-
tinum, quod tibi in hac caerei oblatione sollemni per ministrorum
manus de operibus apum sacrosancta reddit aecclesia. Sed iam
columnae huius praeconia nouimus, quam in honore dei rutilans ignis
accendit. Qui licet diuisus in partes mutuati luminis detrimenta non
nouit. [A]litur liquentibus caeris, quas [1]) in substantiam pretiosae huius
lampadis apes mater eduxit. O uere beata nox, quae expoliauit
aegyptios, ditauit hebraeos! Nox, in qua terrenis caelestia iunguntur!
Oramus te domine, ut caereus iste in honorem nominis tui consecratus
ad noctis huius caliginem destruendam indeficiens perseueret atque in
odorem suauitatis acceptus supernis luminaribus misceatur. Flammas
eius lucifer matutinus inueniat: ille inquam lucifer, qui nescit occasum, ille qui regressus ab inferis humano generi serenus illuxit.
Precamur ergo te domine, ut nos famulos tuos omnem clerum et
deuotissimum populum una cum papa nostro *ill.* et gloriosissimo imperatore *ill.* eiusque nobilissima prole quiete temporum concessa in
his paschalibus gaudiis conseruare digneris. P. d. n. I. Chr. [fol. 63]

700   *In sabbato sancto post benedictione[m] caerei. Oratio.* Deus
qui diuitias misericordiae tuae in hac precipue nocte largiris, propitiare uniuerso ordini sacerdotalis officii et omnes gradus famulatus
nostri perfecta delictorum remissione sanctifica, ut ministraturos re-
generatrici gratiae tuae nulli esse obnoxios patiaris offensae. P.

---

[1]) Hs.: quam.

106.

ORATIONES QUAE DICUNTUR PER SINGULAS LECTIONES IN SABBATO SANCTO SECUNDUM GREGORIUM.

I. lectio. In principio fecit deus caelum et terram [Gen. 1].

Oratio. Deus qui mirabiliter creasti hominem et mirabilius 701 redemisti, da nobis quesumus contra oblectamenta peccati mentis ratione persistere, ut mereamur ad gaudia aeterna peruenire. P.

II. lectio. Factum est in uigilia matutina [Exod. 14].

Canticum. Cantemus domino, gloriose enim [Exod. 15].

Oratio. Deus cuius antiqua miracula in presenti quoque saeculo 702 coruscare sentimus, praesta quesumus, ut sicut priorem populum ab aegyptiis liberasti, hoc ad salutem gentium per aquas baptismatis opereris. P.

III. lectio. Apprehendent septem mulieres [Is. 4].

Canticum. Uinea facta est dilecto [Is. 5].

Oratio. Deus qui nos ad celebrandum paschale sacramentum 703 utriusque testamenti paginis instruis, da nobis intellegere misericordiam tuam, ut ex perceptione presentium munerum firma sit expectatio futurorum. P.

IIII. lectio. Haec est hereditas seruorum dei [Is. 54].

Oratio. Deus qui aecclesiam tuam semper gentium uocatione 704 multiplicas, concede propitius, ut quos aqua baptismatis abluis, continua protectione tuearis. P.

Canticum. Sicut ceruus [Ps. 41,2].

Oratio. Concede quesumus omnipotens [deus], ut qui festa pa- 705 schalia agimus, caelestibus desideriis accensi fontem uitae sitiamus. P.

Alia. Omnipotens sempiterne deus, respice propitius ad deuo- 706 tionem populi renascentis, quia [sicut] ceruus aquarum tuarum expetit fontem, et concede propitius, ut fidei ipsius sitis baptismatis mysterio animam corpusque sanctificet. P.

Aliae orationes gelasianae.

Deus fidelium pater summe, qui in toto orbe terrarum pro- 707 missionis tuae filios diffusa adoptione multiplicas et per paschale sacramentum Abraham puerum tuum uniuersarum sicut iurasti gentium efficis patrem, da populis tuis digne ad gratiam tuae uocationis intrare. P.

708 *Alia.* Omnipotens sempiterne deus, multiplica in honorem nominis tui, quod patrum fidei spopondisti, et promissionis filios sacra adoptione dilata, ut quod priores sancti non dubitauerunt futurum, aec[c]lesia tua magna iam ex parte cognoscat impletum. P.

709 *Alia.* Deus, qui in omnibus aec[c]lesiae tuae. *Haec in palmis* [n. 624].

710 *Alia.* Omnipotens sempiterne deus, qui in omnium operum tuorum dispensatione mirabilis es, intellegant redempti tui non fuisse excellentius, quod in initio factus est mundus quam quod in fine saeculorum pascha nostrum immolatus est Christus. Qui tecum.

711 *Alia.* Deus qui diuersitatem. *Haec postea in pascha* [n. 764].

712 *Alia.* Deus, celsitudo humilium et fortitudo rectorum, qui per sanctum Moysen puerum tuum ita erudire populos tuo[s] sacri carminis tui decantatione uoluisti, ut illa legis iteratio fiat etiam nostra directio, excita in omnem iustificatarum gentium plenitudinem potentiam tuam et da laetitiam mitigando terrorem, ut omnium peccatis tua remissione deletis quod denuntiatum est in ultionem transeat in salutem. P.

713 *Alia.* Omnipotens sempiterne deus, spes unica mundi, qui prophetarum tuorum preconio presentium temporum declarasti mysteria, auge populi tui uota placatus, quia in nullo fidelium nisi ex tua inspiratione proueniunt quarumlibet incrementa uirtutum. P. [fol. 64]

107.
SABBATO.
Ad sanctum Iohannem.

714 Deus qui hanc sacratissimam noctem gloria dominice resurrectionis illustras, conserua in nouam familiae tuae progeniem adoptionis spiritum quem dedisti, ut corpore et mente renouati puram tibi exhibeant seruitutem. P. d. in unitate.

715 *Super oblata.* Suscipe quesumus domine et plebis tuae et tuorum hostias renatorum, ut et confessione tui nominis et baptismate renouati sempiternam beatitudinem consequantur. P.

716 *Praefatio.* UD. aeterne deus. Adest enim nobis optatissimum tempus et desiderate noctis lumen aduenit. Quid enim maius uel melius inueniri poterit, quam domini resurgentis predicare uirtutem? Hic namque inferorum claustra disrumpens clarissima nobis hodie suae resurrectionis uexilla contradidit. Atque hominem inuidia inimici

deiectum remeans ab inferis mirantibus intulit astris. O noctis istius
mystica et ueneranda commertia! O sanctae matris aecclesiae pia
sempiternaque beneficia! Non uult habere saluator quod perimat, sed
cupit inuenire quod redimat. Exultauit Maria in sacratissimo puer-
perio, exultat aecclesia in filiorum suorum regenerationis specie. Sic
fons ille beatus, qui dominico de latere profluxit, moles abstersit
uitiorum, ut[1]) his sacris altaribus uitales aescas uitae conferat renatorum. Et ideo.

Praefatio. UD. aequum et salutare. Te quidem omni tempore, 717
sed in hac potissimum nocte gloriosius collaudare et praedicare per
Christum dominum nostrum. Qui inferorum claustra disrumpens
uictoriae suae clara uexilla suscepit et triumphato diabolo uictor a
mortuis resurrexit. O noctem, quae finem tenebris ponit et aeternae
lucis uiam pandit! O noctem quae uidere meruit et uinci diabolum
et resurgere Christum! O noctem, in qua tartara spoliantur, sancti
ab inferis liberantur, caelestis patriae aditus aperitur! In qua baptismate delictorum turba perimitur, filii lucis oriuntur. Quos exemplo
dominicae matris sine corruptione sancta [fol. 65] mater aecclesia
concipit, sine dolore parit et cum gaudio ad meliora prouehit. Et ideo.

Coniunctio. Communicantes et noctem sacratissimam celebrantes 718
resurrectionis domini nostri Iesu Christi secundum carnem. Sed et
memoriam.

Infra actionem. Hanc igitur oblationem seruitutis nostrae sed 719
et cunctae familiae tuae, quam tibi offerimus pro his quoque, quos
regenerare dignatus es ex aqua et spiritu sancto tribuens eis remissionem omnium peccatorum, quesumus domine, ut placatus.

Ad complendum. Praesta quesumus omnipotens deus, ut diuino 720
munere satiati et sacris semper mysteriis innouemur et moribus. P.

Alia. Digne nos tuo nomini quesumus domine famulari salutaris 721
cibus et sacer potus instituat et renouationem conditionis humanae
quam mysterio continet in nostris iugiter sensibus operetur. Per
dominum nostrum Iesum Christum filium tuum qui tecum uiuit et
regnat deus in unitate spiritus sancti per omnia saecula saeculorum.

---

[1]) Hs.: et.

108.

IN DIE SANCTO.

Statio ad sanctam Mariam.

722 Deus qui hodierna die per unigenitum tuum [fol. 66] aeternitatis nobis aditum deuicta morte reserasti, uota nostra quae preueniendo aspiras etiam adiuuando prosequere. Per eundem.

723 *Alia.* Deus qui paschale nobis remedium contulisti, populum tuum caelesti dono prosequere, ut inde post in perpetuum gaudeat, unde nunc temporaliter exultat. P.

724 *Super oblata.* Suscipe domine quesumus preces populi tui cum oblationibus hostiarum, ut paschalibus initiata mysteriis ad aeternitatis nobis medelam te operante proficiat. P.

725 *Praefatio.* UD. aequum et salutare. Te quidem omni tempore, sed in hac potissimum die gloriosius predicare, cum pascha nostrum immolatus est Christus. Ipse enim uerus est agnus, qui abstulit peccata mundi; qui mortem nostram moriendo destruxit et uitam resurgendo reparauit. Et ideo.

726 *Coniunctio.* Communicantes et diem sacratissi[mum] celebrantes resurrectionis domini nostri Iesu Christi secundum carnem. Sed et memoriam uenerantes in primis gloriosae ac semper uirginis Mariae genitricis eiusdem dei et domini nostri Iesu Christi.

727 *Alia.* Hanc igitur oblationem. *Ut supra.*

728 *Ad complendum.* Spiritum in nobis domine tuae caritatis infunde, ut quos sacramentis paschalibus satiasti, tua facias pietate concordes. P.

729 *Alia.* Omnipotens sempiterne deus, qui ad aeternam uitam in Christi resurrectione nos reparas, custodi opera misericordiae tuae et suauitatem corporis et sanguinis domini nostri Iesu Christi unigeniti filii tui nostris infunde pectoribus. Per eundem.

730 *Ad uesperum. Ad sanctum Iohannem.* Concede quesumus omnipotens deus, ut qui resurrectionis dominicae sollemnia colimus, innouatione tui spiritus a morte animae resurgamus. Per eundem.

731 *Ad f[ontem].* Praesta quesumus omnipotens deus, ut qui resurrectionis dominicae sollemnia colimus, ereptionis nostrae laetitiam suscipere mereamur. P.

Ostern: Die Frauen am Grabe, Noli me tangere.

Bl. 65 b; S. 88.

Ad sanctum Andream. Praesta quesumus omnipotens deus, ut 732 qui gratiam dominicae resurrectionis agnouimus, ipsi per amorem spiritus a morte animae resurgamus. P. d. in unitate eiusdem.

Alia. Deus qui nos fecisti hodierna die paschalia festa celebrare, 733 fac nos quesumus in caelesti regno gaudere. P.

109.
FERIA II.
Statio ad sanctum Petrum.

Deus qui sollemnitate paschali mundo remedia contulisti, populum 734 tuum quesumus caelesti pietate prosequere, ut et perfectam libertatem consequi mereatur et ad uitam proficiat sempiternam. P.

Paschale mysterium recensentes apostolorum domine beatorum 735 precibus foueamur, quorum magisterio illud cognouimus exequendum. P.

Super oblata. Paschales hostias recensentes quesumus domine, 736 ut quod frequentamus actu, comprehendamus affectu. P.

Praefatio. UD. aequum et salutare. Te quidem omni tempore, 737 sed in hac precipue die laudare benedicere et predicare, quando pascha nostrum immolatus est Christus. Per quem ad aeternam uitam filii lucis oriuntur, fidelibus regni caelestis atria reserantur et beati lege commertii diuinis humana mutantur. Quia nostrorum omnium mors cruce Christi perempta est et in resurrectione eius omnium uita resurrexit. Quem in susceptione mortalitatis deum maiestatis agnoscimus et in diuinitatis gloria deum et hominem confitemur. Qui mortem nostram moriendo destruxit et uitam resurgendo restituit. Et ideo. [fol. 67]

Praefatio. UD. aequum et salutare. Nos precari clementiam 738 tuam, omnipotens deus, ut ad celebrandum digne paschale mysterium beatorum apostolorum precibus adiuuemur, et quorum predicatione haec credenda suscepimus, eorum patrociniis fideliter exequamur. P. Chr.

Infra actionem. Communicantes *et* 739

Hanc igitur *ut supra.* 740

Ad complendum. Impleatur in nobis quesumus domine sacra- 741 menti paschalis sancta libatio nosque de terrenis affectibus ad caeleste transferat institutum. P.

742 *Ad uesperum.* Concede quesumus omnipotens deus, ut qui peccatorum nostrorum pondere premimur, a cunctis malis imminentibus per
haec paschalia festa liberemur. P.

743 *Alia.* Concede quesumus omnipotens deus, ut festa paschalia
quae uenerando colimus etiam uiuendo teneamus. P. d. n.

744 *Alia.* Deus qui populum tuum de hostis callidi seruitute liberasti,
preces eius misericorditer respice et aduersantes ei tua uirtute
prosterne. P.

110.
FERIA III.
Ad sanctum Paulum.

745 Deus qui aecclesiam tuam nouo semper foetu multiplicas, concede
famulis tuis, ut sacramentum uiuendo teneant, quod fide perceperunt. P.

746 *Alia.* Deus, aecclesiae tuae redemptor atque perfector, fac
quesumus, [ut] apostolorum precibus paschalis sacramenti dona capiamus, quorum nobis ea tribuisti magisterio predicari. P.

747 *Super oblata.* Suscipe quesumus domine oblationes familiae tuae,
ut sub tuae protectionis auxilio et collata non perdant et ad aeterna
dona perueniant. P.

748 *Praefatio.* UD. p. Chr. d. n. Qui oblatione sui corporis remotis
sacrificiorum carnalium obseruationibus se ipsum tibi sacram hostiam
agnumque immaculatum summus sacerdos pro salute nostra immo-
lauit. Per quem.

749 Hanc igitur. *Ut supra.*

750 *Ad complendum.* Concede quesumus omnipotens deus, ut
paschalis perceptio sacramenti continua in nostris cordibus perseueret. P.

751 *Ad uesperum.* Concede quesumus omnipotens deus, ut qui
paschalis sollemnitatis festum colimus, in tua semper sanctificatione
uiuamus. P.

752 *Alia.* Praesta quesumus omnipotens deus, ut per haec paschalia
festa quae colimus deuoti in tua semper laude uiuamus. P.

753 *Alia.* Deus qui conspicis familiam tuam omni humana uirtute
destitui, paschali interueniente festiuitate tui eam brachii protectione
confirma. P.

111.

FERIA IIII.

Statio ad sanctum Laurentium.

Deus qui nos resurrectionis dominicae annua sollemnitate laetificas, 754 concede propitius, ut per temporalia festa quae agimus peruenire ad gaudia aeterna mereamur. P.

Alia. Deus qui sollemnitate paschali caelestia mundo remedia 755 benignus operaris, annua festiuitatis huius dona prosequere, ut obseruantia temporalis ad uitam proficiat sempiternam. P.

Super oblata. Sacrificia domine paschalibus gaudiis immolata 756 nobis tuae propitiationis munus obtineant, quibus aecclesia tua mirabiliter et pascitur et nutritur. P.

Praefatio. UD. aeterne deus. Circumdantes altaria tua et in 757 ipsius [fol. 68] agni immaculati agnitione gloriantes, qui se ipsum pro nobis optulit immolandum, ut corporis eius et sanguinis, quibus a peccatis redempti sumus, ad aeternam uitam sacrificiis caelestibus pascamur. Per quem maiestatem.

Praefatio. UD. aeterne deus. Et pietatem tuam indefessis pre- 758 cibus exorare, ut qui paschalis festiuitatis sollemnia colimus, in tua semper sanctificatione uiuamus, quo per temporalis festi obseruationem peruenire mereamur ad aeternorum gaudiorum continuationem. P. Chr.

Infra actionem. Hanc igitur. *Ut supra.*   759

Ad complendum. Ab omni nos quesumus domine uetustate 760 purgatos sacramenti tui ueneranda perceptio in nouam transferat creaturam. P.

Ad uesperum. Praesta quesumus omnipotens deus, ut huius 761 paschalis festiuitatis mirabile sacramentum et temporalem nobis tranquillitatem tribuat et uitam conferat sempiternam. P.

Ad fontem. Deus qui nos per paschalia festa laetificas, concede 762 propitius, ut ea quae deuote agimus te adiuuante fideliter teneamus. P. d.

Ad sanctum Andream. Tribue quesumus omnipotens deus, ut 763 illuc tendat christianae deuotionis affectus, quo tecum est nostra substantia. P.

112.
FERIA V.
Statio ad apostolos.

764   Deus qui diuersitatem gentium in confessione tui nominis adunasti, da ut renatis fonte baptismatis una sit fides mentium et pietas actionum. P.

765   *Alia.* Deus qui multiplicas subolem renascentem, fac eos gaudere propitius de suorum uenia peccatorum. P.

766   *Super oblata.* Suscipe quesumus domine munera populorum tuorum propitius, ut confessione tui nominis et baptismate renouati sempiternam beatitudinem consequantur. P.

767   *Praefatio.* UD. p. Chr. d. n. Qui nos per paschale mysterium edocuit uetustatem uitae relinquere et in nouitate spiritus ambulare, a quo perpetuae mortis superatur acerbitas et aeternae uitae fidelibus tribuitur integritas. Per quem.

768   Hanc igitur. *Ut supra.*

769   *Ad complendum.* Exaudi domine preces nostras, ut redemptionis nostrae sacrosancta commertia et uitae nobis conferant presentis auxilium et gaudia sempiterna concilient. P.

770   *Ad uesperum.* Deus qui nobis ad celebrandum paschale sacramentum liberiores animos prestitisti, doce nos et metuere quo(d) irasceris et amare quod precipis. P.

771   *Ad fontem.* Da quesumus omnipotens deus, ut aecclesia tua et suorum firmitate membrorum et noua semper fecunditate laetetur. P.

772   *Ad s. Andream.* Multiplica quesumus domine fidem populi tui, ut cuius per te sumpsit initium, per te consequatur augmentum. P.

113.
FERIA VI.
Statio ad sanctam Mariam.

773   Omnipotens sempiterne deus, qui paschale sacramentum in reconciliationis humanae foedere contulisti, da mentibus nostris, ut quod professione celebramus, imitemur affectu. Per.

774   *Alia.* Deus qui ad caeleste regnum non nisi renatis ex aqua et spiritu sancto pandis introitum, auge super famulos tuos gratiam

quam dedisti, ut qui ab omnibus sunt purgati peccatis, nullis priuentur promissis. P.

Super oblata. Hostias quesumus domine placatus assume, quas 775 et pro renatorum expiatione peccati deferimus et pro acceleratione caelestis auxilii. P. [fol. 69]

Praefatio. UD. p. Chr. d. n. Qui secundum promissionis 776 suae incommutabilem ueritatem caelestis pontifex factus in aeternum solus omnium sacerdotum peccati remissione non eguit, sed potius peccata mundi idem uerus agnus abstersit. Per quem.

Hanc igitur. *Ut supra.* 777

Ad complendum. Respice domine quesumus populum tuum, et 778 quem aeternis dignatus es renouare mysteriis, a temporalibus [culpis] dignanter absolue. P.

Ad uesperum in Hierusalem. Deus per quem nobis et redemptio 779 uenit et prestatur adoptio, respice in opera misericordiae tuae, ut in Christo renatis et aeterna tribuatur hereditas et uera libertas. Per eundem.

Ad fontem. Adesto quesumus domine familiae tuae et dignanter 780 impende, ut quibus fidei gratiam contulisti, et coronam largiaris aeternam. P. d.

114.
SABBATO.
Ad sanctum Iohannem.

Concede quesumus omnipotens deus, ut qui festa paschalia uene- 781 rando egimus, per haec contingere ad gaudia aeterna mereamur. P.

Alia. Deus innocentiae restitutor et amator, dirige ad te tuorum 782 corda seruorum, ut de infidelitatis tenebris liberati nunquam a tuae uirtutis luce discedant. P.

Super oblata. Concede quesumus domine semper nos per haec 783 mysteria paschalia gratulari, ut continua nostrae rep[ar]ationis operatio perpetuae nobis fiat causa laetitiae. P.

Praefatio. UD. p. Chr. d. n. Per quem te supplices exposcimus, 784 ut cuius muneris pignus accepimus, manifesta dona comprehendere ualeamus; et quae nobis fideliter speranda paschale contulit sacramentum, per resurrectionis eius attingere mereamur ineffabile mysterium. Per quem.

785   *Infra actionem.* Hanc igitur. *Ut supra.*

786   *Ad complendum.* Redemptionis nostrae munere uegetati quesumus domine, ut hoc perpetuae salutis auxilium fides semper uera perficiat. P.

787   *Ad uesperum ad s. Mariam.* Deus totius conditor creaturae, famulos tuos, quos fonte baptismatis renouasti quosque gratiae tuae plenitudine solidasti, in adoptionis sorte facias dignanter ascribi. P.

788   *Ad fontem.* Deus qui multiplicas aecclesiam tuam in subole renascentium, fac eam gaudere propitius de suorum profectibus filiorum. P. d.

115.
DOMINICA POST ALBAS.

789   Presta quesumus omnipotens deus, ut qui paschalia festa peregimus, haec te largiente moribus et uita teneamus. P.

790   *Alia.* Deus qui renatis baptismate mortem adimis et uitam tribuis sempiternam, concede quesumus, ut quorum nunc regenerationis sacrae diem celebramus octauum, ita corpora eorum animasque custodias, ut gratiam se catholicae fidei percepisse pietatis tuae defensione cognoscant. P.

791   *Super oblata.* Suscipe munera quesumus domine exultantis aecclesiae, et cui causam tanti gaudii prestitisti, perpetuum fructum concede letitiae. P.

792   *Praefatio.* UD. aeterne deus. Et te suppli-[fol. 70]citer exorare, ne nos ad illum sinas redire actum, cui iure dominatur inimicus; sed in hac potius facias absolutione persistere, per quam diabolus extitit filio tuo uincente captiuus. Et ideo.

793   *Ad complendum.* Quesumus domine deus noster, ut sacrosancta mysteria, quae pro reparationis nostrae munimine contulisti, et presens nobis remedium esse facias et futurum. P.

794   *Alia.* Exuberet quesumus domine mentibus nostris paschalis gratia sacramenti, ut donis suis ipsa nos dignos efficiat. P.

795   *Alia.* Maiestatem tuam domine supplices exoramus, ut quos uiam fecisti perpetuae salutis intrare, nullis permittas errorum laqueis implicari. P.

Ad sanctos Cosmam et Damianum. Ad uesperum. Deus qui 796
nos exultantibus animis pascha tuum celebrare tribuisti, fac nos quesumus et temporalibus gaudere subsidiis et aeternitatis effectibus
gratulari. P.

116.
ALIAE ORATIONES DE RESURRECTIONE.

Deus qui per unigenitum tuum deuicta morte aeternitatis nobis 797
aditum reserasti, erige ad te tuorum corda credentium, ut omnes
rege[ne]rati apprehendant meritis, quod suscepere mysteriis.
Per eundem.

Alia. Da misericors deus, ut in resurrectione domini nostri Iesu 798
Christi inueniamus et nos ueraciter portionem. Per eundem.

Alia. Adesto quesumus domine tuae familiae et dignanter 799
[etc. = n. 780].

Alia. Exaudi nos omnipotens deus et familiae tuae corda, cui 800
perfectam baptismi gratiam contulisti, ad promerendam beatitudinem
aptes aeternam. P.

Alia. Concede misericors deus, ut et deuotus tibi populus tuus 801
existat et de tua clementia quod ei prosit indesinenter optineat. P.

Alia. Deus qui sensus nostros terrenis actionibus perspicis 802
retardari, concede quesumus, ut tuo potius munere tuis aptemur
remediis. P.

Alia. Largire quesumus aecclesiae tuae deus et a suis semper 803
et ab alienis abstinere delictis, ut pura tibi mente deseruiens pietatis
tuae remedia sine cessatione percipiat. P.

Alia. Deus qui omnes in Christo renatos genus regium et sacer- 804
dotale fecisti, da nobis et uelle et posse quae precipis, ut populo ad
aeternitatem uocato una sit fides cordium et pietas actionum. Per
eundem.

Alia. Deus qui credentes in te fonte baptismatis innouasti, hanc 805
renatis in Christo concede custodiam, ut nullo erroris incursu gratiam
tuae benedictionis amittant. P.

Alia. Deus qui pro salute mundi sacrificium paschale fecisti, 806
propitiare supplicationibus nostris, ut interpellans pro nobis pontifex
summus nos per id quod nostri est similis reconciliet, per id quod

tibi est aequalis absoluat: Iesus Christus filius tuus dominus noster.
Qui tecum.

807   *Alia*. Deus qui ad aeternam uitam in Christi resurrectione nos
reparas, erige nos ad consedentem in dextera tua nostrae salutis
auctorem, ut qui propter nos iudicandus aduenit, pro nobis quoque
iudicaturus adueniat: Iesus Christus dominus noster.

808   *Alia*. Deus qui credentes in te populos gratiae tuae largitate
multiplicas, respice propitius ad electionem tuam, ut qui sacramento
baptismatis sunt renati, regni caelestis mereantur introitum. P.

809   *Alia*. Omnipotens sempiterne deus, qui humanam naturam supra
primae originis reparas dignitatem, respice pietatis tuae ineffabile
sacramentum, et quos regenerationis mysterio innouare dignatus es, in
his dona tua perpetua gratiae protectione conserua. P.

810   *Alia*. Omnipotens sempiterne deus, deduc nos ad societatem
caelestium gaudiorum, ut spiritu sancto renatos regnum tuum facias
introire, atque eo perueniat humilitas gregis, quo praecessit celsitudo
pastoris. Qui tecum.

811   *Alia*. Praesta nobis omnipotens et misericors deus, ut in resurrectione domini nostri Iesu Christi percipiamus ueraciter portionem.
Qui tecum.

812   *Alia*. Concede quesumus omnipotens deus, ut ueterem [fol. 71]
cum suis actionibus hominem deponentes illius conuersatione uiuamus,
ad cuius nos substantiam paschalibus remediis transtulisti. Per eundem.

813   *Alia*. Repelle domine conscriptum peccati lege cyrographum,
quod in nobis paschali mysterio per resurrectionem filii tui uacuasti.
Qui tecum.

814   *Alia*. Deus qui ad aeternam uitam in Christi resurrectione nos
reparas, imple pietatis tuae ineffabile sacramentum, ut cum in maiestate saluator noster aduenerit, quos fecisti baptismo regenerari, facias
beata immortalitate uestiri. Per eundem.

815   *Alia*. Deus, humani generis conditor et redemptor, da quesumus,
ut reparationis nostrae collata subsidia te iugiter inspirante sectemur. P.

816   *Alia*. Gaudeat domine plebs fidelis, et cum propriae recolit
saluationis exordia, eius proue[h]atur augmentis. P.

Alia. Fac omnipotens deus, ut qui paschalibus remediis innouati 817
similitudinem terreni parentis euasimus, ad formam caelestis transferamur auctoris. [P.]

Alia. Familiam tuam quesumus domine dextera tua perpetuo 818
circumdet auxilio, ut paschali interueniente sollemnitate ab omni
prauitate defensa donis caelestibus prosequatur. P.

Alia. Largire quesumus domine fidelibus tuis indulgentiam 819
placatus et pacem, ut pariter ab omnibus mundentur offensis et
secura tibi mente deseruiant. P.

Alia. Presta quesumus domine deus noster, ut quae sollemni 820
celebramus officio, purificate mentis intellegentia consequamur. P.

Alia. Caelesti lumine quesumus [etc. = n. 136].   821

Alia. Deus qui renatis ex aqua et spiritu sancto regni caelestis 822
pandis introitum, auge super famulos tuos gratiam quam dedisti, ut
qui ab omnibus sunt purgati peccatis, a nullis priuentur promissis.
P. in unitate.

Alia. Paschalibus nobis quesumus domine remediis dignanter 823
impende, ut terrena desideria respuentes discamus inhiare caelestia. P.

Alia. Quesumus omnipotens deus, [ut] iam non teneamur obnoxii 824
sententiae damnationis humanae, cuius nos uinculis haec redemptio
paschalis absoluit. P. d. n.

Alia. Concede misericors deus, ut quod pro paschalibus exe- 825
quimur institutis, fructiferum nobis omni tempore sentiamus. P.

Alia. Conserua in nobis quesumus domine misericordiam tuam, 826
et quos ab erroris liberasti caligine, ueritatis tuae firmius inherere
facias documento. P.

Alia. Solita quesumus domine quos saluasti pietate custodi, ut 827
qui tua passione sunt redempti, tua resurrectione laetentur. P.

Alia. Omnipotens sempiterne deus, propensius his diebus tuam 828
misericordiam consequamur, quibus eam plenius te largiente cognouimus. P.

117.
IN PASCHA ANNOTINUM.

Deus cuius prouidentia nec preteritorum momenta deficiunt nec 829
ulla superest expectatio futurorum, tribue permanentem peractae quam

recolimus sollemnitatis effectum, ut quod recordatione percurrimus, semper in opere teneamus. P.

830 *Alia.* Deus qui renatis fonte baptismatis delictorum indulgentiam tribuisti, presta misericors, ut recolentibus huius natiuitatis insignia plenam adoptionis gratiam largiaris. P.

831 *Super oblata.* Clementiam tuam domine suppliciter exoramus, ut paschalis muneris sacramentum, quod fide recolimus et spe desideramus intenti, perpetua dilecti-[fol. 72]one capiamus. P.

832 *Praefatio.* UD. aeterne deus. Et redemptionis nostrae festa recolere, quibus humana substantia uinculis preuaricationis exuta spem resurrectionis per renouatam originis dignitatem assumpsit. Et ideo.

833 *Infra actionem.* Hanc igitur oblationem famulorum famularumque tuarum, quam tibi offerunt annua recolentes mysteria quibus eos adoptasti regalibus institutis, quesumus domine placatus intende, pro quibus supplices preces effundimus, ut in eis et collata custodias et promissae beatitudinis praemia largiaris. Diesque nostros.

834 *Ad complendum.* Tua nos quesumus domine quae sumpsimus sancta purificent et operationis suae remedio nos perficiant esse placatos. P.

835 *Super populum.* Populus tuus quesumus domine renouata semper exultet animae iuuentute, ut qui antea peccatorum ueternorum in mortis uenerat senium, nunc laetetur in pristinam se gloriam restitutum. P.

118.

ORATIONES ET PRECES IN PAR[OCHIA].

836 Deus qui humani generis es et reparator et rector, da quesumus aecclesiam tuam et noua prole semper augeri et deuotiones cunctorum crescere filiorum. P.

837 *Alia.* Renouatos domine fontis ac spiritus tui potentia in hereditarium populum clementer annumera, ut qui a multitudine purgati sunt criminum, inuisibilium etiam mereantur copiam praemiorum. P.

838 *Super oblata.* Offerimus tibi domine laudes et munera et pro concessis beneficiis exhibentes gratias et pro concedendis suppliciter deprecantes. P.

Praefatio. (Et salutem.) UD. Nos te domine suppliciter exorare, ut 839
fidelibus tuis dignanter impendas, quo et paschalia capiant sacramenta et
desideranter expe[c]tent uentura; ut in ministeriis quibus renati sunt
permanentes ad nouam uitam his operibus perducantur. P. Chr.

Ad complendum. Adiuuet nos quesumus domine sanctum istud 840
paschale mysterium et ut deuotis hoc mentibus exequamur obtineat. P.

Super populum. Populus tuus quesumus domine renouata semper 841
exultet. *Ut supra* [n. 835].

119.
III. ID. APR. NAT. SCI LEONIS PAPE.

Exaudi domine preces nostras, quas in sancti confessoris tui 842
atque pontificis Leonis sollemnitate deferimus, et qui tibi digne meruit
famulari, eius intercedentibus meritis ab omnibus nos absolue peccatis. P.

Alia. Presta quesumus omnipotens deus, ut beatus Leo tibi 843
placita fulgeat sorte pontificatus et pietati tuae nos pia supplicatione
commendet. P.

Super oblata. Sancti Leonis confessoris tui atque pontificis que- 844
sumus domine annua sollemnitas pietati tuae nos reddat acceptos et
per haec piae oblationis officia et illum beata retributio comitetur et
nobis gratiae tuae dona concilient[ur]. P.

Ad complendum. Deus fidelium remunerator animarum presta, 845
ut beati Leonis confessoris tui [etc. = n. 138].

120.
ID. APR. NAT. SCAE EUFEMIAE.

Con-[fol. 73]cede nobis omnipotens deus sanctae martyris Eufemiae 846
exultare meritis et beneficiorum eius attolli suffragiis. P.

Alia. Annue quesumus domine, ut sanctae martyris Eufemiae 847
tibi placitis deprecationibus adiuuemur. P.

Super oblata. Muneribus domine te magnificamus oblatis, ut in 848
sanctae nobis sollemnitatibus Eufemiae et gaudia sempiterna concilies
et patrocinia sempiterna largiaris. P.

Praefatio. UD. aeterne deus. Et in hac sollemnitate tibi laudis 849
hostias immolare, qua beatae Eufemiae martyris tuae passionem

7*

ue[ne]rando recolimus et tui nominis gloriam debitis preconiis magnificamus. P.

850 *Ad complendum.* Sanctae nos martyris Eufemiae precatio tibi domine grata comitetur et tuam nobis indulgentiam poscere non desistat. P.

121.

XVIII. KL. MAI. NAT. SCORUM TIBURTII UALERIANI ET MAXIMI.

851 Presta quesumus omnipotens deus, ut qui sanctorum tuorum Tiburtii Ualeriani et Maximi sollemnia colimus, eorum etiam uirtutes imitemur. P.

852 *Super oblata.* Hostia haec quesumus domine, quam in sanctorum [etc. == n. 150].

853 *Praefatio.* UD. aeterne deus. Et te in sanctorum martyrum festiuitate laudare, qui semper es mirabilis in tuorum commemoratione sanctorum et magnae fidei largiris affectum et tolerantiam tribuis passionum et antiqui hostis facis superari machinamentum, quo egregii martyres tui ad capiendam supernorum beatitudinem premiorum nullis impediantur retinaculis blandimentorum P. Chr.

854 *Ad complendum.* Sacro munere satiati supplices te domine deprecamur, ut quod debitae seruitutis celebramus officio, saluationis tuae sentiamus augmento. P.

122.

VIIII. KL. MAI. NAT. SCI GEORGII MARTYRIS.

855 Deus qui nos beati Georgii martyris tui meritis et intercessione laetificas, concede propitius, ut qui eius beneficia poscimus, dona tuae gratiae consequamur. P.

856 *[Alia.]* Tuus sanctus martyr Georgius quesumus domine nos ubique laetificet, ut dum eius merita in presenti festiuitate recolimus, patrocinia in augmentum uirtutum sentiamus. P.

857 *Super oblata.* Tanto placabiles quesumus domine nostrae tibi sint hostiae, quanto sancti martyris Georgii, pro cuius sollemnitate exhibentur, tibi grata sunt merita. P.

858 *Praefatio.* UD. et salutare. Te omnipotens deus in omnium martyrum triumphis laudare, quoniam tuis donis atque muneribus

beati martyris Georgii passionem hodierna sollemnitate ueneramur, qui pro confessione Iesu Christi filii tui diuersa supplicia sustinuit et ea deuincens coronam perpetuitatis promeruit. Et ideo.

Ad complendum. Supplices te rogamus omnipotens deus, ut quos 859 tuis reficis sacramentis, intercedente beato Georgio martyre tuo tibi etiam placitis moribus tribuas deseruire. P.

Beati Georgii martyris tui domine suffragiis exoratus percepti 860 sacramenti tui nos uirtute defende. P.

123.

VII. KL. MAI. IN LAETANIA MAIORE ET IN II. FERIA ROGATIONUM.

Ad crucem. [fol. 74] Mentem familiae tuae quesumus domine 861 intercedente beato Laurentio martyre tuo et munere conpunctionis aperi et largitate pietatis exaudi. P.

Ad sanctum Ualentinum. Deus qui culpas delinquentium 862 districte feriendo percutis, fletus quoque lugentium non recuses, ut qui pondus tuae animaduersionis cognouimus, etiam pietatis gratiam sentiamus. P.

Ad crucem. Parce domine, quesumus, parce populo tuo et nullis 863 iam patiaris aduersitatibus fatigari, quos pretioso filii tui sanguine redemisti. Qui tecum.

Ad pontem Molbis. Deus qui culpas nostras piis uerberibus per- 864 cutis, ut nos a nostris iniquitatibus emundes, da nobis et de uerbere tuo proficere et de tua citius consolatione gaudere. P.

In atrio. Adesto domine supplicationibus nostris et sperantes 865 in tua misericordia intercedente beato Petro apostolo tuo celesti protege benignus auxilio. P.

Alia in atrio. Presta quesumus omnipotens deus, ut ad te toto 866 corde clamantes intercedente beato Petro apostolo tuo tuae pietatis indulgentiam consequamur. P.

Ad missam. Statio ad s. Petrum.

Presta quesumus omnipotens deus, ut qui in afflictione nostra de 867 tua pietate confidimus, contra aduersa omnia tua semper protectione muniamur. P.

868   *Super oblata.* Haec munera quesumus domine et uincula [etc. = n. 579].

869   *Praefatio.* UD. aeterne deus. Et te auctorem et sanctificatorem ieiunii collaudare, per quod nos liberas a nostrorum debitis peccatorum. Ergo suscipe ieiunantium preces atque ut nos a malis omnibus propitiatus eripias, iniquitates nostras quibus merito affligimur placatus absolue. P. Chr.

870   *Ad complendum.* Uota nostra quesumus domine pio fauore prosequere, ut dum dona tua in tribulatione percepimus, de consolatione nostra in tuo amore crescamus. P.

871   *Super populum.* Pretende nobis domine misericordiam tuam, ut quae uotis expetimus, conuersatione tibi placita consequamur. P.

124.
VII. KL. MAI. NAT. SCI MARCI EUANGELISTAE.

872   Deus qui nobis per ministerium beati Marci euangelistae et martyris tui ueritatem euangelii patefieri uoluisti, concede quesumus, ut quod ab illius ore didicimus, gratia tua adiuti operari ualeamus. P.

873   *Super oblata.* Hanc domine quesumus oblationem pro commemoratione beati Marci oblatam benigne contuere et presta, ut et nomini tuo ad gloriam et nobis proficiat ad medelam. P.

874   *Praefatio.* UD. aeterne deus. Et nos te iugiter collaudare benedicere et predicare, qui per beatum Marcum euangelistam atque pontificem meruimus cognoscere filii tui incarnationis et diuinitatis mirabile mysterium. Petimus ergo misericordiam tuam, ut eo annuente fides nostra operum executione ornetur et perseuerantiae fine claudatur. Per eundem filium tuum I. Chr.

875   *Ad complendum.* Pasti cibo spiritalis alimoniae quesumus domine deus noster, ut quod mysterio frequentamus, intercedente beato Marco euangelista atque pontifice plena ueritate capiamus. P.

125.
IIII. KL. MAI. NAT. SCI UITALIS MARTYRIS. [fol. 75]

876   Presta quesumus omnipotens deus, ut intercedente beato Uitale martyre tuo et a cunctis aduersitatibus liberemur in corpore et a prauis cogitationibus mundemur in mente. P.

Alia. Sancti nos quesumus domine Uitalis [natalicia] uotiua 877 laetificent et beneficiis suae intercessionis attollant.

Super oblata. Accepta sit in conspectu tuo domine nostra 878 deuotio et eius nobis fiat supplicatione salutaris, pro cuius sollemnitate defertur. P.

Ad complendum. Refecti participatione muneris sacri quesumus 879 [etc. = n. 158].

Alia. Exultet quesumus domine populus tuus in sancti tui 880 commemoratione Uitalis, et cuius uotiuo laetatur officio, suffragio releuetur optato. P.

126.
KL. MAI. NAT. APOSTOLORUM PHILIPPI ET IACOBI.

Deus qui nos annua apostolorum tuorum Philippi et Iacobi 881 sollemnitate laetificas, presta quesumus, ut quorum gaudemus meritis, instruamur exemplis. P.

Super oblata. Munera domine, quae pro apostolorum tuorum 882 Philippi et Iacobi sollemnitate deferimus, propitius suscipe et mala omnia quae meremur auerte. P.

Praefatio. UD. aeterne deus. Qui aecclesiam tuam in apostolica 883 soliditate fundasti, de quorum consortio sunt beati Philippus et Iacobus, quorum passionis hodie festum ueneramur poscentes, ut sicut eorum doctrinis instituimur, ita exemplis muniamur et precibus adiuuemur. P. Chr.

Ad complendum. Quesumus domine salutaribus repleti mysteriis, 884 ut quorum sollemnia celebramus, eorum orationibus adiuuemur. P.

Aliae orationes. Beatorum apostolorum Philippi et Iacobi honore 885 continuo domine plebs tua semper exultet et his presulibus gubernetur, quorum et doctrinis gaudet et meritis. P.

Alia. Deus qui es omnium sanctorum splendor mirabilis quique 886 hunc diem beatorum apostolorum Philippi et Iacobi martyrio consecrasti, da aecclesiae tuae de natalicio tantae festiuitatis laetari, ut apud misericordiam tuam et exemplis eorum et meritis adiuuemur. P.

127.
V. NON. MAI. [NATALE] SCI IUUENALIS.

Beati nobis quesumus domine Iuuenalis et confessio semper prosit 887 et meritum. P.

888   *Alia.* Annue quesumus domine, ut merita tibi placita sancti confessoris et episcopi tui Iuuenalis pro gregibus, quos sincero ministerio
gubernauit, pietatem tuam semper exorent. P.

889   *Super oblata.* Hostias nostras quesumus domine sanctus pontifex
Iuuenalis nomini tuo reddat acceptas, qui ad eas tibi digne complacuit
offeren-[fol. 76]das. P.

890   *Ad complendum.* Laeti domine sumpsimus sacramenta caelestia,
quae nobis intercedente beato Iuuenali confessore tuo atque pontifice
uberius confidimus profutura. P.

128.
EODEM DIE INUENTIO SANCTAE CRUCIS.

891   Deus qui in praeclara salutiferae crucis inuentione passionis tuae
miracula suscitasti, concede, ut uitalis ligni pr(a)etio aeternae uitae
suffragia consequamur. Qui uiuis.

892   *Alia.* Deus cui cuncte oboediunt creaturae et qui omnia fecisti
uerbo tuae sapientiae, supplices quesumus ineffabilem clementiam
tuam, ut quos per lignum sanctae crucis filii tui pio cruore es dignatus
redimere, tu, qui es lignum uitae paradysique reparator, omnibus in
te credentibus dira serpentis uenena extinguas et per gratiam sancti
spiritus poculum salutis semper infundas. Per eundem.

893   *Super oblata.* Sacrificium domine quod immolamus intende
placatus, ut ab omni nos exuat bellorum nequitia et per uexillum
sanctae crucis filii tui ad conterendas potestates et aduersariorum
insidias nos in tuae protectionis securitate constituat. Per eundem.

894   *Praefatio.* UD. aeterne deus. Et praecipue in die ista, in qua
filii tui unigeniti a iudaeis abditus gloriosus inuentus est triumphus.
Qui protoplasti facinus, quod per ligni uetiti gustum in humanum
genus est diriuatum, per lignum crucis Christo domino nostro trium-
phante delesti. Cuius ligni typum uirga tenuit, quae separatis equoris
undis uiam populo gradiendi securam preparauit. Per quod lignum
quoque crucis aufertur aspera mors populis, quae ligno deducta cucurrit.
In quo pendens redemptor factus est maledictum, ut nos a maledicto
legis eriperet. Cuius ligni mysterio saluari nos credimus, ut cum
omnibus sanctis comprehendere ualeamus, quae sit longitudo latitudo
sublimitas et profundum. Quo signo inimici pellimus tela cunctaque
calliditatis eius iacula salubriter euitamus, atque eius tutela confisi

Christi Himmelfahrt.
Bl. 79 b; S. 110.

callem ingredimur tenuem, in quo de torrente saluator in uia bibit, propter quod eleuatus ad caelos ad dexteram tuam consedit Iesus Christus.

Alia. UD. p. Chr. d. n. Qui per passionem crucis mundum 895 redemit et antiquae arboris amarissimum gustum crucis medicamine indulcauit; mortemque quae per lignum uctitum uenerat per ligni tropheum deuicit, ut mirabili suae pietatis dispensatione, qui per ligni gustum a florigera sede discesseramus, per crucis lignum ad paradysi gaudia redeamus. Per quem.

Ad complendum. Repleti alimonia caelesti et spiritali poculo 896 recreati quesumus omnipotens deus, ut ab hoste maligno defendas, quos per lignum sanctae crucis filii tui arma iustitiae pro salute mundi triumphare iussisti. Qui tecum.

Alia. Deus qui in preclara salutiferae crucis inuentione hodiernae 897 nobis festiuitatis gaudia dedicasti, tribue, ut uitalis ligni tuitione ab omnibus muniamur aduersis. P.

129.
EODEM DIE NAT. SCORUM ALEXANDRI EUENTII ET THEODOLI.

Presta quesumus omnipotens deus, ut qui sanctorum tuorum 898 Alexandri Euentii et Theodoli natalicia colimus, a cunctis malis imminentibus eorum intercessionibus [fol. 77] liberemur. P.

Super oblata. Super has quesumus hostias domine benedictio 899 copiosa descendat, quae et sanctificationem nobis clementer operetur et de tuorum martyrum nos sollemnitate laetificet. P.

Ad complendum. Pasce nos domine tuorum gaudiis ubique 900 sanctorum, quae nostrae salutis augmenta sunt, quoties illis honor impenditur, in quibus tu mirabilis praedicaris. P.

130.
II. NON. MAI. NAT. SCI IOHANNIS APOSTOLI.

Deus qui conspicis, quia nos undique mala nostra contristant, 901 presta quesumus, ut beati Iohannis apostoli tui intercessio gloriosa nos protegat. P.

902   *Super oblata.* Muneribus nostris quesumus domine precibusque
[etc. = n. 172].

903   *Ad complendum.* Refecti domine pane caelesti intercedente beato
Iohanne apostolo tuo ad uitam [etc. = n. 443].

904   *Alia.* Sumpsimus domine diuina mysteria beati Iohannis apostoli
festiuitate laetantes, quae sicut tuis sanctis ad gloriam, ita nobis
quesumus ad ueniam prodesse perficias. P.

131.
VI. ID. MAI. NAT. SCORUM GORDIANI ET EPIMACHI.

905   Da quesumus omnipotens deus, ut qui beatorum martyrum
Gordiani atque Epimachi sollemnia colimus, eorum apud te intercessionibus adiuuemur. P.

906   *Super oblata.* Grata tibi sint domine munera nostra, que et tuis
sunt instituta preceptis et beatorum martyrum Gordiani atque Epimachi
festiuitas gloriosa commendet. P.

907   *Ad complendum.* Quesumus omnipotens deus, ut qui caelestia
alimenta percepimus, intercedentibus sanctis tuis Gordiano atque
Epimacho per haec [etc. = n. 175].

132.
IIII. ID. MAI. NAT. SCORUM NEREI ACHILLEI ET PANCHRATII.

908   Semper nos domine martyrum tuorum Nerei Achillei et Panchratii
foueat quesumus beata sollemnitas et tuo dignos reddat obsequio. P.

909   *Super oblata.* Sanctorum tuorum domine Nerei Achillei et
Panchratii tibi grata confessio et munera nostra commendet et tuam
nobis indulgentiam semper imploret. P.

910   *Praefatio.* UD. aeterne deus. Quoniam a te constantiam fides,
a te uirtutem sumit infirmitas. Et quicquid in persecutionibus saeuum
est, quicquid in morte terribile, nominis tui facis confessione superari.
Unde benedicimus te domine in operibus tuis teque in sanctorum
Nerei Achillei et Panchratii prouectione laudamus. P. Chr.

911   *Ad complendum.* Quesumus domine, ut beatorum martyrum
tuorum Nerei Achillei atque Pancratii deprecationibus sacramenta sancta
quae sumpsimus ad tuae nobis proficiant placationis augmentum. P.

133.

III. ID. MAI. DEDICATIO AECCLESIAE BEATAE MARIAE
AD MARTYRES.

Concede [fol. 78] quesumus omnipotens deus ad eorum nos 912
gaudia aeterna pertingere, de quorum nos uirtute tribuis annua
sollemnitate gaudere. P.

Super oblata. Super has quesumus hostias [etc. = n. 899]. 913

Ad complendum. Supplices te rogamus omnipotens deus, ut 914
quos tuis reficis [etc. = n. 859].

*Orationes et missam fer. II. de rogationibus require retro in
laetania maiore.*

134.

IN LETANIA MINORE. FERIA III. IN ROGATIONIBUS.

Oratio. Omnipotens et misericors deus, qui peccantium animas 915
non uis perire sed culpas, contine quam meremur iram, et quam
precamur super nos effunde clementiam, ut de merore in gaudium
per tuam misericordiam transferamur. P.

Domine deus qui ad hoc irasceris ut subuenias, ad hoc minaris 916
ut parcas, lapsis manum porrige et laborantibus multiplici miseratione
succurre, ut qui per te redempti sunt ad spem uitae aeternae, tua
moderatione saluentur. P.

Alia. Absolue quesumus domine tuorum delicta populorum et 917
a peccatorum nexibus, quae pro nostra fragilitate contraximus, tua
succurrente pietate liberemur. P.

Alia. Quesumus domine deus noster, ut per uexillum sanctae 918
crucis filii tui ad conterendas aduersariorum nostrorum insidias nos
in tuae protectionis securitate constituas. P.

Alia. Exaudi nos deus salutaris noster, et intercedente beato 919
Iohanne baptista populum tuum et ab iracundiae tuae terroribus libera
et misericordiae tuae fac largitate securum. P.

Ad missam.

In ieiunio hoc afflicti corpore et corde contriti frequentamus 920
ad te preces clementissime deus, ut cum abstinentia corporali [ab-
stinentia] nobis uitiorum donetur, ut restricto corpore ab aepulis tu
qui es refectio uera in nostris cordibus ordiaris. P.

921   *Super oblata.* Oblatis quesumus domine placare [etc. = n. 410].

922   *Praefatio.* UD. aeterne deus. Et maiestatem tuam suppliciter exorare, ut non nos nostrae malitiae, sed indulgentiae tuae praeueniat semper affectus, qui nos a noxiis uoluptatibus indesinenter expediat et a mundanis cladibus dignanter eripiat. P. Chr.

923   *Ad complendum.* Presta quesumus omnipotens deus, ut diuino [etc. = n. 720].

924   *Super populum.* Fideles tuos domine benedictio [etc. = n. 435].

925   *Ad uesperum.* Praeueniat nos quesumus omnipotens deus tua gratia et subsequatur, ut per ieiunium, quod summo cordis desiderio exoluimus, et presentis uitae subsidia et futura[e] etiam as[s]equamur. P.

135.
FERIA IIII.

926   *Oratio.* Da nobis quesumus domine de tribulatione laetitiam, ut qui diu pro peccatis nostris affligimur, intercedente beato *N.* martyre tuo in tua misericordia respiremus. P.

927   *Alia.* Moueat pietatem tuam quesumus domine subiectae tibi plebis affectus, et misericordiam tuam supplicatio fidelis obtineat, ut quod meritis non presumit, indulgentiae tuae largitate percipiat. P.

928   *Alia.* Presta quesumus omnipotens deus, ut qui iram tuae indignationis agnouimus, misericordiae tuae indulgentiam consequamur. P.

929   *Alia.* Presta populo tuo domine quesumus consolationis auxilium et diuturnis calamitatibus laborantem propitius respirare concede. P.

930   *Ad crucem.* Deus cuius filius per tropheum crucis mundum redimere dignatus est, concede propitius, ut qui de redemptione laetamur, aeternis gaudiis perfrui mereamur. Per eundem.

931   *Ad sanctum Petrum.* Protege domine populum tuum et apostoli tui Petri patrocinio confidentem perpetua defensione conserua. P. [fol. 79]

Ad missam.

932   Deus humilium consolator [et] fidelium fortitudo, propitius esto supplicationibus nostris, ut humana fragilitas, quae per se procliuis est ad labendum, per te semper muniatur ad standum, et quae per se prona est ad offensam, per te semper reparetur ad ueniam. P.

Super oblata. Sacrificia tibi domine cum aecclesiae precibus 933 immolanda quesumus corda nostra purificent et indulgentiae tuae nobis dona concilient et contra aduersa prospera sentire faciant. P.

Praefatio. UD. aeterne deus. Ut quia tui est operis, si quid 934 tibi placitum aut cogitemus aut agamus, idcirco poscimus, ut nobis semper intellegendi quae recta sunt et exequendi tribuas facultatem. P. Chr.

Ad complendum. Quos munere domine caelesti reficis, diuino 935 tuere presidio, ut tuis mysteriis perfruentes nullis subdamur aduersis. P.

136.

EODEM DIE UIGILIA ASCENSIONIS DNI.

Presta quesumus omnipotens deus pater, ut nostrae mentis intentio 936 quo sollemnitate hodierna gloriosus auctor ingressus est semper intendat, et quo fide pergit conuersatione perueniat. Per eundem.

Super oblata. Hoc sacrificium domine, quod pro filii tui supp- 937 lices uenerabili nunc ascensione deferimus, presta quesumus, ut nos per ipsum his commertiis sacrosanctis ad caelestia consurgamus. Per eundem.

Praefatio. UD. aeterne deus. Et in hac precipue die quo Iesus 938 Christus filius tuus dominus noster diuini consummato fine mysterii dispositionis antiquae munus expleuit, ut scilicet et diabolum caelestis operis inimicum per hominem quem subiugaret elideret et humanam reduceret ad superna dona substantiam. Et ideo.

Ad complendum. Tribue quesumus domine, ut per haec sacra 939 quae sumpsimus illuc tendat nostrae deuotionis affectus, quo tecum est nostra substantia. Qui tecum.

Super populum. Tribue quesumus omnipotens deus, ut munere 940 festiuitatis hodiernae illuc famulorum tuorum dirigatur intentio, quo in tuo unigenito tecum est nostra substantia. Per eundem.

Ad uesperum. Da quesumus omnipotens deus illuc subsequi 941 tuorum membra fidelium, quo caput nostrum principiumque praecessit. Qui tecum.

137.

IN DIE ASCENSIONIS DOMINI.
Statio ad sanctum Petrum.

942 Concede [fol. 80] quesumus omnipotens deus, ut qui hodierna die unigenitum tuum redemptorem nostrum ad caelos ascendisse credimus, ipsi quoque mente in caelestibus habitemus. Per eundem.

943 *Super oblata.* Suscipe domine munera, quae pro filii tui gloriosa ascensione deferimus, et concede propitius, ut a presentibus [periculis] liberemur et ad uitam perueniamus aeternam. Per eundem.

944 *Praefatio.* UD. P. Chr. d. n. Qui post resurrectionem suam omnibus discipulis manifestus apparuit et ipsis cernentibus est eleuatus in caelum, ut nos diuinitatis suae tribueret esse participes. Et ideo.

945 *Coniunctio.* Communicantes et diem sacratissimum celebrantes, quo dominus noster unigenitus filius tuus unitam sibi fragilitatis nostrae substantiam in gloriae tuae dextera collocauit. Sed et.

946 *Ad complendum.* Presta nobis quesumus omnipotens et misericors deus, ut quae uisibilibus mysteriis sumenda percepimus, inuisibili consequamur effectu. P.

947 *Aliae orationes.*

Deus qui ad celebranda tuae miracula maiestatis post resurrectionem a mortuis hodie in caelos apostolis astantibus ascendisti, concede nobis tuae pietatis auxilium, ut secundum tuam promissionem et tu nobiscum semper in terris et nos tecum in caelo degere mereamur. Qui uiuis.

948 *Alia.* Tribue quesumus omnipotens deus, ut munere [etc. = n. 939].

949 *Alia.* Adesto domine supplicationibus nostris, ut sicut humani generis saluatorem consedere tecum in tua maiestate confidimus, ita usque ad consummationem saeculi manere nobiscum quemadmodum est pollicitus sentiamus. Qui tecum.

950 *Alia.* Deus cuius filius in alta caelorum potenter ascendens captiuitatem nostram sua duxit uirtute captiuam, tribue quesumus, ut dona, quae suis participibus contulit, largiatur et nobis Iesus Christus dominus noster. Qui tecum.

138.

VIII. KL. IUN. NAT. SCI URBANI.

951 Da quesumus omnipotens deus, ut qui beati Urbani martyris tui atque pontificis sollemnia colimus, eius apud te intercessionibus adiuuemur. P.

Super oblata. Munera quesumus domine tibi dicata sanctifica et 952
intercedente beato Urbano martyre tuo per eadem nos placatus
intende. P.

Ad complendum. Beati Urbani martyris atque pontificis domine 953
intercessione placatus presta quesumus, ut quae temporali celebramus
actione, perpetua saluatione capiamus. P.

139.

-IN SABBATO PENTECOST.

Prima lectio. Temptauit deus Habraham [Gen. 22].

Oratio. Deus qui in Habrahae famuli tui opere humano generi 954
oboedientiae exempla prebuisti, concede nobis et nostrae uoluntatis
grauitatem frangere et tuorum preceptorum rectitudinem in omnibus
adimplere. P.

II. lectio. Scripsit Moyses [Deut. 31].
Canticum. Adtende caelum [Deut. 32].

Oratio. Deus qui nobis per prophetarum ora praecepisti tem- 955
poralia relinquere atque ad aeterna festinare, da famulis tuis, ut quae
a te iussa cognouimus, implere caelesti inspiratione ualeamus. P.

III. lectio. Apprehendent septem mulieres [Is. 4].
Canticum. Uinea facta est [Is. 5].

Oratio. Deus qui nos ad celebrandam festiuitatem utriusque 956
testamenti paginis instruis, da nobis intellegere misericordiam tuam,
ut ex perceptione presentium munerum firma sit expectatio futurorum.
P. d. n.

IIII. lectio. Audi Israel mandata uitae [Baruch 3].

Oratio. Deus incommutabilis uirtus et lumen aeternum, respice 957
propitius ad totius aecclesiae mirabile sacramentum et da famulis tuis,
ut hoc quod deuote agimus, etiam rectitudine uitae teneamus. P. d. n.

Canticum. Sicut ceruus [Ps. 41].

Oratio. Concede quesumus omnipotens deus, ut qui [fol. 81] 958
sollemnitatem doni spiritus sancti colimus, caelestibus desideriis accensi
fontem uitae sitiamus. Per. in unitate eiusdem.

140.

IN UIGILIA PENTECOST.

Ad sanctum Iohannem.

959   *Ad missam.* Presta quesumus omnipotens deus, ut (qui) claritatis tuae super nos splendor effulgeat et lux tuae lucis corda eorum,
qui per gratiam tuam renati sunt, sancti spiritus illustratione confirmet. P. d. n. in unitate eiusdem.

960   *Super oblata.* Hostias populi tui quesumus domine miseratus
intende, et ut tibi reddantur acceptae, conscientias nostras sancti
spiritus salutaris emundet aduentus.[1]) P. d. n. in unitate eiusdem.

961   *[Praefatio.]* UD. aeterne deus. Qui sacramentum paschale consummans, quibus per unigeniti tui consortium filios adoptionis esse
tribuisti, eis per spiritum sanctum largiris dona gratiarum; et sui
coheredibus redemptoris iam nunc supernae pignus hereditatis impendis, ut tanto se certius ad eum confidant esse uenturos, quanto
se sciunt ab eo redemptos et eiusdem sancti spiritus infusione ditatos.
Et ideo.

962   *Coniunctio.* Communicantes et diem sacratissimum pentecosten
praeuenientes, quo spiritus sanctus apostolos plebemque credentium
presentia suae maiestatis impleuit. Sed et memoriam.

963   *Infra actionem.* Hanc igitur oblationem seruitutis [etc. = n. 719].

964   *Ad complendum.* Presta quesumus omnipotens deus, ut spiritus
sanctus adueniens maiestatem nobis filii tui manifestando clarificet.
Per. in unitate eiusdem.

965   *Super populum.* Deus cuius spiritu totum corpus aecclesiae
multiplicatur et regitur, conserua in nouam familiae tuae progeniem
sanctificationis gratiam quam dedisti, ut corpore et mente renouati
in unitate fidei feruentes tibi domino seruire mereantur. Per. in unitate.

966   *Ad uesperum.* Da nobis quesumus domine per gratiam spiritus
sancti nouam tui paraclyti spiritalis obseruantiae disciplinam, ut mentes
nostrae sacro purificante ieiunio cunctis reddantur muneribus aptiores.
P. d. n. filium tuum qui tecum uiuit et regnat deus in unitate eiusdem
spiritus sancti per omnia saecula saeculorum. [fol. 82]

[1]) Hs.: affectus.

Bl. 82ᵃ. Pfingsten. (S. 113.)

141.
DIE SANCTO PENTECOSTEN.
Ad sanctum Petrum.

Deus qui hodierna die corda fidelium sancti spiritus illustratione docuisti, da nobis in eodem spiritu recta sapere et de eius semper consolatione gaudere. P. d. in unitate eiusdem.

Super oblata. Munera domine quesumus oblata sanctifica et 968 corda nostra sancti spiritus illustratione emunda. P.

Praefatio. UD. aeterne deus. Qui hodie sancti spiritus celebra- 969 mus aduentum, qui [in] principiis nascentis aecclesiae cunctis gentibus imbuendis et deitatis scientiam indidit et loquelam, in diuersitate donorum mirabilis operator unitatis idemque uariarum gratiarum distributor, idem et unus effector et predicantium dispensator linguarum. P. Chr.

Alia. UD. p. Chr. d. n. Qui ascendens super omnes caelos 970 sedensque ad dexteram tuam promissum spiritum sanctum hodierna die in filios adoptionis effudit. Quapropter profusis gaudiis totus in orbe terrarum mundus exultat, sed et supernae uirtutes atque angelicae potestates hymnum gloriae tuae concinunt sine fine dicentes.

Coniunctio. Communicantes et diem sacratissimum pentecostes 971 celebrantes, quo spiritus sanctus apostolis innumeris linguis apparuit. Sed et memoriam.

Infra actionem. Hanc igitur oblationem. *Ut supra* [n. 963]. 972

Ad complendum. Sancti spiritus domine corda nostra mundet 973 infusio et sui roris intima aspersione faecundet. Per d. in unitate.

Super populum. Deus qui sacramento festiuitatis hodiernae uni- 974 uersam aecclesiam tuam in omni gente et natione sanctificas, in totam mundi latitudinem spiritus tui dona diffunde. P. d. in unitate.

Aliae orationes.

Omnipotens sempiterne deus, qui paschale sacramentum quinqua- 975 ginta dierum uoluisti mysterio contineri, praesta, ut gentium facta dispersio diuisione linguarum ad unam confessionem tui nominis caelesti munere congregetur. P. d. n.

Alia. Annue misericors deus, ut qui diuina precepta uiolando 976 a paradysi felicitate decidimus, ad aeternae beatitudinis redeamus accessum per tuorum custodiam mandatorum. P. [fol. 83]

8

977   *Alia.* Concede nobis misericors deus, ut sicut in nomine patris et filii diuini generis intellegimus ueritatem, sic in spiritu sancto totius cognoscamus substantiam trinitatis. Per eundem. in unitate.

978   *Alia.* Deus qui discipulis tuis spiritum sanctum paraclytum in ignis feruore tui amoris mittere dignatus es, da populis tuis in unitate fidei esse feruentes, ut in tua semper dilectione permanentes et in fide inueniantur stabiles et in opere efficaces. P.

142.
FERIA II.
Statio ad uincula.

979   Deus qui apostolis tuis sanctum dedisti spiritum, concede plebi tuae piae petitionis effectum, ut quibus dedisti fidem, largiaris et pacem. P.

980   *Super oblata.* Propitius domine quesumus haec dona sanctifica et hostia spiritalis oblationis suscepta nosmetipsos tibi perfice munus aeternum. P.

981   *Praefatio.* UD. p. Chr. d. n. Qui promissum spiritum paraclytum super discipulos misit, ut in principio nascentis aecclesiae cunctis gentibus imbuendis et deitatis scientiam inderet et linguarum diuersitatem in unius fidei confessione sociaret. Per quem tuam maiestatem supplices exoramus, ut cuius celebramus aduentum, eius multimodae gratiae capiamus effectum. Per quem.

982   *Ad complendum.* Adesto domine quesumus populo tuo, et quem mysteriis caelestibus imbuisti, ab hostium furore defende. P.

143.
FERIA III.
Ad sanctam Anastasiam.

983   Adsit nobis domine quesumus uirtus spiritus sancti, quae et corda nostra clementer expurget et ab omnibus tueatur aduersis. Per. in unitate.

984   *Super oblata.* Purificet nos domine quesumus muneris presentis oblatio et dignos sacra participatione perficiat. P. d.

985   *Praefatio.* UD. p. Chr. d. n. Qui spiritus sancti infusione repleuit corda fidelium, ut sua admirabili operatione et sui amoris in

eis ignem accenderet et per diuersitatem linguarum in ünitate fidei gentes solidaret. Cuius dono petimus et illecebrosas a nobis excludi uoluptates et spiritales in nobis extrui plantarique uirtutes. Per quem.

Ad complendum. Mentes nostras quesumus domine spiritus sanc- 986 tus diuinis reparet sacramentis, quia ipse est remissio omnium pecca- torum. P. d. in unitate eiusdem.

144.
FERIA IIII.
Ad sanctam Mariam maiorem.

Mentes nostras quesumus domine paraclytus qui a te procedit 987 illuminet et inducat in omnem sicut tuus promisit filius ueritatem Iesus Christus dominus noster. Qui tecum.

Alia. Praesta quesumus omnipotens et misericors deus, ut spiritus 988 sanctus adueniens templum nos gloriae suae dignanter inhabitando perficiat. Per. in unitate.

Super oblata. Accipe quesumus domine munus [fol. 84] oblatum 989 et dignanter operare, ut quod mysteriis agimus, piis effectibus cele- bremus. P.

Praefatio. UD. p. Chr. d. n. Per quem discipulis spiritus sanctus 990 in terra datur ob dilectionem proximi et de caelo mittitur propter dilectionem tui. Cuius infusio, petimus, ut in nobis peccatorum sordes exurat, tui amoris ignem enutriat et nos ad amorem fraternitatis accendat. Per quem.

Ad complendum. Sumentes domine caelestia sacramenta quesu- 991 mus clementiam tuam, ut quod temporaliter gerimus, aeternis gaudiis consequamur. P.

145.
FERIA QUINTA.
Statio ad apostolos.

Concede quesumus omnipotens deus, ut qui sollemnitatem 992 [etc. = n. 958].

Super oblata. Propitius domine quesumus [etc. = n. 980]. 993

Praefatio. UD. p. Chr. d. n. Per quem pietatem tuam supp- 994 liciter petimus, ut spiritus sanctus corda nostra clementer expurget et

8*

sui luminis irradiatione perlustret, ut in eo qui gratiarum largitor est recta sapiamus et de eius consolatione in perpetuum gaudeamus. Per quem.

995   *Ad complendum.* Presta quesumus domine, ut a nostris mentibus carnales amoueat spiritus sanctus affectus et spiritalia nobis dona potenter infundat. Per. in unitate.

146.

FERIA VI.

Ad apostolos.

996   Da quesumus aecclesiae tuae misericors deus, ut sancto spiritu congregata hostili nullatenus incursione turbetur. Per. in unitate.

997   *Super oblata.* Sacrificia domine tuis oblata conspectibus ille ignis diuinus asumat, qui discipulorum Christi tui per spiritum sanctum corda succendit. Per eundem.

998   *Praefatio.* UD. aeterne deus. Et maiestatem tuam suppliciter exorare, ut spiritus sanctus paraclytus adueniens templum nos inhabitando suae maiestatis efficiat. Quod [1]) cum unigenito filio tuo clementi respectu semper digneris inuisere et tuae inhabitationis fulgore in perpetuum perlustrare. Per quem.

999   *Ad complendum.* Sumpsimus domine sacri dona mysterii humiliter deprecantes, ut quae in tui commemoratione nos facere precepisti, in nostrae proficiant infirmitatis auxilium. P.

147.

SABBATO IN XII LECTIONIBUS.

Ad sanctum Petrum.

1000   Mentibus nostris domine spiritum sanctum benignus infunde, cuius et sapientia conditi sumus et prouidentia gubernamur. Per. in unitate.

1001   *Alia.* Illo nos igne quesumus domine spiritus sanctus inflammet, quem dominus Iesus Christus misit in terram et uoluit uehementer accendi. Qui tecum. in unitate eiusdem.

1002   *Alia.* Deus qui ad animarum medelam ieiunii deuotione castigari corpora precepisti, concede nobis propitius et mente et corpore semper tibi esse deuotos. P.

---

[1]) Hs.: Qui.

Alia. Presta quesumus omnipotens deus, ut salutaribus ieiuniis 1003 eruditi ab omnibus etiam uitiis abstinentes propitiationem tuam facilius inpetremus. P.

Alia. Presta quesumus omnipotens deus sic nos ab [fol. 85] 1004 epulis carnalibus abstinere, ut a uitiis irruentibus pariter ieiunemus. P.

Ad missas.

Deus qui tribus pueris mitigasti flammas ignium, concede pro- 1005 pitius, ut nos famulos tuos non exurat flamma uitiorum. P.

Super oblata. Ut accepta tibi sint domine nostra ieiunia, presta 1006 quesumus nobis huius mune[re] sacramenti purificatum tibi pectus offerre. P.

Praefatio. UD. aeterne deus. Et tuam omnipotentiam deuotis 1007 precibus implorare, ut nos spiritus tui lumine perfundas, cuius nos sapientia creat, pietas recreat et prouidentia gubernat; qui cum a tua substantia nullo modo sit diuersus, sed tibi et unigenito tuo consubstantialis et coaeternus, diuersitate tamen donorum replet tuorum corda fidelium. Et ideo.

Ad complendum. Praebeant nobis domine diuinum [etc. = n. 471]. 1008

148.

OCT[AUA] PENTECOST.

Omnipotens sempiterne deus, qui dedisti famulis tuis in confessione 1009 uere fidei aeternae trinitatis gloriam agnoscere et in potentia maiestatis adorare unitatem, quesumus, ut eiusdem fidei firmitate ab omnibus semper muniamur aduersis. P.

Super oblata. Sanctifica quesumus domine deus noster per uni- 1010 geniti tui uirtutem huius oblationis hostiam et cooperante spiritu sancto per eam nosmetipsos tibi perfice munus aeternum. P.

Praefatio. UD. aeterne deus. Qui cum unigenito filio tuo et 1011 spiritu sancto unus es deus, unus es dominus, non in unius singularitate personae, sed in unius trinitate substantiae. Quod enim de tua gloria reuelante te credimus, hoc de filio tuo, hoc de spiritu sancto sine differentiae discretione sentimus, ut in confessione uere sempiternaeque deitatis et in personis proprietas et in essentia unitas et in maiestate adoretur aequalitas. Quam laudant.

1012   *Ad complendum.* Proficiat nobis ad salutem corporis et animae domine deus huius sacramenti perceptio et sempiterna sanctae trinitatis eiusdemque indiuiduae unitatis confessio. Per. in unitate eiusdem.

149.

ALIA MISSA EODEM DIE.

1013   Timentium te domine saluator et custos, auerte ab aecclesia tua mundanae sapientiae oblectamenta fallatia, ut spiritus tui eruditione informandos prophetica et apostolica potius instituta quam saecularis philosophiae uerba delectent, ne uanitas mendatiorum decipiat, quos eruditio(ne) ueritatis illuminat. P.

1014   *Alia.* Omnipotens et misericors deus, ad cuius beatitudinem sempiternam non fragilitate carnis sed alacritate mentis ascenditur, fac nos atria supernae ciuitatis et te inspirante semper ambire et tua indulgentia fideliter introire. P.

1015   *Super oblata.* Remotis obumbrationibus carnalium uictimarum spiritalem tibi summe pater hostiam supplici seruitute deferimus, quae miro ineffabilique mysterio et immolatur semper et eadem semper offertur pariterque et deuotorum munus et remunerantis est premium. P.

1016   *Ad complendum.* Laetificet nos quesumus domine sacramenti sollemnitas pariterque mentes nostras et corpora spiritali sanctificatione fecundet et castis gaudiis semper exerceat. P.

1017   *Super populum.* Aecclesia tua domine caelesti gratia repleatur et crescat atque ab omnibus uitiis expiata percipiat sempiternae redemptionis augmentum, et quod in mem-[fol. 86]bris suis copiosa temporum praerogatione ueneratur, spiritali capiat largitate donorum. P.

150.

KL. IUN. NAT. SCI NICOMEDIS.

1018   Deus qui nos beati Nicomedis martyris tui meritis et intercessione laetificas, concede propitius, ut qui eius beneficia poscimus, dona tuae gratiae consequamur. P.

1019   *Super oblata.* Munera domine oblata sanctifica et intercedente beato Nicomede martyre tuo nos per haec a peccatorum nostrorum maculis emunda. P.

Ad complendum. Supplices te rogamus omnipotens deus, ut quos 1020 tuis reficis sacramentis, intercedente beato Nicomede martyre tuo tibi etiam placitis moribus dignanter tribuas deseruire. P.

151.
IIII. NON. IUN. NAT. SCORUM MARCELLINI ET PETRI.

Deus qui nos annua beatorum martyrum tuorum Marcellini et 1021 Petri sollemnitate laetificas, praesta quesumus, ut quorum gaudemus meritis, prouocemur exemplis. P.

Super oblata. Uotiua domine munera deferentes in tuorum Petri 1022 et Marcellini martyrum passione tuam magnificentiam ueneramur et per eam nobis imploramus tuae pietatis auxilium. P.

Praefatio. UD. aeterne deus. Apud quem semper est preclara 1023 uita sanctorum, quorum nos mors pretiosa laetificat et tuetur. Quapropter martyrum tuorum Marcellini et Petri gloriosa recensentes natalicia laudes tibi referimus et magnificentiam tuam supplices exoramus, ut quorum sumus martyria uenerantes beatitudinis mereamur esse consortes. P. Chr.

Ad complendum. Intercedentibus sanctis tuis domine plebi tuae 1024 presta subsidium, ut ab omnibus noxiis expedita cuncta sibi profutura percipiat. P.

152.
II. NON. IUN. UIGILIA SCI BONIFATII.

Deus qui nos beati Bonifatii martyris tui atque pontificis instantia 1025 ad agnitionem tui sancti nominis uocare dignatus es, concede propitius, ut cuius sollemnia praeuenimus, etiam patrocinia sentiamus. P.

Super oblata. Hostias domine laudis altaribus tuis adhibemus, 1026 quas eius tibi patrociniis credimus commendandas, cuius nos uoluisti uotis ad tuae pietatis peruenire[1]) notitiam. P.

Praefatio. UD. aeterne deus. Diemque natalicium beati ponti- 1027 ficis et martyris tui Bonifatii cum omni deuotione uenerari suppliciter obsecrantes, ut ipsum nos apud tuam clementiam sentiamus habere patronum, quem tua largiente gratia meruimus aeternae salutis suscipere ministrum. P. Chr.

[1]) Hs.: preuenire.

1028   *Ad complendum.* Beati Bonifatii martyris tui atque pontificis domine precibus confidentes quesumus clementiam tuam, ut per ea quae sumpsimus aeterna remedia capiamus. P.

1029   *Super populum.* Concede quesumus omnipotens deus, ut ad meliorem uitam sanctorum tuorum exempla nos prouocent, quatinus quorum sollemnia agimus fidem imitemur et actus. P.

1030   *Ad uesperum.* Benedictionis tuae domine gratiam intercedente beato Bonifatio martyre tuo atque pontifice suscipiamus, ut cuius praeueniendo gloriam celebramus, eius supplicando auxilium sentiamus. P. [fol. 87]

153.

NON. IUN. PASSIO SCI BONIFATII EPISCOPI ET SOCIORUM EIUS.

1031   Deus qui multitudinem populorum Bonifatii pontificis atque martyris instantia ad agnitionem tui sancti nominis uocare dignatus es, concede propitius, ut cuius sollemnia colimus, etiam patrocinia sentiamus. P.

1032   *Super oblata.* Accepta sit in conspectu tuo domine quesumus nostrae humilitatis oblatio et sancti martyris tui atque pontificis Bonifatii fiat supplicatione salutaris, pro cuius sollemnitate tuae maiestati defertur. P.

1033   *Praefatio.* UD. aeterne deus. Diemque natalicium summi pontificis et martyris tui Bonifatii omni cum deuotione uenerari, qui tui nominis deuotus extitit praedicator, pro quo etiam et suum sanguinem fundere non dubitauit. Quapropter suppliciter obsecramus, ut ipsum apud tuam clementiam sentiamus habere intercessorem, quem tua gratia largiente meruimus aeternae salutis suscipere ministrum. P. Chr.

1034   *Praefatio.* UD. p. Chr. d. n. Cuius gratia Bonifatium in pontificatum elegit, doctrina ad predicandum erudiit, potentia ad perseuerandum confirmauit, ut per sacerdotalem infulam perueniret ad martyrii palmam; docensque subditos praedicando, instruens uiuendo exemplo, confirmans patiendo, ut ad te coronandus perueniret, qui persecutorum minas intrepidus superasset. Cuius interuentus nos quesumus a nostris mundet delictis, qui tibi placuit tot donorum praerogatiuis. Per quem.

1035   *Ad complendum.* Supplices te rogamus omnipotens deus, ut intercedente sancto Bonifatio martyre tuo atque pontifice, in cuius

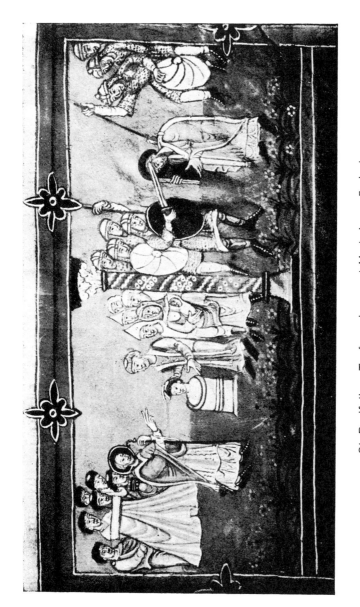

St. Bonifatius: Taufspendung und Martyrium. 5. Juni.
Bl. 87ª; S. 120.

St. Bonifatius. Cod. Udinensis fol. 43 b.

St. Bonifatius.   Cod. Bamberg. fol. 126 b.

St. Johannes Bapt.: Verkündigung seiner Geburt, Namengebung. 24. Juni.

Bl. 90[b]; S. 125.

sollemnitate haec caelestia sumpsimus sacramenta, et tua in nobis semper dona multiplices et uitam nostram ab omni aduersitate defendas. P.

Super populum. Deus qui uniuersum mundum sanctorum doc- 1036 torum predicatione ad agnitionem ueritatis conuertisti, da nobis quesumus, ut quorum te dictis agnouimus, per eorum ad te exempla gradiamur. P.

Alia. Super populum tuum domine quesumus interueniente beato 1037 Bonifatio martyre tuo atque pontifice benedictio copiosa descendat, indulgentia ueniat, consolatio [fol. 88] tribuatur [etc. = n. 401].

Aliae orationes.

Sancti martyris atque pontificis tui domine Bonifatii tribue nos 1038 supplicationibus foueri, ut cuius passionem annuo celebramus officio, eius apud te intercessionibus et meritis adiuuemur. P.

Alia. Beati martyris tui Bonifatii quesumus domine precibus 1039 adiuuemur et eius digne sollemnia celebrantes tuo nomini fac semper esse deuotos. P.

Alia. Sancti Bonifatii martyris tui domine nos oratio sancta 1040 conciliet, quae sacris uirtutibus ueneranda refulget. P.

Alia. Magnificantes domine clementiam tuam suppliciter exora- 1041 mus, ut qui nos sancti presulis martyrisque tui Bonifatii frequentibus facis nataliciis interesse, perpetuis tribuas gaudere consortiis. P.

Alia. Omnipoteɴs sempiterne deus, qui es sanctorum tuorum 1042 splendor mirabilis quique hodierna die beatum Bonifatium martyrem tuum atque pontificem beatitudinis aeternae gloria sublimasti, concede propitius, ut cuius merita ueneramur in terris, intercessionis eius auxilio apud tuam misericordiam muniamur in caelis. P.

Alia. Beati Bonifatii martyris tui atque pontificis sacratissimam 1043 passionem hodierna die sollemniter celebrantes te domine supplices exoramus, ut quem caelesti gloria sublimasti, tuis adesse fidelibus concedas. P.

154.

V. ID. IUN. NAT. SCORUM PRIMI ET FELICIANI.

Fac nos domine quesumus sanctorum martyrum tuorum Primi 1044 et Feliciani semper festa sectari, quorum suffragiis protectionis tuae dona sentimus. P.

1045   *Super oblata.* Fiat domine quesumus hostia sacranda placabilis pretiosi celebritate martyrii, quae et peccata nostra purificet et tuorum tibi uota conciliet famulorum. P.

1046   *Ad complendum.* Quesumus omnipotens deus, ut sanctorum tuorum caelestibus mysteriis celebrata sollemnitas indulgentiam nobis tuae propitiationis adquirat. P.

155.
II. ID. IUN. OCT. SCI. BONIFATII.

1047   Sancti martyris tui domine Bonifatii sollemnitas repetita conferat nobis pie deuotionis augmentum, qui in confessione tui nominis perseuerans cum palma uictoriae caelestis gloriae meruit dignitatem. P.

1048   *Super oblata.* Hostias tibi domine pro commemoratione beati Bonifatii martyris tui atque pontificis offerimus supplicantes, ut sicut illum a tui corporis unitate nulla uis tormentorum potuit separare, ita et nos eo suffragante daemonum inpugnantium insidiae nullatenus ualeant superare. P.

1049   *Ad complendum.* Sacramentis domine et gaudiis optata celebritate expletis quesumus, ut beati Bonifatii martyris tui atque pontificis precibus adiuuemur, cuius recordationibus exhibentur. P.

156.
EODEM DIE NAT. SCORUM BASILIDIS CIRINI NABORIS ET NAZARII.

1050   Sanctorum Basilidis Cirini Naboris et Nazarii quesumus domine natalicia resplendeant, et quod illis contulit excellentia sempiterna, fructibus nostrae deuotionis accrescat. P.

1051   *Super oblata.* Pro sanctorum Basilidis Cirini Naboris et Nazarii sanguine uenerando hostiam tibi domine sollemniter immolamus tua mirabilia pertractantes, qer quae talis est perfecta uictoria. P.

1052   *Ad complendum.* Semper domine sanctorum martyrum Basilidis Cirini Naboris et Nazarii sollemnia celebremus et eorum patrocinia iugiter sentiamus. P.

157.
XVII. KL. IUL. NAT. SCI. UITI MARTYRIS. [fol. 89]

1053   Da ecclesiae tuae domine quaesumus sancto Uito intercedente superb(ia)e non sapere, sed tibi placita humilitate proficere, ut proterua despiciens quaecumque matura sunt libera exerceat caritate. P.

Super oblata. Sicut gloriam diuinae potentiae munera pro sanctis 1054
oblata testantur, sic nobis effectum domine tuae saluationis impendant. P.

Praefatio. UD. aeterne deus. Beati Uiti martyrio gloriantes, cui 1055
admiranda gratia in tenero adhuc corpore et necdum uirili more
maturo uirtutem fidei et patientiae fortitudinem tribuisti, ut seuitiae
persecutoris non cederet conscientia puerilis et inter acerba supplicia
nec sensu posset terreri nec frangi aetate, ut gloriosior fieret corona
martyrii. Et ideo.

Ad complendum. Refecti benedictione sollemni quesumus, ut 1056
per intercessionem sancti martyris tui Uiti medicina sacramenti et
corporibus nostris prosit et mentibus. P.

158.

VIIII. KL. IUL. NAT. SCORUM MARCI ET MARCELLIANI.

Sanctorum tuorum nos domine Marci et Marcelliani natalicia 1057
tueantur, quia tanto fiducialius tuo nomini supplicamus, quanto fre-
quentius martyrum benedictionibus confouemur. P.

Super oblata. Suscipe domine munera tuorum populorum uotiua 1058
et sanctorum Marci et Marcelliani tibi precibus grata esse concede,
pro quorum sollemnitatibus offer[un]tur. P.

Ad complendum. Libantes domine mensae tuae beata mysteria 1059
quesumus, ut beatorum interuentione sanctorum Marci et Marcelliani
et temporalem nobis misericordiam conferant et aeternam. P.

159.

EODEM DIE UIGILIA SCORUM GERUASII ET PROTASII.

Martyrum tuorum domine Geruasii et Protasii natalicia pre- 1060
euntes supplices te rogamus, ut quos caelesti gloria sublimasti, tuis
adesse concedas fidelibus. P.

Super oblata. Sacrificium domine, quod pro sanctis martyribus 1061
Geruasio et Protasio preueniens nostra offert deuotio, per eorum merita
nobis augeat te donante suffragium. P.

Ad complendum. Sumpti(s) sacrificii domine [etc. = n. 612]. 1062

160.

VIII. KL. IUL. NAT. SCORUM GERUASII ET PROTASII.

1063   Sanctorum martyrum nos domine Geruasii et Protasii confessio beata communiat et fragilitati nostrae subsidium dignanter exoret. P.

1064   *Super oblata.* Concede nobis omnipotens deus, ut his muneribus, quae pro sanctorum martyrum Geruasii et Protasii honore deferimus, et te placemus exhibitis et nos uiuificemur acceptis. P.

1065   *Praefatio.* UD. p. Chr. d. n. Pro cuius nominis confessione beati martyres Geruasius et Protasius passi in caelesti regione aeternis perfruuntur gaudiis, et pro eorum sollemni recordatione aecclesia gloriosis exultat officiis. Per quem.

1066   *Ad complendum.* Da quesumus omnipotens deus, ut mysteriorum uirtute satiati sanctorum Geruasii et Protasii orationibus uita nostra firmetur. P.

161.

VIIII. KL. IUL. UIGILIA IOHANNIS BAPTISTAE.

1067   Presta quesumus omnipotens deus, ut familia tua per uiam salutis incedat et beati Iohannis praecursoris hortamenta sectando ad eum quem predixit secura perueniat: dominum nostrum Iesum Christum.

1068   *Super oblata.* Munera populi tui domine [fol. 90] propitiatus intende et beati baptistae Iohannis, cuius nos tribuis preire sollemnia, fac gaudere suffragiis. P.

1069   *Praefatio.* UD. aeterne deus. Exhibentes sollemne ieiunium, quo beati Iohannis baptistae natalicia praeuenimus, cuius genitor, dum eum dubitat nasciturum, sermonis amisit officium et eo nato et sermonis usum et prophetiae suscepit donum; cuiusque genitrix senio confecta sterilitate multata in eius conceptu non solum sterilitatem amisit, fecunditatem adquisiuit, sed etiam spiritum sanctum quo matrem domini et saluatoris agnosceret accepit. Per quem.

1070   *Ad complendum.* Beati Iohannis baptistae nos domine preclara comitetur oratio et quem uenturum esse predixit, poscat nobis fauere placatum (per) dominum nostrum.

1071   *Ad uesperum.* Praesta quesumus domine, ut populus tuus ad plenae deuotionis effectum beati baptistae Iohannis natalitiis praeparetur, quem premisisti filio tuo parare plebem perfectam, Iesu Christo domino nostro. Qui tecum.

162.

VIII. KL. IUL.[1]) IN NAT. SCI IOHANNIS BAPT.

In prima missa de nocte.

Concede quesumus omnipotens deus, ut qui beati Iohannis bap- 1072
tistae sollemnia colimus, eius apud te intercessione muniamur. P.

Super oblata. Deus cuius misericordia precurrente saluamur, 1073
respice propitius ad tanti sollemnia praecursoris, ut sacrificium, quod
natalicio eius munere gratulantes offerimus, et indulgentiam nobis
obtineat et fauorem. P.

Ad complendum. Praesta quesumus omnipotens, ut qui caelestia 1074
alimenta percepimus, intercedente beato Iohanne baptista per haec
contra omnia aduersa muniamur. P.

Ad missam.

Deus qui presentem diem honorabilem nobis in beati Iohannis 1075
natiuitate fecisti [fol. 91], da populis tuis spiritalium gratiam gaudiorum et omnium fidelium mentes dirige in uiam salutis aeternae. P.

Super oblata. Tua domine muneribus altaria cumulamus illius 1076
natiuitatem honore debito celebrantes, qui saluatorem mundi et cecinit
affuturum et adesse monstrauit: dominum nostrum Iesum Christum
filium tuum. Qui tecum.

Praefatio. UD. aeterne deus. Et in die festiuitatis hodiernae 1077
qua beatus Iohannes exortus est tuam magnificentiam collaudare, qui
uocem matris domini nondum editus sensit et adhuc clausus utero
aduentum salutis humanae prophetica exultatione significauit; qui et
genitricis sterilitatem conceptus abstulit et patris linguam natus absoluit, solusque omnium prophetarum redemptorem mundi quem prae-
nuntiauit ostendit; et ut sacrae purificationis effectum aquarum natura
conciperet, sanctificandis Iordanis fluentis ipsum baptismo baptismatis
lauit auctorem. Et ideo.

Ad complendum. Sumat aecclesia tua deus beati Iohannis bap- 1078
tistae regeneratione laetitiam, per quem suae regenerationis cognouit
auctorem Iesum Christum.

Super populum. Omnipotens et misericors deus, qui beatum 1079
Iohannem baptistam tua prouidentia destinasti, ut perfectam plebem

---

[1]) In der Handschrift stehen die folgenden Worte der Ueberschrift erst vor
der Tagesmesse.

Christo domino praepararet, da quesumus, ut familia tua huius intercessione praeconis et a peccatis omnibus exuatur et ad eum quem
prophetauit peruenire mereatur dominum.

Aliae orationes.

1080   Omnipotens sempiterne deus, qui instituta legalia et sanctorum
praeconia prophetarum in diebus beati baptistae Iohannis implesti, ut
cessantibus significationum figuris ipsa sui manifestatione ueritas elo-
quatur Iesus Christus.

1081   *Alia.* Da quesumus misericors deus, ut mysticis aecclesia tua
beati baptistae Iohannis exordiis et sacris erudita preconiis ad iram
uenturi iudicii declinandam dignos salutis fructus iugiter operetur. P.

1082   *Alia.* Beati nos domine baptiste Iohannis oratio et intellegere
Christi tui mysterium postulet et mereri. P.

1083   *Alia.* Deus qui nos annua beati Iohannis baptistae sollemnia
frequentare concedis, presta quesumus, ut et deuotis eadem mentibus
celebremus et eius patrocinio promerente plenae capiamus securitatis
augmentum. P.

1084   *Alia.* Omnipotens sempiterne deus, da cordibus nostris illam
tuarum rectitudinem semitarum, quam beati Iohannis baptistae in
deserto uox clamantis edocuit. P.

1085   *Alia.* Deus qui conspicis, qui[a] nos undique mala nostra contristant, per praecursorem gaudii corda nostra laetifica. P.

1086   *Alia.* Da quesumus omnipotens deus intra aecclesiae uterum
constitutos eo nos spiritu ab iniquitate nostra iustificari, quo beatum
Iohannem intra uiscera materna docuisti. Per. in unitate eiusdem.

1087   *Alia.* Deus qui nos beati Iohannis baptistae concedis natalicio
perfrui, eius nos tribue meritis adiuuari. P.

163.
VII. KL. IUL. UIGILIA SCORUM IOHANNIS ET PAULI.

1088   Beatorum martyrum Iohannis et Pauli natalicia ueneranda quesumus domine aecclesia tua deuota suscipiat et fiat magnae glorificationis amore deuotior. P.

1089   *Super oblata.* Sint tibi domine quesumus nostri munera grata
ieiunii, quia tunc eadem in sanctorum tuorum Iohannis et Pauli digna
commemoratione deferimus, si et actus illorum pariter subsequamur. P.

Praefatio. UD. p. Chr. d. n. Pro cuius amore gloriosi martyres 1090 Iohannes et Paulus martyrium non sunt cunctati subire, quos in nascendi lege iunxit germanitas, in gremio matris aecclesiae fidei unitas, in passionis acerbitate ferenda unius amoris societas. Per quem nos petimus eorum precibus adiuuari, quorum festa noscimur uenerari. Per quem. [fol. 92]

Ad complendum. Protege domine plebem tuam et quam mar- 1091 tyrum Iohannis et Pauli as[s]idua tribuis festiuitate deuotam, tibi semper placitam fieri precibus concede iustorum. P.

164.

VI. KL. IUL. NAT. SCORUM IOHANNIS ET PAULI.

Quesumus omnipotens deus, ut nos geminata laetitia hodiernae 1092 festiuitatis excipiat, quae de beatorum Iohannis et Pauli glorificatione procedit, quos eadem fides et passio uere fecit esse germanos. P

Super oblata. Hostias altaribus tuis domine placationis imponimus 1093 potentiam tuam in sanctorum tuorum Iohannis et Pauli passionibus honorando et per eos nobis implorando ueniam peccatorum. P.

Praefatio. UD. aeterne deus. Beati etenim martyres tui 1094 Iohannes et Paulus quorum festa predicamus ueraciter impleuerunti quod dauidica uoce canitur [Ps. 132,1]: ‚Ecce quam bonum et quam iocundum habitare fratres in unum', nascendi lege consortes, fide, societate coniuncti, passionis aequalitate consimiles, in uno semper domino gloriosi. Quem pariter confessi sunt permanentem atque regnantem in caelis, quem laudant angeli sine cessatione dicentes. Sanctus.

Ad complendum. Caelesti munere satiati quesumus domine deus 1095 noster, ut haec dona martyrum tuorum Iohannis et Pauli deprecatione sanctificent. P.

Super populum. Beatorum martyrum tuorum Iohannis et Pauli 1096 nos domine merita prosequantur et tuam nobis indulgentiam semper implorent. P.

165.

IIII. KL. IUL. UIGILIA APOSTOLORUM ET NAT. SCI LEONIS

Deus qui no[bi]s beatorum apostolorum Petri et Pauli natalicia 1097 gloriosa praeire concedis, tribue quesumus eorum nos semper et beneficiis praeueniri et orationibus adiuuari. P.

1098   *Alia.* Deus qui beatum Leonem pontificem sanctorum tuorum meritis coaequasti, concede propitius, ut qui commemorationis eius festa percolimus uitae quoque imitemur exempla. P.

1099   *Super oblata.* Munus populi tui domine apostolica intercessione sanctifica nosque a peccatorum nostrorum maculis emunda. P.

1100   *Alia.* Annue domine, intercedente beato Leone haec nobis prosit oblatio, quam immolando totius mundi tribuisti relaxari delicta. P.

1101   *Praefatio.* UD. aeterne deus. Apud quem cum beatorum continuata festiuitas triumphique caelestis perpetua et aeterna sit celebritas, nobis tamen eorum festa annuis recursibus tribuis frequentare, ut et illorum passioni sit ueneratio ex nostra deuotione et nobis auxilium proueniat de eorum sanctissima intercessione. P. Chr.

1102   *Ad complendum.* Sumptis remediis sempiternis tuorum mundentur corda fidelium, ut apostolici Petri et Pauli natalis insignia, quae corporalibus officiis execuntur, pia cordis indulgentia comprehendant. P.

1103   *Super populum.* Deus qui anime famuli tui Leonis aeternae beatitudinis premia [etc. = n. 239].

1104   *Ad uesperum.* Apostolicis nos quesumus domine beatorum Petri et Pauli attolle presidiis, ut quando fragiliores sum[us], tanto ualidioribus auxiliis foueamur. P.

1105   *Ad uigiliam in noc[te].* Deus qui aecclesiam tuam apostoli tui Petri fide et nomine consecrasti quique beatum illi Paulum ad predicandum gentibus gloriam tuam sociare dignatus es, concede, ut omnes, qui ad apostolorum tuorum sollemnia conuenerunt, spiritali remuneratione ditentur. P.

1106   *Ad matutinum.* Deus qui ligandi soluendique licentiam tuis apostolis contulisti, da quesumus, ut per ipsos a terrenis uitiis expediti liberi possimus caelestibus interesse [fol. 93] mysteriis. P. d. n. I. Chr. filium tuum qui tecum uiuit.

166.

III. KL. IUL. NAT. SCORUM APOSTOLORUM PETRI ET PAULI.

1107   Deus qui hodiernam diem apostolorum tuorum Petri et Pauli martyrio consecrasti, da aecclesiae tuae eorum in omnibus sequi preceptum, per quos religionis sumpsit exordium. P.

Martyrium Petri und Pauli. 29. Juni.
Bl. 93ᵃ; S. 128.

Alia. Largiente te domine beatorum Petri et Pauli natalicium 1108
nobis effulsit: concede quesumus, ut hodierna gloria passionis, sicut
illis magnificentiam tribuit sempiternam, ita nobis munimen operetur
perpetuum. P.

Super oblata. Hostias domine, quas nomini tuo sacrandas offeri- 1109
mus, apostolica prosequatur oratio, per quam nobis expiari tribuis et
defendi. P.

Praefatio. UD. aequum et salutare. Te domine suppliciter 1110
exorare, ut gregem tuum pastor aeterne non deseras, sed per beatos
apostolos tuos continua protectione custodias, ut isdem rectoribus
gubernetur, quos operis tui uicarios eidem contulisti praeesse pastores.
Et ideo.

Ad complendum. Quos caelesti domine alimento satiasti, aposto- 1111
licis intercessionibus ab omni aduersitate custodi. P.

Super populum. Protege domine populum tuum et apostolorum 1112
tuorum patrocinio confidentem perpetua defensione conserua. P.

Aliae orationes.

Exaudi nos deus salutaris noster et apostolorum tuorum nos attolle 1113
presidiis, ut eorum precibus gubernetur [ecclesia], quibus nititur te
constituente principibus. P.

Alia. Deus qui apostolo tuo Petro collatis clauibus regni cae- 1114
lestis ligandi [etc. = n. 224]. P.

Alia. Omnipotens sempiterne deus, qui nos beatorum aposto- 1115
lorum Petri et Pauli multiplici facis celebritate gaudere, da quesumus,
ut eorum sepius iterata sollemnitas, nostrae sit tuitionis augmentum. P.

Alia. Concede quesumus domine apostolos tuos interuenire pro 1116
nobis, quia tunc nos saluari posse confidimus, si eorum precibus tua
gubernetur aecclesia, quibus utitur te constituente principibus. P.

Alia. Omnipotens sempiterne deus, qui nos omnium apostolorum 1117
merita sub una tribuisti celebritate uenerari, quesumus, ut celerem
nobis tuae propitiationis abundantiam multiplicatis intercessoribus largiaris. P. d. n.

167.
II. KL. IUL. NAT. SCI PAULI. [fol. 94]

Deus qui multitudinem gentium beati Pauli apostoli predicatione 1118
docuisti, da nobis quesumus, ut cuius natalicia colimus, eius apud te
patrocinia sentiamus. P.

1119   *Super oblata.* Aecclesiae tuae quesumus domine preces et hostias apostolica commendet oratio, ut quod pro illorum gloria celebramus, nobis prosit ad ueniam. P.

1120   *Praefatio.* UD. aeterne deus. Et maiestatem tuam suppliciter exorare [etc. = n. 182].

1121   *Ad complendum.* Perceptis domine sacramentis beatis apostolis interuenientibus deprecamur, ut quae pro illorum celebrata sunt gloria, nobis proficiant ad medelam. P.

168.
VI. NON. IUL. NAT. SCORUM PROCESSI ET MARTINIANI.

1122   Deus qui nos sanctorum tuorum Processi et Martiniani confessionibus gloriosis circumdas et protegis, da nobis et eorum imitatione proficere et intercessione gaudere. P.

1123   *Super oblata.* Suscipe domine preces et munera, quae ut tuo sint digna conspectui, sanctorum tuorum precibus adiuuemur. P.

1124   *Ad complendum.* Corporis sacri et pretiosi sanguinis repleti libamine quesumus domine deus noster, ut quod pia deuotione gerimus, certa redemptione capiamus. P.

169.
II. NON. IUL. OCT. APOSTOLORUM.

1125   Deus cuius dextera beatum Petrum ambulantem in fluctibus ne mergeretur erexit et coapostolum eius Paulum tertio naufragantem de profundo pelagi liberauit, exaudi nos propitius et concede, ut amborum meritis aeternitatis gloriam consequamur. P.

1126   *Super oblata.* Offerimus tibi domine preces et munera, quae ut tuo sint digna conspectui, apostolorum tuorum quesumus precibus adiuuemur. P.

1127   *Ad complendum.* Pignus aeternae uitae capientes humiliter domine imploramus, ut apostolicis fulti patrociniis quod in imagine contingimus sacramenti, manifesta participatione sumamus. P.

1128   *Alia.* Beatorum apostolorum domine Petri et Pauli desiderata sollemnia recensentes, praesta quesumus, ut eorum supplicationibus muniamur, quorum regimur principatu. P.

170.
VI. ID. IUL. NAT. SCORUM VII FRATRUM.

Presta quesumus omnipotens deus, ut qui gloriosos martyres fortes 1129
in sua confessione cognouimus, pios apud te in nostra intercessione
sentiamus. P.

Super oblata. Sacrificiis presentibus domine quesumus intende 1130
placatus, ut[1]) intercedentibus sanctis tuis deuotioni nostrae proficiant
et saluti. P.

Praefatio. UD. aeterne deus. Donari nobis suppliciter exorantes, 1131
ut sicut sancti tui mundum in tua uirtute uicerunt, ita nos a mundanis
erroribus postulent expediri. P. Chr.

Ad complendum. Quesumus omnipotens deus, ut intercedentibus 1132
sanctis tuis illius salutaris capiamus effectum, cuius per haec mysteria
pignus accepimus. P.

171.
V. ID. IUL. NAT. SCI BENEDICTI ABBATIS. [fol. 95]

Omnipotens sempiterne deus, qui per gloriosa exempla humili- 1133
tatis triumphum nobis ostendisti aeternum, da quesumus, ut uiam tibi
placitae oboedientiae, quam uenerabilis pater Benedictus illaesus ante-
cedebat, nos preclaris eius meritis adiuti sine errore subsequamur. P.

Praefatio. UD. aeterne deus. Et gloriam tuam profusis precibus 1134
exorare, ut qui beati confessoris tui Benedicti ueneramur festa, te
opitulante eius sanctitatis imitari ualeamus exempla, et cuius meritis
nequaquam possumus coaequari, eius precibus mereamur adiuuari.
P. Chr.

Ad complendum. Protegat nos domine cum tui perceptione 1135
sacramenti beatus Benedictus abba pro nobis intercedendo, ut et conuersationis eius experiamur insignia et intercessionis ipsius percipiamus
suffragia. P.

Alia. Intercessio nos quesumus domine beati Benedicti abbatis 1136
commendet, ut quod nostris meritis non ualemus, eius patrocinio assequamur. P.

172.
VIII. KL. AUG. NAT. SCI IACOBI APOSTOLI.

Esto domine plebi tuae sanctificator et custos, ut apostoli tui Iacobi 1137
munita presidiis et conuersatione tibi placeat et secura deseruiat. P.

---

[1]) Hs.: et.

9*

1138   *Super oblata.* Oblationes populi tui domine quesumus beati apostoli tui Iacobi passio beata conciliet, et quae nostris non apta sunt meritis, fiant tibi placita eius deprecatione. P.

1139   *Praefatio.* UD. aeterne deus. Quia licet nobis salutem semper operetur diuini celebratio sacramenti, propensius tamen nobis confidimus profuturam, si beati apostoli tui Iacobi intercessionibus adiuuemur. P. Chr.

1140   *Ad complendum.* Beati apostoli tui Iacobi, cuius hodie festiuitate corpore et sanguine tuo nos refecisti, quesumus domine, intercessione nos adiuua, pro cuius sollemnitate percepimus tua sancta laetantes. P.

1141   *Alia.* Sollemnitatis apostolicae multiplicatione gaudentes clementiam tuam deprecamur, omnipotens deus, ut tribuas nos eorum iugiter et confessione benedici et patrociniis confoueri. P.

173.
IIII. KL. AUG. NAT. SCORUM FELICIS SIMPLICII FAUSTINI ET BEATRICIS.

1142   Infirmitatem nostram respice omnipotens deus, et quos [pondus] propriae actionis grauat, beati Felicis martyris tui atque pontificis intercessio gloriosa nos protegat. P.

1143   *Alia.* Martyrum tuorum Simplicii Faustini et Beatricis nos domine quesumus interuentio gloriosa commendet, et quod nostris actibus non meremur, eorum precibus consequamur. P.

1144   *Super oblata.* Accepta sit in conspectu tuo domine nostra [etc. = n. 878].

1145   *Alia.* Hostias tibi domine pro sanctorum martyrum Simplicii Faustini et Beatricis commemoratione deferimus suppliciter obsecrantes, ut et indulgentiam nobis pariter conferant et salutem. P.

1146   *Ad complendum.* Praesta quesumus omnipotens deus, ut sanctorum tuorum Simplicii Faustini et Beatricis caelestibus mysteriis celebrata sollemnitas indulgentiam nobis tuae propitiationis adquirat. P.

1147   *Alia.* Praesta domine quesumus, ut sicut populus christianus martyrum tuorum Simplicii Faustini et Beatricis temporali sollemnitate congaudet, ita perfruatur aeterna, et quod uotis celebrat comprehendat affectu. P.

174.

III. KL. AUG. NAT. SCORUM ABDON ET SENNEN.

Deus qui sanctis tuis Abdon et Sennen ad hanc gloriam ueniendo 1148 copiosum munus gratiae contulisti, da nobis famulis tuis nostrorum ueniam peccatorum, ut sanctorum tuorum intercedentibus meritis ab om-[fol. 96]nibus mereamur aduersitatibus liberari. P.

Super oblata. Munera tibi domine pro sanctorum martyrum Abdo 1149 et Sennis occisione deferimus, qui dum finiuntur in terris, facti sunt caelesti luce perpetui. P.

Praefatio. UD. aeterne deus. Et te laudare mirabilem deum 1150 in sanctis tuis, quos ante mundi constitutionem in aeternam tibi gloriam praeparasti, ut per eos huic mundo ueritatis tuae lumen ostenderes. Quos ita spiritu ueritatis [armasti], ut formidinem mortis per infirmitatem euincerent carnis. De quorum collegio sunt beati martyres tui Abdo et Sennes, qui in aecclesiae tuae p[ra]to sicut rosae et lilia(e) floruerunt, quos unigeniti tui sanguis in praelo confessionis roseo colore perfudit et ob praemium passionis niueo liliorum splendore uestiuit. Per quem.

Ad complendum. Populum tuum domine perpetua munitione 1151 defende, nec difficulter quod pie, quod iuste postulat, consequatur, cui sanctorum tuorum merita suffragantur. P.

175.

KL. AUG. AD S. PETRUM AD UINCULA.

Deus qui beatum Petrum apostolum a uinculis absolutum illaesum 1152 abire fecisti, nostrorum quesumus absolue uincula peccatorum et omnia mala a nobis propitiatus exclude. P.

Super oblata. Suscipe domine hostiam redemptionis humanae 1153 interueniente beato Petro apostolo tuo et salutem nobis mentis et corporis operare placatus. P.

Ad complendum. Corporis sacri [etc. = n. 1124]. 1154

176.

EODEM DIE NAT. SCORUM MACHABEORUM.

Fraterna nos domine martyrum tuorum corona laetificet, quae et 1155 fidei nostrae prebeat incrementa uirtutum et multiplici nos suffragio consoletur. P.

1156   *Super oblata.* Uotiua mysteria domine sanctorum tuorum sollemnia celebrantes deuota mente tractamus, quibus nobis quesumus et presidium crescat et gaudium. P.

1157   *Praefatio.* UD. aeterne deus. Quia licet in omnium sanctorum tuorum tu sis domine protectione mirabilis, in his tamen spetiale tuum munus agnoscimus, quos fratres sorte nascendi magnifica prestitisti passione germanos, ut simul esset et ueneranda gloria genitricis et florentissima proles aecclesiae. Et ideo.

1158   *Ad complendum.* Praesta quesumus omnipotens deus, ut quorum memoriam sacramenti participatione recolimus, fidem quoque perficiendo sectemur. P.

1159   *Alia.* Praesta quesumus domine, ut sicut nobis indiscreta pietas horum beatorum martyrum indiuiduae caritatis praebet exemplum, sic spem gratiae tuae quo iugiter muniamur semper imploret. P.

177.
IIII. NON.[1]) AUG. NAT. SCI STEPHANI PAPAE.

1160   Deus qui nos beati Stephani martyris tui atque pontificis annua sollemnitate laetificas, concede propitius, ut cuius natalicia colimus, de eiusdem etiam protectione gaudeamus. P.

1161   *Super oblata.* Munera tibi domine dicata sanctifica et intercedente beato Stephano martyre tuo atque pontifice per eadem nos placatus intende. P.

1162   *Ad complendum.* Haec nos communio domine purget a crimine et intercedente beato Stephano martyre tuo atque pontifice caelestis remedii faciat esse consortes. P.

178.
VIII. ID. AUG. NAT. SCI XYSTI EPISCOPI.

1163   Beati Syxti domine tui sacerdotis et martyris annua festa recolentes quesumus, ut quae uotorum nobis sunt instrumenta presentium, fiant aeternarum patrocinia gratiarum. P.

1164   *Alia.* Sancti Syxti domine frequentata sollemnitas et de sacerdotalibus nos instruat te miserante doctrinis et de gloria martyrii foueat ubique suffragiis. P.

---

[1]) Hs.: VIII. ID.

Super oblata. Suscipe domine munera propitiatus oblata, quae 1165 maiestati tuae beatus [fol. 97] Syxtus sacerdos commendet et martyr. P.

Praefatio. UD. aeterne deus. Et precipue in die festiuitatis 1166 hodiernae, qua beatus pariter sacerdos et martyr deuotum tibi sanguinem exultanter effudit, qui ad eandem gloriam promerendam doctrinae suae filios incitauit, et quos erudiebat hortatu, preueniebat exemplo. P. Chr.

Infra [actionem]. Intra quorum nos consortium non aestimator 1167 meriti, sed ueniae quesumus largitor admitte. P.

Benedictio uuae uel fabae.

Benedic domine et hos fructus nouos uuae siue fabae, quos tu 1168 domine per rorem caeli et inundantiam pluuiarum et temporum serenitatem ad maturitatem perducere dignatus es, et dedisti eos ad usus nostros cum gratiarum actione percipi, in nomine domini nostri Iesu Christi.

Per quem haec omnia.

Ad complendum. Repleti domine sollemnitatis optatae beati Syxti 1169 quesumus et celebritate iuuemur et precibus. P.

179.

EODEM DIE NAT. SCORUM FELICISSIMI ET AGAPITI.

Deus qui nos concedis sanctorum martyrum tuorum Felicissimi 1170 et Agapiti natalicia colere, da nobis in aeterna laetitia de eorum societate gaudere. P.

Super oblata. Munera tibi domine nostrae deuotionis offerimus, 1171 quae et pro tuorum tibi grata sint honore iustorum et nobis salutaria te miserante reddantur. P.

Ad complendum. Praesta nobis domine quesumus intercedentibus 1172 sanctis tuis Felicissimo et Agapito, ut quae ore contingimus, pura mente capiamus. P.

180.

VII. ID. AUG. NAT. SCI DONATI EPISCOPI.

Deus, tuorum gloria sacerdotum, praesta quesumus, ut sancti 1173 confessoris et episcopi tui Donati, cuius festa gerimus, sentiamus auxilium. P.

1174   *Super oblata.* Praesta quesumus domine, ut sancti confessoris tui et episcopi Donati prccibus, quem ad laudem nominis tui dicatis muneribus honoramus, piae nobis deuotionis fructus accrescat. P.

1175   *Ad complendum.* Omnipotens et misericors deus, qui nos sacramentorum tuorum et participes efficis et ministros, praesta quesumus, ut intercedente beato confessore tuo Donato eisdem proficiamus et fidei consortio et digno seruitio. P.

181.
VI. ID. AUG. NAT. SCI CYRIACI.

1176   Deus qui nos annua beati Cyriaci martyris tui sollemnitate laetificas, concede propitius, ut cuius natalicia colimus, uirtutem quoque passionis imitemur. P.

1177   *Super oblata.* Suscipe domine sacrificium placationis et laudis, quod nos interueniente sancto tuo Cyriaco et perducat ad ueniam et in perpetuam gratiarum constituat actionem. P.

1178   *Ad complendum.* Quesumus domine deus noster, ut interueniente sancto Cyriaco martyre tuo sacrosancta mysteria quae sumpsimus actu subsequamur et sensu. P.

182.
V. ID. AUG. UIGILIA SCI LAURENTII.

1179   Adesto domine supplicationibus nostris et intercessione beati Laurentii martyris tui perpetuam nobis misericordiam benignus impende. P.

1180   *Alia.* Beati Laurentii martyris tui domine geminata gratia nos refoueat, qua glorificationis eius diem et optatis preimus officiis et desi[de]ranter expectamus uenturam. P.

1181   *Super oblata.* Hostias domine quas tibi offerimus propitius suscipe et intercedente beato Laurentio martyre tuo uincula peccatorum nostrorum absolue. P.

1182   *Praefatio.* UD. aeterne deus. Et deuotis mentibus natalem beati martyris tui Laurentii preuenire, qui leuita simul martyrque uenerandus et proprio claruit gloriosus officio et memorandae passionis refulsit martyrio. P. Chr.

1183   *Ad complendum.* Da quesumus domine deus noster, ut sicut beati Laurentii martyris tui commemoratione temporali gratulamur officio, ita perpetuo laetemur aspectu. P. [fol. 98]

St. Laurentius. 10. August.

Bl. 98ᵃ; S. 137.

Ad uesperum. Da quesumus omnipotens deus, ut triumphum 1184 beati Laurentii martyris tui, quem despectis[1]) ignibus consummauit in terris, perpetua caelorum luce conspicuum digno feruore fidei ueneremur. P.

183.
IIII. ID. AUG. NATAL. SCI LAURENTII.
In prima missa.

Excita domine in aecclesia tua spiritum, cui beatus Laurentius 1185 leuita seruiuit, ut eodem nos replente studeamus amare quod amauit et opere exercere quod docuit. P. d. in unitate eiusdem.

Super oblata. Sacrificium nostrum tibi domine quesumus beati 1186 Laurentii precatio sancta conciliet, ut cuius honore sollemniter exhibetur, meritis efficiatur acceptum. P.

Ad complendum. Supplices te rogamus omnipotens deus, ut 1187 quos donis caelestibus satiasti, intercedente beato Laurentio martyre tuo perpetua protectione custodias. P.

In die ad missam.

Da nobis quesumus omnipotens deus uitiorum nostrorum flammas 1188 extinguere, qui beato Laurentio tribuisti tormentorum suorum incendia superare. P.

Super oblata. Presta quesumus domine, ut beati Laurentii 1189 suffragiis in nobis tua munera tuearis, pro cuius honoranda confessione hostias tibi laudis offerimus. P.

Praefatio. UD. aeterne deus. Et in die sollemnitatis hodiernae, 1190 qua beati Laurentii hostiam tibi placitam glorioso certamine suscepisti; prunis namque superposita stridebant membra uiuentia, nec tamen erat poena patientis, sed pie confessionis incessus; neque terreno liberari cruciatu martyr optabat, sed coronari deprecabatur in caelis. P. Chr.

Ad complendum. Sacro munere satiati supplices te domine depre- 1191 camur, ut quod debitae seruitutis celebramus officio, intercedente beato Laurentio saluationis tuae sentiamus augmentum. P.

Alia. Deus cuius caritatis ardore beatus Laurentius edaces 1192 incendii flammas contempto persecutore deuicit, concede, ut omnes qui martyrii eius merita ueneramur protectionis tuae auxilio muniamur. P.

---

[1]) Hs.: dispectis.

1193   *Ad uesperum.* Deus mundi creator et rector, qui hunc diem in leuitae tui Laurentii martyrio consecrasti, concede propitius, ut omnes qui martyrii eius merita ueneramur intercessionibus eius ab aeternis gehennae incendiis liberemur. P.

1194   *Alia.* Assit nobis domine quesumus sancti Laurentii martyris in tua glorificatione benedictio, cuius nobis est hodie facta suffragium in tua uirtute confessio. P.

1195   *Alia.* Presta quesumus domine, ut semper nos beati Laurentii laetificent uotiua martyria, quae semper esse non desinunt admiranda. P.

1196   *Alia.* Sancti Laurentii nos domine precatio sancta tueatur, et quod nostra conscientia non meretur, eius nobis qui tibi placuit oratione donetur. P.

184.

III. ID. AUG. NAT. SCI TIBURTII.

1197   Beati Tiburtii nos domine foueant continuata presidia, quia non desinis propitius tueri, quos talibus auxiliis concesseris adiuuari. P.

1198   *Alia.* Adesto domine precibus populi tui, adesto muneribus, ut quae sacris sunt oblata mysteriis, tuorum tibi placeant intercessione sanctorum. P.

1199   *Praefatio.* UD. aeterne deus. Qui dum beati Tiburtii martyris merita gloriosa ueneramur, auxilium nobis tuae propitiati-[fol. 99]onis affore deprecamur, quoniam credimus nos per eorum intercessionem qui tibi placuere peccatorum nostrorum ueniam impetrare. P. Chr.

1200   *Ad complendum.* Sumentibus domine pignus redemptionis aeternae sit nobis quesumus interueniente beato Tiburtio martyre tuo uitae presentis auxilium pariter et futurae. [P.]

185.

ID. AUG. NAT. SCI YPPOLITI MARTYRIS.

1201   Da nobis omnipotens deus, ut beati Yppoliti martyris tui ueneranda sollemnitas et deuotionem nobis augeat et salutem. P.

1202   *Super oblata.* Respice domine munera populi tui sanctorum festiuitate uotiua, et tuae testificatio ueritatis nobis proficiat ad salutem. P.

Praefatio. UD. aeterne deus. Qui non solum malis nostris bona 1203 retribuens, sed et miseris uberiora dona concedens, qui digne pro nobis possint intercedere contulisti, ut quod nostra conscientia non habebat, intercessio supplicans tibi grata iustorum optineret. P. Chr.

Ad complendum. Sacramentorum tuorum domine communio 1204 sumpta nos saluet et in tuae ueritatis luce confirmet. P.

186.
XVIIII. KL. SEPT. NAT. SCI EUSEBII PRESB.

Deus qui nos beati Eusebii confessoris tui annua sollemnitate 1205 laetificas, concede propitius, ut cuius natalicia colimus, per eius ad te exempla gradiamur. P.

Super oblata. Laudis tuae domine hostias immolamus in tuorum 1206 commemoratione sanctorum, quibus nos et presentibus exui malis confidimus et futuris. P.

Praefatio. UD. aeterne deus. Et clementiam tuam pronis men- 1207 tibus implorare, ut per beati Eusebii confessoris tui intercessionem salutiferam in nostris mentibus confirmes deuotionem concedasque, ut sicut te solum credimus auctorem et ueneramur saluatorem, sic in perpetuum eius interuentu habeamus adiutorem. P. Chr.

Ad complendum. Sancti Eusebii natalicia celebrantes supplices 1208 te domine deprecamur, ut huius mysterii perceptio nobis semper indulgentiae causa sit et salutis. P.

187.
EODEM DIE UIGILIA AS[S]U[M]PTIONIS SCAE MARIAE.

Deus qui uirginalem aulam beatae Mariae, in qua habitares, 1209 eligere dignatus es, da quesumus, ut sua nos defensione munitos iocundos nos faciat suae interesse festiuitati. Qui uiuis.

Super oblata. Munera domine apud clementiam tuam dei geni- 1210 tricis commendet oratio, quam idcirco de presenti seculo transtulisti, ut pro peccatis nostris apud te fiducialiter intercedat. P.

Ad complendum. Concede misericors deus fragilitati nostrae 1211 presidium, ut qui sancte dei genitricis requiem celebramus, intercessionis eius auxilio a nostris iniquitatibus resurgamus. P.

1212   *Ad uesperum.* Concede quesumus omnipotens deus ad beatae Mariae semper uirginis gaudia aeterna pertingere, de cuius nos ueneranda assumptione tribuis annua sollemnitate gaudere. P.

188.

XVIII. KL. SEPT. ASSUMPTIO SCAE MARIAE.

1213   *Oratio ad collectam.* Ueneranda nobis domine huius diei festiuitas opem conferat sempiternam, in qua sancta dei genitrix mortem subiit temporalem nec tamen mortis nexibus deprimi potuit, quae filium tuum dominum nostrum de se genuit incarnatum. Qui tecum.

1214   *Ad missam.* Famulorum tuorum domine delictis ignosce et qui placere de actibus nostris non ualemus, genitricis filii tui domini dei nostri intercessione saluemur. Qui tecum.

1215   *Super oblata.* Intercessio quesumus domine beatae Mariae semper uirginis munera nostra tibi commendet nosque tuae maiestati reddat acceptos. P.

1216   *Praefatio.* UD. aeterne deus. Et te in ueneratione sacrarum uirginum exultantibus animis laudare benedicere et predicare, inter quas intemerata dei genitrix uirgo Maria cuius assumptionis diem celebramus [fol. 100] gloriosa effulsit. Quae et unigenitum tuum sancti spiritus obumbratione concepit et uirginitatis gloria permanente huic mundo lumen aeternum effudit, Iesum Christum dominum nostrum. Per quem.

1217   *Ad complendum.* Mensae caelestis participes effecti imploramus clementiam tuam domine deus noster, ut qui festa dei genitricis colimus, a malis imminentibus eius intercessionibus liberemur. P.

1218   *Alia.* Caelesti munere satiatos omnipotens deus tua protectione custodi et castimoniae pacem mentibus nostris atque corporibus intercedente sancta Maria propitiatus indulge, ut ueniente sponso filio tuo unigenito accensis lampadibus digni prestolemur eius occursum. Qui tecum.

Aliae orationes.

1219   Subueniat domine plebi tuae dei genitricis oratio, quam etsi pro conditione carnis migrasse cognoscimus, in caelesti gloria apud te pro nobis orare sentiamus. P.

Alia. Quesumus omnipotens deus, ut plebs tua toto tibi corde 1220 deseruiens interueniente beata semper uirgine Maria et beneficia tua iugiter mereatur et pacem. P. d.

Alia. Omnipotens sempiterne deus, qui terrenis corporibus uerbi 1221 tui ineffabile mysterium per uenerabilem ac gloriosam semperque uirginem Mariam coniungere uoluisti, petimus inmensam clementiam, ut quod in eius ueneratione deposcimus, te propitiante consequi mereamur. P.

Alia. Beatae et gloriosae semperque uirginis dei genitricis 1222 Mariae nos domine quesumus merita [etc. = n. 272].

Alia. Porrige nobis domine deus dexteram tuam et per [etc. 1223 = n. 276].

189.
XVI. KL. SEPT. OCT. SCI LAURENTII.

Beati Laurentii nos faciat domine passio ueneranda laetantes et 1224 ut[1]) eam sufficienter recolamus efficiat promptiores. P.

Alia. Iterata festiuitate beati Laurentii domine natalicia uene- 1225 ramur, quae in caelesti beatitudine fulgentia nouimus sempiterna. P.

Super oblata. Beati Laurentii martyris honorabilem passionem 1226 muneribus domine geminatis exequimur, quae licet propriis sit memo- randa principiis, indesinenter tamen permanet gloriosa. P.

Praefatio. UD. aeterne deus. Beati Laurentii natalicia repe- 1227 tentes, cui fidem confessionemque ignis ingestus non abstulit, sed eum ut magis luceret accendit; quoniam sicut aurum flammis non uritur sed probatur, sic beatus martyr non consumitur tormentorum incendiis, sed aptatur caelestibus ornamentis. P. Chr.

Ad complendum. Sollemnis nobis intercessio beati Laurentii 1228 martyris quesumus domine prestet auxilium, et caelestis mensae partici- patio quam sumpsimus tribuat aecclesiae tuae recensitam laetitiam. P. d.

190.
XV. KL. SEPT. NAT. SCI AGAPITI.

Sancti martyris tui Agapiti merita nos domine pretiosa tueantur, 1229 in quibus tuae maiestatis opera predicantes et presens capiamus adiutorium et futurum. P.

---

[1]) Hs.: ut et.

1230   *Super oblata.* Suscipe domine munera, quae in eius tibi sollemnitate deferimus, cuius nos confidimus patrocinio liberari. P.

1231   *Ad complendum.* Protegat quesumus domine populum tuum et participatio caelestis indulta conuiuii et deprecatio collata sanctorum. P.

191.
XIIII. KL. SEPT. NAT. SCI MAGNI MARTYRIS.

1232   Adesto domine supplicationibus nostris et intercedente beato martyre tuo Magno ab hostium nos defende propitiatus incursu. P.

1233   *Super oblata.* Presta nobis quesumus omnipotens deus, ut nostrae humilitatis oblatio et pro tuorum grata sit honore sanctorum et nos pariter corpore et mente purifice(n)t. P.

1234   *Praefatio.* UD. aeterne deus. Qui humanum genus de profundo mortis eripiens captiuitatem nostram Iesu Christi filii tui domini nostri passione soluisti, per quem ita uirtus antiqui hostis elisa est, ut eius quem ipse superauerat etiam beatum martyrem suum Magnum faceret esse uictorem, cuius triumphum in die quem sanguine suo signauit recolentes in tua gloria exultemus. Et ideo. [fol. 101]

1235   Tua sancta sumentes quesumus domine, ut beati Magni nos foueant continuata presidia. P.

192.
XI. KL. SEPT. NAT. SCI TIMOTHEI MARTYRIS.

1236   Auxilium tuum nobis quesumus domine placatus impende et intercedente beato Timotheo martyre tuo dexteram super nos tuae propitiationis extende. P.

1237   *Alia.* Beati martyris tui Symphoriani nos domine tuere praesidiis, et cuius festiuitatem annua deuotione recolimus, eius intercessionibus ab omnibus aduersitatibus eruamur. P.

1238   *Super oblata.* Accepta tibi sit domine sacratae plebis oblatio pro tuorum honore sanctorum, quorum se meritis percepisse de tribulatione cognoscit auxilium. P.

1239   *Alia.* Suscipe domine propitius orationem nostram cum oblationibus hostiarum super impositis et martyris tui Symphoriani deprecatione pietati tuae perfice benignus acceptas et illum qui in eo flagrauit feruorem in nobis aspira benignus, ut in tua semper dilectione permanentes et in fide inueniamur stabiles et in moribus concordes et in opere efficaces. P.

Praefatio. UD. aeterne deus. Quia fiducialiter laudis tibi 1240 immolamus hostias, quas sancti Timothei martyris tui precibus tibi esse petimus acceptas. P. Chr.

Praefatio. UD. aeterne deus. Et te in omnium martyrum tri- 1241 umphis laudare, quoniam tuis donis atque muneribus beati martyris Symphoriani passione[m] hodierna sollemnitate ueneramur, qui pro confessione Iesu Christi filii tui diuersa supplicia sustinuit et ea deuincens coronam perpetuitatis promeruit. Per quem.

Ad complendum. Diuini muneris largitate satiati quesumus domine 1242 deus noster, ut intercedente beato Timotheo martyre tuo eius semper participatione uiuamus. P.

Alia. Sacro munere satiati quesumus omnipotens deus, ut inter- 1243 ueniente beato Symphoriano martyre tuo omnes nos sanctorum tuorum iubeas asscisci collegio. P.

193.

VIIII. KL. SEPT. NAT. SCI BARTHOLOMEI APOSTOLI.

Omnipotens sempiterne deus, qui huius diei uenerandam sanctam- 1244 que laetitiam beati apostoli tui Bartholomei festiuitate tribuisti [etc. = n. 90].

Super oblata. Sacrandum tibi domine munus offerimus, quo beati 1245 Bartholomei apostoli sollemnia recolentes purificationem quoque nostris mentibus imploramus. P.

Praefatio. UD. aeterne deus. Qui aecclesiam tuam sempiterna 1246 pietate non deseris, sed per apostolos tuos iugiter erudis et sine fine custodis. P. Chr.

Ad complendum. Sumpsimus domine pignus salutis aeternae 1247 celebrantes beati Bartholomei apostoli uotiua sollemnia et perpetua merita uenerantes. P.

Super populum. Protege domine populum tuum et apostolorum 1248 [etc. = n. 1112].

194.

VI. KL. SEPT. NAT. SCI RUFI MARTYRIS.

Adesto domine supplicationibus nostris et beati Rufi intercessi- 1249 onibus confidentes nec minis aduersantium nec ullo turbemur incursu. P.

1250   *Super oblata.* Oblatis quesumus domine placare muneribus et intercedente beato Rufo martyre tuo a cunctis nos defende periculis. P.

1251   *Praefatio.* UD. aeterne deus. Quoniam supplicationibus nostris misericordiam tuam confidimus affuturam, quam beati Rufi poscimus interuentu nobis et confessione prestari. P. Chr.

1252   *Ad complendum.* Sumentes gaudia sempiterna de participatione sacramenti et festiuitate beati martyris tui Rufi te domine suppliciter deprecamur, ut quod sedula seruitute donante te gerimus, dignis sensibus tuo munere capiamus. P.

195.

V. KL. SEPT. NAT. SCI HERMETIS ET SCI AUGUSTINI.

1253   Deus qui beatum Hermen martyrem tuum uirtute constantiae in passione roborasti, ex eius nobis imitatione tribue pro amore tuo prospera mundi despicere et nulla eius aduersa formidare. P.

1254   *Alia.* Intercessio domine beati Hermetis martyris tui et tuam nobis non desinat placare iustitiam et nostrum tibi deuotum iugiter efficere famulatum. P.

1255   *Alia.* Adesto domine supplicationibus nostris, [fol. 102] et quibus fiduciam sperandae pietatis indulges, intercedente beato Augustino confessore tuo atque pontifice consuetae misericordiae tribue benignus effectum. P.

1256   *Super oblata.* Munera nostra domine quesumus propitiatus as[s]ume, et ut digne tuis famulemur altaribus, sancti tui nos Hermetis intercessione custodi. P.

1257   *Alia.* Sancti confessoris tui Augustini nobis domine pia non desit oratio, quae et munera nostra tibi conciliet et tuam nobis indulgentiam semper obtineat. P.

1258   *Praefatio.* UD. aeterne deus. Quoniam fiducialiter laudis tibi immolamus hostias, quas sancti Hermetis martyris tui precibus tibi petimus esse acceptas. P. Chr.

1259   *Alia.* UD. et salutare. In omni loco domine ac tempore omnipotentiae tuae gloriam celebrare. Per quod pietatis officium in commemoratione beati Augustini confessoris tui atque pontificis sacrificium tibi laudis offerimus et magnificentiam tuam in mortificatione ipsius adoramus, tua in omnibus operante uirtute, ut nullis illecebris corporis, nullis promissis blandimentorum fallatium uir tuo ignitus spiritu uinceretur; quia ita eum omni genere pietatis imbueras, ut ipse tibi et (c)ara et sacrificium et sacerdos esset et templum. P. Chr.

Ad complendum. Repleti domine benedictione caelesti quesumus 1260 clementiam tuam, ut intercedente beato Hermete martyre tuo quae humiliter gerimus salubriter sentiamus. P. d.

Alia. Ut nobis domine tua sacrificia dent salutem, beatus con- 1261 fessor tuus Augustinus pontifex quesumus precator accedat. P.

196.
IIII. KL. SEPT. NAT. SCAE SABINAE UIRGINIS.

Exaudi nos deus salutaris noster, ut sicut de sanctae Sabinae 1262 festiuitate gaudemus, ita piae deuotionis erudiamur affectu. P.

Super oblata. Gratanter domine ad munera dicanda cucurrimus, 1263 quae nomini tuo pro sollemnitate sanctae martyris Sabinae suppliciter immolamus. P.

Ad complendum. Purificet nos domine quesumus et diuini sacra- 1264 menti perceptio et gloriosa sanctae Sabine deprecatio. P.

197.
EODEM DIE DECOLLATIO SCI IOHANNIS BAPTISTAE.

Sumat aecclesia tua deus ex beati Iohannis baptiste passione 1265 laetitiam, per quem sue regenerationis cognouit auctorem dominum.

Alia. Sancti Iohannis baptistae et martyris tui domine quesumus 1266 ueneranda festiuitas salutaris auxilii prestet nobis effectum. P.

Super oblata. Munera, quae tibi domine pro sancti martyris tui 1267 Iohannis baptistae passione deferimus, quesumus ut eius obtentu nobis proficiant ad salutem. P.

Praefatio. UD aeterne deus. Qui precursorem filii tui tanto 1268 munere ditasti, ut pro ueritatis praeconio capite plecteretur, et qui Christum aqua baptizauerat, ab ipso in spiritu baptizatus pro eodem proprio sanguine tingueretur. Praeco quippe ueritatis quae Christus est Herodem a fraternis thalamis prohibendo carceris obscuritate detruditur, ubi solius diuinitatis tuae lumine frueretur. Deinde capitalem sententiam subiit et ad inferna dominum praecursurus descendit,

10

et quem in mundo digito demonstrauit, ad inferos pretiosa morte precessit. Et ideo.

1269   *Ad complendum.* Conferat nobis domine sancti Iohannis beata sollemnitas, ut et[1]) magnifica sacramenta quae sumpsimus significata ueneremur et in nobis potius edita gaudeamus. P.

1270   *Super populum.* Plebem tuam domine beatus baptista Iohannes interuentor attollat, et quam de suo fecit martyrio sepius gratulantem, dignam semper imploret tuae pietatis existere sacramentis. P.

1271   *Alia.* Perpetuis nos domine sancti Iohannis baptistae tuere presidiis, et quanto fragiliores sumus, tanto magis necessariis attolle suffragiis. P.

198.
III. KL. SEPT. NAT. SCORUM FELICIS ET ADAUCTI.[2])

1272   Maiestatem tuam domine supplices deprecamur, ut sicut nos sanctorum tuorum commemoratione laetificas, ita semper supplicatione defendas. P.

1273   *Super oblata.* [fol. 103] Hostias domine tuae plebis intende, et quas in honore sanctorum tuorum deuota mente celebrat, proficere sibi sentiat ad salutem. P.

1274   *Ad complendum.* Repleti domine muneribus sacris quesumus, ut intercedentibus sanctis tuis in gratiarum tuarum semper actione maneamus. P.

199.
KL. SEPT. NAT. SCI PRISCI MARTYRIS.

1275   Omnipotens sempiterne deus, fortitudo certantium et martyrum palma, sollemnitatem hodierni diei propitius intuere et aecclesiam tuam continua fac celebritate laetari, ut intercessione beati martyris tui Prisci omnium in te credentium uota perficias. P.

1276   *Super oblata.* Eius tibi precibus domine quesumus grata reddatur oblatio, pro cuius est festiuitate immolanda. P.

1277   *Praefatio.* UD. aeterne deus. Qui sic tribuis aecclesiam tuam sanctorum commemoratione proficere, ut eam semper illorum et festiuitate [etc. = n. 237].

---

[1]) Hs.: et ut. — [2]) Hs.: AUDACTI.

Ad complendum. Presta quesumus domine, ut sacramenti tui 1278
participatione uegetati sancti quoque martyris tui Prisci precibus
adiuuemur.[1]) P.

200.
VI. ID. SEPT. NATIUITAS SCAE MARIAE.

Ad collectam. Supplicationem seruorum tuorum deus miserator 1279
exaudi, ut qui in natiuitate dei genitricis et uirginis congregamur,
eius intercessionibus a te de instantibus periculis eruamur. P.

Ad missam. Famulis tuis domine caelestis gratiae munus im- 1280
pertire, et quibus beatae uirginis partus extitit salutis exordium,
natiuitatis eius uotiua sollemnitas pacis tribuat incrementum. P.

Super oblata. Unigeniti tui domine nobis succurrat humanitas, 1281
ut qui natus de uirgine matris integritatem non minuit sed sacrauit,
in natiuitatis eius sollemniis a nostris nos piaculis exuens oblationem
nostram tibi[2]) faciat acceptam. Qui tecum.

Ad complendum. Sumpsimus domine celebritatis [etc. = n. 192]. 1282

Alia. Adiuuet nos quesumus domine sanctae Mariae gloriosa 1283
intercessio, cuius etiam diem, quo felix eius [est] inchoata natiuitas,
celebramus. P.

Ad uesperum. Adesto nobis omnipotens deus beatae Mariae 1284
festa repetentibus, quam hodiernae festiuitatis prolatam exortu ineffabili
munere subleuasti. P.

201.
ALIA MISSA.

Adiuuet nos quesumus domine. *Ut supra* [n. 1283]. 1285

Super oblata. Accipe domine munera quae in beatae Mariae 1286
iterata sollemnitate deferimus, quia ad tua preconia recurrit et laudem,
quod uel talis orta est uel talis assumpta. P.

Praefatio. UD. aequum et salutare. Nos tibi in omnium sanc- 1287
torum tuorum prouectu gratias agere, domine sancte pater omnipotens
aeterne deus, et precipue pro meritis beatae dei genitricis et perpetuae
uirginis Mariae gratia plenae tuam omnipotentiam laudare benedicere
et praedicare. P. Chr.

Sumptis domine sacramentis intercedente beata ac gloriosa 1288
semperque uirgine dei genitrice Maria ad redemptionis aeternae quesumus proficiamus augmentum. P.

---

[1]) Hs.: adiuuari. — [2]) Hs.: sibi.

202.

V. ID. SEPT. NAT. SCI GORGONII.

1289   Sanctus domine Gorgonius sua nos intercessione laetificet et pia faciat sollemnitate gaudere. P.

1290   *Super oblata.* Grata tibi sit domine nostrae seruitutis oblatio, pro qua sanctus martyr Gorgonius interuenit. P.

1291   *Praefatio.* UD. aeterne deus. Teque in sanctorum tuorum confessionibus laudare, in cuius facti sunt uirtute uictores. Quando enim humana fragilitas uel passionem aequanimiter ferre sufficeret uel hostis aerii nequitias uinceret, nisi tue firmitatis subsidium ministrares et saeua furentis inimici potenter arma contereres? P. Chr.

1292   *Ad complendum.* Familiam tuam deus suauitas illa contingat[1]) et uegetet, qua[2]) [fol 104] in martyre tuo Gorgonio Christi tui bono iugiter odore pascatur. P.

203.

III. ID. SEPT. NAT. SCORUM PROTI ET IACINTHI.

1293   Beati Proti nos domine et Iacinthi foueat pretiosa confessio et pia iugiter intercessio tueatur. P.

1294   *Super oblata.* Pro sanctorum Proti et Iacinthi munera tibi domine commemoratione quae debemus exoluimus: presta quesumus, ut remedium nobis perpetuae salutis operentur. P.

1295   *Ad complendum.* Ut percepta nos domine tua sancta purificent, beati Proti et Iacinthi quesumus imploret oratio. P.

204.

XVIII. KL. OCT. AD SALUTANDAM CRUCEM.

1296   *Oratio.* Deus qui unigeniti tui domini nostri Iesu Christi pretioso sanguine humanum genus redimere dignatus es, concede propitius, ut qui ad adorandum uiuificam crucem adueniunt, a peccatorum suorum nexibus liberentur. Per eundem.

Ad missam.

1297   Deus qui nos hodierna die exaltatione sanctae crucis annua sollemnitate laetificas, presta, ut cuius mysterium in terra cognouimus, eius redemptionis premia mereamur. P.

---

[1]) Hs.: contineat. — [2]) Hs.: quam.

Super oblata. Deuotas domine humilitatis nostrae preces et hostias 1298
misericordiae tuae comitetur auxilium et salutem, quam per Adam
in paradyso ligni clauserat temerata presumptio, ligni rursus fides
aperiat. P.

Requiratur prefatio retro inuentionis sanctae crucis.

Ad complendum. Iesu Christi domini nostri corpore sagi ati, 1299
per quem crucis est sanctificatum uexillum, quesumus domine deus
noster, ut per haec sancta quae sumpsimus perennitatis eius gloria
salutis potiamur effectu. Qui tecum.

Super populum. Adesto familiae tuae quesumus clemens et 1300
misericors deus, ut in aduersis et prosperis eius preces exaudias et
nefas aduersariorum per auxilium sanctae crucis digneris conterere,
ut portum salutis tuae ualeat apprehendere. P.

Aliae orationes.
Quesumus domine deus noster, ut per uexillum |etc. = n. 918] 1301

Alia. Supplices clementiam tuam quesumus omnipotens deus, 1302
ut ab hoste maligno defendas, quos per lignum sanctae crucis filii
tui arma iustitiae pro salute mundi triumphare iussisti. Per eundem.

Alia. Deus qui pro nobis filium tuum crucis patibulum subire 1303
uoluisti, ut inimici a nobis expelleres potestatem, concede nobis famulis
tuis, ut antiqui hostis insidias tanti uirtute mysterii superantes sin-
cerissima tibi perpetuo mente famulemur. Per eundem.

Alia. Deus cuius filius per tropheum [etc. = n. 930].   1304

Alia. Deus qui per sanguinem Iesu Christi filii tui dedisti 1305
pacem hominibus et caelestium collegium angelorum, da nobis et de
tuae pacis ubertate repleri et de angelicae societatis unitate laetari.
Per eundem.

205.
EODEM DIE NAT. SCORUM CORNELII ET CYPRIANI.

Beatorum martyrum pariterque pontificum Cornelii et Cypriani 1306
nos domine quesumus festa tueantur et eorum commendet oratio
ueneranda. P.

Alia. Adesto domine supplicationibus nostris, quas in sanctorum 1307
tuorum commemoratione deferimus, ut qui nostrae iustitiae fiduciam
non habemus, eorum qui tibi placuerunt meritis adiuuemur. P.

1308   *Super oblata.* Plebis tuae domine munera benignus intende, quae maiestati tuae pro sanctorum martyrum Cornelii et Cypriani sollemnitate sunt dicata. P̆.

1309   *Praefatio.* UD. aeterne deus. Tuamque in sanctorum tuorum Cornelii simul et Cypriani festiuitate praedicare uirtutem, quos diuersis terrarum partibus greges sacros diuino pane pascentes una fide eademque die pari nominis tui confessione coronasti. P. Chr.

1310   *Ad complendum.* Quesumus domine salutaribus |etc. = n. 151]. [fol. 105]

206.

MISSA PROPRIA SANCTI CYPRIANI.

1311   Salutarem nobis edidit hodierna dies beati Cypriani sacerdotis et martyris in tua domine uirtute laetitiam: presta quesumus, ut et conuersationis eius imitatione praedicanda [1]) et intercessione tibi placita iugiter gloriemur. P.

1312   *Super oblata.* Sacrificium nostrum domine quesumus ipsa tibi sit actione placabile, cui presenti mysterio dominicae passionis, de cuius est germine procreata, beati Cypriani sacerdotis et martyris mors preclara subiungitur. P.

1313   *Praefatio.* UD. Beati Cypriani natalicia recensentes, ut qui in conspectu tuo clarus extitit dignitate sacerdotii et palma martyrii, et in presenti saeculo sua nos intercessione foueat et ad misericordiam sempiternam pius interuentor perducat. P. Chr.

1314   *Ad complendum.* Satiati sumus domine muneribus sacris, que tanto nobis uberius credimus profutura, quanto sanctis haec meritis intercedentibus martyrum nos percepisse confidimus. [P.]

207.

XVII. KL. OCT. NAT. SCI NICOMEDIS.

1315   Adesto domine populo tuo, ut beati Nicomedis martyris tui merita preclara suscipiens ad impetrandam misericordiam tuam semper eius patrociniis adiuuetur. P.

1316   *Super oblata.* Suscipe domine munera propitius oblata, quae maiestati tuae beati Nicomedis martyris commendet oratio. P.

---

[1]) Hs.: insignia praedicando.

Ad complendum. Purificent nos domine sacramenta quae sump- 1317 simus et intercedente beato Nicomede martyre tuo a cunctis efficiant uitiis absolutos. P.

208.

XVI. KL. OCT. [NAT.] SCAE EUFEMIAE ET SCAE LUCIE ET GEMMIANI.

Omnipotens sempiterne deus, qui infirma mundi eligis, ut fortia 1318 quaeque confundas, concede propitius, ut qui beatae Eufemiae martyris tuae sollemnia colimus, eius apud te patrocinia sentiamus. P.

Alia. Presta domine precibus nostris cum exultatione prouectum, 1319 ut quorum diem passionis annua deuotione recolimus, etiam fidei constantiam subsequamur. P.

Super oblata. Presta quesumus domine deus noster, ut sicut 1320 in tuo conspectu mors est pretiosa sanctorum, ita eorum meritis uenerantium accepta tibi reddatur oblatio. P.

Alia. Munera populi tui domine propitiatus intende, et quorum 1321 nos tribuis sollemnia celebrare, fac gaudere suffragiis. P.

Praefatio. UD. aeterne deus. Et in hac sollemnitate [etc. 1322 = n. 849].

Ad complendum. Sanctificet nos domine quesumus tui perceptio 1323 sacramenti et intercessio beatae martyris Eufemiae tibi reddat acceptos. P.

Alia. Exaudi domine preces nostras et sanctorum tuorum quorum 1324 festa sollemniter celebramus continuis foueamur auxiliis. P.

209.

XII. KL. OCT. UIGILIA SCI MATHEI EUANGELISTAE.

Da nobis omnipotens deus, ut beati Mathei apostoli tui et euan- 1325 gelistae quam preuenimus ueneranda sollemnitas et deuotionem nobis augeat et salutem. P.

Super oblata. Apostolicae reuerentiae culmen offerimus sacris 1326 mysteriis imbuendum: presta quesumus domine, ut beati Mathei euangelistae suffragiis cuius natalicia preuenimus hic plebs tua semper et sua uota depromat et desiderata percipiat. P.

Ad complendum. Beati Mathei euangelistae quesumus domine 1327 supplicatione placatus et ueniam nobis tribue et remedia sempiterna concede. P.

210.

XI. KL. OCT. NAT. SCI MATHEI EUANGELISTAE.

1328   Beati euangelistae Mathei domine precibus adiuuemur, ut quod possibilitas nostra non obtinet, eius nobis interces-[fol. 106]sione donetur. P.

1329   *Alia.* Sit domine beatus Matheus euangelista nostrae fragilitatis adiutor et pro nobis tibi supplicans copiosius audiatur. P.

1330   *Super oblata.* Supplicationibus apostolicis beati Mathei euangelistae quesumus domine aecclesiae tuae commendetur oblatio, cuius magnificis predicationibus eruditur. P.

1331   *Praefatio.* UD. aeterne deus. Qui aecclesiam tuam in tuis fidelibus ubique pollentem apostolicis facis constare doctrinis, praesta quesumus, ut per quos initium diuinae cognitionis accepit, per eos usque in finem saeculi capiat regni caelestis augmentum. P. Chr.

1332   *Ad complendum.* Perceptis domine sacramentis beato [Matheo] apostolo tuo et euangelista interueniente deprecamur, ut quae pro eius celebrata sunt gloria, nobis proficiant ad medelam. P.

1333   *Alia.* Presta quesumus omnipotens deus, ut qui iugiter apostolica defensione munimur, nec succumbamus uitiis nec opprimamur aduersis. P.

211.

X. KL. OCT. NAT. SCORUM MAURICII ET SOCIORUM EIUS.

1334   Annue quesumus omnipotens deus, ut nos sanctorum martyrum tuorum Mauricii Exuperii Candidi Uictoris Innocentii et Uitalis ac sociorum eorumdem laetificet uotiua sollemnitas, ut quorum suffragiis nitimur, nataliciis gloriemur. P.

1335   *Super oblata.* Respice domine quesumus munera, quae in sanctorum martyrum tuorum Mauritii Exuperii Candidi Uictoris Innocentii et Uitalis ac sociorum eorundem commemoratione deferimus, et presta, ut quorum honore sunt grata, eorum nobis fiant intercessione salutaria. P.

1336   *Praefatio.* UD. aequum et salutare. Nos tibi semper et ubique grátias agere, domine sancte pater omnipotens aeterne deus, p. Chr. d. n. Quoniam̃ cognoscimus quantum apud te est preclara uita sanctorum, quorum nos etiam mors pretiosa laetificat et tuetur. Quapropter martyrum tuorum Mauritii Candidi Uictoris Innocentii et Uitalis sociorumque eorundem gloriosa recensentes natalicia suppliciter laudes tibi referimus. Et ideo.

Ad complendum. Caelestibus refecti sacramentis et gaudiis 1337 suppliciter te precamur, omnipotens deus, ut quorum gloriamur triumphis, protegamur auxiliis. P.

Alia. Deus qui sanctorum thebaeorum martyrum beatissimae 1338 legionis Mauricii Exuperii Candidi Uictoris Innocentii et Uitalis et eorundem sociorum gloriosi fecisti palmam florere certaminis eorumque natalicia digne nos celebrare concedis, da nobis quesumus nostrorum ueniam delictorum, et quod meritis non presumimus, ipsorum assequi precibus mereamur. P.

212.
V. KL. OCT. NAT. SCORUM COSMAE ET DAMIANI.

Magnificet te domine sanctorum tuorum Cosmae et Damiani beata 1339 sollemnitas, qua et illis gloriam sempiternam et opem nobis ineffabili prouidentia contulisti. P.

Super oblata. In tuorum domine pretiosa morte iustorum sacri- 1340 ficium illud offerimus, de quo martyrium sumpsit omne principium, quod quesumus propitiationis tuae nobis munus obtineat. P.

Praefatio. UD. aeterne deus. Et clementiam tuam suppliciter 1341 obsecrare, ut cum exultantibus sanctis in cael[est]is regni cubilibus gaudia nostra subiungas, et quos uirtutis imitatione non possumus sequi, debitae uenerationis contingamus effectu. P. Chr.

Ad complendum. Sit nobis domine sacramenti tui certa saluatio, 1342 quae cum beatorum tuorum Cosmae et Damiani meritis imploratur. P.

213.
III. KL. OCT. DEDICATIO BASILICAE SCI MICHAELIS ARCHANGELI.

Deus qui miro ordine angelorum mini-[fol. 107]steria hominum 1343 dispensas, concede propitius, ut a quibus tibi ministrantibus in celo semper assistitur, ab his in terris nostra uita muniatur. P.

Super oblata. Hostias tibi domine laudis offerimus suppliciter 1344 deprecantes, ut easdem angelico pro nobis interueniente suffragio et placatus accipias et ad salutem nostram peruenire concedas. P.

1345   *Alia.* Munus populi tui domine quesumus dignanter a[s]sume, quod non nostris meritis, sed sancti archangeli tui Michahelis deprecatione sit gratum. P.

1346   *Praefatio.* UD. aeterne deus. Sancti Michahelis archangeli merita predicantes. Quamuis enim nobis sit omnis angelica ueneranda sublimitas, quae in maiestatis tuae consistit conspectu, illa tamen est propensius honoranda, que in eius ordinis dignitate caelestis militiae meruit principatum. P. Chr.

1347   *Ad complendum.* Beati archangeli tui Michaelis intercessione suffulti supplices te domine deprecamur, ut quod honore prosequimur, contingamus et mente. P.

Aliae orationes.

1348   Da nobis omnipotens deus beati archangeli Michahelis eotenus honore proficere, ut cuius gloriam predicamus in terris, eius precibus adiuuemur in caelis. P.

1349   *Alia.* Adesto plebi tue misericors deus, et ut gratiae tuae beneficia potiora percipiat, beati archangeli Michahelis fac supplicem deprecationibus subleuari. P.

1350   *Alia.* Perpetuum nobis domine tuae miserationis presta subsidium, quibus et angelica prestitisti suffragia non deesse. P.

214.

II. KL. OCT. NAT. SCI HIERONIMI PRESBYTERI.

1351   Deus qui nos annua beati Hieronimi confessoris tui festiuitate laetificas, da nobis eius interuenientibus meritis et perpetua protectione muniri et salutari gaudere profectu. P.

1352   *Alia.* Deus qui nobis per beatum Hieronimum confessorem sacerdotemque tuum scripture sanctae ueritatem et mystica sacramenta reuelare dignatus es, presta quesumus, ut cuius natalicia colimus, eius semper et erudiamur doctrinis et meritis adiuuemur. P.

1353   *Super oblata.* Accepta sit in conspectu tuo domine nostra deuotio et nobis fiat eius supplicatione salutaris, pro cuius honore defertur. P.

1354   *Praefatio.* UD. aeterne deus. Et in hac die potissimum, quam festiuitate beati Hieronimi decorasti, tui muneris beneficia personare. Quem ita uoluisti fluentis satiare totius scientiae, ut suorum splendore dictorum multarum sciscitator fieret animarum. Unde tuam piissime deus supplices quesumus pietatem, ut eius nos et doctrinis repleas, meritis munias et exemplis exornes, quatinus omni cecitate ignorantie pulsa et hic eius precibus fulti tua mereamur implere precepta et gaudia postmodum capere sempiterna. P. Chr.

Ad complendum. Repleti alimonia caelesti quesumus domine 1355 intercedente beato Hieronimo confessore tuo misericordiae tuae gratiam consequi mereamur. P.

Alia. Omnipotens sempiterne deus, qui aecclesiae tue beatum 1356 Hieronimum confessorem scripturae sanctae et uerum interpretem et tractatorem catholicum tribuisti, concede propitius, ut eius semper erudita doctrinis stabili fide in ueneratione tui nominis et agnitione proficiat. P.

215.
NON. OCT. NAT. SCI MARCI PAPAE.

Exaudi domine quesumus preces nostras et interueniente beato 1357 Marco confessore tuo atque pontifice supplicationes nostras placatus intende. P.

Super oblata. Benedictio tua domine larga descendat, quae et 1358 munera nostra deprecante sancto Marco confessore tuo atque pontifice tibi reddat accepta et nobis sacramentum redemptionis efficiat. P.

Ad complendum. Da quesumus domine fidelibus populis sanc- 1359 torum tuorum semper ueneratione laetari et eorum perpetua sup-
[fol. 108]plicatione muniri. P.

216.
EODEM DIE [NAT.] SCI MARCELLI ET APULEI.

Sanctorum tuorum nos quesumus domine Marcelli et Apulei beata 1360 merita prosequantur et tuo semper faciant amore feruentes. P.

Super oblata. Maiestatem tuam nobis domine quesumus haec 1361 hostia reddat immolanda placatam tuorum digna postulatione sanctorum. P.

Ad complendum. Sacramentis domine muniamur acceptis et 1362 sanctorum tuorum Marcelli et Apulei contra omnes nequitias irruentes armis celestibus protegamur. P.

217.

KL. OCT. NAT. SCORUM REMIGII GERMANI ET UEDASTI CONFESSORUM.

1363 Exaudi domine populum tuum et sanctorum tuorum confessorum Remigii Germani et Uedasti antistitum sollemnia celebrantem temporalis uitae nos tribue pace gaudere et aeternum reperire subsidium. P.

1364 *Super oblata.* Preces nostras quesumus domine et tuorum respice oblationes fidelium, ut tibi gratae sint in tuorum festiuitate sanctorum et nobis conferant tue propitiationis auxilium. P.

1365 *Praefatio.* UD. aeterne deus. Qui sanctorum tuorum Remigii Germani et Uedasti hodierna geminasti nobis confessione laetitiam, qui pariter sacerdotes egregii, quod predicauerunt ore, operibus compleuerunt et peruenerunt ad gloriam. P. Chr.

1366 *Ad complendum.* Repleti sacramento reparationis humanae praesta quesumus domine, ut per ea quae nobis munere praeb[u]ere caelesti, per haec eadem tribuas nobis inhaerere donis caelestibus. P.

218.

VIII. ID. OCT. UIGILIA SCORUM MARTYRUM DYONISII RUSTICI ET ELEUTHERII.

1367 Concede nobis quesumus omnipotens deus uenturam beatorum martyrum tuorum Dyonisii Rustici et Eleutherii sollemnitatem congruo preuenire honore et uenientem digna celebrare deuotione. P.

1368 *Super oblata.* Accepta tibi sit domine nostrae deuotionis oblatio et ad martyrum tuorum Dyonisii Rustici et Eleutherii puriores faciat nos uenire festiuitatem. P.

1369 *Praefatio.* UD. aeterne deus. Uenientem natalem beatorum martyrum tuorum Dyonisii Rustici et Eleutherii debita seruitute praeuenire [1] suppliciter obsecrantes, ut ipsos nos apud tuam clementiam sentiamus habere patronos, quos tua gratia largiente meruimus aeternae salutis suscipere ministros. P. Chr.

1370 *Ad complendum.* Praesta nobis aeterne largitor eorum ubique pia protegi oratione, quorum natalicia per haec sancta quae sumpsimus uotiuo praeuenimus obsequio. P.

1371 *Super populum.* Benedictionis tuae domine gratiam intercedentibus sanctis martyribus tuis Dyonisio Rustico et Eleutherio suscipia-

[1] Hs.: praeueniri.

mus, ut quorum praeueniendo gloriam celebramus, eorum supplicando auxilium sentiamus. P.

219.

II. ID. OCT. NAT. SCI CALISTI PAPAE.

Deus qui [nos] conspicis[1]) ex nostra infirmitate deficere, ad amorem tuum nos misericorditer per sanctorum tuorum exempla restaura. P. 1372

Super oblata. Mystica nobis domine prosit oblatio, que nos et a reatibus nostris expediat et pepetua saluatione confirmet. P. 1373

Ad complendum. Quesumus omnipotens deus, ut et reatum nostrum munera sacra purificent et recte uiuendi nobis operentur effectum. P. 1374

220.

XV. KAL. NOU.[2]) NAT. SCI LUCAE EUANGELISTAE.

Interueniat pro nobis domine quesumus sanctus tuus Lucas euangelista, qui crucis mortificationem iugiter in suo corpore pro tui nominis amore portauit. P. 1375

Super oblata. Donis caelestibus da quesumus domine li-[fol. 109] bera tibi mente seruire, ut munera quae deferimus interueniente euangelista tuo Luca et medelam nobis operentur et gloriam. P. 1376

Praefatio. UD. aeterne deus. Et te in sanctorum tuorum meritis gloriosis collaudare benedicere et praedicare, qui eos dimicantes contra antiqui serpentis machinamenta et proprii corporis blandimenta in-expugnabili uirtute rex gloriae roborasti. Ex quibus beatus Lucas euangelista tuus a[s]sumpto scuto fidei et galea salutis et gladio spiritus sancti et uiriliter contra uitiorum hostes pugnauit et euan-gelicae nobis dulcedinis fluenta manauit. Unde petimus domine in-mensam pietatem tuam, ut qui eum tot meritorum donasti praerogatiuis, nos eius et informes exemplis et adiuues meritis. P. Chr. 1377

Ad complendum. Praesta quesumus omnipotens deus, ut id quod de sancto altari tuo accepimus, precibus beati euangelistae tui Lucae sanctificet animas nostras, per quod tuti esse possimus. P. 1378

---

[1]) Hs.: conconspicis. — [2]) Hs.: OCT.

— 158 —

221.
VII. ID. OCT. NAT. SCORUM MARTYRUM DYONISII RUSTICI ET ELEUTHERII.

1379 Deus qui hodierna die beatum Dyonisium uirtute constantiae in passione roborasti, quique illi ad praedicandum gentibus gloriam tuam Rusticum et Eleutherium sociare dignatus es, tribue nobis quesumus ex eorum imitatione pro tuo amore prospera mundi despicere et nulla eius aduersa formidare. P.

1380 *Super oblata.* Hostia domine quesumus, quam in sanctorum tuorum Dyonisii Rustici et Eleutherii nataliciis recensentes offerimus, et uincula nostrae prauitatis absoluat et tuae nobis misericordie dona conciliet. P.

1381 *Praefatio.* UD. aeterne deus. Qui sanctorum martyrum tuorum Dyonisii Rustici et Eleutherii pia certamina ad copiosam perducis uictoriam atque perpetuum eis largiris triumphum, ut aecclesiae tuae semper sint in exemplum: praesta nobis quesumus, ut per eorum intercessionem quorum festa celebramus pietatis tuae munera capiamus. P. Chr.

1382 *Ad complendum.* Quesumus omnipotens deus, ut qui caelestia alimenta percepimus, intercedentibus sanctis tuis Dyonisio Rustico et Eleutherio per [etc. = n. 175].

222.
VI. KL. NOU. UIGILIA APOSTOLORUM SIMONIS ET IUDAE.

1383 Concede quesumus omnipotens deus, ut sicut apostolorum tuorum Symonis et Iudae gloriosa natalicia praeuenimus, sic ad tua beneficia promerenda maiestatem tuam pro nobis ipsi praeueniant. P.

1384 *Super oblata.* Muneribus nostris domine apostolorum tuorum Symonis et Iudae festa praecedimus, ut quae conscientiae nostrae praepediuntur obstaculis, illorum meritis tibi grata reddantur. P.

1385 *Praefatio.* UD. aeterne deus. Quia tu es mirabilis in omnibus sanctis tuis, quos et nominis tui confessione praeclaros et suscepta pro te fecisti passione gloriosos. Unde sicut illi ieiunando et orando certauerunt, ut hanc possint optinere uictoriam, ita nos eorum exemplis informemur, ad celebranda presentia festa idonei inueniamur et ad aeterna percipienda eorum interuentu digni iudicemur. P. Chr.

Ad complendum. Sumpto domine sacramento suppliciter depre- 1386 camur, ut intercedentibus beatis apostolis tuis quod temporaliter gerimus ad uitam capiamus aeternam. P.

Super populum. Omnipotens sempiterne deus, mundi creator 1387 et rector, qui beatos apostolos tuos nominis tui gloria consecrasti, exaudi populum tuum cum sanctorum tuorum tibi patrocinio supplicantem, ut pacis [fol. 110] dono proficiat ad fidei et caritatis augmentum. P.

223.

V. KL. NOU. NAT. APOSTOLORUM SIMONIS ET IUDAE.

Deus qui nos per beatos apostolos tuos Symonem et Iudam ad 1388 cognitionem tui nominis uenire tribuisti, da nobis eorum gloriam sempiternam et proficiendo celebrare et celebrando proficere. P.

Super oblata. Gloriam tuam domine sanctorum apostolorum 1389 perpetuam recolentes quesumus, ut eandem sacris mysteriis expiati dignius celebremus. P.

Praefatio. UD. aeterne deus. Te in tuorum apostolorum glori- 1390 ficantes honore, qui et illis tribuisti beatitudinem sempiternam et infirmitati nostrae talia praestitisti suffragia, per quae tua possimus adipisci subsidia et peruenire ad gaudia repromissa. P. Chr.

Ad complendum. Perceptis domine sacramentis supplices te 1391 rogamus, ut intercedentibus beatis apostolis tuis quae pro illorum ueneranda gerimus passione nobis proficiant ad medelam. P.

224.

II. KL. NOU. UIGILIA OMNIUM SANCTORUM.

Domine deus noster, multiplica super nos gratiam tuam, et quorum 1392 preuenimus gloriosa sollemnia, tribue subsequi in sancta professione laetitiam. P.

Super oblata. Altare tuum domine deus muneribus cumulamus 1393 oblatis: da quesumus, ut ad salutem nostram omnium sanctorum tuorum precatione proficiant, quorum sollemnia uentura precurrimus. P.

Praefatio. UD. aeterne deus. Reuerentiae tuae dicato ieiunio 1394 gratulantes, quia ueneranda omnium sanctorum sollemnia desideratis praeuenimus officiis, ut ad eadem celebranda sollemniter preparemur. P. Chr.

1395   *Ad complendum.* Sacramentis domine et gaudiis optata celebritate expletis quesumus, ut eorum precibus adiuuemur, quorum recordationibus exhibentur. P.

1396   *Super populum.* Erudi quesumus domine populum tuum spiritalibus instrumentis, et quorum prestas sollemnia praeuenire, fac eorum et consideratione deuotum et defensione securum. P.

225.
KL. NOU. MEMORIA OMNIUM SANCTORUM.

1397   Omnipotens sempiterne deus, qui nos omnium sanctorum merita sub una tribuisti celebritate uenerari, quesumus, ut desideratam nobis tuae propitiationis habundantiam multiplicatis intercessoribus largiaris. P.

1398   Munera domine nostrae deuotionis offerimus, quae et pro tuorum tibi grata sint honore iustorum et nobis salutaria te miserante reddantur. P.

1399   *Praefatio.* UD. aeterne deus. Clementiam tuam suppliciter obsecrantes, ut cum exultantibus sanctis in caelestis regni cubilibus gaudia nostra coniungas, et quos uirtutis imitatione non possumus sequi, debitae uenerationis contingamus affectu. P. Chr.

1400   *Ad complendum.* Da quesumus domine fidelibus omnium sanctorum semper ueneratione laetari et eorum perpetua supplicatione muniri. P.

1401   *Alia.* Omnipotens sempiterne deus, qui nos omnium sanctorum tuorum multiplici facis celebritate gaudere, concede quesumus, ut sicut illorum commemoratione temporali gratulamur officio, ita perpetuo laetemur aspectu. P.

226.
EODEM DIE [NAT.] SCI CAESARII.

1402   *Collecta ad sanctos Cosmam et Damianum* Adesto domine nobis martyrum deprecatione sanctorum, et quos pati pro tuo nomine tribuisti, [fol. 111] fac tuis fidelibus suffragari. P.

Ad missam.

1403   Deus qui nos beati Caesarii martyris tui annua sollemnitate laetificas, concede propitius, ut cuius natalicia colimus, etiam actiones imitemur. P.

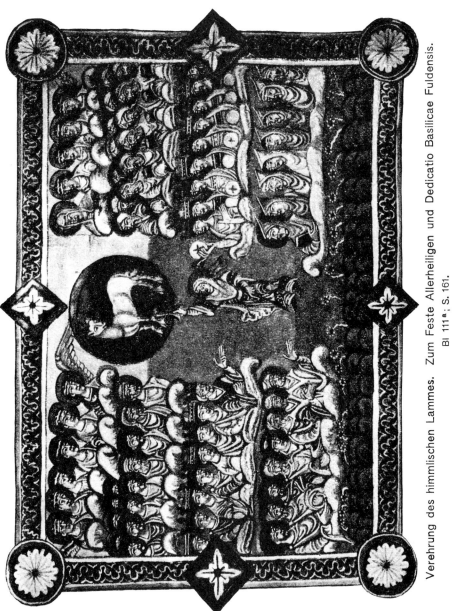

Verehrung des himmlischen Lammes. Zum Feste Allerheiligen und Dedicatio Basilicae Fuldensis.
Bl 111ª; S. 161.

Allerheiligenbild des Cod. Udin. fol. 67 b.

Bl. 111ᵇ. Zu „Dedicatio Basilicae Fuldensis".
Initiale D, Oration 1406 und Anfang von 1407 (S. 161).

Super oblata. Hostias tibi domine beati Caesarii martyris tui 1404
dicatas meritis benignus assume et ad perpetuum nobis tribue prouenire
subsidium. P.

Ad complendum. Quesumus omnipotens deus, ut qui caelestia 1405
alimenta percepimus, intercedente beato Caesario martyre tuo per
[etc. = n. 175].

227.

EODEM DIE DEDICATIO BASILICAE SANCTI SALUATORIS IN MONASTERIO FULDENSI.

Deus qui nobis per singulos annos huius templi tui consecrationis 1406
reparas diem et sacris semper mysteriis representas incolumes, exaudi
preces populi tui et presta, ut si quis hoc templum beneficia petiturus
ingreditur, cuncta se impetrasse laetetur. P.

Super oblata. Annue quesumus domine precibus nostris, ut 1407
quicumque intra templi huius, cuius anniuersarium dedicationis diem
celebramus, ambitum [fol. 112] continemur, plena tibi atque perfecta
corporis et animae deuotione placeamus, ut dum haec presentia uota
reddimus, ad aeterna praemia te adiuuante uenire mereamur. P.

Praefatio. UD. aeterne deus. Pro annua dedicatione templi 1408
huius honorem tibi gratiasque referre per Christum dominum nostrum,
cuius uirtus magna, pietas copiosa. Respice quesumus de caelo et
uide et uisita domum istam, ut q' 'squis in ea nomini tuo supplicauerit
clementer exaudias et satisfacientibus benignus ignoscas. Hic tibi
sacerdotes tui sacrificium laudis offerant, hic fidelis populus uota
persoluat. Hic peccatorum onera deponantur, hic fides sancta stabili-
tetur. Hinc pietas absoluta redeat, hinc iniquitas emendata discedat.
Inueniat apud te domine locum ueniae quicumque satisfaciens con-
fugerit et conscio dolore uictus altaria tua riuis suarum eluerit lacrimarum. Hic si quando populus tuus tristis maestusque conuenerit,
adquiesce rogari et rogatus indulge. Et ideo.

Ad complendum. Deus qui aecclesiam tuam [unigeniti tui] sponsam 1409
uocare dignatus es, ut quae[1]) haberet gratiam per fidei deuotionem,
haberet etiam ex nomine pietatem, da, ut omnis haec plebs nomini
tuo seruiens huius uocabuli consortio digna esse mereatur et aecclesia
tua in templo, cuius anniuersarius dedicationis dies celebratur, tibi

[1]) Hs.: qui.

collecta te timeat, te diligat, te sequatur, ut dum iugiter per uestigia tua graditur, ad caelestia promissa te ducente peruenire mereatur. P.

1410   *Super populum.* Deus qui de uiuis et electis lapidibus aeternum maiestati tuae condis habitaculum, auxiliare populo supplicanti, ut quod aecclesiae tuae corporalibus proficit spatiis, spiritalibus amplificetur augmentis. P.

228.
V[I]. ID. NOU. NAT. SCORUM IIII CORONATORUM.

1411   Praesta quesumus omnipotens deus, ut qui gloriosos martyres Claudium Nicostratum Symphorianum Castorium atque Simplicium fortes [etc. = n. 1129].

1412   *Alia.* Annua martyrum tuorum domine uota recurrimus maiestatem tuam suppliciter deprecantes, ut cum temporalibus incrementis prosperitatis aeternae coronatorum capiamus augmenta. P.

1413   *Super oblata.* Hostias tibi domine pro martyrum tuorum coronatorum commemoratione deferimus supplicantes, ut indulgentiam nobis pariter conferant et salutem. P.

1414   *Praefatio.* UD. aeterne deus. Celebrantes sanctorum natalicia coronatorum, quia dum tui nominis per eos gloriam frequentamus, in nostrae fidei augmento succrescimus. P. Chr.

1415   *Ad complendum.* Caelestibus refecti sacramentis [etc. = n. 1337].

229.
V. ID. NOU. NAT. SCI THEODORI MARTYRIS.

1416   Pretende nobis domine misericordiam tuam et tribue, ut sanctus martyr tuus Theodorus, cuius nos dedisti patrociniis adiuuari, maiestatem tuam iugiter exoret pro nobis. P.

1417   *Super oblata.* Suscipe domine fidelium preces cum oblationibus hostiarum, ut[1]) intercedente beato Theodoro martyre tuo per haec piae deuotionis officia ad caelestem gloriam transeamus. P.

1418   *Ad complendum.* Sancti nos quesumus domine Theodori martyris oratio et assequi faciat semper mente que gerimus et debitae seruitutis actionem sectari. P.

---
[1]) Hs.: et.

230.

III. ID. NOU. NAT. SCI MENE MARTYRIS. [fol. 113]

Presta quesumus omnipotens deus, ut qui beati Menae martyris 1419
tui natalicia colimus, intercessione eius in tui nominis amore ro-
boremur. P.

Super oblata. Beati Menae martyris tui sollemnia recensentes 1420
quesumus, ut eius auxilio tua beneficia[1]) capiamus, pro quo(d) tibi
hostias laudis offerimus. P.

Ad complendum. Benedictio tua deus impleat corda fidelium 1421
talesque perficiat, qui et martyrum honorificent passiones et remedia
salutis aeternae iisdem patrocinantibus assequantur. P.

Alia. Da quesumus domine deus noster, ut sicut tuorum com- 1422
memoratione sanctorum temporali gratulamur officio, ita perpetuo
letemur aspectu. P. d. n. [etc. = n. 966].

231.

III. ID. NOU. NAT. S. MARTINI CONFESSORIS.

Deus qui conspicis qui[a] ex nulla nostra uirtute subsistimus, 1423
concede propitius, ut intercessione beati Martini confessoris tui atque
pontificis contra omnia aduersa muniamur. P.

Alia. Omnipotens sempiterne deus, sollemnitatem diei huius 1424
propitius intuere et aecclesiam tuam intercessione beati Martini confessoris tui atque pontificis continua fac celebritate gaudere omniumque
in te credentium uota perficias. P.

Super oblata. Beati Martini pontificis quesumus domine nobis 1425
pia non desit oratio, quae et munera nostra conciliet et tuam nobis
indulgentiam semper optineat. P.

Praefatio. UD. et salutare. Te omnipotens deus in beati Martini 1426
pontificis atque confessoris tui laudibus adorare, qui sancti spiritus tui
dono succensus ita in ipso tirocinio fidei perfectus inuentus est, ut Christum
texisset in paupere et uestem, quam egenus acceperat, mundi dominus
induisset. Digne ei arrianorum subiacuit feritas, digne tanto amore
martyrii persecutoris tormenta non timuit. Quanta, putamus, erit
glorificatio passionis, quando pars clamidis sic extitit gloriosa? Quid
erit pro oblatione integri corporis recepturus, qui pro quantitate uestis

---

[1]) Hs.: benificia.

1*

exigue et uestire deum meruit et uidere? Haec tua est domine
ueneranda potestas, ut cum lingua non suppetit, meritis exoreris. P. Chr.

1427   *Ad complendum.* Presta quesumus domine deus noster, ut
quorum festiuitate uotiua sunt sacramenta, eorum salutaria nobis
intercessione reddantur. P.

1428   *Super populum.* Presta quesumus omnipotens deus, ut sicut
[fol. 114] diuina laudamus in sancti Martini confessoris tui atque pontificis sollemnitate magnalia, sic indulgentiam tuam piis eius precibus
assequamur. P.

1429   *Alia.* Exaudi domine populum tuum tota tibi mente subiectum
et beati Martini pontificis supplicatione custodi, ut corpore et corde
protectus quod pie credit appetat et quod iuste sperat obtineat. P.

232.
XI. KL. DEC. UIGILIA SCAE CECILIAE UIRGINIS.

1430   Sanctae martyris tuae Ceciliae domine supplicationibus [tribue
nos] foueri, ut cuius uenerabilem sollemnitatem digno preuenimus
obsequio, eius intercessionibus commendemur et meritis. P.

1431   *Super oblata.* Muneribus nostris domine sanctae Ceciliae martyris tuae festa precedimus, ut quae conscientiae nostrae prepediuntur
obstaculis, illius meritis reddantur accepta. P.

1432   *Praefatio.* UD. et salutare. Te domine beatae Ceciliae natalicium diem preuenientes debita ueneratione laudare, quem in ueritatis
tuae testificatione profusius honore signauit. Que uirginitatis palma
adeo prenituit, ut que coniugio preparabatur humano, mereretur ex-
altari diuino, et pudicitiae coronam sic promeruit, ut regium thalamum
non solum uirgo sed etiam martyr introiret. P. Chr.

1433   Quesumus omnipotens deus, ut quorum nos tribuis communicare
memoriis, eorum facias imitatores. P.

233.
X. KL. DEC. NAT. SCAE CECILIAE UIRGINIS.

1434   Deus cui beata Cecilia ita castitatis deuotione complacuit, ut
coniugem suum Ualerianum affinemque suum Tyburtium tibi faceret
consecrari, nam et angelo deferente micantium odoriferas florum

coronas palmamque martyrii perceperunt: quesumus, ut ea(m) intercedente pro nobis beneficia tui muneris percipere mereamur. P. d.

Super oblata. Haec hostia domine placationis et laudis, quesumus, ut interueniente beata Cecilia martyre tua nos tua propitiatione dignos semper efficiat. P. 1435

Praefatio. UD. aeterne deus. Qui perficis in infirmitate uirtutem quique beatam gloriosamque Ceciliam de(con)specto mundi coniugio ad consortia superna dedisti contendere, ut nec aetate mutabili prepediretur nec illecebris carnalibus reuocaretur nec sexus fragilitate deterreretur, sed inter puellares annos, inter seculi blandimenta, inter supplicia persequentium multiplicem de hoste uictoriam uirgo martyr impleret et ad potiorem suae passionis triumphum beatum Ualerianum cui fuerat nupta secum ad caelestia regna perduceret. Et ideo. 1436

Ad complendum. Sic nos domine gratia tua quesumus semper exerceat, ut diuinis instauret nostra corda mysteriis et sanctae Ceciliae martyris tuae commemoratione laetificet. P. 1437

234.
VIIII. KL. DEC. NAT. SCI CLEMENTIS.

Deus qui nos annua beati Clementis martyris tui atque pontificis sollemnitate laetificas, concede propitius, ut cuius natalicia colimus, uirtutem quoque passionis imitemur. P. 1438

Super oblata. Sacrificium tibi domine laudis offerimus pro celebritate sancti Clementis, ut propitiationem tuam, quam nostris operibus non meremur, piis suffragatoris intercessionibus assequamur. P. 1439

Praefatio. UD. aeterne deus. Et in hac die, quam beati Clementis passio consecrauit et nobis uenerabilem exhibuit, qui apostolica predicatione imbutus, doctrinis [fol. 115] caelestibus educatus, successionis dignitate conspicuus et martyr insignis et sacerdos fulsit egregius. P. Chr. 1440

Ad complendum. Beati Clementis domine natalicia fidelibus tuis munera suffragentur, et qui tibi placuit, nobis imploret auxilium. P. 1441

Super populum. Omnipotens sempiterne deus, qui in omnium sanctorum tuorum es uirtute mirabilis, da nobis in beati Clementis annua sollemnitate laetari, qui filii tui martyr et pontifex quod mysterio 1442 gessit testimonio comprobauit, et quod predicauit ore confirmauit exemplo. Per eundem.

235.

EODEM DIE NAT. SCAE FELICITATIS.

1443   Presta quesumus omnipotens deus, ut beatae Felicitatis martyris tuae sollemnia recensentes meritis ipsius protegamur et precibus. P.

1444   *Super oblata.* Munera tibi domine pro sanctae Felicitatis gloriosa commemoratione deferimus obsecrantes, ut quae nobis huius sollemnitatis effectum et confessione dicauit et sanguine, miserationis quoque tuae continuum imploret auxilium. P.

1445   *Ad complendum.* Presta domine quesumus, ut sacramenti tui participatione uegetati sanctae Felicitatis quoque martyris tuae precibus adiuuemur. P.

1446   *Alia.* Supplices te rogamus, omnipotens deus, ut interuenientibus sanctis tuis et tua in nobis dona multiplices et tempora nostra disponas. P.

236.

VIII. KL. DEC. NAT. SCI CHRISOGONI MARTYRIS.

1447   Presta nobis omnipotens deus, ut beatum Chrissogonum, quem fidei uirtute imitari non possumus, non indigna salutis ueneratione sectemur. P.

1448   *Super oblata.* Offerimus domine preces et munera in honore sanctorum tuorum gaudentes [etc. = n. 112].

1449   *Praefatio.* UD. aeterne deus. Qui nos a[s]siduis martyrum passionibus consolaris et eorum sanguinem triumphalem, quem pro confessione nominis tui infidelibus prebuere fundendum, ad tuorum facis auxilium transire fidelium. P. Chr.

1450   *Ad complendum.* Annue domine quesumus, ut mysteriis tuis iugiter repleamur et sancti Chrissogoni martyris tui semper muniamur auxiliis P.

237.

III. KL. DEC. NAT. SCORUM SATURNINI CHRISSANTI MAURI ET DARIAE.

1451   Deus qui nos annua beati Saturnini martyris tui atque pontificis sollemnitate laetificas, concede propitius, ut cuius natalicia colimus, uirtutem quoque passionis imitemur. P.

Alia. Beatorum martyrum tuorum domine Saturnini Crisanti 1452 Mauri atque Dariae uirginis nobis assit oratio, ut quos obsequio ueneramur, pio iugiter experiamur auxilio. **P.**

Super oblata. Populi tui domine quesumus grata sit hostia quae 1453 sanctorum martyrum tuorum Saturnini Crisanti Mauri atque Dariae uirginis solemnitatibus immolatur. P.

Praefatio. UD. p. Chr. d. n. Cuius [gratia] beatum Saturninum 1454 in sacerdotium elegit, doctrina ad predicandum erudiit, potentia ad perseuerandum confirmauit, ut per sacerdotalem infulam perueniret ad martyrii palmam, docensque subditos predicando, instruens uiuendo exemplo, confirmans patiendo, ut ad te coronandus perueniret, qui persecutorum minas intrepidus superasset; cuius interuentus nos quesumus a nostris mundet delictis, qui tibi placuit tot donorum prerogatiuis. Per quem.

Ad complendum. Mysteriis domine repleti corporis et sanguinis 1455 tui, presta quesumus, ut per intercessionem sanctorum martyrum tuorum Saturnini Crisanti Mauri et Dariae uirginis que corporaliter agimus spiritaliter consequamur. P. [fol. 116]

238.
EODEM DIE UIGILIA SCI ANDREAE APOSTOLI.

Quesumus omnipotens deus, ut beatus Andreas apostolus tuum 1456 nobis imploret auxilium, ut a nostris reatibus absoluti a cunctis etiam periculis exuamur. P.

Super oblata. Sacrandum tibi domine munus offerimus, quo 1457 beati Andreae sollemnia recolentes [etc. = n. 1245].

Praefatio. UD. aeterne deus. Reuerentiae tuae dicato ieiunio 1458 gratulantes, quo apostolica beati Andreae merita desideranter preuenimus officiis, ut ad eadem celebranda sollemniter preparemur. P. Chr.

Ad complendum. Perceptis domine sacramentis suppliciter exo- 1459 ramus, ut intercedente beato Andrea apostolo tuo quae pro illius ueneranda gerimus passione nobis proficiant ad medelam· P.

Ad uesperum. Tuere nos misericors deus et beati Andreae 1460 apostoli tui, cuius natalicia preuenimus, semper guberna presidiis. P. d. n. [etc. = n. 721].

239.

II. KL. DEC. NAT. SCI ANDREAE APOSTOLI.

1461   Maiestatem tuam domine suppliciter exoramus, ut sicut aecclesiae tuae beatus Andreas apostolus extitit predicator et rector, ita apud te sit pro nobis perpetuus intercessor. P.

1462   *Alia.* Deus qui humanum genus tuorum retibus preceptorum capere consuesti, respice propitius ad tanti sollemnia piscatoris et tribue, ut natalicii eius munere gratulantes aeternae uitae premia consequamur. P.

1463   *Super oblata.* Sacrificium nostrum tibi domine quesumus sancti Andreae precatio sancta conciliet [etc. = n. 1186].

1464   *Praefatio.* UD. aeterne deus. Et precipue in hac die magnifici uotiua mysterii, qua uenerandus Andreas apostolus germanum se gloriosi apostoli Petri tam predicatione Christi tui quam conuersatione monstrauit in tantum, ut id quod libera predicauerat uoce nec pendens taceret in cruce; auctoremque uitae perennis tam in hac uita sequi quam in mortis genere meruit imitari, ut cuius precepto terrena in semetipso crucifixerat uitia, eius exemplo ipse patibulo figeretur. Utrique igitur germani piscatores ambo cruce eleuantur ad caelum, ut quos in huius uitae cursu gratia tua tot uinculis pietatis obstrinxerat, hos inmarcescibilis in regno caelorum necteret et corona, et quibus erat una causa certaminis, una retributio esset et premii. P. Chr.

1465   *Ad complendum.* Sumpsimus domine diuina mysteria beati Andreae festiuitate laetantes, quae sicut tuis sanctis ad gloriam, ita nobis quesumus ad ueniam prodesse [fol. 117] perficias. P.

1466   *Super populum.* Beati Andreae apostoli supplicatione quesumus domine plebs tua benedictionem percipiat, ut de eius meritis et feliciter glorietur et sempiternis ualeat consortiis sociata laetari. P. d.

Aliae orationes.

1467   Da nobis quesumus domine deus noster beati apostoli tui Andreae intercessionibus subleuari, ut per quos aecclesiae tuae rudimenta donasti, per eos subsidia perpetuae salutis impendas. P.

1468   *Alia.* Beati Andreae apostoli domine quesumus intercessione nos adiuua, pro cuius sollemnitate percepimus tua sancta laetantes. P.

1469   *Alia.* Adiuuet aecclesiam tuam tibi domine supplicando beatus Andreas apostolus et pius interuentor pro nobis fiat qui tui nominis extitit predicator. P. d.

St. Martinus. 11. Nov.
Bl. 113ª; S. 163.

Martyrium des hl. Andreas. 30. Nov.

Bl. 116ª; S. 167.

Alia. Deus qui es sanctorum tuorum splendor mirabilis quique 1470
hunc diem beati Andreae martyrio consecrasti, da aecclesiae tuae de
eius natalicio semper gaudere, ut apud misericordiam tuam et exemplis
eius protegamur et meritis. P.

Alia. Exaudi domine populum tuum cum sancti apostoli tui 1471
Andreae patrocinio supplicantem, ut tuo semper auxilio secura tibi
possit deuotione seruire. P. d. n.

240.
II. NON. DEC. NAT. SCI BENEDICTI.

Omnipotens sempiterne deus, qui hunc diem uenerabilem nobis 1472
beati confessoris tui Benedicti festiuitate tribuisti, fidelium tuorum
uota serenus intende, ut eius interuentu a cunctis reatibus absoluti
festis mereamur interesse caelestibus. P. d.

Super oblata. Interuentionibus beati Benedicti confessoris tui 1473
quesumus domine familiae tuae tibi sit accepta oblatio, cuius uitalibus
decoratur exemplis. P.

Ad complendum. Satiati quesumus domine muneribus sacris eius 1474
nos precibus ubique protege, cuius festa sollemnia celebramus. P.

241.
VII. ID. DEC. OCT. SCI ANDREAE APOSTOLI.

Protegat nos domine beati Andreae apostoli repetita sollemnitas, 1475
ut cuius patrocinia sine intermissione recolimus, [perpetuam defensionem
sentiamus]. P.

Super oblata. Indulgentiam nobis prebeant haec munera quesumus 1476
domine largiorem, quae uenerabilis Andreae suffragiis offeruntur. P.

Ad complendum. Adiuuet familiam tuam tibi domine supplicando 1477
uenerandus Andreas apostolus, qui tui nominis idoneus extitit predicator. P.

242.[1])
ID. DEC. NAT. SCAE LUCIAE UIRGINIS.

Intercessio nos quesumus domine sanctae Luciae martyris tuae 1478
uotiua confoueat, ut eius sacra natalicia et temporaliter frequentemus
et conspiciamus aeterna. P.

---

[1]) Hier müsste zunächst Nat. s. Damasi (Kap. 243) folgen.

1479   *Super oblata.* Accepta tibi sit domine sacratae [etc. = n. 1238].

1480   *Praefatio.* UD. acterne deus. Qui in infirmitate uirtutem perficis et humani generis inimicum non solum per uiros sed etiam per feminas uincis. Cuius munere beata Lucia et in uirginitatis proposito et in confessione fidei roboratur, ut nec aetatis lubrico ab intentione mutetur nec blandimentis carnalibus demulceatur nec tormentorum immanitate uincatur, sed seruando corporis ac mentis integritatem cum uirginitatis ac martyrii palma aeternam meruit adipisci beatitudinem. P. Chr.

1481   *Ad complendum.* Laeti domine sumpsimus sacramenta caelestia, [quae] intercedente pro nobis beata Lucia martyre tua ad uitam nobis proficiant sempiternam. P.

243.

III. ID. DEC. NAT. SCI DAMASI PAPAE.

1482   Misericordiam tuam domine nobis quesumus interueniente beato confessore tuo Damaso clementer impende et [fol. 118] nobis peccatoribus ipsius propitiare suffragiis. P.

1483   *Super oblata.* Da nobis quesumus domine semper haec uota tibi gratanter persoluere, quibus sancti confessoris tui Damasi depositionem recolimus, et presta, ut in eius laude tuam gloriam praedicemus. P.

1484   *Praefatio.* UD. aeterne deus. Cuius munere beatus Damasus confessor pariter et sacerdos et bonorum operum incrementis excreuit et uariis uirtutum donis exuberauit et miraculis coruscauit; qui quod uerbis edocuit operum exhibitione compleuit et documento simul et exemplo subditis ad caelestia regna pergendi ducatum prebuit. Unde tuam clementiam petimus, ut eius qui tibi placuit exemplis ad bene agendum informemur, meritis muniamur, intercessionibus adiuuemur, qualiter ad caeleste regnum illo interueniente ac te opitulante peruenire mereamur. P. Chr.

1485   *Ad complendum.* Sumptum domine caelestis remedii sacramentum ad perpetuam nobis peruenire gratiam beatus Damasus pontifex obtineat. P.

244.

XII. KL. IAN. NAT. SCI THOMAE.

1486   Da nobis quesumus domine beati apostoli tui Thomae sollemnitatibus gloriari, ut eius semper et patrociniis subleuemur et fidem congrua deuotione sectemur. P.

Super oblata. Debitum domine nostrae reddimus seruitutis sup- 1487
pliciter exorantes, ut suffragiis beati Thomae apostoli in nobis tua
munera tuearis, cuius honorando confessionem laudis tibi hostias
immolamus. P.

Praefatio. UD. aeterne deus. Qui aecclesiam tuam in aposto- 1488
licis tribuisti consistere fundamentis, de quorum collegio beati Thomae
apostoli tui sollemnia celebrantes tua domine praeconia non tacemus.
Et ideo.

Conserua domine populum tuum, et quem sanctorum tuorum 1489
praesidiis non desinis adiuuare, perpetuis tribue gaudere subsidiis. P.

245.
DOMINICA I. POST OCT. PA[S]CHAE.

Deus qui in filii tui humilitate iacentem mundum erexisti, fidelibus 1490
tuis perpetuam laetitiam concede, ut quos perpetuae mortis eripuisti
casibus, gaudiis facias sempiternis perfrui. P.

Alia. Deus, in cuius precipuis mirabilibus est humana reparatio, 1491
solue opera diaboli et mortifera peccati uincula disrumpe, ut destructa
malignitate quae nocuit uincat misericordia quae redemit. P.

Super oblata. Digne nos tuo nomini quesumus domine famular 1492
salutaris cibus et sacer potus efficiat, ut renouatio conditionis humanae,
quam mysteria continent, in nostris iugiter sensibus offeratur. P.

Praefatio. UD. aeterne deus. Et inmensam bonitatis tuae pie- 1493
tatem humiliter exorare, ut ignorantiam nostrae mortalitatis [fol. 119]
attendens ex tua inspiratione nos facias postulare quod rectum est
et tua clementia tribuas impetrare quod poscimus. P. Chr.

Ad complendum. Presta nobis omnipotens deus, ut uiuificationis 1494
tuae gratiam consequentes in tuo semper munere gloriemur. P.

Super populum. Familiam tuam quesumus domine dextera 1495
[etc. = n. 818].

246.
DOMINICA II. POST OCT. PASCHAE.

Deus qui errantibus, ut in uiam possint redire iustitiae, ueritatis 1496
tuae lumen ostendis, da cunctis qui christiana professione censentur
et illa respuere quae huic inimica sunt nomini et ea quae sunt apta
sectari. P.

1497   *Alia.* Tibi placitam domine deus noster populo tuo tribue uoluntatem, quia tunc illi prospera cuncta prestabis, cum tuis aptum feceris institutis. P.

1498   *Super oblata.* His nobis domine mysteriis conferatur, quo terrena desideria mitigantes discamus amare caelestia. P.

1499   *Praefatio.* UD. p. Chr. d. n. Qui humanos miseratus errores per uirginem nasci dignatus est, per passionem et mortem a perpetua nos morte liberauit et resurrectione sua aeternam nobis uitam contulit. Per quem.

1500   *Ad complendum.* Sacramenta quae sumpsimus domine et spiritalibus nos instruant alimentis et corporalibus tueantur auxiliis. P.

1501   *Super populum.* Gaudeat domine plebs [etc. = n. 816].

247.
DOMINICA III. POST OCT. PASCHAE.

1502   Deus qui fidelium mentes unius efficis uoluntatis, da populis tuis id amare quod precipis, id desiderare quod promittis, ut inter mundanas uarietates ibi nostra fixa sint corda, ubi uera sunt gaudia. P.

1503   *Alia.* Exaudi domine preces nostras, ut quod tui uerbi sanctificatione promissum est euangelico ubique compleatur effectu, et plenitudo adoptionis optineat quod predixit testificatio ueritatis. P.

1504   *Super oblata.* Deus qui nos per huius sacrificii ueneranda commertia unius summae diuinitatis participes effecisti, presta quesumus, ut sicut tuam cognoscimus ueritatem, sic eam dignis moribus assequamur. P.

1505   *Praefatio.* UD. aeterne deus. Et tui misericordiam muneris postulare, ut tempora, quibus post resurrectionem suam dominus noster Iesus Christus cum discipulis corporaliter habitauit, sic ipso opitulante pia deuotione tractemus, quatinus in his omnium uitiorum sordibus careamus. P.

1506   *Ad complendum.* Adesto nobis domine deus noster, ut per haec quae fideliter sumpsimus et purgemur a uitiis et a periculis omnibus exuamur. P.

1507   *Super populum.* Christianam quesumus domine respice plebem, et quam paschalibus dignatus es renouare mysteriis, a temporalibus culpis dignanter absolue. P.

248.

DOMINICA IIII. POST OCT. PASCHAE.

Deus, a quo cuncta bona procedunt, largire supplicibus, ut 1508 cogitemus te inspirante quae recta sunt et te gubernante eadem faciamus. P.

Alia. Deus qui misericordiae ianuam fidelibus patere uoluisti, 1509 respice in nos et miserere nostri, ut qui uoluntatis tuae uiam donante te sequimur, a uitae numquam semitis deuiemus. P.

Super oblata. Suscipe domine fidelium preces cum oblationibus 1510 hostiarum, ut per haec piae deuotionis officia ad caelestem gloriam transeamus. P.

Praefatio. UD. aeterne deus. Et maiestatem tuam indefessis 1511 precibus exorare, ut mentes nostras bonis operibus semper informes, quia sic erimus preclari muneris prompta sinceritate cultores, si ad meliora iugiter transeuntes paschale mysterium studeamus habere perpetuum. P.

Ad complendum. Tribue nobis domine caelestis mensae uirtute 1512 saciatis et desiderare quae recta sunt et desiderata percipere. P.

Super populum. Effunde domine benedictionem tuam super 1513 populum tuum, ut filii tui resurrectione muniti mereamur ab aduersantium [fol. 120] uitiorum circumdatione liberari. Qui tecum.

249.

DOMINICA POST ASCENS[IONEM] DNI.

Omnipotens sempiterne deus, fac nos tibi semper et deuotam 1514 gerere uoluntatem et maiestati tuae sincero corde seruire. P.

Alia. Deus, uita fidelium, gloria humilium et beatitudo iustorum, 1515 propitius suscipe supplicum preces, ut animae quae promissiones tuas sitiunt de tua semper habundantia repleantur. P.

Super oblata. Sacrificia nos domine immaculata purificent et 1516 mentibus nostris supernae gratiae dent uigorem. P.

Praefatio. UD. p. Chr. d. n. Qui generi humano nascendo sub- 1517 uenit, cum per mortem passionis mundum deuicit, per gloriam resurrectionis uite aeterne aditum patefecit et per ascensionem suam ad caelos nobis spem ascendendi donauit. Per quem.

1518   *Ad complendum.* Repleti domine muneribus sacris, da quesumus, ut in gratiarum semper actione maneamus. P.

1519   *Super populum.* Erectis sensibus et oculis cordis ad sublimia eleuatis quesumus domine, ut que in precum uota detulimus, ad impetrandi fiduciam referamus. P.

250.
ANNUNTIATIO IEIUNII MENSIS QUARTI.

1520   Anniuersariam fratres karissimi ieiunii puritatem, qua et corporis adquiritur et animae sanctitas, nos commonet illius mensis instaurata deuotio. Quarta igitur et VI. feria sollicito conuenientes occursu offeramus deo spiritale ieiunium; die uero sabbati apud beatum Petrum, cuius nos intercessionibus credimus adiuuari, sanctas uigilias christiana pietate celebremus, ut per hanc institutionem salutiferam peccatorum sordes, quas corporis fragilitate contrahimus, in ieiuniis et elemosinis abluamus auxiliante domino nostro Iesu Christo. Qui cum.

1521   Illius mensis ieiunia in hac ebdomade nobis sunt tenenda. Ideoque hortamur sanctam fidem uestram, ut IIII., VI. uel VII. feria ieiunemus, quatinus diuinis inherendo mandatis propitiationem dei nostri perseuerantia debite seruitutis obtineat. P.

Si post octauam pentecostes ieiunium quarti mensis aduenerit, ordo iste sequendus est.

251.
[MENSIS IIII. FERIA IIII.]

1522   Omnipotens et misericors deus, apta nos tuae propitius uoluntati, quoniam sicut eius pretereuntes uoluntatem deuiamus, sic integro tenore dirigimur ad illius semper ordinem recurrentes. P.

1523   *Alia.* Da nobis mentem domine, quae tibi sit placita, quia talibus iugiter quicquid est prosperum ministrabis. P.

1524   *Super oblata.* Sollemnibus ieiuniis expiatos tuo nos domine ministerio congruentes hoc sacro munere effice, quia tanto nobis salubrius aderis, quanto id deuotius sumpserimus. P.

1525   *Praefatio.* UD. aeterne deus. Quia post illos laetitiae dies, quos in honorem domini a mortuis resurgentis et in celos ascendentis exegimus, postque perceptum sancti spiritus donum necessaria nobis iunia sancta prouisa sunt, ut pura conuersatione uiuentibus que iuinitus sunt aecclesiae collata permaneant. P. Chr.

Ad complendum. Concede quesumus domine populo tuo ueniam 1526 eccatorum, et quod meritis non presumit, indulgentiae tuae celeri rgitate percipiat. P.

252.
FER. VI.
Ad apostolos.

Ut nobis domine terrenarum frugum tribuas ubertatem, fac mentes 1527 ostras caelesti fertilitate fecundas. P.

Super oblata. Ut accepta [etc. = n. 1006]. 1528

Ad complendum. Annue quesumus omnipotens deus, ut sacra- 1529 entorum tuorum gesta recolentes et temporali securitate leuemur ; erudiamur legalibus institutis. P.

Alia. Quos ieiunia [etc. = n. 496]. 1530

253.
SABBATO IN XII LECTIONIBUS.
Ad sanctum Petrum.

Presta domine quesumus tales nos fieri tuae gratiae largitate, 1531 bona tua et fiducialiter impetremus et sine difficultate sumamus. . [fol. 121]

Alia. Da nobis domine quesumus regnum tuum iustitiamque 1532 emper inquirere, ut quibus indigere nos perspicis clementer facias undare. P.

Alia. Deus qui nos de presentibus adiumentis esse uetuisti 1533 llicitos, tribue quesumus, ut pie sectando quae tua sunt uniuersa bis salutaria condonentur. P.

Alia. Deus qui misericordia tua preuenis non petentes, da nobis 1534 fectum maiestatem tuam iugiter deprecandi, ut pietate perpetua pplicibus potiora defendas. P.

Alia. Deus qui non despicis corde contritos et afflictos miseriis, 1535 pulum tuum ieiunii ad te deuotione clamantem propitius exaudi, ; quos humiliauit aduersitas, attollat reparationis tuae prosperitas. P.

Ad missam.

1536 Deus qui tres pueros de camino ignis non solum illesos sed etiam tuis laudibus conclamantes liberasti, quesumus, ut nos peccatorum nexibus obuolutos uelut de uoragine ignis eripias, ut criminum flammas operumque carnalium incendia superantes hymnum tibi debitum iure meritoque reddamus. P.

1537 *Super oblata.* Domine deus noster qui in his potius [etc. = n. 524].

1538 *Ad complendum.* Sumptum quesumus domine uenerabile sacramentum et presentis uitae subsidiis nos foueat et aeternis. P.

1539 *Super populum.* Fideli populo domine misericordiam tuam placatus impende et presidia corporis copiosa tribue supplicanti. P.

254.
DOMINICA I. POST PENTECOSTEN.

1540 Deus in te sperantium fortitudo, adesto propitius inuocationibus nostris, et quia sine te nihil potest mortalis infirmitas, presta auxilium gratiae tue, ut in exequendis mandatis tuis et uoluntate tibi et actione placeamus. P.

1541 *Alia.* Deus lumen sincerum mentium luxque perfecta beatorum, qui ucre es lumen aecclesie tuae, da cordibus nostris et dignam tibi orationem persoluere et te semper preconiorum munere collaudare. P.

1542 *Super oblata.* Hostias nostras domine tibi dicatas placatus assume et ad perpetuum nobis tribue prouenire subsidium. P.

1543 *Praefatio.* UD. aeterne deus. Cuius est operis quod conditi sumus, muneris quod uiuimus, pietatis quod tua erga nos dona cognoscimus. Quamuis enim natura nostra peccati uitia[ta] sit uulnere, a terrenis tamen ad caelestia prouehitur tuo inenarrabili munere. P.

1544 *Ad complendum.* Tantis domine repleti muneribus presta quesumus, ut et salutaria dona capiamus et a tua numquam laude cessemus. P.

1545 *Super populum.* Fideles tuos domine benedictio [etc. = n. 435].

255.
DOMINICA II. POST PENTECOSTEN.

1546 Sancti nominis tui domine timorem pariter et amorem fac nos habere perpetuum, quia numquam tua gubernatione destituis, quos in soliditate tuae dilectionis instituis. P.

Super oblata. Oblatio nos domine tuo nomini dicanda purificet 1547
et de die in diem ad caelestis uitae transferat actionem. P.

Praefatio. UD. aeterne deus. Qui aecclesiae tuae filios sicut 1548
non cessas erudire ita non desinis adiuuare, ut et scientiam te miserante recte faciendi et possibilitatem capiant exequendi. P. Chr.

Ad complendum. Sumptis muneribus domine quesumus, ut cum 1549
frequentatione mysterii crescat nostrae salutis effectus. P.

Super populum. Deus qui te in rectis ac sinceris manere pec- 1550
toribus asseris, da nobis tua gratia tales existere, in quibus habitare
digneris. P.

256.

DOMINICA III. POST PENTECOSTEN.

Deprecationem nostram [etc. = n. 543]. [fol. 122]   1551

Alia. Tempora nostra [etc. = n. 557].   1552

Super oblata. Munera domine oblata sanctifica, ut tui nobis 1553
unigeniti corpus et sanguis fiant. Per eundem.

Praefatio. UD. aeterne deus. Cuius hoc mirificum opus ac 1554
singulare mysterium fuit, ut perditi dudum atque prostrati de diabulo
et mortis aculeo ad hanc gloriam uocaremur, qua nunc genus electum sacerdotiumque regale, populus adquisitionis et gens sancta
uocaremur. Agentes igitur indefessas gratias sanctamque munificen-
tiam tuam predicantes maiestati tuae haec sacra deferimus, quae nobis
ipse salutis nostrae auctor Christus instituit. Per quem.

Ad complendum. Sacris muneribus domine perceptis quesumus, 1555
ut nos eorum uirtute et a uitiis omnibus expies et donis tuae gratiae
iugiter repleas. P.

Super populum. Plebis tuae quesumus domine ad te semper 1556
[corda] conuerte, ut quam tantis facis patrociniis adiuuari, perpetuis
non desinas gubernare presidiis. P.

257.

DOMINICA IIII. POST PENTECOSTEN.

Protector in te sperantium deus, sine quo nihil est ualidum nihil 1557
sanctum, multiplica super nos misericordiam tuam, ut te rectore te
duce sic transeamus per bona temporalia, ut non amittamus aeterna. P.

1558   *Alia.* Propitiare domine humilitati nostrae et respice seruitutem, ut pacis tuc abundantia tempora nostra cumulentur. P.

1559   *Super oblata.* Respice domine munera supplicantis aecclesiae et saluti credentium perpetua sanctificatione sumenda concede. P.

1560   *Praefatio.* UD. aeterne deus. Quoniam illa festa remeant, quibus nostrae mortalitati procuratur inmortale commertium at[que] temporali uitae subrogatur aeternitas et de peccati poena peccata mundantur mirisque modis conficitur de perditione saluatio, ut status conditionis humanae, qui per felicitatis insolentiam uenit ad tristitiam, humilis et modestus ad aeterna gaudia redeat per merorem. P. Chr.

1561   *Ad complendum.* Sancta tua nos domine sumpta uiuificent et misericordiae sempiternae preparent expiatos. P.

1562   *Super populum.* Propitiare domine populo tuo et ab omnibus illum absolue peccatis, ut quod nostris offensionibus promeretur tua indulgentia repellatur. P.

258.
DOMINICA V. POST PENTECOSTEN.

1563   Da nobis domine quesumus, ut et mundi cursus pacifice nobis tuo ordine dirigatur et aecclesia tua tranquilla deuotione laetetur. P.

1564   Exaudi nos deus salutaris noster et dies nostros in tua pace dispone, ut a cunctis perturbationibus liberati tranquilla tibi seruitute famulemur. P.

1565   *Super oblata.* Ascendant quesumus domine preces humilitatis nostrae in conspectu clementiae tuae et descendat super haec oblata uirtus tuae diuinitatis, quam nostris quoque purificandis mentibus largiaris. P.

1566   *Praefatio.* UD. aeterne deus. Et omnipotentiam tuam iugiter implorare, ut nobis et presentis uitae subsidium et aeternae tribuas praemium sempiternum; quo sic mutabilia bona capiamus, ut per haec ad incommutabilia dona peruenire ualeamus, sic temporalis laetitiae tempora transeant, ut eis gaudia sempiterna succedant. P. Chr. d. n.

1567   *Ad complendum.* Mysteria nos domine sancta purificent et suo munere tueantur. P.

1568   *Super populum.* Adesto domine populo tuo et nihil de sua conscientia presumentibus ineffa[bi]li miseratione succurre, ut quod non habet fiducia meritorum, tua conferat largitas inuicta donorum. P.

259.

DOMINICA VI. POST PENTECOSTEN. [fol. 123]

Deus qui diligentibus te bona inuisibilia preparasti, infunde cor- 1569
dibus nostris tui amoris affectum, ut te in omnibus et super omnia
diligentes promissiones tuas que omne desiderium superant consequamur. P.

Alia. Deus qui in sanctis habitas et pia corda non deseris, 1570
libera nos a terrenis desideriis et cupiditate carnali, ut nullo in nobis
regnante peccato tibi soli domino liberis mentibus seruiamus. P.

Super oblata. Propitiare domine supplicationibus nostris et has 1571
oblationes famulorum famularumque tuarum benignus assume, ut quod
singuli obtulerunt ad honorem nominis tui, cunctis proficiat ad
salutem. P.

Praefatio. UD. aeterne deus. Maiestatem tuam suppliciter 1572
deprecantes, ut opem tuam petentibus dignanter impendas et desiderantibus benignus tribuas profuturam. P. Chr.

Ad complendum. Quos caelesti domine dono satiasti, presta 1573
quesumus, ut et a nostris mundemur occultis et ab hostium liberemur
insidiis. P.

Super populum. Da quesumus domine populo tuo mentem, qua 1574
tibi deuotus existat, et intellectum, quo iusta deposcat, et propitiationem tuam, qua pie desiderantibus profutura perficias. P.

260.

DOMINICA VII. POST PENTECOSTEN.

Deus uirtutum, cuius est totum quod est optimum, insere pec- 1575
toribus nostris amorem tui nominis et presta in nobis religionis augmentum, ut quae sunt bona nutrias ac pietatis studio quae sunt
nutrita custodias. P.

Alia. Da nobis domine quesumus, ut in tua gratia ueraciter 1576
confidentes et quae digna sunt postulemus et iugiter postulata
sumamus. P.

Super oblata. Propitiare domine supplicationibus nostris et has 1577
populi tui oblationes benignus assume, et ut nullius sit irritum uotum
et nullius uacua postulatio, presta, ut quod fideliter petimus efficaciter
consequamur. P.

1578   *Praefatio.* UD. aeterne deus. Uerum aeternumque pontificem et solum sine peccati macula sacerdotem, cuius sanguine fidelium corda mundantur, cuius institutione placationis tibi hostias non solum pro delictis populi, sed etiam pro nostris offensionibus immolamus tuam poscentes clementiam, ut omne peccatum, quod carnis fragilitate contraximus, ipso summo pro nobis antistite interueniente soluatur. Per quem.

1579   *Ad complendum.* Repleti domine muneribus tuis, tribue quesumus, ut eorum mundemur affectu et muniamur auxilio. P. d. n.

1580   *Super populum.* Absolue quesumus domine tuorum delicta populorum, et a peccatorum suorum nexibus, quae pro nostra fragilitate contraximus, tua benignitate liberemur. P.

261.

DOMINICA VIII. POST PENTECOSTEN.

1581   Deus cuius prouidentia in sui dispositione non fallitur, te supplices exoramus, ut noxia cuncta submoueas et omnia nobis profutura concedas. P.

1582   *Alia.* Custodi nos domine quesumus in tuo seruitio constitutos, et quorum famulatum uis esse sincerum, propitius largiaris quod precipis. P.

1583   *Super oblata.* Deus qui legalium differentias hostiarum unius sacrificii perfectione sanxisti, accipe sacrificium a deuotis tibi famulis et pari benedictione sicut munera Abel sanctifica, ut quod singuli optulerunt ad maiestatis tuae honorem, cunctis proficiat ad salutem. P.

1584   *Praefatio.* UD. aeterne deus. Et tibi uouere contriti sacrificium cordis, tibi libare humiliati uictimam pectoris, a quo omne bonum, ut simus, sumimus, omnem iocunditatem, ut bibamus, haurimus. Precamur itaque, ut tibi conscientia nostra in quantum corrigitur famuletur, et ut in te de die in diem meliorata proficiat, tuae gratiae intemerata subdatur. Nostris nos domine quesumus euacua malis tuisque reple per omnia bonis. Da in nobis quod amas et misericors repelle quod odis. Impende nobis gratuita gratia quae nostra non exigunt merita, ut potens opere magnusque munere quos fecisti ex nihilo eximas a periculo, emacules a delicto, [fol. 124] tuearis in saeculo, custodias a malo, confirmes in bono, liberes a diabolo et Christo tuo coniungas in gaudio sempiterno. Quem tecum deum et

cum spiritu sancto supernarum uirtutum cohortes indesinenti iubilo
collaudant ita dicentes: Sanctus.

Ad complendum. Tua nos domine medicinalis operatio et a 1585
nostris peruersitatibus clementer expediat et ad ea quae sunt recta
perducat. P.

Super populum. Adesto domine populis tuis in tua protectione 1586
fidentibus et tue se dextere suppliciter inclinantes perpetua defensione conserua. P.

262.
DOMINICA VIIII. POST PENTECOSTEN.

Largire nobis domine quesumus semper spiritum cogitandi quae 1587
recta sunt propitius et agendi, ut qui sine te esse non possumus
secundum te uiuere ualeamus. P.

Alia. Concede quesumus omnipotens deus, ut uiam tuam deuota 1588
mente currentes surripientium delictorum laqueos euadamus. P.

Super oblata. Suscipe munera domine quesumus, quae tibi de 1589
tua largitate deferimus, ut haec sacrosancta mysteria gratiae tuae
operante uirtute et presentis uitae nos conuersatione sanctificent et
ad gaudia sempiterna perducant. P.

Praefatio. UD. aetern(a)e deus. Et tuam misericordiam totis 1590
nisibus exorare, ne pro nostra nos iniquitate condemnes[1]), sed pro
tua pietate in uia recta semper disponas, nec sicut meremur delinquentibus irascaris, sed fragilitati nostrae inuicta bonitate subuenias.
P. Chr.

Ad complendum. Sit nobis domine reparatio mentis et corporis 1591
caeleste mysterium, ut cuius exequimur actionem sentiamus effectum. P.

Super populum. Benedictionem [etc. = n. 282]. 1592

263.
DOMINICA X. POST PENTECOSTEN.

Pateant aures misericordiae tuae domine precibus supplicantium, 1593
et ut petentibus desiderata concedas, fac tibi ea quae sunt placita
postulare. P.

---

[1]) Hs.: contemnis.

1594   *Alia.* Presta quesumus omnipotens et misericors deus, ut inter huius uite caligines nec ignorantia(c) fallente mergamur nec precipiti studeamus uoluntate peccare, sed quibus fiduciam sperandae pietatis indulges, optatae misericordiae presta benignus effectum. P.

1595   *Super oblata.* Concede nobis haec quesumus domine digne frequentare mysteria, quia quotiens huius hostiae commemoratio celebratur, opus nostrae redemptionis exercetur. P.

1596   *Praefatio.* UD. aeterne deus. Et tuam misericordiam exorare, ut te annuente ualeamus quae mala sunt declinare et quae bona sunt consequenter explere, et quia nos fecisti ad tua sacramenta pertinere, tu clementer in nobis eorum munus operare. P. Chr.

1597   *Ad complendum.* Tui nos domine communio sacramenti et purificationem conferat et tribuat unitatem. P.

1598   *Super populum.* Respice domine propitius plebem tuam et tibi toto corde subiectam presidiis inuictae pietatis attolle. P.

264.

DOMINICA XI. POST PENTECOSTEN.

1599   Deus qui omnipotentiam tuam parcendo maxime et miserando manifestas, multiplica super nos gratiam tuam, ut ad tua promissa currentes celestium bonorum facias esse consortes. P.

1600   *Alia.* Deus qui iusta postulantes exaudis, qui, si qua in nobis bona sunt opera, et ipse insinuas et insinuata consummas, quesumus, ut cor nostrum ad expugnandas dilates passiones et sensus nostros ad expugnationum certamina superanda confortes, ut dum digne uitiis nostris irascimur, pietatis tuae ueniam consequamur. P.

1601   *Super oblata.* Tibi domine sacrificia dicata reddantur, quae sic ad honorem nominis tui deferenda tribuisti, ut eadem remedia fieri nostra prestares. P.

1602   *Praefatio.* UD. aeterne deus. Et tibi debitam seruitutem per ministerii huius impletionem persoluere, quia non solum peccantibus ueniam tribuis, sed etiam premia petentibus impertiris; [fol. 125] et quod perpeti malis operibus promeremur, magnifica pietate depellis, ut nos ad tuae reuerentiae cultum et terrore cogas et amore perducas. P. Chr.

1603   *Ad complendum.* Quesumus domine deus noster, ut quos diuinis reparare non desinis sacramentis, tuis non destituas benignus auxiliis. P.

Super populum. Fideles tuos domine quesumus corpore pariter 1604
et mente purifica, ut tua inspiratione conpuncti noxias delectationes
uitare preualeant, atque ut earum non capiantur illecebris, tua semper
suauitate pascantur. P.

265.
DOMINICA XII. POST PENTECOSTEN.

Omnipotens sempiterne deus, qui abundantia(m) pietatis tuae et 1605
merita supplicum excedis et uota, effunde super nos misericordiam
tuam, ut dimittas quae conscientia metuit et adicias quod oratio non
presumit. P.

Super oblata. Respice domine quesumus nostram propitius 1606
seruitutem, ut quod offerimus sit tibi munus acceptum, sit nostrae
fragilitati subsidium. P.

Praefatio. UD. aeterne deus. Cuius primum tuae pietatis 1607
indicium est, si tibi nos facias toto corde subiectos et spiritum nobis
tante deuotionis infundas, ut propitius largiaris consequenter auxilium. P. Chr.

Ad complendum. Sentiamus domine quesumus tui perceptione 1608
sacramenti subsidium mentis et corporis, ut in utroque saluati caelestis
remedii plenitudine gloriemur. P.

Super populum. Tuere domine populum tuum et salutaribus 1609
presidiis adiutum beneficiis attolle continuis et mentis et corporis. P.

266.
DOMINICA XIII. POST PENTECOSTEN.

Omnipotens sempiterne deus, de cuius munere uenit, ut tibi a 1610
fidelibus tuis digne et laudabiliter seruiatur, tribue quesumus nobis,
ut ad promissiones tuas sine offensione curramus. P.

Alia. Omnipotens sempiterne deus, per quem cepit esse quod 1611
non erat et factum est uisibile quod latebat, stultitiam nostri cordis
emunda, et quae in nobis sunt uitiorum secreta purifica, ut possimus
tibi domino pura mente seruire. P.

Super oblata. Hostias quesumus domine propitius intende, quas 1612
sacris altaribus exhibemus, ut nobis indulgentiam largiendo tuo nomini
dent honorem. P.

1613   *Praefatio.* UD. aeterne deus. Qui nos castigando sanas et refouendo benignus erudis, dum magis uis saluos esse correctos quam perire deiectos. P. Chr.

1614   *Ad complendum.* Uiuificet nos quesumus domine huius participatio sancta mysterii et pariter nobis expiationem tribuat et munimen. P.

1615   *Super populum.* Respice propitius [etc. = n. 288].

267.
DOMINICA XIIII. POST PENTECOSTEN.

1616   Omnipotens sempiterne deus, da nobis fidei spei et caritatis augmentum, et ut mereamur assequi quod promittis, fac nos amare quod precipis. P.

1617   *Super oblata.* Propitiare domine populo tuo, propitiare muneribus, ut hac oblatione placatus et indulgentiam nobis tribuas et postulata concedas. P.

1618   *Praefatio.* UD. aeterne deus. Quia tu in nostra semper faciens infirmitate uirtutem aecclesiam tuam inter aduersa semper crescere tribuisti, ut cum putaretur oppressa, tunc potius preualeret exaltata, dum simul et experientiam fidei declaret afflictio et uictoriosissima semper perseueret te adiuuante deuotio. P. Chr.

1619   *Ad complendum.* Sumptis domine celestibus sacramentis ad redemptionis aeternae quesumus proficiamus augmentum. P.

1620   *Super populum.* Protegat domine quesumus tua dextera populum supplicantem, ut presentem uitam sub tua gubernatione [fol. 126] transcurrens mereatur inuenire perpetuam. P.

268.
DOMINICA XV. POST PENTECOSTEN.

1621   Custodi domine quesumus aecclesiam tuam propitiatione perpetua, et quia sine te labitur huma[na] fragilitas, tuis semper auxiliis et abstrahatur a noxiis et ad salutaria dirigatur. [P.]

1622   *Alia.* Presta nobis misericors deus, ut placationem [etc. = n. 438].

1623   *Super oblata.* Concede nobis domine quesumus, ut haec hostia salutaris et nostrorum fiat purgatio delictorum et tuae propitiatio pietatis. P.

Praefatio. UD. aeterne deus. Qui nos de donis bonorum tem- 1624 poralium ad perceptionem prouehis aeternorum et hec tribuis et illa largiris, ut et mansuris iam incipiamus inseri et pretereuntibus non teneri. Tuum est enim quod uiuimus; quia licet peccati uulnere natura nostra sit uitiata, tui tamen est operis, ut terreni generati ad celestia renascamur. P. Chr.

Ad complendum. Purificent nos semper et muniant tua sacra- 1625 menta deus et ad perpetuae ducant saluationis effectum. P.

Super populum. Conserua quesumus domine tuorum corda 1626 fidelium et gratiae tuae uirtute corrobora, ut et in tua sint supplicatione deuoti et mutua dilectione sinceri. P.

269.

DOMINICA XVI. POST PENTECOSTEN.

Ecclesiam tuam domine miseratio continuata mundet et muniat, 1627 et quia sine te non potest salua consistere, tuo semper munere gubernetur. P.

Alia. Da quesumus domine placidam mentem populo tuo, ut 1628 qui ad placandum necessitate concurrit, maiestati tuae fiat etiam uoluntate deuotus. P.

Super oblata. Tua nos domine sacramenta custodiant et contra 1629 diabolicos tueantur incursus. P.

Praefatio. UD. p. Chr. d. n. Qui aeternitate sacerdotii sui 1630 omnes tibi seruientes sanctificat sacerdotes, quoniam mortali carne circumdati ita cotidianis peccatorum remissionibus indigemus, ut non solum pro populo, sed etiam pro nobis eiusdem te pontificis sanguis exoret. Per quem.

Ad complendum. Mentes nostras et corpora possideat quesumus 1631 domine doni caelestis operatio, ut non nostri sensus in nobis, sed iugiter eius preualeat affectus. P.

Super populum. Conserua quesumus domine populum tuum, et 1632 quem salutaribus presidiis non desinis adiuuare, perpetuis tribue gaudere beneficiis et mentis et corporis. P.

270.
MENSIS VII. FERIA IIII.
Ad s. Mariam.

1633   Misericordie tuae remediis quesumus domine fragilitas nostra subsistat, ut quae sua conditione atteritur, tua clementia reparetur. [P.]

1634   *Alia.* Presta quesumus domine familiae supplicanti, ut dum a cibis corporalibus se abstinent, a uitiis mente ieiunent. P.

1635   *Super oblata.* Deus qui de his terrae fructibus tua sacramenta constare uoluisti, presta quesumus, ut per haec opem nobis et presentis uitae conferas et futurae. P.

1636   *Praefatio.* UD. aeterne deus. Qui nos ideo collectis terre fructibus per abstinentiam tibi gratias agere uoluisti, ut ex ipso deuotionis genere nosceremus[1]) non hec ad exuberantiam corporalem, sed ad fragilitatis sustentationem nos percepisse, ut quod ex his partius sumeremus egentium proficeret alimentis et ut salutaris castigatio mortalitatis insolentiam mitigaret et pietas largitoris nos tue benignitati(s) commendatos efficeret sicque donis uteremur transitoriis, ut disceremus inhiare perpetuis. P. Chr.

1637   *Ad complendum.* Sumentes domine dona caelestia suppliciter deprecamur, ut quae sedula seruitute donante te gerimus, dignis sensibus tuo munere capiamus. P.

271.
FERIA VI.
Ad apostolos.

1638   Presta quesumus omnipotens deus, ut obseruationes [etc. = n. 536].

1639   *Super oblata.* Accepta tibi sint domine quesumus nostri [fol. 127] dona ieiunii [etc. = n. 469].

1640   *Praefatio.* UD. aeterne deus. Sub tue maiestatis pio iustoque moderamine nos potius accusantes, qui, cum ex ipsis flagellationibus errores nostros debeamus agnoscere, magis quaerimus quam rogamus et diuinam potius laceramus aequitatem quam nostra delicta corrigimus, dum reum tua patientia non abuti oporteat, sed tanto propensius ueniam debeat postulare, quanto clementius expectas benignus ut parcas. P. Chr.

---

[1]) Hs.: nosceremur.

Ad complendum. Quesumus omnipotens deus, ut de perceptis 1641
muneribus gratias exhibentes beneficia potiora sumamus. P.

Super populum. Tribue quesumus domine fidelibus tuis, ut ieiunio 1642
mensis septimi conuenienter aptentur et suscepta sollemniter castigatio
corporalis ad fructu(u)m transeat animarum. P.

Omnipotens sempiterne deus, qui per continentiam salutarem et 1643
corporibus mederis et mentibus, maiestatem tuam supplices exoramus,
ut pia ieiunantium deprecatione placatus et presentia nobis subsidia
prebeas et futura. P.

Alia. Da nobis quesumus omnipotens deus, ut ieiunando tua 1644
gratia satiemur et abstinendo cunctis efficiamur hostibus fortiores. P.

Alia. Deus humanae salutis operator, da nobis exercere ieiunia con- 1645
gruenter, quibus nostrae substantiae sempiterna remedia prouidisti. [P.]

Alia. Omnipotentiam tuam domine prompta mente laudantes 1646
ieiunia tibi sacrata deferimus, ut dum grati de perceptis existimus,
efficiamur de percipiendis fructibus gratiores. P.

Alia. Ut nos domine tribuis sollemne tibi deferre ieiunium, sic 1647
nobis quesumus indulgentiae presta subsidium. P.

272.
[SABBATO.]

Ad missam. Deus cuius adoranda(e) potentia(e) maiestatis 1648
flamme seuientis incendium sanctis tribus pueris in splendore mutatum
est animarum, aecclesiae tuae similibus adesto remediis, ut de gra-
uioribus mundi huius aduersitatibus propitiatione caelesti populus tuus
ereptus [1]) exultet. P.

Super oblata. Concede quesumus omnipotens deus, ut oculis 1649
tuae maiestatis munus oblatum et gratiam nobis deuotionis obtineat
et effectum nobis perennitatis adquirat. P.

Praefatio. UD. aeterne deus. Et tibi sanctificare ieiunium quod 1650
nos ob aedificationem animarum et castigationem corporum seruare
docuisti, quia restrictis corporibus animae saginantur. In quo enim
homo noster affligitur exterior, dilatatur interior. Memento quesumus
domine ieiuniorum nostrorum et misericordiarum tuarum, quas peccatoribus pie semper ieiunantibus contulisti, et presta, ut non solum a

---

[1]) Hs.: repertus.

cibis sed etiam a peccatis omnibus abstinentes deuotionis tibi ieiunio placeamus. P. Chr.

1651 *Ad complendum.* Perficiant in nobis domine quesumus tua sacramenta quod continent, ut que nunc specie gerimus rerum ueritate capiamus. P.

1652 *Super populum.* Tribue quesumus domine. *Ut supra in VI. feria.*

1653 *Ad uesperum.* Suscipe quesumus preces populi tui domine supplicantis et nostri uota ieiunii salutaris tui [perfice] sacramento. P.

273.

DOMINICA XVII. POST PENTECOSTEN.

1654 Fac nos domine quesumus prompta uoluntate subiectos et ad supplicandum nostras semper excita uoluntates. P.

1655 *Alia.* Tua nos domine quesumus gratia semper et preueniat et sequatur, ac bonis operibus iugiter presta esse intentos. P.

1656 *Super oblata.* Munda nos domine sacrificii presentis effectu et perfice miseratus in nobis, ut eius mereamur esse participes. P.

1657 *Praefatio.* UD. aeterne deus. Et te incessanter precari, ut qui te auctore subsistimus, te dispensante dirigamur, non nostris sensibus relinquamur, sed [ad] tuae reducti semper tramitem ueritatis haec studeamus exercere quae precipis, ut possimus conprehendere quae promittis. P. Chr.

1658 *Ad complendum.* [fol. 128] Purifica quesumus domine mentes nostras benignus et renoua caelestibus sacramentis, ut consequenter et corporum presens pariter et futurum capiamus auxilium. [P.]

1659 *Super populum.* Familiae tuae domine quesumus esto protector et misericordiam tuam concede poscenti, quae tibi semper fiat oboediens et tua dona percipiat. P.

274.

DOMINICA XVIII. POST PENTECOSTEN.

1660 Da quesumus domine populo tuo diabolica uitare contagia et te solum dominum pura mente sectari. P.

1661 *Alia.* Custodi nos omnipotens deus, ut tua dextera gubernante nec nostra nobis preualeant nec aliena peccata. P.

Super oblata. Maiestatem tuam domine suppliciter deprecamur, ut haec quae gerimus et a preteritis nos delictis exuant et futuris. P. 1662

Praefatio. UD. aeterne deus. Quia cum laude nostra non egeas, grata tibi tamen est tuorum deuotio famulorum. Nec te augent nostra preconia, sed nobis proficiunt ad salutem. Quoniam sicut fontem uitae preterire causa moriendi est, sic eodem iugiter redundare effectus est sine fine uiuendi. Et ideo. 1663

Ad complendum. Sanctificationibus tuis omnipotens deus et uitia nostra curentur et remedia nobis aeterna proueniant. P. 1664

Exaudi nos deus salutaris noster et dies [etc. = n. 1564]. 1665

275.
DOMINICA XVIIII. POST PENTECOSTEN.

Dirigat corda nostra domine quesumus tuae miserationis operatio, quia tibi sine te placere non possumus. P. 1666

Alia. Tuis domine quesumus adesto [etc. = n. 452]. 1667

Super oblata. Deus qui nos per huius sacrificii ueneranda commertia unius summaeque diuinitatis participes efficis, presta quesumus, ut sicut tuam cognoscimus ueritatem, sic eam dignis mentibus et moribus assequamur. P. 1668

Praefatio. UD. p. Chr. d. n. Qui uicit diabolum et mundum hominemque paradyso restituit et uitae ianuas credentibus patefecit. Per quem. 1669

Ad complendum. Gratias tibi referimus domine sacro munere uegetati tuam misericordiam deprecantes, ut dignos nos eius participatione perficias. P. 1670

Super oblata. Tempora nostra [etc. = 557]. 1671

276.
DOMINICA XX. POST PENTECOSTEN.

Omnipotens et misericors deus, uniuersa nobis aduersantia propitiatus exclude, ut mente et corpore pariter expediti quae tua sunt liberis mentibus exequamur. [P.] 1672

Alia. Da quesumus omnipotens deus sic nos tuam ueniam promereri, ut nostros corrigamus excessus, sic fatentibus relaxare delictum, ut coerceamus in suis prauitatibus obstinatos. P. 1673

1674   *Super oblata.* Haec munera quesumus domine quae oculis tuae maiestatis offerimus salutaria nobis esse concede. P.

1675   *Praefatio.* UD. aeterne deus. Et tuam maiestatem humiliter implorare, ut Iesus Christus filius tuus dominus noster sua nos gratia protegat et conseruet; et quia sine ipso nihil recte ualemus efficere, ipsius munere capiamus, ut tibi semper placere possimus. Per quem.

1676   *Ad complendum.* Tua nos domine medicinalis operatio et a nostris aduersitatibus clementer expediat et tuis faciat semper inherere mandatis. P.

1677   *Super populum.* Familiam tuam [quesumus] domine dextera [etc. = n. 302].

277.
DOMINICA XXI. POST PENTECOSTEN.

1678   Largire quesumus domine fidelibus [etc. = n. 819].

1679   *Super oblata.* Caelestem nobis prebeant haec mysteria quesumus domine medicinam et uitia nostri cordis expurgent. P. [fol. 129]

1680   *Praefatio.* UD. aeterne deus. Et te suppliciter exorare, ut sic nos bonis tuis instruas sempiternis, ut temporalibus quoque consolari digneris; sic presentibus refouere, ut ad gaudia nos mansura perducas. P. Chr.

1681   *Ad complendum.* Ut sacris domine reddamur digni muneribus, fac nos quesumus tuis oboedire mandatis. P.

1682   *Super populum.* Protector in te sperantium deus, salua populum tuum, ut a peccatis liber et ab hoste securus in tua semper gratia perseueret. P.

278.
DOMINICA XXII. POST PENTECOSTEN.

1683   Familiam tuam quesumus domine continua pietate custodi, ut a cunctis aduersitatibus sit libera et in bonis actibus tuo nomini sit deuota. P.

1684   *Alia.* Deus qui nos regendo conseruas, parcendo iustificas, et a temporali tribulatione nos eripe et gaudia nobis aeterna largire. P.

1685   *Super oblata.* Suscipe domine propitius hostias, quibus et te placari[1] uoluisti et nobis salutem potenti pietate restitui. P.

---

[1] Hs.: placere.

Praefatio. UD. aeterne deus. Qui propterea iure punis errantes 1686 et clementer refoues castigatos, ut nos a malis operibus abstrahas et ad bona facienda conuertas, quia non uis inuenire quod damnes, sed esse potius quod corones. Qui cum pro nostris meritis iugiter mereamur affligi, tu tamen iudicium ad correctionem temperas, non perpetuam exerces ad poenam. Iuste enim corrigis et clementer ignoscis, in utroque uerax, in utroque misericors, qui nos ea lege disponis, ut cohercendo in aeternum perire non sinas et parcendo spatium tribuas corrigendi, qui ideo malis presentibus nos flagellas, ut ad bona futura perducas, ideo bonis temporalibus consolaris, ut de sempiternis facias certiores, quo te et in prosperis et in aduersis pia semper confessione laudemus. P. Chr.

Ad complendum. Sumpto deus omnipotens sacrificio singulari, 1687 in quo tantum te confidimus nobis posse placari, quesumus, ut per unicum dilectum filium tuum, [quem] singulariter propitiationem fecisti pro peccatis nostris, ita specialiter sicut filiis nobis misereraris cunctis offensionum nostrarum inimicitiis abolitis. Per eundem.

Super populum. Da populo tuo quesumus domine spiritum ueri- 1688 tatis et pacis, ut et te tota mente cognoscat et quae tibi sunt placita toto corde sectetur. P.

279.
DOMINICA XXIII. POST PENTECOSTEN.

Deus refugium nostrum et uirtus, adesto piis aecclesiae tuae 1689 precibus auctor ipse pietatis et presta, ut quod fideliter petimus efficaciter consequamur. [P.]

Alia. Deus quem docente spiritu sancto paterno nomine in- 1690 uocare presumimus, crea in nobis fidelium corda filiorum, ut ad promissam hereditatem ingredi ualeamus per debitam seruitutem. P.

Super oblata. Da misericors deus, ut haec salutaris oblatio et 1691 a propriis nos reatibus indesinenter expediat et ab omnibus tueatur aduersis. P.

Praefatio. UD. aeterne deus. Et nos clementiam tuam sup- 1692 pliciter exorare, ut filius tuus Iesus Christus dominus noster, qui se usque in finem seculi suis promisit fidelibus affuturum, et presentiae corporalis mysteriis non deserat quos redemit et maiestatis suae beneficiis non relinquat. Per quem.

1693   *Ad complendum.* Sacrosancto corpore et sanguine satiati quesumus misericors deus, ut haec sacramenta, quae ad inuocationem uite percepimus, ita ad usum salutis indesinenter optineamus, ut ad remunerationem beatitudinis ex hoc securi perueniamus. P.

1694   *Super populum.* Exaudi nos domine deus noster et aecclesiam tuam intra mundi turbines fluctuantem clementi gubernatione moderare. P.

280.
DOMINICA XXIIII. POST PENTECOSTEN.

1695   Excita domine quesumus tuorum fidelium uoluntates, ut diuini operis fructum propensius exequentes pietatis tuae remedia maiora percipiant. P.

1696   *Super oblata.* Propitius esto domine supplicationibus nostris et popu-[fol. 130]li tui oblationibus precibusque susceptis omnium nostrorum ad te corda conuerte, ut a terrenis cupiditatibus liberati ad caelestia desideria transeamus. [P]

1697   *Praefatio.* UD. p. Chr. d. n. Per quem sanctum ac benedictum nomen maiestatis tuae ubique ueneratur adoratur predicatur et colitur; qui est origo salutis, uia uirtutis et tuae propitiatio maiestatis. Per quem.

1698   *Ad complendum.* Concede nobis domine quesumus, ut per haec sacramenta, quae sumpsimus, quicquid in nostra mente uitiosum est tuae medicationis dono curetur. P.

1699   *Super populum.* Excita domine tuorum corda fidelium, ut sacris intenta doctrinis et intellegant quod sequantur et sequendo fideliter apprehendant. P.

281.
DOMINICA XXV. POST PENTECOSTEN.

1700   Absolue quesumus domine tuorum delicta populorum et a peccatorum nexibus [etc. = n. 1580].

1701   *Super oblata.* Pro nostrae seruitutis augmento sacrificium tibi domine laudis offerimus: quesumus ut quod inmeritis contulisti, propitius exequaris. P.

1702   *Praefatio.* UD aeterne deus. Maiestatem tuam suppliciter deprecantes, ut expulsis azimis uetustatis illius agni cibo satiemur et poculo, qui et nostram imaginem reparauit et suam in nobis gratiam repromisit: Iesus Christus dominus noster. Per quem.

Ad complendum. Quesumus omnipotens deus, ut quos diuina 1703 tribuis participatione gaudere humanis non sinas subiacere periculis. P.

282.
DOMINICA VI.[1] ANTE NATALE DOMINI.

Omnipotens sempiterne deus, misericordiam tuam ostende sup- 1704 plicibus, ut qui de meritorum qualitate diffidimus, non iudicium tuum sed indulgentiam sentiamus. P.

Super oblata. Sacrificiis presentibus quesumus domine intende 1705 placatus, ut et deuotioni nostrae proficiant et saluti. P.

Praefatio. UD. aeterne deus. Et tibi debitas laudes pio honore 1706 deferre et mirabilium tuorum inenarrabilia preconia deuotae mentis ueneratione celebrare teque ineffabilem atque inuisibilem deum laudare benedicere adorare. P. Chr.

Ad complendum. Quesumus omnipotens deus, ut illius [etc. 1707 = n. 317].

283.
DOMINICA V. ANTE NATALE DOMINI.

Excita domine potentiam tuam et ueni, et quod aecclesiae tuae 1708 promisisti, usque in finem seculi clementer operare. Qui uiuis.

Super oblata. Sacrificium tibi domine celebrandum placatus 1709 intende, quod et nos a uitiis nostrae conditionis emundet et tuo nomini reddat acceptos. P.

Praefatio. UD. p. Chr. d. n. Cuius petimus primi aduentus 1710 mysterium ita nos facias dignis laudibus et officiis celebrare presentemque uitam inculpabilem ducere, ut secundum ualeamus interriti expectare. Per quem.

Ad complendum. Animae nostrae diuino munere satiate que- 1711 sumus omnipotens deus hoc potiantur desiderio et a tuo spiritu inflammentur, ut ante conspectum uenientis Christi filii tui uelut clara luminaria fulgeamus. Per eundem.

---
[1] Hs.: IIII.

1712   *Super populum.* Preces populi tui quesumus domine clementer
exaudi, ut qui de aduentu unigeniti filii tui secundum carnem laetantur,
in secundo cum uenerit in maiestate sua premium aeternae uite percipiant. Per eundem.

284.
DOMINICA IIII. ANTE NATALE DOMINI.

1713   Excita domine potentiam tuam et ueni, ut ab imminentibus
peccatorum nostrorum periculis te mereamur protegente eripi, te
liberante saluari. Qui uiuis.

1714   *Alia.* Preueniat nos quesumus omnipotens deus tua gratia
semper et subsequatur, ut per aduentum unigeniti tui, quem summo
cordis desiderio sustinemus, et presentis uitae subsidia et futurae etiam
consequamur. Qui tecum.

1715   *Super oblata.* Haec sacra nos domine potenti uirtute mundatos
ad suum faciant puriores uenire principium. P.

1716   *Praefatio.* UD. aeterne deus. Cui proprium est ac singulare,
quod bonus es et nulla umquam a te es commutatione diuersus,
propitiare quesumus supplicationibus nostris et aecclesiae [fol. 131]
tuae misericordiam tuam quam precatur ostende manifestans plebi
tuae unigeniti tui et incarnationis mysterium et aduentus mirabile
sacramentum; ut in uniuersitate nationum constet esse perfectum quod
uatum oraculis fuit ante promissum, percipiantque dignitatem adoptionis quos exornat confessio ueritatis. Per quem.

1717   *Ad complendum.* Suscipiamus domine misericordiam tuam in
medio templi tui et reparationis nostrae uentura sollemnia congruis
honoribus precedamus. P.

285.
FERIA IIII.

1718   Excita domine potentiam tuam et ueni, ut tua protectione saluemur. Qui uiuis.

1719   *Alia.* Festina, ne tardaueris domine deus noster, et [a] diabolico
furore [nos] libera. Qui uiuis.

1720   *Super oblata.* Intende quesumus domine sacrificium singulare,
ut huius participatione mysterii quae speranda credimus expectata
sumamus. P.

Praefatio. UD. aeterne deus. Qui nos tamquam nutrimentis 1721 instituens paruolorum dispensatis mentis et corporis alimentis per humanorum incrementa profectuum, donec immortalitatis societatem pro nostro quique modulo finita mortalitate capiamus. P. Chr.

Ad complendum. Hos quos reficis domine sacramentis attolle 1722 benignus auxiliis, ut tuae redemptionis effectum et mysteriis capiamus et moribus. P.

286.
FERIA VI.

Praefatio. UD. et salutare. Te domine ieiunii obseruatione 1723 quaerere, qui sanctificator et institutor es abstinentiae, cuius nullus finis nullusque numerus est. Effunde quesumus super nos in diebus ieiuniorum nostrorum spiritum gratiae salutaris et ab omnibus nos perturbationibus seculi huius tua defensione conserua. P. Chr.

287.
SABBATO.

Praefatio. UD. aeterne deus. Referentes enim gratiarum de 1724 preteritis muneribus actionem promptius quae uentura sunt prestanda confidimus. Nec per nostras annue deuotionis supplicationes uenerandus etiam matris uirginis fructus salutaris interuenit: Iesus Christus.

288.
DOMINICA III. ANTE NATALE DOMINI.

Excita domine corda nostra ad preparandas unigeniti tui uias, 1725 ut per eius aduentum purificatis tibi mentibus seruire mereamur. Qui tecum.

Alia. Precinge quesumus domine deus noster lumbos mentis 1726 nostrae diuina tua uirtute potenter, ut ueniente domino nostro Iesu Christo digni inueniamur aeternae uitae conuiuio et uota caelestium dignitatum ab ipso percipere mereamur. Qui tecum.

Super oblata. Placare domine quesumus humilitatis nostrae 1727 precibus et hostiis, et ubi nulla suppetunt suffragia meritorum, tuis nobis succurre presidiis. [P.]

Praefatio. UD. aeterne deus. Qui tuo inenarrabili munere 1728 prestitisti, ut natura humana ad similitudinem tui condita, dissimilis per peccatum et mortem effecta nequaquam in aeterna damnatione periret, sed unde peccatum et mortem contraxerat, inde uitam tuae pietatis inmensitas repararet; et antique uirginis facinus noua et intemerata uirgo Maria piaret, quae ab angelo salutata, ab spiritu sancto obumbrata illum gignere meruit, qui cuncta nasci suo nutu concessit; quae mirabatur et corporis integritatem et conceptus faecunditatem gaudebatque suum se paritura parentem : Iesum Christum dominum nostrum. Per quem.

1729 *Ad complendum.* Repleti cibo spiritalis alimoniae supplices te domine deprecamur, ut huius participatione mysterii doceas nos terrena despicere et amare caelestia. P.

289.

FERIA IIII.

1730 Exultemus quesumus domine deus noster omnes recti corde in unitate fidei congregati, ut ueniente salua[to]re nostro filio tuo inmaculati occurramus illi in eius sanctorum comitatu. Qui tecum.

1731 *Super oblata.* Concede quesumus omnipotens deus, ut huius [etc. = n. 309].

1732 *Praefatio.* UD. aeterne deus. Cui proprium est ueniam delictis impendere quam poenaliter imminere, qui fabricam tui operis pereuntem rursus per angularem lapidem es dignatus erigere, et ne imago, quae ad similitudinem tui facta fuerat uiuens, dissimilis haberetur ex morte, munus uenialis indulgentiae prestitisti, ut [fol. 132] unde mortem peccatum contraxerat, inde uitam pietas repararet inmensa. Haec postquam prophetica uox sepius predixit et Gabrihel angelus Mariae iam presentia nuntiauit, mox puellae credentis in utero fidelis uerbi mansit aspirata conceptio. Et illa proles nascendi sub lege latuit, quae cuncta nasci suo nutu concessit. Tumebat uirginis sinus et foecunditatem suorum uiscerum corpus mirabatur intactum. Grande mundo spondebatur auxilium, feminei partus sine uiro mysterium, quando nullius macule nebula fuscata tenso nutriebat uentre precordia, mox futura sui genitrix genitoris. Per quem.

1733 *Ad complendum.* Spiritum nobis domine tuae caritatis infunde, ut quos uno caelesti pane satiasti, una facias pietate concordes. P.

Super populum. Preces populi tui quesumus domine clementer 1734
exaudi, ut qui iuste pro peccatis nostris affligimur, pietatis tuae uisitatione consolemur. P.

290.

FERIA VI.

Praefatio. UD. aeterne deus. Quoniam salubre meditantes 1735
ieiunium necessariam curationem [1]) tractamus, ut [per] obseruantiae
competentis obsequium de perceptis grati muneribus de percipiendis
efficiamur gratiores, ut non solum terrena felicitate laetemur, sed
natiuitatem panis aeterni purificatis suscipiamus mentibus honorandam.
Per quem.

291.

SABBATO.

Praefatio. UD. aeterne deus. Sanctificator et conditor generis 1736
humani, qui filio tuo tecum aeterna claritate regnante, cum de nullis
extantibus cuncta protulisses, hominem limosi pulueris initiis inchoatum
ad speciem tui decoris animasti eumque crudeli persuasione deceptum
reparare uoluisti spiritalis gratie aeterno suffragio mittendo nobis
Iesum Christum dominum nostrum. Per quem.

292.

DOMINICA II. ANTE NATALE DOMINI.

Aurem tuam quesumus domine precibus nostris accommoda et 1737
mentis nostrae tenebras gratia tuae uisitationis illustra. Qui cum.

Alia. Fac nos quesumus domine deus noster peruigiles atque 1738
sollicitos aduentum expectare Christi filii tui domini nostri, ut cum
uenerit pulsans non dormientes peccatis, sed uigilantes et in suis
inueniat laudibus exultantes. Qui tecum.

Super oblata. Deuotionis nostrae tibi quesumus domine hostia 1739
iugiter immoletur, quae et sacri peragat instituta mysterii et salutare
tuum nobis mirabiliter operetur. [P.]

Praefatio. UD. p. Chr. d. n. Cuius incarnatione salus facta est 1740
mundi et passione redemptio procurata [2]) est hominis procreati. Ipse
nos quesumus ad aeternum perducat premium qui redemit de tenebris
infernorum, iustificetque in aduentu secundo qui nos redemit in primo;

---

[1]) Hs.: cum rationem. — [2]) Hs.: procreata.

quatinus illius nos a malis omnibus defendat sublimitas, cuius nos ad uitam erexit humilitas. Per quem.

1741   *Ad complendum.* Imploramus domine clementiam tuam, ut haec diuina subsidia a uitiis [etc. = n. 459].

293.
FERIA II.

1742   *Praefatio.* UD. aeterne deus. Et maiestatem tuam humiliter exposcere, ut ita nos unigeniti tui in presenti seculo illustret respectus, qualiter nos culpis omnibus emundatos inueniat secundus eius aduentus. Per quem.

294.
FERIA III.

1743   *Praefatio.* UD. aeterne deus. Et inmensam pietatem tuam indefessis precibus exorare, ut unigenitus tuus semper maneat in cordibus nostris, qui nasci dignatus est de utero uirginis matris, faciatque ¡doneos et ad celebranda natalis sui festa et ad percipienda gaudia sempiterna. Per quem.

295.
MENSIS X. FERIA IIII.

1744   Presta quesumus omnipotens deus, ut redemptionis nostrae uentura sollemnitas et presentis nobis uite subsidia conferat et aeternae beatitudinis premia largiatur. P.

1745   *Alia.* Festina quesumus domine, ne tardaueris et auxilium nobis superne uirtutis impende, ut aduentus tui consolationibus subleuentur qui in tua pietate confidunt. Qui uiuis.

1746   *Super oblata.* Grata tibi sint domine munera, quibus mysteria [etc. = n. 640].

1747   *Praefatio.* [fol. 133] UD. p. Chr. d. n. Quem pro salute hominum nasciturum Gabrihel archangelus nuntiauit, uirgo Maria spiritus sancti cooperatione concepit, ut quod angelica nuntiauit sublimitas, uirginea crederet puritas, ineffabilis perficeret deitas. Illius itaque optamus deo opitulante cernere faciem sine confusione, cuius incarnationis gaudemus sollemnitatem; quatinus purificati ieiuniis, cunctis purgati a uitiis natalis eius interesse mereamur sollemnibus festis. Per quem.

Ad complendum. Conseruent nos quesumus domine munera tua 1748 et per aduentum unigeniti tui tribuant nobis uitam aeternam. Per eundem.

Super populum. Gratiae tuae quesumus domine supplicibus tuis 1749 tribue largitatem, ut mandata tua te operante sectantes consolationem presentis uitae percipiant et futurae. P.

296.

FERIA V.

UD. p. Chr. d. n. Qui ab antiquis patribus expectatus, ab angelo 1750 nuntiatus, a uirgine conceptus in fine seculorum hominibus est presentatus; qui appropinquante natiuitatis suae festo ita quesumus sit nobis placatus, qualiter tecum et cum spiritu sancto ad nos ueniat nobiscum perpetuo permansurus. Per quem.

297.

FERIA VI.

Excita quesumus domine potentiam [tuam] et ueni, ut hi qui in tua 1751 pietate confidunt, ab omni citius aduersitate liberentur. Qui uiuis.

Alia. Prope esto domine omnibus expectantibus te in ueritate, 1752 ut in aduentu filii tui domini nostri placitis tibi actibus presentemur. Qui tecum.

Super oblata. Presta domine quesumus, ut dicato munere con- 1753 gruentem nostrae deuotionis offeramus effectum. P.

Praefatio. UD. aeterne deus. Qui sanctificator et institutor es 1754 abstinentiae, cuius nullus finis nullusque est numerus, effunde quesumus super nos in diebus ieiuniorum nostrorum spiritum gratiae salutaris et ab omnibus nos perturbationibus seculi huius tua defensione conserua, ut qui unigeniti tui celebramus aduentum, continuum eius sentiamus auxilium. P.

Ad complendum. Prosint nobis domine sumpta mysteria pariter- 1755 que nos et a peccatis exuant et presidiis tuae propitiationis attollant. P.

Super populum. Da quesumus omnipotens deus cunctae familiae 1756 tuae hanc uoluntatem Christo filio tuo domino nostro ueniente in operibus iustis aptos occurrere, ut eius dextere sociati regnum mereamur possidere celeste. Per eundem.

298.
SABBATO IN XII LECTIONIBUS.
Ad sanctum Petrum.

1757 Deus qui conspicis quia ex nostra prauitate affligimur, concede propitius, ut ex tua uisitatione consolemur. P.

1758 *Alia.* Deus qui pro animarum expiatione nostrarum sacri ieiunii instituta mandasti, fragilitati nostrae adiumenta concede et affectum caelestium mandatorum benignus inspira. Per eundem.

1759 *Alia.* Indignos nos quesumus domine famulos tuos, quos actionis propriae culpa contristat, unigeniti filii tui aduentu laetifica. Qui tecum.

1760 *Alia.* Miserationum tuarum domine quesumus preueniamur auxilio, ut in huius sollemnitate ieiunii omnium tibi sit deuotio grata fidelium. Qui tecum.

1761 *Alia.* Adesto domine supplicationibus nostris et presentis uota ieiunii placita tibi deuotione exhibere concede. P.

Ad missam.

1762 Deus qui tribus pueris [etc. = n. 1005].

1763 *Super oblata.* Aecclesiae tuae domine munera sanctifica et concede, ut per haec ueneranda mysteria pane caelesti refici mereamur. P.

1764 *Praefatio.* UD. aeterne deus. Qui non solum peccata dimittis, sed ipsos etiam iustificas peccatores, et reis non tantum poenas relaxas, sed dona largiris et premia. Cuius nos pietatem supplices exoramus, ut qui ieiuniis et uotis sollemnibus natiuitatem unigeniti tui preuenimus, illius dono et presentis uitae perturbationibus careamus et aeterna munera capiamus. Per quem.

1765 *Ad complendum.* Quesumus domine deus noster, ut sacrosancta [etc. = n. 793]. [fol. 134]

1766 *Super populum.* Ueniat domine quesumus populo tuo supplicanti tuae benedictionis infusio, quae diabolicas ab eodem repellat insidias fragilitatemque mundet et protegat inopemque sustentet et foueat. P.

299.
DOMINICA I. ANTE NATALE DNI.

1767 Excita domine potentiam tuam et ueni et magna nobis uirtute succurre, ut per auxilium gratiae tuae quod nostra peccata prepediunt indulgentia tuae propitiationis acceleret. P.

Maiestas domini. Titelbild zum zweiten Teil.
Bl. 136ᵃ, vor den Votivmessen; S. 202.

Super oblata. Haec tibi domine oblata benignus sanctificanda 1768 as[s]ume libamina, ut eorum perceptione expiemur a crimine et ad·· uentus filii tui gloriam mereamur interriti prestolari. Per eundem.

Praefatio. UD. p. Chr. d. n. Quem Iohannes precessit nascendo 1769 et in desertis heremi predicando et in fluentis iordanicis baptizando et ad inferna descendendo. Cuius uenerandae natiuitatis proximae uentura sollemnitas ita nos quesumus tibi placitos reddat, ut cum fructu bonorum operum ad regna celestia introducat; ut parando in cordibus nostris uiam domino fructusque dignos poenitentiae faciendo per predicationem Iohannis obtemperemus monitis nostri saluatoris sicque perueniamus per filium sterilis ad filium uirginis, per Iohannem hominem magnum ad eundem dominum nostrum hominem deum. Qui sicut uenit ad nos redimendum occultus, ita iustificet, cum ad iudicandum uenerit manifestus. Per quem maiestatem.

Ad complendum. Sumptis muneribus domine quesumus, ut cum 1770 [etc. = n. 1549].

Super oblata. Adiuua domine fragilitatem plebis tuae, ut ad 1771 uotiuum magne festiuitatis effectum et corporaliter [etc. = n. 621].

300.
ALIAE ORATIONES DE ADUENTU DNI.

Conscientias nostras quesumus domine uisitando purifica, ut ueniens 1772 Iesus Christus filius tuus dominus noster paratam sibi in nobis inueniat mansionem. Qui tecum.

Alia. Concede quesumus omnipotens [deus], ut magne festiuitatis 1773 uentura sollemnia prospero celebremus effectu pariterque reddamur et intenti caelestibus disciplinis et [de] nostris temporibus laetiores. P.

Alia. Mentes nostras quesumus domine lumine tuae uisitationis 1774 illustra, ut esse te largiente mereamur et inter prospera humiles et inter aduersa securi. P.

Alia. Concede quesumus omnipotens deus hanc gratiam plebi 1775 tuae, aduentum unigeniti tui cum summa uigilantia expectare, ut sicut ipse auctor nostrae salutis docuit, uelut fulgentes lampades in eius occursum nostras animas preparemus. P.

Alia. Concede quesumus omnipotens deus, ut quia sub peccati 1776 iugo ex uetusta seruitute deprimimur, expectata unigeniti filii tui noua natiuitate liberemur. Per eundem.

1777   *Alia.* Presta quesumus omnipotens deus, ut filii tui uentura sollemnitas et presentis nobis uitae remedia conferat et praemia aeterna concedat. Per eundem.

1778   *Alia.* Quesumus omnipotens deus, preces nostras respice et tuae super nos uiscera pietatis impende, ut qui ex nostra culpa affligimur, saluatore nostro adueniente respiremus. Per eundem. [fol. 136] [1])

[MISSAE UOTIUAE.]

301.
MISSA DE SANCTA TRINITATE.

1779   Omnipotens sempiterne deus, qui dedisti [etc. = n. 1009].

1780   *Alia.* Omnipotens sempiterne deus, trina maiestas et una deitas, qui in trinitate permanes et unitate semper consistis, presta quesumus, ut qui peccatorum nostrorum ponderibus pregrauamur, celerem indulgentiam [2]) consequi mereamur. P. d. n.

1781   *Super oblata.* Sanctifica quesumus domine deus noster per unigeniti [etc. = n. 1010].

1782   *Alia.* Sanctifica quesumus domine deus per tui sancti nominis inuocationem huius oblationis hostiam [etc. = n. 1781].

1783   *Praefatio.* UD. aeterne deus. Qui cum unigenito [etc. = n. 1011].

1784   *Ad complendum.* Proficiat nobis ad salutem [etc. = n. 1012].

1785   *Super populum.* Domine deus pater omnipotens, nos famulos tuae maiestati subiectos per unicum filium tuum in uirtute sancti spiritus benedic et protege, ut ab omni aduersitate securi in tua iugiter laude laetemur. Per eundem. in unitate eiusdem spiritus sancti.

302.
ALIA MISSA SANCTAE TRINITATIS.

1786   Da quesumus domine nobis famulis tuis inuiolabilem fidei firmitatem, ut qui unigenitum tuum in tua tecum gloria sempiternum in ueritate nostri corporis natum de matre uirgine confitemur, et a presentibus liberemur aduersis et mansuris gaudiis inseramur. Per eundem.

---

[1]) Fol. 135 ist leer geblieben. — [2]) Hs.: intulgentiam.

Super oblata. Oblationes nostras quesumus domine propitiatus 1787
intende; quas in ho-[fol. 137]nore sanctae trinitatis nomini tuo consecrandas decreuimus, ut maculis peccatorum ablutis quas neglegenter
degessimus te propitiante ueniam consequi mereamur. P. d.

Praefatio. UD. aeterne deus. Cuius est una diuinitas, aeterna 1788
potestas, natura inseparabilis, persona maiestatis indiuidua, deus unus
et non solum unitas triplex[1]), inconfusa coniunctio, sed et discreta
diuisio. Quem unum substantialiter confitemur, trinum personaliter
nuncupamus: patrem et filium et spiritum sanctum. Qui in uno trinus
appares et in tribus unus agnosceris. Unde pro tantae reuelationis
mysterio in preconium nominis tui tibi cum sanctis angelis tuis pia
uoce concinimus supplici confessione dicentes: Sanctus sanctus sanctus.

Ad complendum. Perceptis domine sacramentis tua nos non 1789
deserat pietas, qui in confessione sanctae trinitatis nos credimus esse
saluandos. P.

303.
MISSA AD POSTULANDAM SPIRITUS SANCTI GRATIAM.

Deus cui omne cor patet et omnis uoluntas loquitur et nullum 1790
latet secretum, purifica per infusionem sancti spiritus cogitationes
cordis nostri, ut perfecte te diligere et digne laudare mereamur. Per.
in unitate eiusdem.

Super oblata. Haec oblatio domine deus cordis nostri maculas 1791
emundet, ut sancti spiritus digna efficiatur habitatio. Per. in unitate
eiusdem.

Praefatio. UD. aeterne deus. Qui inspicis cogitationum secreta 1792
et omnis nostrae mentis intentio prouidentiae tuae patescit intuitu,
respice propitius archana nostri cordis cubilia et sancti spiritus rore
nostras purifica cogitationes, ut tuae maiestati digna cogitemus et
agamus. P. Chr.

Ad complendum. Sacrificium salutis nostrae sumentes, concede 1793
nobis quesumus omnipotens, purificatis mentibus sepius tuae pietatis
celebrare mysterium. P.

Alia. Concede quesumus omnipotens deus sanctum nos spiritum 1794
uotis promereri sedulis, quatinus eius gratia ab omnibus liberemur
temptationibus et peccatorum nostrorum indulgentiam percipere
mereamur. Per. in unitate eiusdem.

---
[1]) Hs.: triplix.

304.

ALIA MISSA DE EODEM.

1795 Infunde quesumus famulis tuis domine deus spiritum ueritatis et pacis, ut quae tibi placita sunt toto corde cognoscant et agnita tota uirtute sectentur. P.

1796 *Super oblata.* Respiciat quesumus clementia tua domine Iesu munera seruorum tuorum et gratiam tuae miserationis illis impende, ut quae recta sunt in oculis tuis ueraciter intellegant et fiducialiter loquantur. P.

1797 *Praefatio* UD. aeterne deus. Clementiam tuam uotis omnibus implorantes, ut pectora seruorum tuorum lumine tuae sapientiae informare digneris, ut te tota mente amemus et ad te toto corde curramus. P. Chr.

1798 *Ad complendum.* Da nobis misericors deus, ut sancta tua quae sumpsimus nos in tua uoluntate confirment et ueritatis ubique predicatores efficiant. P.

305.

MISSA DE CARITATE.

1799 Omnipotens sempiterne deus, qui iustitiam tuae legis in cordibus credentium digito tuo scribis, da nobis fidei spei et caritatis augmentum, et ut mereamur assequi quod promittis, fac nos amare quod precipis. P.

1800 *Super oblata.* Mitte quesumus domine spiritum sanctum, qui et haec munera presentia nostra tuum nobis efficiat sacramentum et ad hoc percipiendum nostra corda purificet. Per. in unitate eiusdem.

1801 [S]ancti spiritus gratia quesumus domine corda nostra illuminet et perfectae [fol. 138] caritatis dulcedine abundanter reficiat. Per. in unitate eiusdem.

306.

ALIA MISSA.

1802 Deus qui diligentibus te facis cuncta prodesse, da cordibus nostris inuiolabilem caritatis affectum, ut desideria de tua inspiratione concepta nulla possint temptatione mutari. P.

1803 *Super oblata.* Deus qui nos ad imaginem tuam sacramentis renouas et praeceptis, perfice gressus nostros in semitis tuis, ut cari-

tatis donum, quod fecisti a nobis sperari, per haec que offerimus facias
sacrificia apprehendi. P.

Praefatio. UD. aeterne deus. Qui fideles tuos mutua faciens 1804
lege(m) concordes pacem tuam tali foedere nexuisti, ut nec alteri
quisque moliretur infligere quod sibi nollet inferri, et bona, quae suis
utilitatibus tribui cuperet a consorte naturae, haec eadem ipse quoque prestaret; quatinus dum per alterutram pietatem se reperiunt
communes, in singulis semetipsam diligens esset mens una cunctorum.
P. Chr.

Ad complendum. Deus uita fidelium, gloria humilium, beatitudo 1805
iustorum, propitius accipe supplicum preces, ut animae, que promissiones tuas sitiunt, de tuae semper caritatis abundantia repleantur. P.

307.
MISSA PRO CONCORDIA FRATRUM.

Deus largitor pacis et caritatis amator, da seruis tuis ueram cum 1806
tua uoluntate concordiam, ut ab omnibus quae nos pulsant temptationibus liberemur. P.

Super oblata. His sacrificiis domine quesumus concede placatus 1807
[etc. = n. 481].

Ad complendum. Spiritum nobis domine [etc. = n. 1733]. 1808

308.
ALIA MISSA.

Omnipotens sempiterne deus, qui misericordie tuae ianuam fidelibus 1809
patere uoluisti per concordiam unitatis, da nobis famulis tuis fidei
spei et caritatis augmentum, ut per uinculum pacis promissionum
tuarum mereamur esse participes. P.

Super oblata. Deus humilium consolator et fortitudo fragilium, 1810
propitius tuis adesto supplicibus, ut humana fragilitas, quae per se
decliuis est ad cadendum, per te semper in studio caritatis muniatur
ad standum. P.

Ad complendum. Deus qui es pax omnium et concordia uera 1811
fidelium, presta, ut quos discissio caritatis fraudauit ab inuicem,
dilectio perfecta reconciliationem attribuat. P.

309.

MISSA DE SAPIENTIA.

1812   Deus qui per coaeternam tibi sapientiam hominem cum non esset condidisti perditumque misericorditer reformasti, presta quesumus, ut eadem pectora nostra inspirante te tota mente amemus et ad te toto corde curramus. Per eundem.

1813   *Super oblata.* Sanctificetur quesumus domine deus huius nostrae oblationis munus tua cooperante sapientia, ut tibi placere possit ad laudem et nobis proficere ad salutem. Per eundem.

1814   *Praefatio.* UD. aeterne deus. Qui tui nominis agnitionem et tuae potentiae gloriam nobis in coaeterna tibi sapientia reuelare uoluisti, ut tuam confitentes maiestatem et tuis inherentes mandatis tecum uitam habeamus aeternam. P. Chr.

1815   *Ad complendum.* Infunde quesumus domine per haec sancta quae sumpsimus tuae cordibus nostris lumen sapientiae, ut te ueraciter agnoscamus et fideliter diligamus. Per eundem.

1816   *Alia.* Deus qui misisti filium tuum et ostendisti creaturae creatorem, respice propitius super nos famulos tuos et prepara ayae sophyae dignam in cordibus nostris habitationem. Per eundem.

310.

MISSA AD POSCENDAM HUMILITATEM. [fol. 139]

1817   Deus qui superbis resistis et gratiam prestas humilibus, auge in nobis uere humilitatis uirtutem, cuius in se formam fidelibus unigenitus tuus exhibuit, ut nunquam indignationem tuam prouocemus elati, sed potius semper pietatis tuae capiamus dona subiecti. Per eundem.

1818   *Super oblata.* Haec oblatio domine quesumus nobis remissionem omnium peccatorum et uere humilitatis obtineat gratiam simulque ut a cordibus nostris concupiscentiam carnis et oculorum atque ambitionem seculi auferas, quatinus coram te sobrie iuste pieque uiuentes premia consequamur aeterna. P.

1819   *Ad complendum.* Huius domine sacramenti perceptio peccatorum nostrorum maculas tergat et nos per humilitatis exhibitionem ad caelestia regna perducat. P.

1820   *Alia.* Omnipotens et misericors deus, qui genus humanum sub peccato uenditum non auri argentique pondere, sed pretioso filii tui redemisti sanguine, esto protector noster et libera nos de laqueo mortis et insidiis diaboli, ut non nobis in cogitatione uel in opere superbia surrepat, sed assit iugis et sincera humilitas, ut non cum peccatoribus et reprobis in interitu pereamus, sed sub tua miseratione cum sanctis et electis tuis premia aeterna sortiamur. Per eundem.

311.
MISSA PRO ADIPISCENDA PATIENTIA.

Deus qui unigeniti tui patientia antiqui hostis contriuisti proter- 1821 uiam, da nobis quae idem pie pro nobis pertulit digne recolere sicque et exemplo eius nobis aduersantia aequanimiter tolerare. Per eundem.

Super oblata. Munera nostrae oblationis quesumus domine pla- 1822 catus suscipe, quae, ut nobis patientiae bonum condonare digneris, maiestati tuae deuota [1]) offerimus actione. P.

Praefatio. UD. aeterne deus. Qui in filii tui patientia mundi 1823 abluisti facinora, ut quem tumor fecerat languidum, humilitatis exhibitio redderet gloriosum. Unde quesumus domine, ut qui contempnendo a beata regione decidimus [2]) rursus dono patientiae atque operibus iustitiae eandem repetamus. P. Chr.

Infra actionem. Hanc igitur oblationem, quam tibi pro adipis- 1824 cenda patientia ministerio pie seruitutis humiliter immolamus, quesumus domine, ut placatus accipias. Diesque nostros.

Ad complendum. Sacrosancta domine sumentes mysteria amissam 1825 quesumus nobis reconcilient gratiam, ut munus patientiae in illatis omnibus semper et ubique protegendo impertiant. P.

312.
MISSA PRO TEMPTATIONE CARNIS ET GRATIA SPIRITUS SANCTI.

Ure igni sancti spiritus renes nostros et cor nostrum domine, ut 1826 tibi caste et corde seruiamus et corpore placeamus. Per. in unitate.

Super oblata. Disrumpe domine uincula peccatorum meorum, 1827 ut tibi sacrificare hostiam laudis absoluta libertate possim; retribue quae ante tribuisti et salua me per indulgentiam, quem dignatus es saluare per gratiam. P.

---

[1]) Hs.: deuote. — [2]) Hs.: didicimus.

1828   *Praefatio.* UD. aeterne deus. Salua me ex ore leonis seuissimi, qui rugiens circuit quaerens de unitate aecclesiae tuae quem deuoret. Sed tu, fortissime leo de tribu Iuda, contere contrariam uirtutis eius nequitiam meque ab ignitis eius passionibus liberatum corpore conserua et mente purifica. P. Chr.

1829   *Ad complendum.* Domine adiutor meus et protector in tribulationibus, obsecro inmensam potentiam et pietatem tuam, ut per auxilium gratiae tuae refloreat caro mea uigore pudicitiae et sanctimoniae nouitate, ut zona castitatis succincta, lorica fidei circumdata in resurrectione iustorum aeterna gaudia comprehendat. P. [fol. 140]

313.
MISSA PRO PETITIONE LACRIMARUM.

1830   Omnipotens mitissime deus, qui sitienti populo fontem uiuentis aquae de petra produxisti, educ de cordis nostri duritia compunctionis lacrimas, ut peccata nostra plangere ualeamus remissionemque te miserante mereamur accipere. P.

1831   *Super oblata.* Hanc igitur oblationem quesumus domine, quam tuae maiestati pro peccatis nostris offerimus, propitius respice et perduc de oculis nostris lacrimarum flumina, quae debita flammarum incendia ualeant extinguere. P.

1832   *Ad complendum.* Sacrificium, quod tuae domine deus obtulimus pietati, nobis ad ueniam peccatorum nostrorum proficiat et tuae miserationis semper tribuat solatium. P.

1833   *Alia.* Gratiam sancti spiritus domine deus cordi nostro clementer infunde, quae nos gemitibus efficiat lacrimarum maculas nostrorum diluere peccatorum atque optatae nobis te largiente indulgentiae prestet effectum. Per. in unitate.

314.
ALIA MISSA.

1834   Omnipotens sempiterne deus, da capiti nostro abundantiam aquae et oculis nostris fontem lacrimarum, ut a peccati maculis abluti ultrices poenarum flammas fletuum ubertate uincamus. P.

1835   *Super oblata.* Per has oblationes quesumus domine, ut et oculis nostris imbrem lacrimarum infundas et cordi nostro nimium peccatorum luctum tribuas. P.

Ad complendum. Corpore et sanguine tuo satiati quesumus 1836
domine, ut pro nostris semper peccatis nobis compunctionem cordis
et luctum fluminaque multa lacrimarum largiaris, quatinus caelestem
in futuro consolationem a te accipere mereamur. P.

315.
MISSA IN HONORE SANCTE CRUCIS.

Deus qui unigeniti filii tui pretioso sanguine uiuifice crucis 1837
uexillum sanctificare uoluisti, concede quesumus eos, qui eiusdem
sancte crucis gaudent honore, tua quoque ubique protectione gaudere.
Per eundem.

Super oblata. Haec oblatio domine ab omnibus nos purget 1838
offensis, quae in ara crucis etiam totius mundi tulit offensam. P.

Praefatio. UD. aeterne deus. Qui salutem humani generis in 1839
ligno crucis constituisti, ut unde mors oriebatur inde uita resurgeret
et qui in ligno uincebat in ligno quoque uinceretur. P. Chr.

Ad complendum. Adesto nobis quesumus domine deus noster, 1840
et quos sanctae crucis laetari facis honore, eius quoque perpetuis
defende subsidiis. P.

Alia. Deus qui preclaro salutiferae crucis honore hodiernae 1841
nobis memoriae gaudia dicasti, tribue, ut uitalis signi tuitione ab
omnibus muniamur aduersis. P.

316.
MISSA IN UENERATIONE SANCTE MARIAE.

Concede nobis famulis tuis quesumus domine deus perpetua 1842
mentis et corporis sanitate gaudere et gloriosa beatae Mariae semper
uirginis intercessione a presenti liberari tristitia et futura perfrui
laetitia. P.

Super oblata. Tua domine propitiatione et beatae Mariae semper 1843
uirginis intercessione ad perpetuam atque presentem haec oblatio nobis
proficiat prosperitatem. P.

Praefatio. UD. aeterne deus. Et te in ueneratione sanctarum 1844
uirginum exultantibus animis laudare, inter quas intemerata dei genitrix uirgo Maria, cuius deuote commemorationem agimus, gloriosa
effulsit. Quae [etc. = n. 1216].

14

1845 *Ad complendum.* Sumptis domine salutis nostrae subsidiis da quesumus eius nos patrociniis ubique protegi, in cuius ueneratione haec tuae obtulimus maiestati. P. [fol. 141]

1846 Omnipotens deus, famulos tuos dextera potentiae tuae a cunctis protege periculis et beata Maria semper uirgine intercedente fac nos presenti gaudere prosperitate et aeterna. P.

317.
ALIA MISSA.

1847 Supplicationem seruorum tuorum deus miserator exaudi, ut qui meritis beatae dei genitricis et uirginis pie innitimur eius intercessione a te de instanti[bu]s periculis eruamur. P.

1848 *Alia.* Famulorum tuorum domine delictis [etc. = n. 1214].

1849 *Super oblata.* Unigeniti tui domine nobis succurrat humanitas, ut qui natus de uirgine matris integritatem non minuit sed sacrauit, in commemorationis eius sollemniis a nostris [etc. = n. 1281].

1850 *Ad complendum.* Concede misericors deus fragilitati nostrae presidium, ut qui sanctae dei genitricis gloriam celebramus, inter- cessionis [etc. = n. 1211].

318.
ALIA MISSA.

1851 Deus qui salutis aeternae [etc. = n. 277].

1852 *Super oblata.* Suscipe domine sacrificium placationis et laudis, quod nos interueniente beata dei genitrice Maria et perducat ad ueniam [etc. = n. 1177].

1853 *Praefatio.* UD. aeterne deus. Qui noua nos prole fecundans facinus antique uirginis per partum noue uirginis expiasti. Quesumus ergo clementiam tuam, ut qui beatae dei genitricis Mariae gloriam deuote celebramus, eius piis interuenientibus meritis humiliati mereamur paradysi dilicias, quas superbienti protoplasto olim deflemus abstractas. Non nos itaque peccati caecitas mancipet inferis, quos Christus lux mundi a sinu patris uenit restituere caelis. Quem.

1854 *Ad complendum.* Libera nos ab omni malo domine Iesu Christe, qui corpus tuum sanctum pro nobis crucifixum edimus et sanguinem tuum pro nobis effusum bibimus: oramus benignissime domine, ut per merita et intercessionem gloriosissimae Mariae uirginis fiat nobis corpus tuum ad salutem et sanguis tuus ad remissionem peccatorum. Qui cum.

319.
MISSA AD POSTOLANDA ANGELICA SUFFRAGIA.

Perpetuum nobis domine [etc. = n. 1350]. 1855

Super oblata. Hostias domine tibi laudis offerimus [etc. = n. 1344]. 1856

Praefatio. UD. aeterne deus. Quamuis enim illius sublimis 1857 angelicae substantiae sit habitatio semper in caelis, tuorum tamen fidelium presumit affectus pro tuae reuerentia potestatis per haec pia deuotionis officia quoddam retinere pignus in terris astantium in conspectu tuo iugiter ministrorum. P. Chr.

Ad complendum. Repleti domine benedictione caelesti suppli- 1858 citer imploramus, ut quod fragili celebramus officio, sanctorum archangelorum nobis prodesse sentiamus auxilio. P. d.

Alia. Beatarum celestium uirtutum intercessione suffulti supplices 1859 te domine deprecamur, ut quas honore prosequimur, contingamus et mente. P.

Alia. Plebem tuam quesumus domine perpetua pietate custodi, 1860 ut secura semper et necessariis adiuta subsidiis spirituum tibimet placitorum pia semper ueneratione letetur. P.

320.
MISSA IN UENERATIONE SCI IOHANNIS [f. 142] BAPTISTA[E].

Presta quesumus omnipotens deus, [ut] familia tua per uiam 1861 [etc. = n. 1067].

Super oblata. Indulgentiam nobis prebeant haec munera que- 1862 sumus domine largiorem, quae uenerabilis Iohannis baptistae suffragiis offeruntur. P.

Ad complendum. Beati Iohannis baptistae nos [etc. = n. 1070]. 1863

321.
MISSA IN UENERATIONE SCORUM APOSTOLORUM PETRI ET PAULI.

Deus cuius dextera beatum Petrum [etc. = n. 1125]. 1864

14*

1865   *Super oblata.* Offerimus tibi domine preces [etc. = n. 1126].

1866   *Ad complendum.* Protege domine populum tuum et apostolorum Petri et Pauli patrocinio confidentem perpetua defensione conserua. P.

322.
MISSA IN UE[NE]RATIONE OMNIUM APOSTOLORUM.

1867   Beatorum apostolorum nos domine quesumus continua oratione custodi, ut isdem suffragatoribus dirigatur aecclesia, quibus principibus gloriatur. P.

1868   *Super oblata.* Respice domine quesumus munera, quae in sanctorum tuorum omnium apostolorum commemoratione deferimus, ut quorum tibi grata sunt meritis, eorum nobis intercessione sint salubria. P.

1869   *Praefatio.* UD. aeterne deus. Suppliciter exorantes, ut gregem tuum pastor aeterne non deseras, sed per beatos apostolos tuos continua protectione custodias, ut isdem rectoribus dirigatur, quos operis tui uicarios eidem coutulisti preesse pastores. Et ideo.

1870   *Ad complendum.* Protector in te sperantium deus, familiam tuam propitius respice et per beatos apostolos tuos a cunctis eam aduersitatibus potentiae tuae brachio defende. P.

323.
MISSA IN UENERATIONE EUANGELISTARUM.

1871   Sanctorum euangelistarum, Iohannis uidelicet Mathei Marci et Lucae, quesumus domine supplicatione placatus et ueniam nobis tribue et remedia sempiterna concede. P.

1872   *Super oblata.* Suscipe munera domine, quae in eorum ueneratione deferimus, quorum nos confidimus patrociniis liberari. P.

1873   *Ad complendum.* Beatorum euangelistarum domine precibus adiuuemur, ut quod possibilitas nostra non optinet, eorum nobis intercessione donetur. P. d. n.

324.
MISSA IN HONORE MARTYRUM ET CONFESSORUM.

1874   Presta quesumus omnipotens deus, ut intercedentibus omnibus martyribus et confessoribus tuis a cunctis [etc. = n. 876].

Super oblata. Accepta sit in conspectu tuo domine nostra 1875
deuotio et eorum nobis fiat supplicatione salutaris, pro quorum commemoratione defertur. P. [fol. 143]

Ad complendum. Quesumus domine salutaribus repleti mysteriis, 1876
ut quorum commemorationem agimus, eorum orationibus adiuuemur. P. d.

325.
MISSA IN HONORE SCARUM UIRGINUM.

Omnipotens sempiterne deus, [qui] infirma mundi eligis, ut fortia 1877
quaeque confundas, concede propitius, ut qui omnium uirginum cunctarumque sanctarum tuarum commemorationem agimus, earum apud
te patrocinia sentiamus. P.

Super oblata. Hostias domine quas tibi offerimus propitius 1878
respice et intercedentibus omnibus sanctis uirginibus, quarum pariter
commemorationem celebri ueneramur obsequio, uincula omnium peccatorum nostrorum placatus absolue. P.

Ad complendum. Refecti cibo potuque caelesti deus noster te 1879
supplices exoramus, ut in quarum haec commemoratione percepimus,
earum muniamur et precibus. P.

326.
MISSA MONACHORUM.

Deus qui nos beatorum monachorum tuorum commemoratione 1880
letificas, concede propitius, ut sancte conuersationis exempla sectantes
eorum intercessionibus remissionem omnium peccatorum et immortalitatis gloriam consequamur. P.

Super oblata. Sanctificationem tuam nobis domine his mysteriis 1881
placatus operare, quae nos et a terrenis purgent uitiis et ad celestia
regna perducant. P.

Ad complendum. Presta nobis domine misericordiam tuam, ut 1882
quae uotis expetimus, conuersatione tibi placita consequamur. P.

327.
MISSA SCORUM QUORUM RELIQUIE IN UNA CONTINENTUR DOMO.

Concede quesumus omnipotens deus, ut sancta dei genitrix 1883
sanctique tui apostoli martyres confessores uirgines atque omnes sancti,

quorum in ista continentur aecclesia patrocinia, nos ubique adiuuent, quatinus hic in illorum presenti suffragio tranquilla pace in tua laude laetemur. P.

1884 *Alia.* Auxilium tuum nobis domine quesumus placatus impende et intercedentibus sanctis tuis, quorum in hanc presentem aecclesiam pretiosa patrocinia colligere curauimus, fac nos ab omni aduersitate liberari et in aeterna laetitia gaudere cum illis. P.

1885 *Super oblata.* Munera tuae misericors deus maiestati oblata benigno quesumus suscipe intuitu, ut eorum nobis precibus fiant salutaria, quorum sacratissimae in hac basilica reliquiae sunt conditae. P.

1886 *Ad complendum.* Diuina libantes mysteria quesumus domine, ut eorum nos ubique intercessio protegat, quorum hic sacra gaudemus presentia. P.

1887 *Alia.* Exaudi domine deus clementer in hac domo tua preces seruorum tuorum, quatinus illorum meritis tuam consequamur gratiam, quorum hic patrocinia ueneramur. P. d.

328.
MISSA COTIDIANA DE SANCTIS.

1888 Deus qui nos beatae Mariae semper uirginis et beatarum caelestium uirtutum et sanctorum patriarcharum prophetarum apostolorum martyrum confessorum et uirginum atque omnium simul sanctorum continua laetificas commemoratione, presta quesumus, ut quos cotidiano ueneramur officio etiam piae conuersationis sequamur exemplo. P.

1889 *Super oblata.* Munera tibi [domine] nostrae deuotionis offerimus, quae et pro omnium sanctorum tuorum tibi sint grata honore et nobis salutaria te miserante reddantur. P.

1890 *Ad complendum.* [fol. 144] Presta nobis domine quesumus intercedentibus omnium sanctorum tuorum meritis, ut quae ore contingimus, puro corde capiamus. P.

1891 *Alia.* Fac nos domine deus sanctae Mariae semper uirginis subsidiis attolli et gloriosa beatarum omnium caelestium uirtutum et sanctorum patriarcharum prophetarum apostolorum martyrum confessorum uirginum et omnium simul sanctorum protectione defendi, ut dum eorum pariter cotidie commemorationem agimus, eorum pariter cotidie ab omnibus aduersis protegamur auxilio. P.

329.
MISSA DE OMNIBUS SANCTIS.

Aeclesiae domine preces intercedentibus omnibus sanctis tuis 1892 placatus admitte, ut amotis aduersitatibus uniuersis secura tibi seruiat libertate. P.

Super oblata. Ab[1]) omni reatu nos domine et eos pro quibus 1893 tibi has offerimus hostias intercedentibus omnibus sanctis tuis sancta quae tractamus absoluant et muniant a totius prauitatis incursu, quatinus ab omnibus uitiis potenter absoluti a cunctis etiam aduersitatibus protegamur. P.

Alia. Quos refecisti domine caelesti mysterio, intercedentibus 1894 sanctis tuis et propriis et alienis absolue delictis, ut diuino munere purificatis mentibus perfruentes et semper rationabilia meditantes quae tibi sunt placita et dictis exequamur et factis. P.

330.
MISSA IN UENERATIONE OMNIUM SANCTORUM.

Deus qui nos concedis omnium sanctorum tuorum commemorationem 1895 agere, da nobis [etc. = n. 1170].

Super oblata. Haec hostia quesumus domine, quam in omnium 1896 sanctorum tuorum ueneratione tuae offerimus maiestati, et uincula nostrae prauitatis absoluat et tuae nobis misericordiae dona conciliet. P. d.

Praefatio. UD. aeterne deus. Et te suppliciter exorare, ut 1897 intercessione omnium sanctorum tuorum sic bonis tuis nos instruas sempiternis, ut temporalibus quoque consolari digneris, sic presentibus refouere, ut eorundem precibus et meritis ad gaudia mansura perducas. P. Chr.

Ad complendum. Refecti cibo potuque caelesti deus noster te 1898 suppliciter exoramus, ut quia hec in omnium commemoratione sanctorum percepimus, eorum muniamur et precibus. P.

---
[1]) Hs.: Ob.

331.

ITEM MISSA IN HONORE OMNIUM SANCTORUM.

1899   Deus qui conspicis quia ex nulla nostra uirtute subsistimus, concede propitius, ut interuentu beatae dei genitricis Mariae omniumque celestium uirtutum patriarcharum prophetarum apostolorum martyrum confessorum uirginum quoque et omnium electorum contra omnia aduersa muniamur. P.

1900   *Super oblata.* Accepta sit in conspectu tuo domine nostra deuotio et omnium sanctorum fiat supplicatione salutaris, pro quorum commemoratione pie defertur. P.

1901   *Praefatio.* UD. aeterne deus. Et omnipotentiam tuam iugiter implorare, ut in commemoratione omnium sanctorum tuorum eorum suffragantibus meritis et presentis uitae nobis subsidium et aeternae tribuas [etc. = n. 1566].

1902   *Ad complendum.* Sumentes perpetuae sacramenta salutis da quesumus domine deus noster, ut sicut omnium sanctorum tuorum commemoratione temporali gratulamur officio, ita perpetuo laetemur aspectu. P.

332.

ITEM MISSA IN UENERATIONE OMNIUM SANCTORUM. [fol. 145]

1903   Maiestatem tuam domine supplices deprecamur, ut sicut nos iugiter omnium sanctorum [etc. = n. 1272].

1904   *Super oblata.* Hostias domine tuae plebis intende, et quas in honore omnium sanctorum tuorum deuota mente celebramus, proficere sibi sentiat ad salutem. P.

1905   *Ad complendum.* Pasce nos domine tuorum [etc. = n. 900].

333.

MISSA IN HONORE SPECIALIUM SANCTORUM.

1906   Propitiare quesumus domine nobis famulis tuis per beatorum martyrum tuorum Stephani Laurentii Dyonisii Bonifatii merita gloriosa, ut eorum intercessione ab omnibus protegamur aduersis. P.

1907   *Super oblata.* Suscipiat clementia tua domine quesumus de manibus nostris oblatum et per beatorum martyrum tuorum Stephani

Laurentii Dyonisii Bonifatii orationes ab omnibus nos emunda peccatis. P.

Praefatio. UD. aeterne deus. Pia deuotione tuam laudantes 1908 clementiam, qui sanctis tuis talem contulisti gloriam, ut pro tui nominis amore tota despicerent terrena et amarent caelestia Unde et pro eorum ueneratione haec sacramenta salutis nostrae tuae offerimus pietati, ut tantis pro nobis intercedentibus patronis dextera potentiae tuae nos ubique protegat regat ac defendat. P. Chr.

Ad complendum. Diuina libantes mysteria, quae pro beatorum 1909 martyrum tuorum Stephani Laurentii Dyonisii Bonifatii ueneratione tuae obtulimus maiestati, presta domine quesumus, ut per ea ueniam mereamur peccatorum et caelestis gratiae donis reficiamur. P.

Alia. Da aeternae consolationis pater per beatorum tuorum 1910 Stephani Laurentii Dyonisii Bonifatii preces populo tuo pacem et salutem, ut tuis tota dilectione inhereat preceptis et quae tibi placita sint tota perficiat uoluntate. P.

334.
MISSA COMMUNIS SANCTORUM.

Infirmitatem nostram respice quesumus omnipotens deus, et quia 1911 pondus proprie actionis grauat, omnium sanctorum tuorum intercessio gloriosa nos protegat. P.

Super oblata. Presta nobis quesumus omnipotens et misericors 1912 deus, ut nostrae humilitatis oblatio pro omnium tuorum tibi grata sit honore sanctorum, et nos corpore pariter et mente purifica. P.

Ad complendum. Protegat domine quesumus dextera tua populum 1913 supplicantem caelestis mensae participatione, ut sanctorum omnium intercedentibus meritis presentem uitam [etc. = n. 1620].

335.
MISSA AD POSCENDA SCORUM SUFFRAGIA.

Concede quesumus omnipotens deus, ut intercessio nos sanctae 1914 dei genitricis Mariae sanctorumque omnium apostolorum martyrum confessorum uirginum et omnium electorum tuorum ubique letificet, ut dum eorum merita recolimus patrocinia sentiamus. P.

Super oblata. Oblatis domine placare muneribus et intercedentibus 1915 omnibus sanctis tuis a cunctis nos defende periculis. P.

1916   *Praefatio.* UD. aeterne deus. A quo moriente illuminata sunt tartara, a quo resurgente sanctorum est multitudo gauisa, quo ascendente angelorum exultauit caterua. Oramus ergo te domine, ut per intercessionem omnium sanctorum peccatorum nostrorum abluas culpas, ut non in die manifestationis tuae nobis secundum mala facta restituas, sed mitis appareas in iudicio, quibus propitiatus es in mundo, et illo tueamur brachio, quo [fol. 146] omnes amici tui tecum gloriantur in caelo, ut horum fruamur lucidis aspectibus, quorum deuoti solatia petimus. P. Chr.

1917   *Ad complendum.* Sumpsimus domine omnium sanctorum tuorum sollemn[i]a celebrantes sacramenta caelestia: presta quesumus, ut quod temporaliter gerimus, aeternis gaudiis consequamur. P.

336.
MISSA COTIDIANA PRO REGE.

1918   Deus qui conteris bella et impugnatores in te sperantium potentia tuae defensionis expugnas, auxiliare quesumus famulo tuo regi[1]) nostro N., coniugi proli populoque sibi subiecto, pro quibus suppliciter misericordiam tuam imploramus, ut te parcente remissionem peccatorum accipiant et cuncta sibi aduersantia te adiuuante superare ualeant. P. d.

1919   *Super oblata.* Sacrificium domine quod immolamus propitiatus intende, ut ab omni nos bellorum exuas[2]) nequitia et in tua[e] protectionis securitate constituas, et famulum tuum regem nostrum, coniugem prolemque ac populum sibi subiectum et a peccatis absolue et ab hostium uisibilium et inuisibilium insidiis tutum atque securum effice. P.

1920   *Ad complendum.* Sacrosancti corporis et sanguinis domini nostri Iesu Christi refectione uegetati supplices te rogamus omnipotens deus, ut hoc remedio singulari et salutari famulum tuum, coniugem et prolem populumque sibi subiectum et ab omnium purifices contagione peccatorum et a cunctorum munias incursione periculorum. P.

337.
ALIA MISSA COTIDIANA PRO REGE.

1921   Quesumus omnipotens deus, ut famulus tuus rex noster, qui tua miseratione suscepit regni gubernacula, uirtutum etiam omnium perci-

---

[1]) Hs.: rege. — [2]) Hs.: exuat.

piat incrementa, quibus decenter ornatus et uitiorum monstra deuitare
et ad te, qui uia ueritas et uita es, gratiosus ualeat peruenire. P. d.

Super oblata. Munera domine oblata sanctifica, ut et nobis 1922
unigeniti tui corpus et sanguis fiant et *ill.* regi ad obtinendam animae
corporisque salutem et ad peragendum iniunctum officium te largiente
usquequaque proficia[n]t. Per eundem.

Praefatio. UD. aeterne deus. Qui es fons inmarcescibilis lucis 1923
et origo perpetue bonitatis, regum consecrator, honorum omnium
attributor dignitatumque largitor. Cuius ineffabilem clementiam uotis
omnibus exoramus, ut famulum tuum *ill.*, quem regalis dignitatis
fastigio uoluisti sublimari, sapientiae caeterarumque uirtutum ornamentis
facias decorari. Et quia tui est muneris quod regnat, tuae sit pietatis
quo[d] id feliciter agat. Quatinus in fundamento fidei spei caritatisque
fundatus, peccatorum labe abstersus, de uisibilibus et inuisibilibus
hostibus triumphator effectus, subiecti populi augmento prosperitate
et securitate exhilaratus, cum eis mutua dilectione con[n]exus, transitorii
regni gubernacula inculpabiliter teneat et ad aeterni infinita gaudia
te miserante perueniat. P. Chr.

Ad complendum. Haec domine oratio salutaris famulum tuum 1924
ill. ab omnibus tueatur aduersis, quatinus et aecclesiasticae pacis
obtineat tranquillitatem et post istius temporis decursum ad aeternam
perueniat hereditatem. P.

338.
MISSA PRO REGE CONIUGE ET PROLE.

Deus temporalis vitae administrator, aeternae quoque auctor atque 1925
largitor, miserere regi nostro supplici tuo *ill.*, coniugi proli populoque
sibi subiecto in tua protectione [fol. 147] et defensione fidenti, ut per
uirtutem brachii tui omnibus sibi aduersantibus superatis in tuae
tranquillitatis ac securitatis pace consistat. P.

Super oblata. Deus qui subiectas tibi glorificas potestates, sus- 1926
cipe propitius oblationem nostram et regi nostro fideli famulo tuo,
coniugi proli populoque sibi subiecto attribue uires eiusque remitte
peccata et miseratus concede, quatinus qui se dextera tua expetit
protegi nulla possit aduersitate superari. P.

Ad complendum. Fidelem famulum tuum *ill.*, coniugem liberos 1927
et plebem sibi subiectam quesumus domine potentiae tuae muniat

inuicta defensio, ut pio semper tibi deuotus existens affectu et ab infestis liberetur inimicis et a tua misericordia salutem consequatur mentis et corporis. P.

339.
MISSA PRO REGE TEMPORE SYNODI.

1928   Omnipotens sempiterne deus, qui famulum tuum *ill.* regni fastigio dignatus es sublimare, tribue ei quesumus, ut ita in presenti collecta multitudine cunctorum in commune[m] salutem disponat, quatinus a tue ueritatis tramite non recedat. P.

1929   *Alia.* Deus auctor omnium iustorum honorum, dator cunctarum dignitatum et priorum gratissimus conseruator imperiorum, respice super famulum tuum *ill.* et presta, ut quibus dono tuo imperat, eis tua opitulatione fultus salubriter prosit. P.

1930   *Super oblata.* Deus qui miro ordine universa disponis et ineffabiliter gubernas, presta quesumus, ut famulus tuus *ill.* haec in presenti conuentu et in huius seculi cursu te adiuuante peragat et ad peragenda decernat, unde tibi in perpetuum placere ualeat. P.

1931   *Praefatio.* UD. aeterne deus. Qui es fons uitae, origo luminis et auctor totius bonitatis. Et maiestatem tuam totis nisibus implorare, ut famulo tuo *ill.*, cui concessisti regendi populi curam, tribuas secundum tuam voluntatem exequendi efficatiam. Et quibus dono tuo imperat, eis tua opitulatione fultus salubriter prosit, ut pariter ab omnibus uitae periculis exuti et uirtutum spiritalium ornamentis induti, spei fidei caritatisque gemmis ornati, et mundi cursus pacifico eis tuo ordine dirigatur et in sanctis operibus te auxiliante perseuerent beatorumque spirituum coheredes effici mereantur. P. Chr.

1932   *Ad complendum.* Concede omnipotens deus his salutaribus sacrificiis placatus, ut famulus tuus *ill.* ad peragendum regalis dignitatis officium inueniatur semper idoneus et caelestis patriae gaudiis reddatur acceptus. P.

1933   *Alia.* Haec domine salutaris sacrificii oblatio famuli tui *ill.* peccatorum maculas diluat et ad regendum secundum tuam uoluntatem populum idoneum reddat, ut hoc salutari mysterio contra uisibiles et inuisibiles hostes reddatur inuictus, per quod mundus est dispensatione diuina redemptus. P.

340.

MISSA PRO REGE ET EXERCITU EIUS.

Deus in te sperantium salus et tibi seruientium fortitudo, sus- 1934
cipe propitius preces nostras et da famulo tuo *ill.* regi et cuncto
exercitu[i] eius regimen tuae sapientiae, ut haustis pio de fonte consiliis
et tibi placeant et de omnibus suis aduersariis efficiantur uictores. P.

Alia. Deus qui regnorum omnium regumque es dominator, 1935
supplicationes nostras clementer exaudi et famuli tui *ill.* regis eiusque exercitus tibi subditum protege principatum, ut tua uirtute muniti
omnibus sint hostibus fortiores, et qui in sua feritate confidunt potentiae tuae [fol. 148] brachio comprimantur. P.

Super oblata. Suscipe domine preces et hostias aecclesiae tuae 1936
pro salute famuli tui *ill.* suorumque omnium supplicantis et antiqua
brachii tui clementer operare miracula, quatinus prostratis pacis inimicis secura tibi seruiat christianorum libertas. P.

Praefatio. UD. aeterne deus. Pietatem tuam humiliter obse- 1937
crantes, ut famulum tuum *ill.* regem et omnem exercitum eius a
cunctis aduersitatibus clementer eripias et ab omnibus protegas benignus
inimicis, ut in tua fidentes uirtute fiant cunctis hostibus fortiores.
P. Chr.

Ad complendum. Deus cuius est regnum omnium seculorum, 1938
pretende quesumus famulo tuo *ill.* et omni exercitui eius arma caelestia, ut pax aecclesiarum nulla turbetur tempestate bellorum. P.

341.

MISSA PRO REGIBUS.

Deus regnorum omnium et christiani maxime protector imperii, 1939
da seruis tuis regibus christianis triumphum uirtutis tuae scienter
excolere, ut qui tua constitutione sunt principes, tuo semper munere
sint potentes. P.

Super oblata. Suscipe domine preces et hostias aecclesie tuae 1940
pro salute famulorum tuorum supplicantis, et in protectione fidelium
populorum antiqua brachii tui operare miracula, ut superatis pacis
inimicis secura tibi seruiat christiana libertas. P. d.

Infra actionem. Hanc igitur oblationem famulorum tuorum *ill.,* 1941
quam tibi ministerio sacerdotalis officii offerimus pro eo quod ipsis

potestatem regiam conferre dignatus es, propitius et benignus assume et cxornatus nostra obsecratione concede, ut in maiestatis tuae protectione confidentes et aeuo augeantur et regno. P. Chr.

1942   *Ad complendum.* Deus qui ad predicandum aeterni regis euangelium christianum imperium preparasti, pretende famulis tuis principibus nostris arma caelestia, ut pax aecclesiarum nulla turbetur tempestate bellorum. P.

342.
ORATIONES IN TEMPORE BELLI.

1943   Omnipotens et misericors deus, a bellorum nos quesumus turbine fac quietos, quia bona nobis cuncta prestabis, si pacem dederis et mentis et corporis. P.

1944   *Alia.* Deus regnorum omnium regumque dominator, qui nos et percutiendo sanas et ignoscendo conseruas, pretende nobis misericordiam tuam, ut tranquillitate pacis tua potestate firmata ad remedia correctionis utamur. P.

1945   *Alia.* Omnipotens deus, christiani nominis inimicos uirtute quesumus tuae comprime maiestatis, ut populus tuus et fidei integritate laetetur et temporum tranquillitate semper exultet. P.

1946   *Alia.* Deus cuius regnum regnum est omnium seculorum, supplicationes nostras clementer exaudi et christianorum regnum tibi subditum protege, ut in tua uirtute fidentes et tibi placeant et super omnia regna precellant. P.

1947   *Alia.* Protector noster aspice deus et ab hostium nos defende periculis, ut omni perturbatione submota[1]) liberis tibi mentibus seruiamus. P.

343.
AD MISSAM.

1948   Deus qui conteris bella et impugnatores in te sperantium potentia tuae defensionis expugnas, auxiliare implorantibus misericordiam tuam, ut omnium gentium feritate compressa indefessa te gratiarum actione laudemus. P.

1949   *Super oblata.* Sacrificium domine quod immolamus intende, ut ab omni nos exuat bellorum nequitia et in tuae protectionis securitate constituat. P. d.

---
[1]) Hs.: submoti.

Praefatio. UD. aeterne deus. Sub cuius potestatis arbitrio 1950 omnium regnorum continetur potestas. [fol. 149] Te humiliter deprecamur, ut principibus nostris propitius adesse digneris, ut qui tua expetunt se protectione defendi, omnibus sint hostibus fortiores. P. Chr.

Ad complendum. Sacrosancti corporis et sanguinis domini nostri 1951 Iesu Christi refectione uegetati supplices te rogamus omnipotens deus, ut hoc remedio singulari ab omnium peccatorum nos contagione purifices et a periculorum munias incursione cunctorum. P.

344.
ALIA MISSA.

Hostium nostrorum quesumus domine elide potentiam et dexterae 1952 tuae uirtute prosterne. P.

Super oblata. Huius domine quesumus uirtute mysterii et a 1953 nostris mundemur occultis et ab hostium liberemur insidiis. P. d.

Praefatio. UD. aeterne deus. Qui subiectas tibi glorificas 1954 potestates, suscipe propitius preces nostras et uires ad[de] principibus nostris, ut qui se dextera tua expetunt protegi, nulla possint aduersitate superari. Fidelem quoque populum tuum muniat inuicta defensio, ut pio tibi semper deuotus affectu et ab infestis liberetur inimicis et in tua iugiter gratia perseueret. P.

Ad complendum. Uiuificet nos quesumus domine participatio 1955 tui sancta mysterii et pariter nobis expiationem tribuat et munimen. P.

345.
MISSA AD COMPRIMENDAS GENTIUM FERITATES.

Deus qui prouidentia tua celestia simul et terrena moderaris, 1956 qui misisti unigenitum filium tuum in mundum, ut per incarnationem suam credentibus gaudium afferret et pacem: concede quesumus, ut populus tuus infestatione infidelium modo turbatus per incarnationem domini nostri Iesu Christi de triumpho gaudium adipisci mereatur et omnis hostium nostrorum fortitudo te pro nobis pugnante frangatur. P.

Deus seruientium tibi fortitudo regnorum, propitius adesto christi- 1957 anorum principibus: qui per resurrectionem domini nostri Iesu Christi potestatem inferorum contriuisti et [super] inimicum pacis et ueritatis triumphasti, presta quesumus, ut populus tuus huius uirtutis auctorem laudans et confitens de inimicorum suorum elisione laetetur, et quorum tibi subiecta est humilitas, eorum ubique excellentior sit potestas. Per eundem.

1958   *Praefatio.* UD. aeterne deus. Agnoscimus enim domine deus noster, agnoscimus, sicut prophetica dudum uoce testatus es, ad peccantium merita pertinere, ut seruorum tuorum labore quaesita sub conspectibus nostris manibus diripiantur alienis, et quae desudantibus famulis nasci tribuis, ab hostibus patiaris absumi. Propter quod toto corde prostrati suppliciter exoramus, ut preteritorum nobis concedas ueniam delictorum et ab omni mortalitatis incursu continua nos miseratione protegas. Quia tunc defensionem tuam non diffidimus affuturam, cum a nobis ea quibus te offendimus dignanter expuleris. P. Chr.

1959   *Ad complendum.* Protege domine famulos tuos subsidiis pacis et mentis et corporis et per triumphum resurrectionis domini nostri Iesu Christi spiritalibus eos enutriens alimentis a cunctis hostibus redde securos, quatinus populus tuus omni gentium feritate depressa indefessa te gratiarum actione collaudet. Per eundem.

346.
ORATIO SUPER MILITANTES.

1960   Deus perpetuitatis auctor, dux uirtutum omnium cunctorumque hostium uictor, benedic hos famulos tuos tibi sua capita inclinantes, effunde super eos gratiam firmam et in militia in qua probati consistunt prolixa sanitate eos et prospera felicitate conserua, et ubicumque auxilium tuum inuocauerint, cito assis protegas et defendas. P. [fol. 150]

347.
MISSA PRO PACE.

1961   Deus a quo sancta desideria, recta consilia et iusta sunt opera, da seruis tuis illam quam mundus dare non potest pacem, ut et corda nostra mandatis tuis dedita et hostium sublata formidine tempora sint tua protectione tranquilla. P.

1962   *Alia.* Deus conditor mundi, sub cuius arbitrio omnium seculorum ordo decurrit, adesto propitius supplicationibus nostris et tranquillitatem pacis presentibus concede temporibus, ut in laudibus misericordiae tuae incessabili exultatione laetemur. P.

Super oblata. Deus qui credentes in te populos nullis sinis 1963 concuti terroribus, dignare preces et hostias dicatae tibi plebis suscipere, ut pax tua pietate concessa christianorum fines ab omni hoste faciat esse securos. P.

Ad complendum. Deus auctor pacis et amator, quem nosse uiuere, 1964 cui seruire regnare est, protege ab omnibus impugnationibus supplices tuos, ut qui in defensione tua confidimus, nullius hostilitatis arma timeamus. P.

Alia. Deus qui misericordiae tuae potentis auxilio et prospera 1965 tribuis et aduersa depellis, uniuersa obstacula quae seruis tuis aduersantur expugna, ut remoto terrore bellorum et libertas secura et religio sit quieta. P.

348.
MISSA IN CONTENTIONE.

Omnipotens sempiterne deus, qui superbis resistis et gratiam 1966 prestas humilibus, tribue quesumus, ut non indignationem tuam prouocemus elati, sed propitiationis tuae capiamus dona subiecti. P.

Alia. Concede nobis misericors deus studia peruersa deponere 1967 et sanctam semper amare iustitiam. P. d.

Super oblata. Ab omni reatu nos domine sancta quae tractamus 1968 absoluant et eadem muniant a totius prauitatis incursu. P.

Praefatio. UD. p. Chr. d. n. Per quem maiestatem tuam suppli- 1969 citer deprecamur, ut nos ab operibus iniquis dignanter expedias et nec proprio feriri patiaris excessu nec alienis impietatibus prebere consensum, sed mores nostros ea moderatione componas, ut tam in nobis quam in aliis que sunt iusta seruemus. [P. Chr.]

Ad complendum Quos refecisti domine caelesti mysterio, propriis 1970 et alienis quesumus propitiatus absolue delictis, ut divino munere purificatis mentibus perfruamur. P.

Alia. Presta quesumus omnipotens deus, ut semper rationabilia 1971 meditantes quae tibi sunt placita et dictis sequamur et factis. P.

349.
MISSA PRO INRELIGIOSIS.

Deus qui fidelium deuotione letaris, populum tuum quesumus 1972 sanctis tuis fac esse deuotum, ut qui ab eorum officio impia prauitate

15

mentis abscedunt, per tuam conuersi gratiam a diaboli quibus capti tenentur laqueis resipiscant. P.

1973   *Alia.* Deus qui infideles deseris et iuste indeuotis irasceris, populum tuum quesumus conuerte propitius, ut qui te per duritiam inreligiosae mentis semper offendunt, ad sanctorum beneficia prome- renda tuae miserationis gratia inspirante conuertas. P.

1974   *Super oblata.* Cor populi tui quesumus domine conuerte pro- pitius, ut ab his muneribus non recedant, quibus maiestatem tuam magnificare deposcimus. P.

1975   *Praefatio.* UD. aeterne deus. Magno etenim domine reatu con- stringimur, si et in sincerum[1]) tui nominis cultum nec castigationibus corrigimur nec beneficiis incitamur. Ideo precamur attentius, ut quibus miserationes tuas largiris ingratis, infundas etiam deuotionis affectum, quo efficiantur et grati. P. Chr.

1976   *Ad complendum.* Da nobis quesumus domine ambire quae recta sunt et uitare quae noxia, ut sancta quae sumpsimus [fol. 151] non ad iudicium nobis, sed potius proficiant ad medelam. P.

1977   *Ad complendum.* Adesto domine supplicationibus nostris et nihil de sua conscientia presumentibus ineffabili miseratione succurre, ut quod non habet fiducia meritorum, tua conferat largitas inuicta donorum. P.

350.
MISSA CONTRA OBLOQUENTES.

1978   Presta quesumus domine, ut mentium reproborum non curemus obloquium; sed eadem prauitate calcata exoramus, ut nec terreri nos lacerationibus patiaris iniustis nec captiosis adolationibus implicari, sed potius amare quae precipis. P.

1979   *Alia.* Conspirantes domine contra tuae plenitudinis firmamentum dexterae tuae uirtute prosterne, ut iustitiae non dominetur iniquitas, sed subdatur semper falsitas ueritati. P.

1980   *Alia.* Da quesumus omnipotens deus sic nos tuam gratiam pro- mereri, ut nos[tros] corrigamus excessus, sic fatentibus relaxare de- lictum, ut coerceamus in suis prauitatibus obstinatos. P.

---

[1]) Hs.: sincerem.

Super oblata. Oblatio domine tuis aspectibus immolanda, que- 1981 sumus, ut et nos ab omnibus uitiis potenter absoluat et a cunctis defendat inimicis. P.

Praefatio. UD. aeterne deus. Maiestatem tuam suppliciter 1982 exorantes, ut ab aecclesia tua quicquid est noxium tu repellas et quicquid eidem salutare est largiaris nosque contra superbos spiritus humilitatem tribuas rationabilem custodire, cum gratiam tuam clementer impendis, ut nec humani incerto[s] consilii [1]) derelinquas, sed tua quae falli non potest gubernatione disponas. P. Chr.

Ad complendum. Presta domine quesumus, ut per haec sancta 1983 quae sumpsimus dissimulatis lacerationibus improborum ea te guber- nante quae recta sunt cautius exequamur. P.

351.
MISSA PRO INIMICIS.

Deus pacis caritatisque amator et custos, da omnibus inimicis 1984 nostris pacem caritatemque ueram cunctorum eis remissionem tribuens peccatorum nosque ab eorum insidiis potenter eripe. P.

Super oblata. Oblatis domine quesumus placare muneribus et 1985 nos ab inimicis nostris clementer eripe eis[que] indulgentiam delictorum tribue. P. d. n.

Ad complendum. Deus qui famulis tuis Moysi Samuel et Stephano 1986 protomartyri uirtutem patientiae dedisti, ut pro suorum delictis inimi- corum equanimiter exorarent, da nobis quesumus omnium meritis sanctorum, ut inimicos nostros uerae dilectionis amore diligamus eorumque pro excessibus tota mentis intentione preces assiduas in conspectu maiestatis tuae fundamus. P. d. n. I. Chr.

352.
ALIA MISSA.

Adesto familie tuae quesumus clemens [etc. = n. 1300]. 1987

Super oblata. Deus conditor pacis et fons luminis, exaudi preces 1988 nostras et presta, ut per hanc hostiam immolationis disrupto odii fomite pacifica corda muniantur. P. d. n.

Ad complendum. Haec nos communio domine exuat a delictis 1989 et ab inimicorum defendat insidiis. P.

---

[1]) Hs.: concilii.

353.
MISSA CONTRA IUDICES MALE AGENTES.

1990   Aecclesiae tuae domine preces placatus admitte, ut destitutis aduersitatibus uniuersis secura tibi seruiat libertate. P.

1991   *Super oblata.* Protege nos domine quesumus tuis mysteriis seruientes, ut diuinis rebus et corpore famulemur et mente. P.

1992   *Praefatio.* UD. aeterne deus. Qui profutura tuis et facienda prouides et facta dispensas mirisque modis aecclesie tuae gubernacula moderaris, ut exerceatur[1]) aduersis et prosperis subleuetur, [fol. 152] ne[c] uel inpugnatione succumbat uel securitate torpescat, sed subdito tibi semper affectu nec in tribulatione supplicare deficiat, nec inter gaudia gratias referre desistat, quia te sine cessatione precantibus nec aduersa preualent nec prospera negabunt[ur]. P. Chr.

1993   *Ad complendum.* Cotidiani domine quesumus munera sacramenti perpetuae nobis tribue salutis augmentum. P.

354.
ORATIONES PRO FAME AC PESTILENTIA REPELLENDA AC STERELITATE TERRAE.

1994   Sempiterne pietatis tuae abundantiam domine supplices imploramus, ut nos beneficiis quibus non meremur anticipans benefacere cognoscaris indignis. P.

1995   *Alia.* Da nobis quesumus domine piae supplicationis effectum et pestilentiam famemque propitiatus auerte, ut mortalium corda cognoscant et te indignante talia flagella prodire et te miserante cessare. P.

355.
MISSA PRO CONSERUANDIS FRUGIBUS.

1996   Te domine sancte pater omnipotens aeterne deus supplices deprecamur, ut misericordia tua nobis concedas messium[2]) copiam et fructuum largitatem tribuas, uinearum quoque substantiam, arborum faetus, prouentum omnium rerum atque ab his omnibus pestiferum sidus tempestatis, uniuersas procellas et grandines amouere digneris. P.

1997   *Super oblata.* Deus qui humani generis utramque substantiam presentium munerum et alimento uegetas et renouas sacramento,

---

[1]) Hs.: nec excretur. — [2]) Hs.: mensium.

tribue quesumus, ut eorum et corporibus nostris subsidium non desit
et mentibus. P.

[Praefatio.] UD. aeterne deus. Qui sempiterno consilio non desinis 1998
regere quos creasti, nosque delinquere manifestum est, cum supernae
dispositionis ignari de secretorum tuorum dispensatione causamur; ac
tunc potius recte sentire cognoscimur, cum non nostra, sed tua prouidentia confidentes pietatem iustitiamque tuam iugiter perpendimus
exorandam, certi quod qui iniustos malosque non deseris, multo magis
quos tuos esse tribuisti clementi nullatenus gubernatione destituas.
P. Chr.

Ad complendum. Guberna quesumus domine temporalibus ali- 1999
mentis, quos dignaris aeternis informare mysteriis. P.

356.

ORATIONES AD PLUUIAM POSTULANDAM.

Terram tuam domine, quam uidemus nostris iniquitatibus 2000
tabescentem, celestibus aquis infunde atque irriga beneficiis gratiae
sempiternae. P.

Alia. Da nobis domine quesumus pluuiam salutarem et aridam 2001
terrae faciem fluentis celestibus dignanter infunde. P.

Alia. Omnipotens sempiterne deus, qui saluas omnes et neminem 2002
uis perire, aperi fontem benignitatis tuae et terram aridam aquis
fluenti caelestis dignanter infunde. P.

Alia. Delicta nostra domine nos ipsi cognoscimus, ut ipsius 2003
terrae foeditas monstrat transgressionis excessus: tu autem piissime
pater, qui celum clausisti contumacibus et ingratis, reseratum humilibus et contritis, concede precantibus subsidia pluuiarum et largire
merentibus habundantiam. P.

Alia. In afflictione maxima constitutis consolationem tribue fons 2004
largissimae pietatis; descendat quesumus pluuia salutaris, ut omnia
quae sub caelo sunt irrigentur aquis; pasce seruos tuos imbribus
consuetis, quos ad laudem tuae creare dignatus es maiestatis. P. d. n.

Alia. Omnipotens deus qui solus aquas emittis e caelis, dona 2005
seruis tuis beneficium pluuiae salutaris, ut quod facinore nostro
suspenditur, tuo iam gratuito munere prorogetur. P. d. n. [fol. 153]

357.
MISSA.

2006 Deus in quo uiuimus mouemur et sumus, pluuiam nobis tribue congruentem, ut presentibus subsidiis sufficienter adiuti sempiterna(m) fiducialius appetamus. P.

2007 *Alia.* Delicta fragilitatis nostrae domine quesumus miseratus absolue et aquarum subsidia prebe caelestium, quibus terrena conditio uegetata subsistat. P.

2008 *Super oblata.* Oblatis domine placare muneribus et oportunum nobis tribue pluuiae sufficientis auxilium. P.

2009 *Ad complendum.* Tuere nos quesumus domine tua sancta sumentes et ab omnibus propitius absolue peccatis. P.

358.
ALIA MISSA.

2010 Omnipotens sempiterne deus, cuius munere elementa omnia recreantur, reminiscere miserationum tuarum et salutiferos imbres humano generi concede propitius, quatinus faecunditatis tuae alimoniis omnis terra laetetur. P.

2011 *Super oblata.* Placare domine muneribus semper acceptis et diuturnam tempera diffusis imbribus siccitatem. P.

2012 *Praefatio.* UD. aeterne deus. Obsecrantes misericordiam tuam, ut squalentes agri faecundis imbribus irrigentur, quibus pariter aestuum mitigentur ardores, saeuientium morborum restringatur accessio salusque hominibus iumentisque proueniat; atque ut haec te largiente mereamur, peccata quae nobis aduersantur relaxa. Qui pluis super iustos et iniustos, etiam nostris offensionibus relaxatis expectata nubium munera largiaris, quibus et salus nobis et alimenta praestentur. P. Chr.

2013 *Ad complendum.* Precibus populi tui quesumus domine placatus aspira, ut ueniam tribuas humanis excessibus et opem miseris benignus impendas. P.

359.
MISSA AD POSCENDAM SERENITATEM.

2014 Domine deus qui in mysterio aquarum salutis tuae nobis sacramenta sanxisti, exaudi orationem populi tui et iube terrores inundantium cessare pluuiarum flagellumque huius elementi ad effectum tui conuerti mysterii, ut qui se regenerantibus aquis gaudent renatos, gaudeant bis castigantibus esse correctos. P.

Alia. Ad te nos domine clamantes exaudi et aeris serenitatem 2015 nobis tribue supplicantibus, ut qui pro peccatis nostris iuste affligimur, misericordia tua preueniente clementiam sentiamus. P.

Super oblata. Praeueniat nos quesumus domine gratia tua semper 2016 et subsequatur, et has oblationes, quas pro peccatis nostris nomini tuo consecrandas deferimus, benignus assume, ut per intercessionem omnium sanctorum tuorum cunctis nobis proficiant ad salutem. P.

Praefatio. UD. aeterne deus. Cui omnis creatura ingemiscit et 2017 te metuens creatorem contremiscit. Supplices te domine rogamus, ut nobis temperiem caeli serenam oportunitatis prestes officio. Qui solem tuum oriri facis super bonos et malos pluisque super iustos et iniustos, enormitatem aquarum a nobis depelle propitius, ut omnia, quae ymbrium densitate iactantur, pietatis tuae moderatione suble- uentur. P.

Ad complendum. Plebs tua domine capiat sacrae benedictionis 2018 augmentum et copiosis beneficiorum tuorum subleuetur auxiliis, quae tantis intercessionum deprecationibus adiuuatur. P.

Alia. Quesumus omnipotens deus clementiam tuam, ut inun- 2019 dantiam coherceas ymbrium et hilaritatem tui uultus nobis impertiri digneris. P.

360.
MISSA AD REPELLENDAM TEMPESTATEM. [fol. 154]

Deus qui omnium rerum tibi seruientium naturam per ipsos 2020 motus aeris ad cultum tuae maiestatis instituis, tranquillitatem nobis misericordiae tuae remotis largire terroribus, ut cuius iram expaui- mus clementiam sentiamus. P.

Super oblata. Offerimus domine laudes et munera pro concessis 2021 beneficiis gratias referentes et pro concedendis semper suppliciter deprecantes. P.

Ad complendum. Omnipotens sempiterne deus, qui nos et 2022 castigando sanas et ignoscendo conseruas, presta supplicibus tuis, ut et tranquillitatibus huius optatae consolationis laetemur et dono tuae pietatis semper utamur. P.

2023   *Alia.* A domo tua quesumus domine spiritales nequitiae repellantur et aeriarum discedat malignitas tempestatum. P.

361.
EXORCISMUS SALIS ET AQUAE CONTRA FULGURA.

2024   Exorcizo te creatura salis et aquae in nomine domini nostri Iesu Christi Nazareni filii dei uiui, ut sis purgatio et purificatio in eis locis quibus aspersa fueris ad effugandos inimicos et erraticos spiritus omnemque nefariam uim diaboli pellendam et omnes figuras et minas fantasmatis satanae exterminandas; et fulgura atque coruscationes, quae horribiliter nostris ingeruntur obtutibus, non hominibus aut pecoribus uel frugibus noceant, sed abscedant et fugiant per inuocationem nominis eiusdem domini nostri Iesu Christi, qui uenturus·

2025   *Alia.* Omnipotens sempiterne deus, parce metuentibus, propitiare supplicibus, ut post noxios ignes nubium et uim procellarum in materiam transeat laudis comminatio potestatis. P.

2026   *Alia.* Magnificentiam tuam domine precamur suppliciter implorantes, ut nos ab imminentibus periculis exuas et a peccatis omnibus absoluas, ut beneficia nobis maiora concedens tuis quoque facias iugiter parere mandatis. P.

362.
MISSA TEMPORE MORTALITATIS.

2027   Deus qui non mortem sed paenitentiam desideras peccatorum, populum tuum quesumus ad te conuerte propitius, ut dum tibi deuotus extiterit, iracundiae tuae ab eo flagella amoueas. P.

2028   *Alia.* Populum tuum quesumus omnipotens deus ab ira tua ad te confugientem paterna recipe pietate, ut qui tuae maiestatis flagella formidant, de tua mereantur uenia gratulari. P.

2029   *Super oblata.* Subueniat nobis domine quesumus sacrificii presentis oblatio, quae nos ab erroribus uniuersis potenter absoluat et a totius eripiat perditionis incursu. P.

2030   *Praefatio.* UD. aeterne deus. Qui sanctorum apud te gloriam permanentem fidelium facis deuotione clarescere, presta quesumus, ut beati martyres Bonifatius Eobanus atque Adalharius obsequentibus sibi beneficia dignanter impendant. P. Chr.

Ad complendum. Tuere nos domine quesumus tua sancta su- 2031 mentes et ab omni propitius iniquitate defende. P. d. n.

Alia. Exaudi nos deus salutaris noster et intercedente beato 2032 Bonifatio martyre tuo populum tuum et ab iracundiae tuae terroribus libera et misericordiae tuae fac largitate securum. P.

363.
BENEDICTIO SALIS AD PECORA.

Deus inuisibilis et inaestimabilis, qui per cuncta diffusus es, pie- 2033 tatem et misericordiam tuam per sanctum et tremendum filii tui nomen supplices deprecamur, quatinus in hanc creaturam salis bene- dictionem et potentiam inuisibilis operationis tuae [fol. 155] infundas, ut iumenta, que necessitatibus humanis tribuere dignatus es, cum ex eadem gustauerint uel acceperint, haec benedictio et sanctificatio tua ea illesa reddat et ab omni temptatoris incursu te protegente custo- diat. P.

364.
MISSA PRO PESTE ANIMALIUM.

Deus qui laboribus hominum etiam de mutis animalibus solatia 2034 subrogasti, supplices te rogamus, ut sine quibus non alitur humana conditio, nostris facias usibus non perire. P.

Alia. Deus qui humanae fragilitati necessaria prouidisti miseri- 2035 cors adminicula iumentorum, quesumus eadem miseris consulando non subtrahas, et quorum nostris meritis saeuit interitus, tua nobis par- cendo clementia cessare iubeas uastitatem. P.

Super oblata. Sacrificiis domine placatus oblatis opem tuam 2036 nostris temporibus clementer impende. P.

Praefatio. UD. aeterne deus. Qui ideo malis presentibus nos 2037 flagellas, ut ad bona futura perducas, ideo bonis temporalibus con- solaris, ut sempiternis efficias certiores, quo te et in prosperis et in aduersis pia semper confessione laudemus. P. Chr.

Ad complendum. Benedictionem tuam domine quesumus populus 2038 fidelis accipiat, qua corpore saluatus ac mente et congruam tibi semper exhibeat [etc. = n. 282].

2039   *Alia.* Auerte domine quesumus a fidelibus tuis cunctos miseratus errores et scuicntium morborum depelle pernitiem, ut quos merito flagellas deuios, foueas tua miseratione correctos. P.

365.
MISSA PRO QUALICUNQUE TRIBULATIONE.
FERIA I.

2040   Ineffabili misericordia tua domine nobis clementer ostende, ut simul nos et a peccatis exuas et a paenis quas pro his meremur eripias. P.

2041   *Super oblata.* Purificet nos domine quesumus muneris [etc. = n. 984].

2042   *Praefatio.* UD. aeterne deus. Qui nos castigando sanas et refouendo benignus erudis, dum uis saluos esse correptos quam perire neglectos. Qui famulos tuos ideo corporaliter uerberas, ut mente proficiant, patenter ostendens, quae sit pietatis tuae preclara saluatio, dum prestas, ut operetur nobis etiam ipsa infirmitas medicinam. P. Chr.

2043   *Ad complendum.* Presta domine quesumus, ut terrenis affectibus expiati ad superni plenitudinem sacramenti cuius libauimus sancta tendamus. P.

366.
MISSA FERIA II.

2044   Deus humilium consolator et fidelium [etc. = n. 932].

2045   *Super oblata.* Suscipe misericors deus supplicum preces et secundum multitudinem indulgentiarum tuarum ab omnibus nos absolue peccatis, ut per hanc hostiam quam maiestati tuae offerimus ad omnia pietatis opera te parcente reparemur, et quos uenia feceris innocentes, auxilio facias efficaces. P.

2046   *Praefatio.* UD. aeterne deus. Qui fragilitatem nostram non solum misericorditer donis temporalibus consolaris, ut nos ad aeterna prouehas, sed etiam ipsis aduersitatibus seculi benignus erudis, ut ad celestia regna perducas. P. Chr.

2047   *Ad complendum.* Muniat domine fideles tuos sumpta uiuificatio sacramenti et a uitiis omnibus expeditos in sancta faciat deuotione currentes. P. d. n.

367.
FERIA III. [fol. 156]

Parce domine, parce peccantibus, et ut ad propitiationem tuam 2048 possimus accedere, spiritum nobis tribue corrigendi. P. d. n.

Super oblata. Quesumus domine nostris placare muneribus, 2049 quoniam tu eadem tribuis, ut placeris[1]). P.

Ad complendum. Tua sancta nobis omnipotens deus quae sump- 2050 simus et indulgentiam prebeant et auxilium perpetuae defensionis impendant. P. d. n. I. Chr. filium.

368.
FERIA IIII.

Parce domine, parce peccatis nostris, et quamuis incessabiliter 2051 delinquentibus continua poena debeatur, presta quesumus, ut quod perpetuum meremur exitium, transeat ad correctionis auxilium. P.

Alia. Domine deus qui adhoc irasceris, ut subuenias, adhoc 2052 minaris, ut parcas, lapsis manum porrige et laborantibus multiplici miseratione succurre, ut qui per te redempti sunt, ad spem uitae aeternae seruentur. P.

Super oblata. Sacrificia domine tibi cum aecclesiae precibus 2053 immolanda quesumus corda nostra purificent et indulgentiae tuae nobis dona concilient et de aduersis prospera sentire perficiant. P.

Ad complendum. Uitia cordis humani haec domine quesumus me- 2054 dicina compescat, quae mortalitatis nostrae uenit curare languores. P.

369.
FERIA V.

Parce domine, parce supplicibus, da propitiationis auxilium, qui 2055 prestas etiam per ipsa flagella remedium; nec haec tua correptio domine sit neglegentibus maior causa poenarum, sed fiat eruditio paterna correctis. P. d. n.

Alia. Omnipotens et misericors deus, qui peccantium animas 2056 non uis perire sed culpas, contine quam meremur iram et quam precamur super nos effunde clementiam, ut de merore in gaudium per tuam misericordiam transferamur. P.

[1]) Hs.: placaris.

2057   *Super oblata.* Sacrificia nos domine celebranda purificent et celestibus imbuant institutis. P.

2058   *Praefatio.* UD. aeterne deus. Fide sancta, uoluntate deuota, laudatione perpetua predicare, qui non merito nostro sed studio tuo in lucem nos de tenebris eduxisti et de morte ad uitam reuocasti. Quapropter unigenitus tuus dominus noster Iesus Christus humilitatis nostrae infirma suscepit, ut potentiae suae nobis excelsa conferret. Et ideo nunquam obliuiscitur misereri deus nec continet in ira misericordiam suam, sed uult eripere de periculis, quos proprio sanguine comparauit. Per quem.

2059   *Ad complendum.* Sit nobis quesumus domine medicamentum mentis et corporis, quod de sancti altaris tui benedictione percepimus, ut nullis aduersitatibus quatiamur, qui tanti remedii participatione munimur. P.

370.

FERIA VI.

2060   Deus qui culpa offenderis [etc. = n. 374].

2061   *Super oblata.* His sacrificiis domine quesumus concede placatus, ut qui propriis oramus absolui delictis, non grauemur externis et ab omnibus mereamur eripi aduersis. P.

2062   *Ad complendum.* Sacrae nobis quesumus domine mensae libatio et piae conuersationis augmentum et in presenti periculo propitiationis tuae prestet auxilium. P.

2063   *Alia.* Intende quesumus domine preces nostras, et qui non operando iustitiam correptionem meremur, afflicti in tribulatione clamantes tandem respiremus auditi. P.

371.

FERIA VII.

2064   Exaudi domine gemitum populi tui, nec plus apud te ualeat offensio delinquentium quam misericordia tua indulta fletibus supplicantium. P.

2065   *Alia.* Quesumus omnipotens deus, ut qui nostris fatigamur offensis et merito nostrae iniquitatis affligimur, pietatis tuae gratiam consequi mereamur. P.

Super oblata. Haec hostia domine quesumus et ab occultis 2066
aecclesiam tuam reatibus semper expediat et a manifestis conuenienter
expurget. P. d. n.

Ad complendum. Sumpti sacrificii domine [etc. = n. 612]. 2067

Alia. Aures tuae pietatis quesumus domine precibus nostris 2068
inclina, ut qui peccatorum nostrorum flagellis percutimur, miserationis
tuae gratia liberemur. P. d. n. I. Chr.

372.
MISSA PRO PECCATIS.
FERIA II. [fol. 157]

Exaudi quesumus domine supplicum preces et confitentium tibi 2069
parce peccatis, ut pariter nobis indulgentiam tribuas benignus et
pacem. P.

Super oblata. Adesto nobis quesumus domine et preces nostras 2070
benignus exaudi, ut quod fiducia non habet meritorum, placatio
obtineat hostiarum. P. d.

Praefatio. UD. aeterne deus. Suppliciter implorantes, ut nos 2071
ab omnibus peccatis clementer eripias et a cunctis protegas benignus
inimicis. P. Chr.

Infra actionem. Hanc igitur oblationem domine, quam tibi 2072
offerimus pro peccatis nostris atque offensionibus nostris, ut omnium
delictorum nostrorum remissionem consequi mereamur, quesumus
domine, ut placatus accipias. Diesque nostros.

Ad complendum. Presta nobis aeterne saluator, ut percipientes 2073
hoc munere ueniam delictorum deinceps peccata uitemus. P.

Alia. Sancta tua nos quesumus domine et a peccatis exuant et 2074
caelestis uitae uigore confirment. P.

Ad complendum. Deus cui proprium est misereri semper et 2075
parcere, suscipe deprecationem nostram, et quos delictorum catena
constringit, miseratio tuae pietatis absoluat. P.

373.
FERIA III.

Deus refugium pauperum, spes humilium salusque miserorum, 2076
supplicationes populi tui clementer exaudi, ut quos iustitia uerberum
fecit afflictos, abundantia remediorum faciat consolatos. P. d.

2077   *Super oblata.* Hostias domine quas tibi offerimus propitius respice et per haec sancta commertia uincula peccatorum nostrorum absolue. P.

2078   *Ad complendum.* Caelestia dona capientibus [etc. = n. 547].

374.
FERIA IIII.

2079   Deus qui tante pietatis es, ut supplicantium preces indulgentia omni preuenias et id quod petendum est a te iam nosti prius quam rogeris, exaudi preces populi tui atque omnibus nobis misericordiae et securitatis tuae munus indulge, ut omni sublata formidine liberis tibi mentibus seruiamus. P.

2080   *Super oblata.* Descendat precamur omnipotens deus super haec quae tibi offerimus uerbum tuum sanctum, descendat inaestimabilis gloriae tuae spiritus, descendat antique indulgentiae tuae donum, ut fiat oblatio haec hostia spiritalis in odorem suauitatis et nos famulos tuos per sanguinem Christi filii tui tua manus inuicta custodiat. Per eundem.

2081   *Ad complendum.* Salutari cibo et diuino munere saginati ac participes dominici corporis et sanguinis effecti deo nostro cum laude gra-[fol. 158]tias referamus rogantes, ut cibus iste et potus quem sumpsimus omnes a nobis diaboli repellat insidias, fidem augeat, spiritum innouet, actus corrigat, corda communiat. Per. in unitate eiusdem spiritus.

375.
FERIA VI.

2082   Presta quesumus clementissime et misericordissime deus, ut nos ineffabilis tua clementia benedicat et sensum in nobis sapientiae salutaris infundat atque in sanctis actibus perseuerabiles reddat. P.

2083   *Alia.* Inclina quesumus piissime deus aurem tuam ad preces nostrae humilitatis et gressus nostros propitius ab omni errore conuerte uiamque nobis pacis et caritatis ostende. P.

2084   *Super oblata.* Per haec nos munera oblata domine quesumus a peccatorum nostrorum maculis emunda, actus nostros clementer corrige, uitam emenda, mores compone atque in uiam salutis aeternae nos misericorditer dirige. P.

Ad complendum. Per haec sacrosancta commertia quesumus 2085 domine ab omni prauitate et aduersitate nos clementer defende atque tuarum dono uirtutum exuberare concede, quo corpore semper muniti et mente tuam consequi ualeamus propitiationem. P.

A cunctis nos quesumus benignissime deus perturbationibus et 2086 iniquitatibus libera mentesque nostras in tuae caritatis ac pacis tranquillitate consolida. P. d.

376.
MISSA SANCTI AMBROSII.

Da nobis quesumus domine indignis famulis tuis sanitatem mentis 2087 et corporis, da uitare quod nocet et amare quod saluat, da ut bonis operibus inherendo et benedici mereamur et tua semper uirtute defendi. P. d.

Super oblata. Suscipe munera quesumus domine quae tibi de 2088 tua largitate [etc. = n. 1589].

Praefatio. UD. aeterne deus. Te precamur, ut tua nos gratia 2089 protegat et conseruet, et quia sine te nihil recte ualemus efficere, tuo munere semper capiamus, ut tibi placere possimus per Christum dominum nostrum. Per quem maiestatem tuam laudant angeli, uenerantur archangeli, throni dominationes principatus et potestates adorant. Quem cherubin et seraphin socia exultatione concelebrant. Cum quibus et nostras uoces.

Ad complendum. Quod ore sumpsimus, domine, mente capiamus, 2090 et de corpore et sanguine domini nostri Iesu Christi fiat nobis remedium sempiternum. Per eundem.

377.
ORATIONES PRO QUACUNQUE TRIBULATIONE ET PRO PECCATIS.

Exaudi quesumus domine gemitum populi supplicantis, et qui de 2091 meritorum qualitate diffidimus, non iudicium sed misericordiam consequi mereamur. P.

Alia. Succurre quesumus domine populo [etc. = n. 607]. 2092

Alia. Deus qui iuste irasceris et clementer ignoscis, afflicti po- 2093 puli lacrimas respice [etc. = n. 620].

2094   *Alia.* Conserua quesumus domine populum tuum et ab [etc. = n. 425].

2095   *Alia.* Afflictionem familiae tuae [etc. = n. 595].

2096   *Alia.* Ab omnibus nos quesumus domine peccatis [fol. 159] propitiatus absolue, ut percepta uenia peccatorum liberis tibi mentibus seruiamus. P.

2097   *Alia.* Precibus nostris quesumus domine aurem tuae pietatis accommoda et orationes supplicum occultorum cognitor benignus exaudi, ut te largiente ad uitam perueniant sempiternam. P.

2098   *Alia.* Presta populo tuo domine [etc. = n. 929].

2099   *Alia.* Da nobis quesumus domine de tribulatione laetitiam, ut qui diu pro peccatis nostris affligimur, intercedente beato *ill.* martyre tuo in tua misericordia respiremus. P.

2100   *Alia.* Exaudi domine populum tuum tota tibi mente subiectum, ut corpore et mente protectus quod pie credit tua gratia consequatur. P.

2101   *Alia.* Sub[iectum] tibi populum [etc. = n. 491].

2102   *Alia.* Purifica quesumus domine tuorum corda fidelium, ut a terrena cupiditate mundati et presentis uite periculis exuantur et perpetuis donis firmentur. P.

2103   *Alia.* Clamantium ad te quesumus domine preces dignanter exaudi, et sicut Nineuitis in afflictione positis pepercisti, ita nobis in presenti tribulatione succurre. P.

2104   *Alia.* Miserere iam quesumus domine populo tuo et continuis tribulationibus laborantem celeri propitiatione laetifica. P.

2105   *Alia.* Auxiliare domine quaerentibus misericordiam tuam et da ueniam confitentibus; parce supplicibus, ut qui nostris meritis flagellamur, tua miseratione saluemur. P.

2106   *Alia.* Presta quesumus omnipotens deus, ut qui iram [etc. = n. 928].

2107   *Alia.* Tribulationem nostram quesumus domine propitius respice et iram tuae indignationis quam iuste meremur propitiatus auerte. P. d. n.

2108   *Alia.* Deus qui peccantium animas [etc. = n. 516.]

Alia. Quesumus omnipotens deus, afflicti populi lacrimas respice 2109
et iram tuae indignationis auerte, ut qui reatum nostrae infirmitatis
agnoscimus, tua consolatione liberemur. P.

Alia. Parce domine, parce populo [etc. = n. 380]. 2110

Alia. Deus qui in sanctis habitas [etc. = n. 1570]. 2111

Alia. Presta quesumus omnipotens deus, ut qui offensam nostram 2112
per flagella cognoscimus, tuae consolationis gratiam sentiamus. P. d. n.

Alia. Ne despicias omnipotens deus populum tuum in afflictione 2113
clamantem, sed propter gloriam nominis tui tribulantibus succurre
placatus. P.

Alia. Omnipotens deus, misericordiam tuam in nobis placatus 2114
intende, ut qui te contempnendo culpam incurrimus, confitendo
ueniam consequamur. P.

Alia. Moueat pietatem tuam [etc. = n. 927]. 2115

Alia. Deprecationem nostram quesumus omnipotens deus 2116
benignus exaudi [etc. = n. 543].

Alia. Auerte quesumus domine iram tuam propitiatus a nobis 2117
et facinora nostra quibus indignationem tuam prouocamus expelle. P.

Alia. Memor esto quesumus domine fragilitatis humanae, et qui 2118
iuste uerberas peccatores, parce propitiatus afflictis. P.

Alia. Deus qui nos conspicis in tot perturbationibus non posse 2119
[fol. 160] subsistere, afflictorum gemitum propitius respice et mala
omnia que meremur auerte. P. d. n.

378.

MISSA IN ORDINATIONE EPISCOPI.

Deus qui digne tibi seruientium nos imitari desideras famulatum, 2120
da nobis caritatis tuae flamma ardere succensis, ut antistitum decus
priorum qui tibi placuerunt mereamur consorcium obtinere. P.

Super oblata. Aufer a nobis domine spiritum superbiae cui 2121
resistis, ut sacrificia nostra tibi sint semper accepta. P. d. n.

Praefatio. UD. aeterne deus. Qui dissimulatis peccatis humane 2122
fragilitatis nobis indignis sacerdotalem confers dignitatem, da nobis
quesumus, ut ad sacrosancta mysteria immolanda sacrificia cum bene-

placitis tibi mentibus facias introire. Quia tu solus sine operibus aptis iustificas peccatores, tu gratiam prestas benignus ingratis, tu ea quae retro sunt obliuisci concedis et ad priora promissa mysteria clementissima gubernatione perducis. Et ideo.

2123   *Infra actionem.* Hanc igitur oblationem seruitutis nostrae, quam tibi offerimus in die hodiernae solemnitatis, quo nobis indignis sacerdotalem infulam tribuisti, quesumus domine, ut placatus accipias, et tua pietate conserua, quod es operatus in nobis. Diesque.

2124   *Ad complendum.* Corporis sacri et pretiosi sanguinis repleti libamine quesumus domine deus noster, uti gratiae tuae munus, quod nobis inmeritis contulisti, intercedente beato Petro apostolo tuo propitius muniendo custodias. P. d. n.

379.
MISSA PRO EPISCOPO IN DIE ORDINATIONIS EIUS.

2125   Deus qui dierum nostrorum numeros mensurasque temporum maiestatis tuae potestate dispensas, ad humilitatis nostrae propitius respice seruitutem et tuae pacis abundantia tempora nostra et famuli tui *ill.* tua gratia benignus accumula, ut quem populo tuo preesse dignatus es, tuae benedictionis ei abundantiam largiaris. P.

2126   *Super oblata.* Respice domine nostram seruitutem, et hec oblatio nostra pro famulo tuo *ill.* sit munus tibi acceptum, sit fragilitatis nostrae subsidium sempiternum, quatinus eum septiformis gratiae muneribus ditatum nobis populoque tuo iugiter profuturum sanctifices. P.

2127   *Praefatio.* UD. p. Chr. d. n. Uerum aeternumque pontificem et solum sine peccati macula sacerdotem. Per quem tuam pater piissime suppliciter poscimus maiestatem, ut famulus tuus *ill.* talis nobis tuo munere preparetur, cuius in omnibus peruigili cura et instanti sollicitudine ordo aecclesiae et credentium fides in tuo timore melius conualescat. Qui in omni doctrina formam boni operis in se prebeat cuiusque habitus sermo uultus incessus doctrina uirtutis sit. Qui nos ut pastor bonus fide instruat, exemplo patientiae doceat, doctrina religionis instituat, in omni opere bono confirmet caritatis exemplo. Fac eum quesumus domine moribus clarum, religione probum, fide stabilem, misericordia abundantem, humilem iustum pacificum mitem patientem et cunctis quae in sacerdotibus eligenda sunt bonis perseueranter exuberantem, quatinus quod uerbis docuerit operibus impleat et

quod opere pretenderit scientia ueritatis repletus fideliter uerbis
edoceat, ut ipse et ara tibi et sacrificium et sacerdos existat[1]) et
templum. Per quem.

Infra actionem. Hanc igitur oblationem, quam tibi pro famulo 2128
tuo *ill.* [fol. 161] et antistite nostro offerimus, ob deuotione[m]
mentis nostrae quesumus domine placatus accipias tuaque in eo munera
ipse custodias donesque ei annorum spatia, ut aecclesiae tuae fideliter
presidendo te omnia et in omnibus operante sic utatur temporalibus,
ut premia mereatur aeterna. Diesque nostros.

Ad complendum. Huius domine uirtute mysterii famulum tuum 2129
ill. ab omnibus absolue peccatis, ut quibus eum tua gratia prefecisti,
omnibus digne congrueque tuo munere facias suffragari. P. d. n.

380.
MISSA SACERDOTIS IN NATALE EPISCOPI.

Presta quesumus omnipotens sempiterne deus, ut fideli tuo ordi- 2130
nato prebeamus dilectione affectum[2]) eique nos similiter diligendi
spiritum sanctum benignus infundas. Per. in unitate.

Super oblata. Da quesumus omnipotens deus, ut in tua spe et 2131
caritate sincera sacrificium tibi placitum deferamus et plebis et presulis. P.

Ad complendum. Deus qui nos sacramentis tuis pascere non 2132
desistis, tribue quesumus, ut eorum nobis indulta refectio uitam conferat sempiternam. P. d. n.

381.
MISSA PRO ANTISTITE ET CETERIS EPISCOPIS.

Deus qui populis tuis indulgentia consulis et amore dominaris, 2133
da spiritum sapientiae quibus dedisti regimen disciplinae, ut de profectu sanctarum ouium fiant gaudia aeterna pastorum. P.

Super oblata. Hostiam tibi domine laudis exsoluo suppliciter 2134
implorans, ut quod famulo tuo *ill.* et ceteris episcopis contulisti,
intercedente beato Petro apostolo tuo propitius exequaris. P.

Ad complendum. Da quesumus domine, ut tanti mysterii munus 2135
indultum non contempnatio sumentibus subditis, sed sit medicina
pastorum. P. d. n.

---
[1]) Hs.: existet. — [2]) Hs.: effectum.

16*

382.

MISSA IN DEDICATIONE AE[C]CLESIAE.

2136   Deus qui sacrandorum tibi auctor es munerum, effunde super hanc orationis domum benedictionem tuam, ut ab omnibus inuocantibus nomen tuum defensionis auxilium sentiatur. P. d. n.

2137   *Alia.* Deus qui ex omni coaptatione sanctorum aeternum tibi condis habitaculum, da aedificationis tuae incrementa caelestia, ut quorum hic reliquias pio amore complectimur, eorum semper meritis adiuuemur. P. d. n.

2138   *Super oblata.* Omnipotens sempiterne deus, effunde super hunc locum gratiam tuam et omnibus te inuocantibus auxilii tui munus ostende, ut hic sacramentorum uirtus omnium fidelium corda confirmet. P.

2139   *Praefatio.* UD. p. Chr. d. n. Per quem te supplices deprecamur, ut altare hoc sanctis usibus preparatum celesti dedicatione sanctifices, et sicut Melchisedech sacerdotis precipui oblationem dignatione mirabili suscepisti, ita imposita nouo huic altari munera semper accepta habere digneris, ut populus tuus in hanc aecclesiae domum sanctam conueniens per haec pura libamina caelesti sanctificatione saluatus animarum quoque suarum salutem perpetuam consequatur. Per quem.

2140   *Infra actionem.* Hanc igitur oblationem famulorum tuorum, quam tibi in huius templi sanctificatione offerunt immolandam, quesumus domine dignanter intende, ut aulam, quae beati martyris tui meritis aequiparari non potuit, tuae clari-[fol. 162]tatis uultus illustret; fiatque tua propitiatione tuis sacris sanctisque digna mysteriis, sit aeternae lucis habitaculum temporale, nihil hic mundanae sordes obscuritatesque possideant, ut ueniens huc populus tuus suae consequatur orationis effectum dignumque locum hunc tua sentiat maiestate, dum a te postulata fuerit consecutus; sitque aedificantibus imprecatio delictorum, dum a te non pro sui operis quantitate, sed pro offerentium fuerit deuotione suscepta. Diesque.

2141   *Ad complendum.* Sanctorum tuorum domine precibus confidentes quesumus, ut per ea quae sumpsimus aeterna remedia capiamus. P. d. n.

383.

MISSA IN ANNIUERSARIO DEDICATIONIS AE[C]CLESIAE.

2142   Deus qui nobis per singulos annos huius templi tui consecrationis reparas diem et sacris semper mysteriis representas incolumes, exaudi preces populi tui et presta, ut quisquis hoc templum [etc. = n. 1406].

Super oblata. Annue quesumus domine precibus nostris, ut 2143
quicumque [etc. = n. 1407].

Praefatio. UD. aeterne deus. Pro annua dedicatione templi 2144
[etc. = n. 1408].

Ad complendum. Multiplica domine quesumus per haec sancta 2145
quae sumpsimus ueritatem tuam in animabus nostris, ut te in templo
sancto iugiter adoremus et in conspectu tuo cum sanctis angelis
gloriemur. P. d. n.

Deus qui aecclesiam tuam unigeniti tui sponsam [etc. = n. 1409]. 2146

Alia. Deus qui de uiuis et electis lapidibus [etc. = n. 1410]. 2147

384.
MISSA ABBATIS ET CONGREGATIONIS SIBI COMMISSAE.

Omnipotens sempiterne deus, qui facis mirabilia magna solus, 2148
pretende super famulum tuum abbatem nostrum et super cunctam
congregationem [fol. 163] sancti Bonifacii illi commissam spiritum
gratiae salutaris, et ut in ueritate tibi complaceant, perpetuum eis
rorem tuae benedictionis infunde. P. d. n.

Super oblata. Hostias tuorum domine famulorum placatus intende 2149
et in honorem tui nominis quod deuota mente celebramus proficere
nobis sentiamus ad medelam. P.

Praefatio. UD. aeterne deus. Propitiare supplicationibus nostris 2150
et miserere abbati nostro omnique congregationi illi commissae, ut
cunctis sceleribus amputatis ita sint tuae miserationis defensione protecti, ut in obseruatione mandatorum tuorum mereantur esse perfecti;
quatinus et in hac uita uniuersis facinoribus careant et ad conspectum
gloriae tuae quandoque sine confusione peruveniant. P. Chr.

Ad complendum. Quos caelesti recreas munere, perpetuo domine 2151
comitare presidio, et quos fouere non desinis, dignos fieri sempiterna
redemptione concede. P. d. n.

385.
MISSA COMMUNIS ABBATIS ET CONGREGATIONIS SIMULQUE
OMNIUM UIUORUM ET DEFUNCTORUM.

Pietate tua quesumus domine nostrorum solue uincula omnium 2152
delictorum et intercedente beata Maria cum omnibus sanctis tuis

abbatem nostrum et congregationem sancti Bonifacii illi commissam in omni. sanctitate custodi; omnesque affinitate et familiaritate nobis iunctos necnon et omnes christianos a uitiis purga, uirtutibus illustra, pacem et salutem nobis tribue, hostes uisibiles et inuisibiles remoue, inimicis nostris caritatem largire et omnibus fidelibus uiuis et defunctis in terra uiuentium uitam pariter et requiem aeternam concede. P.

2153 *Super oblata.* Deus qui singulari corporis tui hostia totius mundi soluisti delicta, hac oblatione placatus maculas scelerum nostrorum absterge et omnium christianorum uiuorum uel mortuorum peccata dimitte eisque premia aeterna concede. P.

2154 *Praefatio.* UD. aeterne deus. Et tuam clementiam humiliter implorare, ut interuenientibus sanctis tuis delicta nostra clementer emundes diesque nostros in tua uoluntate disponas simulque omnibus in te credentibus sanitatem mentis et corporis tribuas, incredulos conuertas, errantes corrigas, discordantibus unitatem largiaris omnibusque fidelibus defunctis ueniam conferas, ut ad interminabilem gloriam peruenire mereantur. P. Chr.

2155 *Infra actionem.* Hanc igitur oblationem, quam tibi offerimus pro aecclesia tua sancta catholica, quesumus domine, propitio uultu inspicere et sanctificare dignare et concede per tuam inmensam clementiam et filii tui caritatem spiritusque tui gratiam et gubernationem, ut contra omnium inimicorum uisibilium scilicet et inuisibilium insidias munita ac conseruata maneat presentisque uitae cursum in sancta conuersatione consummans retributionem aeternae felicitatis et perpetuae beatitudinis cum sanctis et electis angelis percipere mereatur per sanctam et indiuiduam trinitatem. Quam oblationem.

2156 *Ad complendum.* Sumpta quesumus domine sacramenta crimina nostra detergant omnemque prauitatem et infirmitatem et hosticam rabiem atque subitaneam mortem meritis sanctorum omnium a nobis procul repellant et omnibus fidelibus uiuis et defunctis prosint ad ueniam, pro quorum tibi sunt oblata salute. P.

386.

MISSA IN ORDINATIONE PRESBITERI. [fol. 164]

2157 Deus cuius arbitrio omnis caelorum ordo decurrit, respice propitius ad nostri temporis aetatem, et ut tibi seruitus nostra complaceat, misericordiae tuae in nobis dona concede. P.

Super oblata. Muneribus nostris [quesumus] domine precibusque 2158
susceptis [etc. = n. 172].

Praefatio. UD. aequum et salutare. Quia in seculorum saecula 2159
domine permanet laudatio tua, uox haec populi tui fideliter concinit,
ut maiestati tuae placeat atque iucunda sit deprecatio. Simul etiam
supplex quaeso, ut sacrificia, quae tibi ego indignus offerre presumo
ob diem quo me sacris altaribus tuis sacerdotem consecrari iussisti,
de excelso throno tuo respicere digneris, benedictione tua impleas,
sanctificatione sanctifices. P. Chr.

Infra actionem. Hanc igitur oblationem, quam tibi offero ego 2160
tuus famulus ob diem, quo me nullis dignum meritis sed solo tuae
misericordiae dono ad hunc locum perducere dignatus es presbiterii,
queso domine placatus accipias, maiestatem tuam suppliciter deprecans,
ut sicut me sacris altaribus tua dignatio sacerdotali seruire precepit
officio, ita dignum prestet et merito. Diesque nostros.

Ad complendum. Purificet nos quesumus domine caelestis exe- 2161
cutio sacramenti et ad tuam magnificentiam capiendam diuinis effectibus
semper instauret. P.

387.
MISSA IN ANNIUERSARIA ORDINATIONE PRESBITERI.

Deus cuius arbitrio omnium seculorum ordo decurrit, respice 2162
propitius ad me famulum tuum, quem in ordinem presbiterii promouere dignatus es, et ut tibi mea seruitus placeat, tuae in me
misericordiae dona conserua. P. d. n.

Super oblata. Perfice domine quesumus benignus in nobis, ut 2163
quae sacris mysteriis profitemur piis actionibus exequamur. P.

Infra actionem. Hanc igitur oblationem domine seruitutis meae, 2164
quam tibi offero ego tuus famulus et sacerdos pro eo quod me elegere
dignatus es in ordinem presbiterii, ut sacrificiis tuis ac diuinis altaribus
deseruirem, humili prece deposco, dignanter suscipias. Pro hoc reddo
tibi uota mea deo uiuo et uero maiestatem tuam suppliciter implorans,
ut opera manuum tuarum in me ipso custodias et idoneum me per
omnia ministrum tuae uoluntatis efficias. Diesque.

Ad complendum. Deus caritatis et pacis, qui pro salute generis 2165
humani crucis patibulum pertulisti et sanguinem tuum sanctum pro
nostra redemptione fudisti, intercedentibus omnibus sanctis tuis preces

nostras placatus et benignus suscipe et misericordiam tuam mihi concede, ut quando me de corpore exire iusseris, pars iniqua non habeat
in me potestatem, sed angelus tuus sanctus inter sanctos et electos
tuos me collocet, ubi lux permanet et uita regnat in secula seculorum.

388.
MISSA SACERDOTIS PROPRIA.

2166   Suppliciter te, piissime deus pater omnipotens, qui es creator
omnium rerum, deprecor, ut dum me famulum tuum coram omnipotentia maiestatis tuae grauiter deliquisse confiteor, manum misericordiae
tuae mihi porrigas, quatinus dum hanc oblationem tuae pietati offero,
quod nequiter admisi clementissime digneris absoluere. P.

2167   *Super oblata.* Deus misericordiae, deus pietatis, deus indulgentiae, indulge quaeso et miserere mei serui tui, sacrificium quoque quod
pietatis tuae gratia humiliter offero benigne dignare suscipere [fol. 165]
et peccata, quae labentibus uitiis contraxi, tu pius et propitius ac
miseratus indulge et locum paenitentiae ac flumina lacrimarum mihi
concede, ut ueniam a te merear accipere. P.

2168   *Praefatio.* UD. aeterne deus. Qui dum libenter nostrae paeni-
tudinis satisfactionem suscipis, ipse tuo iudicio quod erramus abscondis
et peccata nostra preterita dissimulas, ut nobis sacerdotii dignitatem
concedas. Tuum est enim me ad ministrandum altari tuo dignum
efficere, quem ad peragendum id officium indignum dignatus es promouere, ut preteritorum actuum meorum mala obliuiscens, presentium
ordinem in tua uoluntate disponens, [futuris custodiam imponens] per
eum uitiorum squaloribus expurger, uirtutum nutrimentis exorner,
eorum sacerdotum consorcio qui tibi placuerunt aduner, quem constat
esse uerum summumque pontificem solumque sine peccati tagione
sacerdotem Iesum Christum dominum nostrum. Per quem.

2169   *Infra actionem.* Hanc igitur oblationem, quam tibi offero ego
famulus tuus, clementissime pater obsecro, ut libenter excipias
orationesque meas dignanter intendas, tribulationes cordis mei misericorditer auferas, placabilis uota suscipias, libens desideria compleas,
clemens peccata dimittas, crimina benignus abstergas, flagella propitius
coerceas, languores miseratus excludas, serenissimo uultu petitionibus
meis aurem accommodes, gratiam tuam multipliciter augeas et misericordiam tuam incessabiliter largiaris. P. Chr.

Ad complendum. Deus qui uiuorum es saluator omnium, qui 2170
non uis mortem peccatorum nec laetaris in perditione morientium, te
suppliciter deprecor, ut concedas mihi ueniam delictorum, ut admissa
defleam et postmodum non admittam, et cum mihi extrema dies
finisque uitae aduenerit, emundatum delictis omnibus me angelus
sanctitatis suscipiat. P.

389.
ALIA MISSA.

Omnipotens aeterne deus, tuae gratiae pietatem supplici deuotione 2171
deposco, ut omnium malorum meorum uincula soluas cunctisque meis
criminibus et peccatis clementer ignoscas, et quia me indignum et
peccatorem ad ministerium tuum uocare dignatus es, sic me idoneum
tibi ministrum efficias, ut sacrificium de manibus meis placide ac
benigne suscipias electorumque sacerdotum me participem facias et
de preceptis tuis in nullo me aberrare permittas. P.

Alia. Fac me quaeso omnipotens deus ita iustitia indui, ut in 2172
sanctorum tuorum merear exultatione laetari, quatinus emundatus ab
omnibus sordibus peccatorum consortium adipiscar tibi placentium
sacerdotum, meque tua misericordia a uitiis omnibus exuat, quem
reatus propriae conscientiae grauat. P. d. n.

Super oblata. Deus qui te precipis a peccatoribus exorari tibique 2173
sacrificium contriti cordis offerri, hoc sacrificium quod indignis manibus
meis offero acceptare dignare, et ut ipse tibi hostia et sacrificium esse
merear, miseratus concede, quo per ministerii huius exhibitionem
peccatorum omnium percipiam remissionem. P.

Praefatio. UD. aeterne deus. Qui septiformis aecclesiasticae 2174
dignitatis gradus septemplici dono sancti spiritus decorasti, praesta
mihi propitius famulo tuo eundem in sanctitate uitae promereri
spiritum paraclytum, quem unigenitus filius tuus dominus noster Iesus
Christus tuis fidelibus mittendum esse promisit, qui meo pectori
inspirare dignetur catholicae fidei firmitatem et sanctae caritatis tuae
dulcedinem meque terrena despicere et amare caelestia doceat.
P. Chr.

Infra actionem. [fol. 166] Hanc igitur oblationem, quam tibi offero 2175
domine pro peccatis meis nimiis atque offensionibus, maiestatem tuam totis
uiribus deus piissime humili prece deposcens ut dignanter suscipias,

exoro, ut remittas crimina, quae carnis fragilitate atque temptatione iniquorum spirituum nequiter admisi, et iam me ad ea reuerti non sinas ultra, sed confirmans in tuis iustificationibus perseuerantiam mihi tribue in illis et fac me dignum ante conspectum tuum astare sacrificiumque tibi domino casto corpore et mundo corde digne offerre. P. Chr.

2176 *Ad complendum.* Huius mihi domine sacramenti perceptio sit peccatorum remissio et tuae pietatis optata propitiatio, ut per haec te opitulante efficiar sacris mysteriis dignus, quae de tua pietate confisus frequentare presumo indignus. P. d. n.

2177 *Alia.* Parce domine, parce peccatis meis, et quamuis incessabiliter delinquenti continua paena debeatur, presta quaeso, ut a perpetuo merear exitio transire ad correctionis auxilium et temptationem illam diabolicam, quam meritis meis super me cognosco preualere, te miserante cognoscam cessare. P.

390.
ALIA MISSA.

2178 Deus sub cuius oculis omne cor trepidat et omnes conscientiae pauescunt, respice propitius ad preces gemitus mei, et sicut me nullis dignum meritis in loco huius seruitutis tuae sacris fecisti assistere altaribus, ita secundum multitudinem miserationum tuarum da mihi indulgentiam peccatorum meorum, ut mea fragilitas, quae per se procliuis est ad labendum, per te semper muniatur ad standum, et quae prona est ad offensam, per te semper reparetur ad ueniam. P. d. n.

2179 *Super oblata.* Sanctifica domine haec tibi sacrificia illibata et sumentium corda pietate solita a malis omnibus placatus emunda, ut merear tibi domino incessanter seruire sine offensione et aeternae uitae hereditatem percipere sine fine. P.

2180 *Praefatio.* UD. p. Chr. d. n. Qui pro amore hominum factus in similitudinem carnis peccati formam serui dominus assumpsit et in specie uulnerati medicus ambulauit. Hic nobis dominus et minister salutis, aduocatus et iudex, sacerdos et sacrificium. Per hunc te sancte pater deprecor, (ut) dum reatum conscientiae meae recognosco, [qui] et in preceptis tuis preuaricator extiti et per delictorum facinus [corrui] in ruinam. Tu me domine erige, quem lapsus peccati prostrauit, illumina cecum, quem tetrae peccatorum caligines obscurauerunt, solue compeditum, quem uincula peccatorum constringunt. Presta mihi clementissime ueniam omnium delictorum per sanctum et gloriosum et adorandum dominum nostrum Iesum Christum filium tuum. Per quem.

Ad complendum. Misericors et miserator domine, qui nos par- 2181 cendo sanctificas et ignoscendo conseruas, intercedentibus sanctis angelis patriarchis prophetis apostolis martyribus confessoribus necnon et sacris uirginibus da mihi per haec quae sumpsi purificationem mentis et corporis et mearum absolutionem culparum. P.

Alia. Misericordiam tuam suppliciter deprecor omnipotens deus, 2182 ut me famulum tuum, quem diuinis sacramentis carne et sanguine domini nostri Iesu Christi filii tui satiasti, ab omnibus inimicorum incursibus liberare et a carnis inmunditia seu lasciuia animae purgare digneris. P.

391.
ITEM ALIA MISSA.

Deus qui licet sis magnus in magnis, mirabilia tamen gloriosius 2183 operaris in minimis, concede mihi indigno famulo tuo sacris conuenienter seruire mysteriis, atque in omnibus tua misericordia protegat quem consci-[fol. 167]entiae reatus accusat. P.

Super oblata. Hostias tibi domine placationis pro uenia pec- 2184 catorum meorum offero ego famulus tuus, ut ab occultis me reatibus emundes et a manifestis conuenienter expurges. P. d. n.

Ad complendum. Omnipotens sempiterne deus Iesu Christe 2185 domine, esto propitius peccatis meis per assumptionem corporis et sanguinis tui et per intercessionem omnium sanctorum tuorum. Tu enim loquens dixisti: ‚Qui manducat carnem meam et bibit sanguinem meum, in me manet et ego in eo' [Ioh. 6,57]. Ideo te supplex deprecor, ut in me cor mundum crees et spiritum rectum in uisceribus meis innoues et spiritu principali me confirmes atque ab omnibus insidiis diaboli ac uitiis emundes, ut gaudiorum caelestium merear esse particeps. Qui cum patre.

392.
ALIA MISSA.

Ignosce domine quod, dum rogare compellor, dum per inmunda 2186 labia nomen sanctum tuum assumo et inmundorum actuum secreta confiteor, non habeo apud te nec uerba sine crimina[?] Tu enim conscientiae meae uulnera, tu cogitationum mearum occulta nosti et inmunditias meas tu solus agnoscis. Miserere mihi domine, miserere mihi, ignosce mysterii tui secreta tractanti, nec indignum misericordia tua iudices quem pro aliis rogare permittis, et in quo testimonium boni operis non agnoscis, officium saltem dispensationis credite non recuses saluator mundi. Qui cum patre.

2187   *Super oblata.* Pietatem tuam domine peto, ut orationem et uotum meum dignanter suscipias, supplicationem serui tui placatus attendas et a diuersis languoribus me eripias atque que tibi pro meis delictis offero misericorditer accipias et aeternae uitae heredem me constituas, desiderium meum in bonis operibus amplifices, uotum accumules et ab insidiis inimicorum me liberes. P.

2188   *Ad complendum.* Exaudi me omnipotens aeterne deus, qui dixisti: ‚Caro mea uere est cibus et sanguis meus uere est potus‘ [Ioh. 6,56], ut hoc sacramentum corporis et sanguinis tui assumens a terrenis desideriis et carnis cupiditate lasciuiaque uel immunditia, temptatione quoque iniquorum spirituum liberare me digneris et sancto tuo spiritu replere. Qui cum patre et cum eodem spiritu uiuis.

393.
ALIA MISSA.

2189   Deus fons bonitatis et pietatis origo, qui peccantem non statim iudicas sed ad paenitentiam miseratus expectas, te quaeso, ut facinorum meorum squalores abstergas et me ad peragendum iniunctum officium dignum efficias; et qui altaris tui ministerium suscepi indignus, perago trepidus, ad id peragendum reddar strenuus et inter eos qui tibi placuerunt inueniar iustificatus. P.

2190   *Alia.* Deus cui proprium est ablutionem criminum dare et ueniam prestare peccantibus, te suppliciter deprecor, ut mihi indigno misericordiam tuam clementer impendas, ut qui contempnendo preceptorum tuorum preuaricator extiti, confitendo peccatorum meorum ueniam consequi merear. P. d. n.

2191   *Super oblata.* Sacrificii presentis quaeso domine oblatio mea expurget facinora, per quod totius mundi uoluisti relaxari peccata, illiusque frequentatione efficiar dignus, quod ut frequentarem suscepi indignus. P. d. n.

Praefatio. UD. aeterne deus. Qui dissimulatis humane fragi- 2192
litatis peccatis sacerdocii dignitatem concedis indignis et non solum
peccata dimittis uerum etiam ipsos peccatores iustificare dignaris.
Cuius est muneris, ut non existentia sumant exordia, exorta nutri-
mentum, nutrita fructum, fructuosa perseuerandi auxilium. Qui me
non existentem creasti, creatum fidei firmitate ditasti, fidelem [fol. 168]
quamuis peccatis squalentem sacerdotii dignitate donasti. Tuam igitur
omnipotentiam supplex exposco, ut me a peccatis preteritis emacules
in mundi huius cursu, in bonis operibus corrobores et in perseuerantiae
soliditate confirmes. Sicque me facias tuis altaribus deseruire, ut ad
eorum qui tibi placuerunt sacerdotum consortium ualeam peruenire.
Et per eum tibi sit meum acceptabile uotum, qui se tibi optulit in
sacrificium, qui est omnium opifex et solus sine peccati macula
pontifex, Iesus Christus dominus noster. Per quem maiestatem tuam.

Ad complendum. Huius domine perceptio sacramenti peccatorum 2193
meorum maculas tergat et ad peragendum iniunctum officium me
idoneum reddat. P.

Alia. Memor esto obsecro miserationis tuae domine deus et 2194
mihi peccatori cunctorum tribue ueniam delictorum, ut tua gratia
largiente ad uitam merear peruenire sempiternam. P.

Alia. Ab omnibus me quaeso domine per haec sancta, que mihi 2195
inmerito contulisti, peccatis absolue, ut tua misericordia protegente
libera tibi mente seruire merear. P.

394.

ALIA MISSA.

Omnipotens et misericors deus, cuius pietatis et misericordiae 2196
non est numerus, qui simul cuncta creasti, qui uerbum tuum pro
redemptione generis humani incarnari ac pati uoluisti, qui occulta
omnium hominum solus cognoscis, miserere animae meae domine et
delicta iuuentutis et ignorantiae meae ne memineris deus, sed erue
me de manu inimicorum et•de profundo laci et de luto faecis. Ne
derelinquas me domine deus meus, ne discedas a me et ne tradas
me in manibus querentium animam meam, sed libera de omni angustia
piissime pater. P.

Alia. Da mihi domine quaeso indulgentiam peccatorum, quatinus 2197
quicquid carnali delectatione uel animi mei atque uana huius seculi

ambitione contra tuorum rectitudinem preceptorum perfeci, in presenti uita te miserante deleatur, ut in futuro ueram indulgentiam a tua misericordia percipere merear. P.

2198 *Super oblata.* Haec oblatio quesumus domine omnium sanctorum tuorum precibus et meritis in conspectu diuinae maiestatis tuae assumpta me famulum tuum ab omnibus uitiis et fraudibus inimici defendat et te miserante tibi iugiter digne seruire imploret atque ab ipso sanctificetur, a quo sumpsit exordium, Iesu Christo filio tuo unigenito domino nostro. Qui tecum.

2199 *Alia.* Hostias tibi domine exsoluo suppliciter implorans, ut quod inmerito contulisti, intercedente beato Bonifatio martyre tuo propitius exequaris. P.

2200 *Ad complendum.* Deus qui me indignum sacris mysteriis corpore et sanguine filii tui domini nostri Iesu Christi confortare dignatus es, te suppliciter deprecor, ut non sit ad iudicium animae meae; presta quaeso domine mihi peccatori indulgentiam, quam mea non exigunt merita, porrige manum lapso et aperi mihi ianuam regni tui, per quam possim ingredi in requiem sempiternam. P. d. n.

2201 *Alia.* Corporis sacri et pretiosi sanguinis repleti libamine quesumus domine deus noster, ut gratiae tuae munus, quod nobis inmeritis contulisti, intercedente beato Bonifatio martyre tuo propitius muniendo custodias. P.

395.
ALIA MISSA.

2202 Omnipotens sempiterne deus, qui me peccatorem sacris altari[bu]s astare uoluisti et sancti nominis tui laudare potentiam, concede quaeso per huius sacramenti mysterium meorum mihi ueniam peccatorum, ut tuae maiestati digne ministrare merear. P. [fol. 169]

2203 *Alia.* Suscipiat pietas tua domine deus humilitatis meae preces, et erue me de manibus inimicorum et de carnalibus corporis mei desideriis et de cogitationibus animae meae immundis, et de omnibus huius seculi uanitatibus eripe me, quatinus te miserante aeternorum flammas tormentorum euadere ualeam atque perpetuam beatitudinem accipere merear. P.

2204 *Super oblata.* Da quaeso clementissime pater per huius oblationis mysterium meorum mihi ueniam peccatorum, ut non ad iudicium sed ad indulgentiam mihi proficiat sempiternam. P.

Alia. Suscipe clementissime pater hostias placationis et laudis, 2205
quas tibi offero ego tuus famulus indignus. Tu enim scis
figmentum meum, qui nimis peccaui in conspectu tuo et non sum
dignus tibi hostiam offerre, sed tu clemens et misericors indulge mihi,
indulgentiam quaero placatus suscipe. P.

Ad complendum. Sumentes domine deus salutis nostrae sacra- 2206
menta presta quesumus, ut eorum participatio mihi famulo tuo ad
perpetuam proficiat salutem. P. d. n.

Alia. Aures tue pietatis mitissime deus inclina precibus meis et 2207
gratia sancti spiritus illumina cor meum, ut tuis mysteriis digne ministrare teque aeterna caritate diligere merear. Per. in unitate.

Item alia. Sumptis domine celestibus sacramentis maiestatem 2208
tuam suppliciter exoro, ut me a peccatis et uitiis expiatum dono
gratiae tuae ad tua promissa recto cursu peruenire concedas. P. d. n.

396.
ITEM ALIA MISSA.

Respice in me, patiens et inmense misericordiae deus, qui in- 2209
dulgentiam tuam nulla temporum lege concludis sed pulsantibus
misericordiae tuae ianuam aperis, et da mihi peccata mea paenitenti
compunctionis lacrimas, quibus incendia meorum ualeam extinguere
peccatorum, ut dono clementie tuae mundatus in gratiarum tuarum
semper actione persistam. P.

Super oblata. Suscipe domine munera, quae tibi ego indignus 2210
et peccator, qui nec inuocatione tui nominis dignus sum, pro immensis
sceleribus meis offerre presumo, ut per haec sacrosancta redemptionis
mundi mysteria in oculis maiestatis tuae gratiam propitiationis
inuenire merear. P.

Ad complendum. Infirmitatem meam respice, obsecro mitissime 2211
deus, et me indignum famulum tuum propriis et alienis reatibus
aggrauatum ad meliorem uitam per haec sacramenta quae sumpsi
restaurare dignare. P.

Alia. Deus qui sperantibus in te misereri potius eligis quam 2212
irasci et paenitentes etiam sub uitae huius termino non relinquis,
respice propitius super me famulum tuum remissionem mihi omnium
peccatorum tota cordis intentione poscentem, qui conuersum pecca-

torem non longo temporum spatio differendum sed mox ut ingemuisset dixisti csse saluandum. P. d. u.

397.
ITEM ALIA MISSA.

2213   Deus mundi creator et rector, ad humilitatis meae preces placatus intende et me famulum tuum, quem nullis suffragantibus meritis sed inmensa largitate clementiae tuae celestibus mysteriis seruire tribuisti, dignum sacris altaribus fac ministrum, ut quod mea uoce depromitur tua sanctificatione firmetur. P.

2214   *Alia.* Respice omnipotens deus propitius super me famulum tuum et omnes iniquitates meas dele, ut cicatricum iniquitatum mearum signa non appareant ultra [fol. 170] in carne mea et ablutis uitiis et carnis petulantia in laudibus tuis ex plenitudine cordis mea soluatur lingua. P.

2215   *Super oblata.* Exaudi me omnipotens aeterne deus, et qui dixisti: ‚Caro mea uere est cibus et sanguis meus uere est potus‘ [Ioh. 6,56], sanctifica hoc sacrificium in oblationem tui corporis, ut assumentes a terrenis desideriis et carnali cupiditate lasciuiaque uel immunditia, temptatione quoque immundorum spirituum liberare digneris [etc. = n. 2188].

2216   *Praefatio.* UD. p. Chr. d. n. Per quem te supplex exoro omnipotens deus, ut dignanter suscipias de manu serui tui hostiam et propitieris peccatis meis, ne indignum me iudices ob multitudinem iniquitatum mearum, quia tu domine sicut uoluisti fecisti, perducens me non propriis meis meritis sed inmensitate tuae bonitatis ad seruiendum altari tuo et in ara tuae laudis imponendum sacrificium. Ideoque ex toto corde humili prece deposco, ut fiat acceptum in conspectu tuo domine, quatinus per hanc oblationem atque petitionem et preterita quae commisi crimina indulgeas et futura non sinas admittere et a cunctis illusionibus immundorum spirituum liberatum sanctoque tuo spiritu protectum conseruare digneris. Per quem.

2217   *Ad complendum.* Deus aeterne domine Iesu, qui tuo pretioso sanguine nos redemisti, te supplex deprecor, ut quem corpore et sanguine tuo satiasti, plus numquam quam mea fragilitas sustinere potest temptari permittas; etiam, si aliquid diabolus suggesserit, me consensum prebere pro tua pietate non patiaris et a carnis petulantia siue lasciuia uel immunditia atque ab omnibus uitiis insidiisque siue astutiis inimicorum custodire et liberare me digneris. Qui cum patre et spiritu sancto uiuis.

398.
ALIA MISSA.

Omnipotens sempiterne deus, da mihi famulo tuo de multitudine 2218 miserationum tuarum confidenti correctionem uitae ac morum; lacrimarum fontem ad preterita ac presentia necnon futura facinora flenda spemque ueniae misericorditer infunde; da mihi etiam in hoc officio semper tibi placitam gerere uoluntatem, quatinus cum dies uocationis meae uenerit, ante conspectum diuinae maiestatis tuae per omnium sanctorum suffragia ueniam consequi merear omnium delictorum atque sanctorum tuorum consortio copulari. P.

Super oblata. Pro nostrae seruitutis augmento [etc. = n. 1701]. 2219

Praefatio. UD. p. Chr. d. n. Qui pro amore hominum factus 2220 est homo, ut humani generis creaturam originali peccato damnatam pretioso sanguine suo repararet ad uitam. Unde igitur per eundem dilectum filium tuum dominum nostrum Iesum Christum sancte pater omnipotens te deprecor, ut mihi per eum concedas ueniam delictorum, qui peccata multorum tulit et pro transgressoribus te deum patrem suum ut non perirent exorauit. Quem laudant.

Ad complendum. Gratias tibi ago domine deus, qui me pecca- 2221 torem satiare dignatus es corpore et sanguine domini nostri Iesu Christi filii tui, et ideo peto, omnipotens deus, ut haec sancta communio non sit mihi in iudicium neque ad condempnationem paenae, sed sit arma fidei et scutum bone uoluntatis ad euacuandas omnes insidias diaboli de corde et corpore meo, et illud introire conuiuium me peccatorem permittas, ubi lux uera est et gaudia sempiterna iustorum. Per eundem.

399.
MISSA IN ORDINATIONE [f. 171] MULTORUM PRESBITERORUM.

Exaudi domine supplicum preces et deuoto tibi pectore famu- 2222 lantes perpetua defensione custodi, ut nullis perturbationibus impediti liberam seruitutem tuis semper exhibeamus officiis. P.

Super oblata. Tuis domine quesumus operare mysteriis, ut haec 2223 tibi munera dignis mentibus offeramus. P. d. n.

17

2224   *Infra actionem.* Hanc igitur oblationem, quam tibi offerimus pro famulis tuis quos ad presbiterii gradum promouere dignatus es, quesumus domine ut placatus accipias, et quod eis diuino munere contulisti, in eis propitius tua dona custodi. Quam oblationem.

2225   *Ad complendum.* Quos refecisti domine sacramentis, attolle benignus auxiliis, ut tuae redemptionis effectum et mysteriis capiamus et moribus. P. d. n. I. Chr.

400.
MISSA UOTIUA PRO AMICO.

2226   Adesto domine famulo tuo *ill.* in tua protectione confidenti et tuae se dexterae suppliciter inclinantem perpetua defensione conserua. P.

2227   *Alia.* Respice propitius domine ad debitam famuli tui seruitutem, ut inter humanae fragilitatis incerta nullis aduersitatibus opprimatur qui de tua pietate confidit. P.

2228   *Alia.* Da famulo tuo *ill.* quesumus domine spiritum ueritatis et pacis, ut et te tota mente cognoscat et quae tibi sunt placita toto corde sectetur. P.

2229   *Super oblata.* Concede quesumus domine famulo tuo *ill.* suorum per haec sacramenta ueniam delictorum, et quod meritis non presumit, indulgentiae tuae largitate percipiat. P. d. n.

2230   *Praefatio.* UD. aeterne deus. Qui es iustorum gloria, misericordia peccatorum, pietatem tuam humili prece deposcimus, ut famulum tuum *ill.* benignus respicias et pietatis tuae custodiam impendas, ut ex toto corde et ex tota mente tibi deseruiat et sub tua semper protectione consistat, ut quando ei extrema dies uenerit, societatem sanctorum percipiat, cum quibus inenarrabilem gloriam sine fine possideat. P. Chr.

2231   *Infra actionem.* Hanc igitur oblationem seruitutis nostrae, quam tibi offerimus pro famulo tuo *ill.,* ut remissionem omnium peccatorum suorum consequi mereatur, quesumus domine ut placatus accipias et miserationis tuae largitate concedas, ut fiat ei ad ueniam delictorum et ad optatam emendationem, ut et hic bene ualeat uiuere et ad aeternam beatitudinem peruenire. Diesque.

Ad complendum. Conserua quesumus domine famulum tuum 2232 *ill.* et benedictionum tuarum ubertate propitius purifica, ut eruditionibus tuis semper multiplicetur et donis. P. d. n.

Alia. Protector in te sperantium deus, salua famulum tuum *ill.*, 2233 ut et a peccatis liber et ab hostium insidiis securus in tua semper gratia perseueret. P.

Alia. Protegat domine quesumus dextera tua famulum tuum 2234 *ill.* supplicantem [etc. = n. 1620].

401.
MISSA UOTIUA PRO AMICO.

Adesto domine supplicationibus nostris et hanc famuli tui N. 2235 oblationem benignus assume, ut qui auxilium tuae miserationis implorat, et sanctificationis gratiam percipiat et quae pie precatur obtineat. P.

Super oblata. Grata tibi sit domine haec oblatio famuli tui *ill.*, 2236 quam tibi offerimus in honorem beati Bonifatii martyris tui: quesumus ut eidem proficiat ad salutem. P.

Praefatio. UD. aeterne deus. Implorantes tue maiestatis miseri- 2237 cordiam, ut famulo tuo *ill.* ueniam suorum [fol. 172] largiri digneris peccatorum, ut ab omnibus inimici uinculis liberatus tuis toto corde inhereat mandatis et te solum semper tota uirtute diligat et ad tuae quandoque beatitudinis uisionem peruenire mereatur. P. Chr.

Ad complendum. Huius domine quesumus uirtute mysterii et 2238 a propriis mundemur occultis et famulum tuum *ill.* ab omnibus absolue peccatis. P.

402.
MISSA PRO SALUTE UNIUS UIUI.

Omnipotens sempiterne deus, miserere famulo tuo *ill.* et dirige 2239 eum secundum tuam clementiam in uiam salutis aeternae, ut te donante tibi placita cupiat et tota uirtute perficiat. P.

Super oblata. Proficiat quesumus domine haec oblatio, quam 2240 tuae supplices offerimus maiestati, ad salutem famuli tui *ill.*, ut tua prouidentia eius uita inter aduersa et prospera ubique dirigatur. P.

Praefatio. UD. aeterne deus. Et pietatem tuam supplici deuo- 2241 tione exposcere, ut haec oblatio, quam tibi pro famulo tuo *ill.* offerimus,

17*

sit in oculis tuis semper accepta, et sicut sanctos tuos fides recta prouexit ad coronam, ita eum deuotio perducat ad ueniam, qualiter hac oblatione placatus a cunctis [eum] emundes sordibus delictorum et dites fructu operum bonorum. P. Chr.

2242 *Ad complendum.* Sumentes domine perpetuae sacramenta salutis tuam deprecamur clementiam, ut per ea famulum tuum N. ab omni aduersitate protegas. P.

2243 *Alia.* Famulum tuum *ill.* quesumus domine tua semper protectione custodi, ut libera tibi mente deseruiat et te protegente a malis omnibus sit securus. P.

403.

MISSA PRO AMICO UOTIUA.

2244 Exaudi quesumus omnipotens deus preces nostras, quas in conspectu pietatis tuae effundere presumimus suppliciter deprecantes, ut famulum tuum *ill.* in tua misericordia confidentem benedicas et omnia eius peccata dimittas tuaque eum protectione conserues, ut possit tua gratia dignus fieri et ad aeternam beatitudinem ualeat peruenire. P.

2245 *Super oblata.* Suscipe clementissime pater hostias placationis et laudis, quas ego indignus et peccator famulus tuus tibi offerre presumo ad honorem glorie nominis tui et pro incolomitate famuli tui *ill.*, ut omnium delictorum suorum ueniam consequi mereatur. P.

2246 *Praefatio.* UD. p. Chr. d. n. Qui factus homo pro hominibus expiauit effusione sanguinis sui peccata omnium. Per eum igitur te deprecor omnipotens deus, ut hanc oblationem, quam tibi offero pro famulo tuo *ill.*, acceptare digneris, ut mereatur per ea emundari a cunctis sordibus delictorum, quatinus reconciliatum tibi per Christum dominum nostrum sereno uultu respicias et omnia peccata sua dimittas, seueritatem quoque iudicii tui ab eo suspendas et miserationis tuae largitatem super eum clementer infundas. Per eundem Chr. d. n.

2247 *Infra actionem.* Hanc igitur oblationem, quam tibi offerimus pro incolomitate famuli tui *ill.* ob deuotione[m] mentis eius, ut eum pius ac propitius clementi uultu respicias tibi supplicantem, libens protegas, dignanter exaudias et aeterna eum protectione conserues, ut semper in tua religione laetetur, instanter in sanctae trinitatis confessione fideque catholica perseueret, quesumus domine ut placatus accipias. Diesque.

Ad complendum. Famulum tuum *ill.* quesumus domine corpore 2248
pariter et mente purifica, ut in tua miseratione compunctus noxias
delectationes uitare preualeat. P.

404.

MISSA PRO AMICO IN TRIBULATIONE POSITO. [fol. 173]

Rege quesumus domine famulum tuum et gratiae tuae in eo dona 2249
multiplica, ut ab omnibus liber offensis et temporalibus non destituatur
auxiliis et sempiternis gaudeat institutis. P. d. n.

Super oblata. Suscipe domine munus oblatum et conserua que- 2250
sumus famulum tuum atque ab omnibus quas mereatur aduersitatibus
redde securum, ut tranquillitate percepta de omnium uisibilium et
inuisibilium inimicorum insidiis liberatus deuota tibi mente seruiat. P.

Ad complendum. Subiectum tibi famulum quesumus domine 2251
propitiatio caelestis amplificet, et presentis uitae periculis exuatur et
perpetuis donis firmetur. P. d. n.

405.

MISSA PRO AMICO IN ANGUSTIIS SIUE OPPRESSIONE ADUERSANTIUM POSITO.

Porrige dextera[m] tuam quesumus domine famulo tuo *ill.* miseri- 2252
cordiam tuam postulanti, per quam et aduersitates et errores declinet
humanos et solatia uitae mortalis accipiat ac surripientium delictorum
laqueos euadat atque sempiterna gaudia comprehendat. P.

Super oblata. Suscipe domine propitius pro salute famuli tui 2253
ill. munus tibi acceptum, et quem fecisti tibi deuotum, fac beatum
esse per huius sancti muneris cons[e]crationem. P.

Ad complendum. Tua domine quesumus sacramenta quae sump- 2254
simus famulum tuum *ill.* custodiant et contra diabolicos atque humanos
tueantur semper incursus, ut per haec piae deuotionis officia terrenis
desideriis et carnalis concupiscentiae excessibus mitigatis ad caelestem
gloriam peruenire et aeternis suppliciis ualeat carere. P.

Alia. Famulum tuum quesumus domine caelesti semper pro- 2255
tectione circumda, ut te protegente a cunctis aduersitatibus liber et
te custodiente a malis omnibus sit securus. P. d. n.

406.

MISSA PRO AMICO IN TEMPTATIONE INIMICORUM INUISI-
BILIUM ET PRO SE IPSO.

2256 Omnipotens mitissime deus, respice propitius preces nostras et libera cor famuli tui *ill.* de malarum temptatione cogitationum, ut sancti spiritus dignum fieri habitaculum inueniatur. P.

2257 *Super oblata.* Has tibi domine deus offerimus oblationes pro salute famuli tui *ill.*, quatinus animam illius sancti spiritus gratia illuminare digneris. P.

2258 *Praefatio.* UD. aeterne deus. Humiliter tuam deprecantes clementiam, ut gratiam sancti spiritus anime famuli tui *ill.* clementer infundere digneris, ut te perfecte diligere et digne laudare mereatur. P. Chr.

2259 *Ad complendum.* Per hoc quesumus domine sacrificium, quod tuae obtulimus pietati, ab omnibus cor famuli tui *ill.* emunda temptationibus. P.

2260 *Alia.* Deus qui illuminas omnem hominem uenientem in hunc mundum, illumina quesumus cor famuli tui *ill.* gratiae tuae splendore, ut digna ac placita maiestati tuae cogitare semper et te sincere diligere ualeat. P.

407.

MISSA UOTIUA PRO AMICO IN SANCTORUM [FERIIS].

2261 Omnipotens et misericors deus, cuius redditur uotum in Hierusalem, per merita et intercessionem sancti martyris tui Bonifatii exaudi preces famuli tui *ill.*: memor esto sacrificii illius, pinguia fiant holocausta eius, tribue [fol. 174] ei quesumus diuitias gloriae tuae, comple in bonis desiderium eius, corona eum in miseratione et misericordia; et ut tibi domino pia deuotione iugiter famuletur, ignosce eius facinora, et ne lugenda committat, paterna eum pietate castiga. P.

2262 *Super oblata.* Exaudi omnipotens deus deprecationem nostram pro famulo tuo *ill.*, qui in honore sancti ac beatissimi martyris tui Bonifacii oblationem tibi offert, ut per eius merita uota illius perficias, petitiones eius ascendant ad aures clementiae tuae et descendat super eum pia benedictio tua, ut sub umbra alarum tuarum protegatur, et orationes nostrae te propitiante non refutentur, sed in omnibus eum auxiliare atque defende. P. d. n.

Praefatio. UD. aeterne deus. Cuius potentia deprecanda est, 2263 misericordia adoranda, pietas amplectenda, opera magnificanda. Quis enim comprehendere potest (est) opus omnipotentiae tuae? Sed nos in quantum possumus miseri, territi quidem de conscientia sed fisi de tua misericordia clementiam tuam suppliciter deprecamur, ut famulo tuo *ill.* intercedente sancto Bonifatio martyre tuo remissionem peccatorum tribuas, opus [bonum] perficias, uota condones. Concedasque eidem seruo tuo intercedente sancto tuo, per cuius commemorationem remedium postulat, ut ad uota desideriorum suorum perueniat. Presta omnipotens deus supplicanti indulgentiam, postulanti ueniam, poscentis uota pinguesce. P. Chr.

Ad complendum. Muneris diuini perceptione quesumus domine, 2264 ut deuotionem famuli tui *ill.* confirmes in bono et mittas ei auxilium de sancto et de Sion tuearis eum. P.

408.
MISSA PRO FAMILIARIBUS.

Deus qui caritatis dona per gratiam sancti spiritus tuorum cordibus 2265 fidelium infundis, da famulis tuis *ill.,* pro quibus tuam deprecamur clementiam, salutem [1]) mentis et corporis, ut et te tota uirtute diligant et quae tibi placita sunt tota dilectione perficiant. Per. in unitate eiusdem.

Super oblata. Miserere quesumus domine famulis tuis *ill.,* pro 2266 quibus hoc sacrificium laudis tuae offerimus maiestati, ut per haec sancta supernae benedictionis gratiam obtineant et gloriam aeterne beatitudinis adquirant. P.

Praefatio. UD. aeterne deus. Clementiam tuam pronis mentibus 2267 obsecrantes, ut famulos tuos, quos sanctae dilectionis nobis familiaritate coniunxisti, tibi facias toto corde subiectos, ut tuae caritatis spiritu repleti a terrenis mundentur cupiditatibus et caelesti beatitudine te donante digni efficiantur. P. Chr.

Ad complendum. Diuina libantes mysteria quesumus domine, 2268 ut haec salutaria sacramenta illis proficiant ad prosperitatem et pacem, pro quorum dilectione haec tuae obtulimus maiestati. P.

Ad complendum. Deus qui supplicum tuorum uota per caritatis 2269 officia suscipere dignaris, da famulis tuis *ill.* in tua proficere dilectione

---
[1]) Hs.: saluti.

et in tua laetari protectione, ut tibi secura mente deseruiant et in tua pace semper assistere mereantur. P.

409.
MISSA FAMILIARIUM ET COMMUNIS FIDELIUM.

2270   Precamur te domine pro famulis tuis et famulabus *ill.*, ut indulgentiam eis tribuas peccatorum et opus in eis bonum perficias, misericordiam et gratiam tuam eis concedas, fide spe et caritate eos repleas, mentem eorum ad desideria caelestia erigas et ab omni aduersitate defendas et ad bonam perseuerantiam perducas. P.

2271   *Super oblata.* Sacrificia, quae offerimus pro salute famulorum famularumque tuarum *ill.*, accepta tibi sint omnipotens deus, ut omnium delictorum suorum ueniam consequi mereantur. P. [fol. 175].

2272   Da salutem domine quesumus famulis et famulabus tuis *ill.*, quorum quarumque commemorationem agimus, mentis et corporis; et perpetuis consolationibus tuorum reple corda fidelium, ut tua protectione releuati et pia tibi deuotione complaceant et tuam semper benedictionem consequantur. P.

410.
MISSA FAMILIARIUM COMMUNIS.

2273   Pretende domine famulis et famulabus tuis *ill.* dexteram celestis auxilii, ut te toto corde perquirant et quae digne postulant assequantur. P.

2274   *Super oblata.* Propitiare domine supplicationibus nostris et has oblationes famulorum famularumque tuarum *ill.*, quas tibi pro incolomitate eorum offerimus, benignus assume, et nullius sit irritum uotum, nullius uacua postulatio; presta quesumus, ut quod fideliter petimus, efficaciter consequamur. P.

2275   *Infra actionem.* Hanc igitur oblationem famulorum famularumque tuarum *ill.*, quam tibi offerimus ob deuotionem mentis eorum, pius ac propitius clementi uultu suscipias; tibi supplicantes libens protege, dignanter exaudi, et aeterna eos protectione conserua, ut semper in tua religione laetantes instanter in sanctae trinitatis confessione et fide catholica perseuerent. Diesque.

2276   *Ad complendum.* Da famulis et famulabus tuis *ill.* quesumus domine in tua fide et sinceritate constantiam, ut in caritate diuina firmati nullis temptationibus ab eius integritate uellantur. P.

411.
MISSA FAMILIARIUM COMMUNIS.

Omnipotens sempiterne deus, qui es misericordia inaestimabilis, 2277
suscipe oblationes et preces nostras pro salute famulorum famularumque tuarum *ill.* orantes, ut sicut pietas tua ipsos creauit ad aeternitatis gloriam, ita eos iubeas ab omnibus sordibus mundari uitiorum,
et indulgentiam eis concedere peccatorum et ad perfectionem aeternae
salutis perducere [digneris]. P.

Super oblata. Deus, spes et uita credentium et gloria sempiterna 2278
iustorum, cuius miseratione indulgentiam consequuntur peccatores, te
oramus suppliciter, ut pro remissione famulorum famularumque tuarum
ill. haec sacrificia acceptes et quasi incensum flagrans in odorem
suauitatis accipias. P.

Ad complendum. Gratiae tuae quesumus domine famulis et 2279
famulabus tuis *ill.* et utriusque sexus fidelibus tribue largitatem
[etc. = n. 1749].

412.
MISSA UOTIUA COMMUNIS UIUENTIUM.

Deus qui iustificas impium et non uis mortem peccatorum, maies- 2280
tatem tuam suppliciter deprecamur, ut famulos tuos *ill.* de tua misericordia confidentes caelesti protegas benignus auxilio et assidua protectione conserues, ut tibi iugiter famulentur et nullis temptationibus
a te separentur. P.

Super oblata. [1]) Huius domine quesumus uirtute mysterii et a 2281
propriis nos munda delictis et famulos tuos *ill.* ab omnibus absolue
peccatis. P. d. n.

Praefatio. UD. aeterne deus. Cuius omnipotentia deprecanda 2282
est, misericordia exoranda, pietas amplectenda, cuius maiestatem
humili prece deposcimus, ut famulis uel famulabus tuis *ill.* remissionem
[fol. 176] peccatorum tribuas, eorum uitam in tua uoluntate dirigas
eosque a cunctis malis eripias, quatinus a cunctis aduersitatibus liberati,
in tuis bonis confirmati et ad bonorum desideriorum uota perueniant
et quae iuste postulant te largiente percipiant. P. Chr.

Ad complendum. Purificent nos quesumus domine sacramenta 2283
quae sumpsimus, et famulos famulasque tuas *ill.* ab omni culpa liberos

---

[1]) Hs.: Praefatio.

esse concede, ut qui a reatu conscientiae suae constringuntur, de caelestis rcmedii plenitudine glorientur. P.

413.
MISSA PRO TRIBULANTIBUS UEL PRESSURAM SUSTINENTIBUS.

2284 Deus qui contritorum non despici(a)s gemitum et merentium non spernis affectum, adesto precibus nostris, quas tibi pro tribulatione famulorum famularumque tuarum *ill.* effundimus implorantes, ut eas clementer suscipias soloque bonitatis tuae intuitu tribuas, ut quicquid contra eos diabolicae atque humanae moliuntur aduersitates ad nihilum redigas et consilio tuae pietatis allidas, ut nullis aduersitatibus laesi, sed erepti de omni tribulatione et angustia laeti tibi in aecclesia tua sancta gratias referant. P.

2285 *Super oblata.* Deus qui tribulatos corde sanas et mestificatos actu iustificas, ad hanc propitius hostiam dignanter attende, quam tibi pro seruorum et ancillarum tuarum *ill.* offerimus liberatione; tu et haec benignus accepta et illorum pro quibus offerimus sana discrimina, tribulationis illorum attende miseriam et angustiarum illorum submoue pressuram, ut exuti omnibus quae patiuntur malis in tuis semper delectentur exultare iudiciis. P.

2286 *Ad complendum.* Dimitte domine peccata nostra et tribue nobis misericordiam [tuam], qua oris nostri alloquio deprecatus famulorum famularumque tuarum *ill.* humilitatem attendas, uincula soluas, delicta deleas, tribulationem inspicias, aduersitatem repellas effectumque petitioni nostrae largiens clementer exaudias. P. d. n.

414.
MISSA MONACHORUM.

2287 Deus qui nos a seculi uanitate conuersos ad supernae uocationis accendis amorem, pectoribus nostris purificandis illabere et gratiam nobis qua in te perseueremus infunde, ut protectionis tuae muniti presidio quod te donante promisimus impleamus, ut nostrae professionis executores effecti ad ea, quae perseuerantibus in te dignatus es promittere, pertingamus. P.

2288 *Alia.* Fac domine quesumus nos famulos tuos toto semper ad te corde concurrere, tibi subdita mente seruire, tuam misericordiam suppliciter exorare et tuis iugiter beneficiis gratulari. P.

Super oblata. Tibi domine deus noster nostrae deuotionis hostias 2289
immolamus orantes pariter et precantes, ut nos sacrificium tuum
mortificatione uitae carnalis effectos in odorem suauitatis accipias
ac moribus, quibus professioni nostrae congruamus, instituas; et quos
sancte compunctionis ardore ab hominum ceterorum proposito segre-
gasti, etiam a conuersatione carnali et ab immunditia actuum terre-
norum infusa nobis caelitus sanctitate discernas. P.

Praefatio. UD. aeterne deus. Qui dum confessores tuos tanta 2290
pietate glorificas, ut nullum apud te sanctum propositum doceas esse
[sine praemio], quanto magis duriora certamina sustinentes ad tuae
quoque retributionis munus inuitas. P. Chr.

Ad complendum. Presta domine quesumus famulis tuis renunti- 2291
[fol. 177]antibus secularibus pompis gratiae tuae ianuas aperiri, qui
despecto diabolo confugiunt sub titulo et iugo Christi; iube uenientes
ad te sereno uultu suscipere, ne de eis inimicus ualeat triumphare;
tribue eis brachium infatigabile auxilii tui; mentes eorum fidei lorica
circumda, ut felici muro uallati mundum se gaudeant euasisse. P.

Alia. Tu famulis tuis quesumus domine bonos mores institue 2292
placatus, tu in eis, quod tibi placitum sit, dignanter infunde, ut et
digni tibi sint et tua ualeant beneficia promereri. P. d. n.

415.

MISSA PRO MONACHIS NOSTRIS.

Familiam huius sacri coenobii quesumus domine intercedente 2293
beato Bonifatio martyre tuo perpetuo guberna moderamine, ut as[s]it
nobis et in securitate cautela et inter aspera fortitudo. P.

Alia. Famulos tuos quesumus domine benignus intende et eis 2294
dignanter pietatis impende custodiam. P.

Super oblata. Respice quesumus domine propitius ad hostiam 2295
nostrae seruitutis tuo conspectui immolandam, ut professionis sanctae
propositum, quod te inspirante percepimus, te gubernante custodiamus. P.

Ad complendum. Famulis tuis quesumus domine sperata concede 2296
et per haec sacra mysteria ab omnibus eos culpis excusa. P.

Alia. Suscipe domine preces nostras et muro custodiae tuae 2297
hoc sanctum ouile circumda, ut omni aduersitate depulsa sit hoc
semper domicilium incolumitatis et pacis. P.

2298   *Alia.* Deus qui renuntiantibus seculo mansionem paras in caelo, dilata quesumus sanctae huius congregationis temporale habitaculum caelestibus bonis, ut fraternae teneamur [compagine] caritatis unanimes; continentiae precepta custodiamus; sobrii simplices et quieti gratis nobis datam hanc fuisse gratiam cognoscamus; concordet uita nostra cum nomine, professio sentiatur in opere. P.

416.
MISSA PRO PERICULO MURMURATIONIS CANENDA.

2299   Concede quesumus omnipotens deus, ut familia tua in hoc presenti monasterio congregata sine ullius murmurationis periculo in seruitio sancti nominis tui secura possit existere et miserationum tuarum largitatem cum pace et concordia adipisci mereatur. P.

2300   *Super oblata.* Suscipe sancte pater omnipotens aeterne deus oblationem seruorum tuorum, quam tibi pro pace et concordia fratrum nostrorum offerimus humiliter deprecantes, ut qui in una corporali congregatione sunt uisi, in summa communione spiritali sint aduniti. P.

2301   *Praefatio.* UD. aeterne deus. Qui misisti filium tuum unigenitum dominum nostrum Iesum Christum, ut nos sub diabolica seruitute propter inoboedientiam protoplasti uenditos sua humilitate ad pristinas redimeret sedes. Respice super famulos tuae seruituti subiectos et ne patiaris murmurationis perire periculo quos pretioso filii tui sanguine liberasti. Per eundem Chr.

2302   *Infra actionem.* Hanc quoque oblationem domine, quam tibi non nostris meritis, sed tua multiplici miseratione confidentes offerimus, quesumus suscipere et sanctificare dignare et concede, ut famulis tuis et ad modernae pacis custodiam et ad perpetuae felicitatis prosperitatem proficiat. P. Chr.

2303   *Ad complendum.* Sumpta domine pretiosa corporis et sanguinis filii tui sacramenta, presta quesumus, ne nobis ad poenam reatus proueniant, sed presentis uitae felicitati proficiant et futurae. P.

417.
MISSA PRO SUBIECTIS CANENDA.

2304   Omnipotens sempiterne [fol. 178] deus, cuius bonitate humana natura condita est, da famulis tuis, quos ad tuum seruitium nutrire satagimus, cor docibile, bonam uoluntatem et uitam immaculatam, ut

in meditatione tuae legis proficientes caelesti[s] regni participes fieri
mereantur per tuorum custodiam mandatorum. P.

Super oblata. Sacrificium domine, quod tuae offerimus maiestati, 2305
propitius respice et concede, ut his, pro quibus hoc tibi offertur, tam
ad presentem quam etiam ad futuram proficiat prosperitatem. P.

Praefatio. UD. aeterne deus. Creator caeli et terrae, rex regum, 2306
deus deorum et dominus dominorum, gratias agere, laudum hostias
immolare. Exaudi orationem et deprecationem nostram, quam tibi
offerimus pro salute famulorum tuorum suppliciter postulantes, ut
eorum corda gratia tui spiritus illustres et a prauis suggestionibus
inimici eripias, quatinus te ueraciter agnoscentes et fideliter diligentes
tuisque inherentes mandatis tecum mereantur uitam habere sempiternam. P. Chr.

Infra actionem. Hanc quoque oblationem dignare domine que- 2307
sumus misericorditer benedicere et clementer sanctificare, quam tibi
offerimus pro nobismetipsis et pro nostris[1] subiectis petentes maiestatem
tuam, ut descendat super hunc panem et super hunc calicem plenitudo
tuae diuinitatis, descendat etiam domine illa sancti spiritus tui incon-
prehensibilis inuisibilisque maiestas, sicut quondam in patrum hostias
uisibiliter descendebat, quae in nobis efficiat sacramentum salutis
nostrae, ut tua sanctificatio sit salus et defensio omnium animarum
nostrarum. P. Chr.

Ad complendum. Sumptis domine sacramentis salutis nostrae 2308
gratias tibi referimus humiliter deprecantes, ut mundes propitius cor
nostrum a uitiis et repleas illud iugiter spiritalibus donis. P. d. n.

418.
ORATIO IN PROFECTIONE UNIUS FRATRIS.

Deus qui diligentibus te misericordiam tuam semper impendis et 2309
a seruientibus tibi in nulla es regione longinquus, dirige uiam famuli
tui *ill.* in uoluntate tua, ut te protectore et te preduce per iustitiae
semitas sine offensione gradiatur. P.

Alia. Deus qui ad uitam ducis et confidentes in te paterna 2310
protectione custodis, quesumus, ut presenti famulo tuo a nobis egre-
dienti angelicum tribuas comitatum, ut eius auxilio protectus nullius
mali concutiatur formidine, nullo comprimatur aduersitatis angore,

[1] Hs.: nobis.

nullius irruentis inimici molestetur insidiis, sed spatiis necessarii itineris prospero gressu peractis propriisque locis feliciter restitutus uniuersos reperiat sospit(at)es ac debitas exsoluat tuo nomini gratias. P.

419.
ORATIO IN PROFECTIONE PLURIMORUM FRATRUM.

2311 Exaudi domine preces nostras et iter famulorum tuorum *ill.* propitius comitare eisque misericordiam tuam sicut ubique es ita ubique largire, quatenus ab omnibus aduersitatibus tua opitulatione defensi iustorum desideriorum potiantur effectibus et tibi gratiarum referant actionem. P.

420.
ORATIO COTIDIANA(S) IN PROFECTIONE FRATRUM.

2312 Domine sancte pater omnipotens aeterne deus, propitiare digneris supplicationibus nostris et mitte angelum tuum sanctum nobiscum, qui nos a cunctis aduersitatibus protegat et in seruitio nominis tui ubique custodiat, ut nullus nos in uia nostra decipiat inimicus, sed mereamur ab omni hoste triumphum et tuae semper securitatis subsidium, quatenus tua iussa complentes ad propria redeamus per te, Christe Iesu. Qui cum patre.

2313 *Alia.* Domine sancte pater omnipotens aeterne deus, qui es ductor sanctorum et diri-[fol. 179]gis itinera iustorum, dirige angelum pacis nobiscum, qui nos ad loca destinata perducat. Sit nobis comitatus iocundus, ut nullus uiae nostrae surripiat inimicus, procul a nobis sit malignorum accessus et comes nobis dignetur esse spiritus sanctus. P. d. in unitate eisdem sp. s.

421.
MISSA PRO ITER AGENTIBUS.

2314 Adesto domine supplicationibus nostris et uiam famuli tui *ill.* in salutis tuae prosperitate dispone, ut inter omnes uiae et uitae huius uarietates tuo semper protegatur auxilio. P.

2315 *Super oblata.* Propitiare domine supplicationibus nostris et has oblationes quas tibi offerimus pro famulo tuo ill. benignus assume, ut uiam illius et precedente gratia tua dirigas et subsequente comitari digneris, ut de actu atque incolumitate eius secundum misericordiae tuae presidia gaudeamus. Per.

Praefatio. UD. aeterne deus. Qui properantis Iacob itinera 2316
direxisti quique uiae illius curam sollicitudinemque dignatus es gerere,
qui etiam Tobiae famulo tuo angelum tuum ducem preuiumque
prestitisti: omnipotentiam tuam domine humiliter imploramus, ut
profectionem famuli tui *ill.* cum suis omnibus dirigere eosque in
itinere custodire digneris, quatenus angelorum tuorum presidio fulti,
comitatu quoque sanctorum muniti nullum periculum per spatia terrae
aut per iuga montium, angusta uallium uadaque fluminum, uenena
serpentium uel impetum bestiarum incurrant, sed sub tuo nomine ab
omnibus malis defensi ad locum destinatum perueniant et oportuni
temporis itinere repetito ad propria reuertendi suffragii tui mereantur
adipisci custodiam. P. Chr.

Ad complendum. Deus infinitae misericordiae et maiestatis 2317
immensae, quem nec spatia locorum nec interualla temporum ab his
quos tueris abiungunt, adesto famulo tuo *ill.* in te ubique fidenti et
per omnem quam iturus est uiam dux ei et comes esse dignare.
Nihil ei aduersitatis noceat, nihil difficultatis obsistat; cuncta ei
salubria, cuncta sint prospera, et sub ope dexterae tuae quicquid iusto
petierit desiderio, celeri consequatur effectu. P.

422.
ALIA MISSA.

Deus qui sperantibus in te misericordiam tuam semper impendis 2318
et nusquam es seruientibus tibi longinquus, concede nobis famulis
tuis et nostris omnibus prosperum iter, ut te protectore et duce per
iustitiae calles sine offensione gradiamur. P.

Super oblata. Haec hostia quesumus domine pro nobis famulis 2319
tuis et cunctis nobis adherentibus in conspectu pietatis tuae
assumatur be[ni]gne tuaque super nos benedictio larga descendat,
quatenus prosperum agentes iter tibi domino seruiamus laetiores. P.

Praefatio. UD. aeterne deus. A quo deuiare mori, coram quo 2320
ambulare uiuere est, qui fideles tuos in tuam uiam deducis et
miseratione gratissima in ueritatem inducis, qui Abrahae Isaach et
Iacob in presentis uiae et uite curriculo custos dux et comes esse
uoluisti et famulo tuo Tobiae olim angelum tuum Raphahel ducem
itineris prebuisti: tuam igitur immensam misericordiam humillimis
precibus imploramus, ut iter nostrum cum omnibus ad nos pertinen-

tibus in prosperitate dirigere nosque inter uiae et uitae huius uarietates digneris custodire; quatenus ubicumque discurrerimus, nulla discrimina incurramus perturbationum, sed sub tui nominis tuitione muniti a cunctis hostibus protegamur liberati et profectionis reuersionisque nostrae felicitate potiti et com-[fol. 180]potes reddamur iustorum uotorum et de nostrorum letemur remissione peccatorum. P. Chr.

2321   *Ad complendum.* Tua nos domine sperantes in te quae sumpsimus sacramenta custodiant et contra aduersos tueantur incursus. P. d. n.

423.
ITEM ALIA MISSA.

2322   Adesto domine supplicationibus nostris et iter nostrum interno discretionis moderamine ubique regendo dispone sicque ministerium nostrum, quod humanae utilitati prospicit, pio fauore prosequere, quatenus a tuis preceptis non patiaris deuiare. P. d. n.

2323   *Alia.* Preces nostras quesumus domine clementer exaudi et inter huius uitae aduersitates atque discrimina nos famulos tuos ambulantes tua pietate conserua. P.

2324   *Super oblata.* Hos famulos tuos domine haec tueantur ubique gradientes[1]) oblata sacrificia, que totius mundi interna uirtute compescuere naufragia. P.

2325   *Ad complendum.* Sumpta domine celestis sacramenti mysteria quesumus ad prosperitatem itineris nostri proficiant et nos ad salutaria cuncta perducant. P.

424.
ORATIO PRO REDEUNTIBUS DE ITINERE.

2326   Omnipotens sempiterne deus, nostrorum temporum uitaeque dispositor, famulo tuo continuae tranquillitatis largire subsidium, ut quem incolumem propriis laboribus reddidisti, tua facias protectione securum. P.

425.
ORATIONES IN ADUENTU FRATRUM SUPERUENIENTIUM.

2327   Deus humilium uisitator, qui nos fraterna dilectione consolaris, pretende societati nostrae gratiam tuam, ut per eos in quibus habitas tuum in nobis sentiamus aduentum. P.

---
[1]) Hs.: gradiantes.

Alia. Deus qui nobis in famulis tuis presentiae tuae signa 2328 manifestas, mitte super nos spiritum caritatis, ut in aduentu fratrum conseruorumque nostrorum gratia nobis tuae largitatis augeatur. P. d. n.

426.
MISSA PRO NAUIGANTIBUS.

Deus qui transtulisti patres nostros per mare rubrum et 2329 transuexisti per aquam nimiam laudem tui nominis decantantes, supplices deprecamur, ut in hac naui famulos tuos repulsis aduersitatibus portu semper optabili[1]) cursuque tranquillo tuearis. P.

Super oblata. Suscipe quesumus domine preces famulorum tuorum 2330 cum oblationibus hostiarum et tua mysteria celebrantes ab omnibus defende periculis. P.

Praefatio. UD. aeterne deus. Cuius prouidentia cuncta quae 2331 per uerbum tuum creata sunt gubernantur. Dedisti enim in mari uiam et inter fluctus semitam, ostendens quoniam potens es ex omnibus liberare, etiam si sine rate quis aquas adeat. Sed ut non essent uacua sapientiae tuae opera, propter hoc exiguo ligno credunt homines animas suas, quia tua domine gubernauit potentia omnes, qui tibi placuerunt ab initio, et per tuam sunt cuncti sapientiam liberati, qui per contemptibile lignum iustum gubernans conseruasti sine querela. Quesumus itaque domine, ut famulos tuos per hoc nauigationis lignum custodiat qui pro salute mundi pependit in ligno, ut liberatorem ditatoremque suum dignis mereantur preconiis laudare Christum dominum nostrum. Per quem.

Ad complendum. Sanctificati diuino mysterio maiestatem tuam 2332 domine suppliciter deprecamur et petimus, ut quos donis caelestibus facis interesse, per lignum sanctae crucis et a peccatis abstrahas et a periculis cunctis [fol. 181] miseratus eripias. P.

427.
MISSA PRO CONFITENTIBUS PECCATA SUA ET PENITENTIBUS.

Omnipotens sempiterne deus, confitentibus tibi famulis famulabus- 2333 que tuis *ill.* pro tua pietate peccata relaxa, ut non plus eis noceat [etc. = n. 662].

---

[1]) Hs.: obtabili.

18

2334 *Super oblata.* Presta quesumus omnipotens et misericors deus, ut haec oblatio famulos tuos *ill.* a propriis reatibus indesinenter expediat et ab omnibus tueatur aduersis. P.

2335 *Ad complendum.* Omnipotens et misericors deus, qui omnem animam paenitentem et confitentem magis uis emendare quam perdere, respice propitius super famulos famulasque tuas *ill.* et per haec sacramenta que sumpsimus auerte ab eis iram indignationis tuae et dimitte eis omnia peccata sua. P.

428.
ORATIO SUPER HIS QUI AGAPE UEL ELEMOSINAS FACIUNT.

2336 Oremus dilectissimi nobis omnipotentem deum pro filio nostro *ill.*, qui recolens diuina mandata de iustis laboribus suis uictum indigentibus subministrat, quatenus haec deuotio ipsius sicut nobis est necessaria ita sit deo semper accepta. P.

2337 *Alia.* Sanctum ac uenerabilem retributorem bonorum operum dominum deprecamur pro filio nostro, qui de suis iustis laboribus uictum indigentibus administrat, ut dominus caelestis sua misericordia terrenam elemosinam compenset et spiritales diuitias[1]) largiatur; tribuat ei magna pro paruis, pro terrenis caelestia, pro temporalibus sempiterna. P.

429.
MISSA PRO ELEMOSINARIO.

2338 Deus qui post baptismi sacramentum secundam abolitionem peccatorum elemosynis indidisti, respice propitius super famulum tuum *ill.*, cuius operi[bu]s tibi gratiae referuntur: fac eum premio beatum, quem fecisti pietate deuotum. P.

2339 *Super oblata.* Deus qui homini ad tuam imaginem facto etiam spiritalem alimoniam preparasti, concede filio nostro famulo tuo *ill.*, qui in pauperes tuos tua seminat dona, ut uberes metat suorum operum fructus et largitatis hodiernae compensatio isti perpetuo conferatur recipiatque pro paruis magna, pro terrenis caelestia, pro temporalibus sempiterna. P.

2340 *Ad complendum.* Deus qui tuorum corda fidelium per elemosynam dixisti posse mundari, presta quesumus huius consortiis sacramenti,

---
[1]) Hs.: dilitias.

ut famulus tuus *ill.* ad conscientiae suae fructum non grauare studeat miseros sed iuuare. P.

Alia. Omnipotens sempiterne deus, respice propitius super 2341 famulum tuum *ill.*, qui opus pietatis in pauperes tuos operatur, et tua eum uirtute custodi, potestate tuere, ut per multa curricula annorum laetus tibi in pauperes tuos haec operetur. P.

Alia. Da quesumus domine famulo tuo *ill.* sperata suffragia 2342 obtinere, ut qui fidelibus tuis sua largitus est dona, beati Laurentii martyris tui mereatur consorcia, cuius exemplo prebet nobis gratanter uitae stipendia. P.

430.
ALIA MISSA.

Omnipotens clementissime deus, qui post baptismi sacramentum 2343 secundam peccatorum purgationem elemosynis indidisti, postulationes nostras benignus exaudi et famulis ac famulabus tuis *ill.* earum largitoribus in tua misericordia confidentibus cunctarum propitius indulgentiam largire culparum, ut te miserante ad aeternam beatitudinem ualeant peruenire. P.

Super oblata. Deus qui tuorum corda fidelium per elemosynam 2344 dixisti posse mundari, presta quesumus, ut haec oblatio, quam [fol. 182] tibi [offerimus] pro incolumitate famulorum famularumque tuarum *ill.* elemosynas nobis largientium, eis proficiat ad salutem, quatenus eorum uita tua prouidentia inter aduersa et prospera ubique dirigatur. P.

Ad complendum. Da domine famulis et famulabus tuis *ill.* 2345 sperata suffragia obtinere, ut qui aecclesiam tuam per suas elemosynas adiuuerunt, sanctorum omnium simul et beati martyris tui Laurentii mereantur consortia, cuius nunc sunt exempla secuti. P.

Alia. Ascendant ad te domine preces nostrae et animabus 2346 famulorum famularumque tuarum *ill.*, qui hunc locum pauperesque tuos de suis iustis laboribus rebusque ditauerunt, pro quibus etiam te licitum est humiliter deprecari, misericordiam concede perpetuam; accipiantque magna pro paruis, caelestia pro terrenis, mansura pro caducis. P.

431.

MISSA PRO INFIRMO.

2347   Deus in cuius libro sunt uocabula notata mortalium, concede nobis omnibus ueniam delictorum et presta quesumus famulo tuo infirmo *ill.*, quem immensus languor excruciat, ut tua miseratio reparet ad medelam, et si ambitio piaculi adduxit dolorem, adducat etiam confessio salutis optabilem sanitatem. P.

2348   *Super oblata.* Sana quesumus domine uulnera famuli tui *ill.*, egritudines eius perime, peccata dimitte et hanc oblationem quam tibi offerimus benignus suscipe et sic eum flagella in hoc seculo, ut post transitum uitae presentis sanctorum mereatur adunari consortio. P.

2349   *Praefatio.* UD. aequum et salutare. Nos te semper et ubique in necessitatibus inuocare, qui dominaris uitae et morti, qui es medicus animarum. Sanctificans ergo hanc oblationem, quam tibi offerimus pro famulo tuo *ill.*, quesumus respice propitius de preparato habitaculo tuo super eum, qui diuersam aegritudinem patitur, uisita eum uisitatione tua caelesti, sicut uisitare dignatus es socrum Petri, puerum centurionis et Saram ancillam tuam. Eleua eum domine de stratu doloris sui, ut saluus atque incolumis in aecclesia tibi ore Dauitico dicere possit: ,Castigans castigauit me dominus et morti non tradidit me' [Ps. 117, 18]. P. Chr.

2350   *Infra actionem.* Hanc igitur oblationem famuli tui *ill.*, quam tibi offerimus ob diem necessitatis sue, pius ac propitius clementi uultu suscipias, ut qui de meriti sui qualitate diffidit non iudicium sed indulgentiam sentiat et de aduersis prospera percipiat et omni inimici impugnatione depulsa misericordiae tuae preuenientem clementiam tua pietate adipisci mereatur. P. Chr.

2351   *Ad complendum.* Omnipotens sempiterne deus, qui ideo delinquentibus occasionem tribuis corrigendi, ut non sit in eis quod puniat censura iudicii, ob hoc te pie pater exposcimus, ut hoc accipias pro sacrificio laudis, quod famulus tuus *ill.* atteritur uirga correptionis; sana eum quesumus domine ab omnibus infirmitatibus, quo te medicante et plenitudinem salutis recipiat et tuis semper sanus iussionibus pareat. P.

432.

ALIA MISSA.

2352   Omnipotens sempiterne deus, qui subuenis in periculis et necessitate laborantibus, maiestatem tuam suppliciter exoramus, ut mittere digneris sanctum angelum tuum, qui famulum tuum *ill.* in angustiis et necessitatibus suis laborantem consolationibus tuis attollat, quibus et de presenti consequatur auxilium et aeterna remedia comprehendat. P.

Super oblata. Oblationes in angustia pro peccatis atque offen- 2353 sionibus famuli tui *ill.* omnipotens deus oblatas accipe, quia in te confidimus uere prophetam dixisse: ,Immola deo sacrificium laudis et redde altissimo uota tua; inuoca me in die tribulationis tuae, eripiam te et magnificabis me' [Ps. 49, 14. 15], saluator mundi. [fol. 183]

Muneribus diuinis perceptis quesumus domine, deuotionem 2354 famuli tui *ill.* confirmes in bono et mittas ei auxilium de sancto et de Sion tuere eum.[1]) P.

433.
ALIA MISSA PRO INFIRMIS.

Omnipotens aeterne deus, salus credentium, exaudi nos pro fa- 2355 mulis tuis *ill.*, quibus misericordiae tuae imploramus auxilium, ut reddita sibi sanitate gratiarum tibi in aecclesia tua referant actionem. P.

Alia. Omnipotens sempiterne deus, qui egritudines et animorum 2356 depellis et corporum, auxilii tui super infirmos nostros ostende uir- tutem, ut ope misericordiae tuae ad omnia pietatis tuae reparentur officia. P.

Super oblata. Deus, cuius nutibus uitae nostrae momenta de- 2357 currunt, suscipe preces et hostias famulorum tuorum *ill.*, pro quibus misericordiam tuam imploramus, ut de quorum periculo metuimus, de eorum salute laetemur. P.

Praefatio. UD. aeterne deus. Qui famulos tuos ideo corporaliter 2358 uerberas, ut mente proficiant, patenter ostendens, quod sit pietatis tuae preclara saluatio, dum prestas, ut operetur in nobis etiam ipsa infirmitas salutem. P. Chr.

Ad complendum. Deus infirmitatis humanae singulare presidium, 2359 auxilii tui super infirmos nostros ostende uirtute[m], ut ope miseri- cordiae tuae adiuti aecclesiae tuae sanctae incolumes representari mereantur. P.

___
[1]) Vergl. Ps. 19,3.

434.

ORATIO PRO REDDITA SANITATE.

2360 Domine sancte pater omnipotens aeterne deus, qui benedictionis tuae gratiam egris infundendo corporibus facturam tuam multiplici pietate custodis, ad inuocationem nominis tui benignus as[s]iste et hunc famulum tuum liberatum aegritudine et sanitate donatum dextera tua erigas, uirtute confirmes, potestate tuearis, aecclesie tuae sanctisque altaribus tuis cum omni desiderata prosperitate restituas. P.

435.

MISSA PRO ILLO QUI FEBRE CONTINETUR.

Benedicta sit sancta trinitas. *Ps.* Benedicite omnia opera domini domino, laudate et superexaltate [Dan. 3,57].

2361 Inclina domine pias aures tuas ad desideria supplicantum [et] quod deuoto corde poscimus benignus admitte, ut hunc famulum tuum *ill.*, qui typhi cotidiani biduani triduani quadriduani aut qualibet reliquarum febrium uexatione fatigatur, fidelis famuli tui Sigismundi precibus clementer occurras, ut dum illius nobis patefecisti merita, presenti egroto conferas medicinam. P.

Fratres. O altitudo diuitiarum sapientiae et scientiae dei *usque* ipsi honor et gloria in secula seculorum [Rom. 11,33—36]. *Require in dominica XXV. post pentecosten feria IIII. Gr.* Benedictus es domine. V̇ Benedicite domino. Alleluia. Benedictus es domine.

In illo tempore: Surgens Iesus de sinagoga introiuit in domum Simonis *usque* at ille singulis manus imponens curabat eos [Luc. 4,38—40]. *Require in [eb]dom[ada] pentec[ostes].*

Off. Benedictus es domine. V̇ Benedicamus patrem.

2362 Offerimus domine tibi munera et uota in honorem electi tui Sigismundi martyris [pro] presenti egroto *ill.*, qui cotidiano biduano tertiano uel quartano typho laborat: ut ab eo omnes febrium ardores repellere iubeas precamur et tuo semper in omnibus muniatur auxilio. P.

2363 *Praefatio.* UD. aeterne deus. Qui per sanctos apostolos tuos et martyres diuersa sanitatum dona largiri dignatus es, ideo intentis precibus deprecamur, ut presenti egroto *ill.* famulo tuo, qui cotidiani biduani tertiani atque quartani typhi uexatione fatigatur, intercessio fidelis famuli tui Sigismundi regis et martyris clementer succurrat, et ad sanitatem eum reuocare digneris. P. Chr.

Co[mmunio]. Benedicite deum caeli.

Ad complendum. Gratias tibi agimus omnipotens deus, qui nos 2364
er uotiua electi tui Sigismundi martyris sacrificia cum sociis suis N.
ane uiuo et uero uino laetitiae spiritalis recreare dignatus es, presta
omine, ut quicumque sub electi tui Sigismundi martyrio una cum
ociis suis N. incon-[fol. 184]taminationem corporis et sanguinis domini
ostri Iesu Christi accipiat, ad sanitatem pristinam reuocetur. P.

————o>————

[IUNCTURA.]

436. [f. 185]

ORATIO IN INTROITU UISITATIONIS INFIRMORUM.

Deus qui facturae tuae pio semper dominaris affectu, inclina 2365
aurem tuam supplicationibus nostris et famulum tuum *ill.* ex aduersa
aalitudine corporis laborantem propitius respice et uisita in salutari
uo, ut caelestis gratiae percipiat medicinam. P.

Saluum fac seruum tuum.

Mitte ei domine auxilium de sancto.

Nihil proficiet inimicus in eo.

Dominus conseruet eum.

Dominus opem ferat illi.

Oratio. Deus qui Ezechiae famulo tuo ter quinos uitae addi- 2366
disti annos, ita et hunc famulum tuum *ill.* a lecto egritudinis tua
potentia erigat ad salutem. P.

Alia. Deus, sub cuius nutibus uitae nostrae momenta decurrunt, 2367
suscipe preces nostras pro egrotante isto *ill.*, cui misericordiam tuam
suppliciter imploro, ut de cuius periculo timuimus, de eius recupera-
tione laetemur. P.

Alia. Respice domine famulum tuum *ill.* in infirmitate sui 2368
corporis laborantem et animam refoue quam creasti, ut castigationibus
emendata continuo se sentiat tua medicina saluatum. P.

Postea unguitur egrotus in pectore et retro siue in uertice et in
scapulis necnon et in manibus et in plantis pedum et dicendum est ei:

2369   *Oratio quando unguitur infirmus.* Inunguo te de oleo sancto, sicut unxit Samuel (et) propheta [1]) Dauid regem; operare creatura olei in nomine dei patris omnipotentis, ut non lateat hic spiritus inmundus neque in membris atque in medullis neque in (n)ulla conpagine membrorum, sed in te habitet uirtus Christi altissimi et spiritus sancti. Per eundem. qui cum patre.

2370   In nomine patris et filii et spiritus sancti sit tibi haec unctio olei sanctificatio et purificatio mentis et corporis. Amen.

Tunc dic psalmos hos:

Domine ne in furore tuo [Ps. 6].

Ad te domine leuaui animam meam [Ps. 24]

Miserere mei deus secundum *usque* spiritu principali confirma me [Ps. 50, 3—14].

Domine deus salutis meae [Ps. 87].

Benedic anima mea domino I *usque* renouabitur [Ps. 102, 1—5].

Sequitur Pater noster.

Saluum fac seruum tuum.

Mitte ei domine auxilium de sancto.

Nihil proficiet inimicus in eo.

Domine conserua eum et uiuifica eum.

Dominus opem ferat illi. *Cum psalmo:* Exaudiat te dominus in die tribulationis [Ps. 19].

Postea sequuntur orationes iste:

2371   Deus qui humano generi et salutis remedium et uitae aeterne munera contulisti, et conserua famulo tuo *ill.* tuarum dona uirtutum et concede, ut medelam tuam non solum in corpore sed etiam in ani-[fol. 186]ma sentiat. P.

2372   *Alia.* Uirtutum celestium deus, qui ab humanis corporibus omnem languorem et omnem infirmitatem precepti tui potestate depellis, adesto propitius huic famulo tuo *ill.*, ut fugatis infirmitatibus et uiribus receptis nomen sanctum tuum instaurata protinus sanitate benedicat. P. d. n.

2373   *Alia.* Domine sancte pater omnipotens aeterne deus, qui fragilitatem conditionis nostrae infusa uirtutis tuae dignatione confirmas, ut salutaribus remediis pietatis tuae corpora nostra et membra uegetentur: super hunc famulum tuum propitiatus intende, ut omni necessi-

[1]) Hs.: prophete.

Visitatio infirmorum.
Bl. 185ᵃ; S. 279.

Confessio.

Bl. 187ª, vor der althochd. Beicht; S. 282.

tate corporeae infirmitatis exclusa gratia in eo pristinae sanitatis perfecta reparetur. P. d. n.

Missa pro infirmis.

Omnipotens sempiterne deus, salus aeterna credentium. *Require* 2374 *eam antea* [n. 2355].

437.
INCIPIT ORDO AD DANDUM PENITENTIAM MORE SOLITO FERIA IIII. INFRA QUINQUAGESIMA[M].

Primitus dicit sacerdos hanc orationem:

Domine deus omnipotens, propitius esto [mihi] peccatori, ut con- 2375 digne possim tibi gratias agere, qui me indignum propter tuam misericordiam ministrum [fecisti] officii sacerdotalis et me exiguum humilemque mediatorem constituisti ad adorandum et intercedendum ad dominum nostrum Iesum Christum pro peccantibus et ad paenitentiam reuertentibus. Ideoque dominator domine, qui omnes homines uis saluos fieri, qui non uis mortem peccatorum, sed ut conuertantur et uiuant, suscipe orationem meam, quam fundo ante conspectum clementiae [tuae] pro famulis ac famulabus tuis qui ad paenitentiam uenerunt. Per eundem.

Deinde interrogat unoquoque [respondente]: Credis in patrem et filium et spiritum sanctum? ℟ Credo.

Credis, quod istae tres personae quas modo dixi, pater et filius et spiritus sanctus, tres personae sunt et unus deus? ℟ Credo.

[C]redis, quod in ista ipsa carne in qua modo es recipere habes siue bonum siue malum quod gessisti? ℟ Credo.

Int[errogat]: Uis dimittere illis qui in te peccauerunt omnia, ut deus tibi dimittat peccata tua ipso dicente: ‚Si non remiseritis hominibus peccata eorum, nec pater uester caelestis dimittet uobis peccata uestra'? [1])

Si non uult dimittere, noli ei dare paenitentiam. Si autem uult, da ei paenitentiam. Et require diligenter, si est incestuosus. Si non uult dimittere ipsa incesta, non des ei paenitentiam. Si uero uult, tunc prosternat se humiliter in conspectu dei in terram ad orationem. Et roget deum omnipotentem et beatam Mariam cum sanctis apostolis et martyribus atque confessoribus necnon et sanctis uirginibus, ut ipsi intercedant pro illo, ut deus omnipotens dignetur illi dare indulgentiam ueram et patientiam perfectam ad confitendum peccata sua. Postea surgat cum fiducia et uera credulitate dicatque

---
[1]) Vergl. oben S. 42.

peccata sua. Et sacerdos inquirat eum diligenter et faciat confiteri delicta sua. Et tunc demum faciat ei dicere:

2376 Multa sunt domine peccata mea et omnimodis cogitatione locutione et actione perditus sum, quoniam in his et in aliis uitiis, quibuscumque humana fragilitas contra deum et creatorem suum aut cogitando aut loquendo aut operando aut delectando aut concupiscendo peccare potest, in omnibus me peccasse et reum in conspectu dei super omnes homines esse cognosco et confiteor. Et ideo supplico uos sancti angeli et omnes sancti dei, in quorum conspectu hec omnia confessus sum, ut testes mihi sitis in die iudicii contra diabolum hostem et inimicum humani generis haec omnia me confessum fuisse. Sed sit gaudium in celo de me, sicut dixit dominus in euangelio de uno peccatore penitentiam agente.

Et sacerdos benedicat oret et dicat [fol. 187]:

INCIPIT CONFESSIO.[1]

2377 IH UUIRDU GOTE ALmahtigen bigihtig. Inti allen gotes heilagon allero minero suntono. Unrehtero githanco. Unrehtero uuorto. Thes ih unrehtes gisahi. Unrehtes gihorti. Unrehtes gihancti. Odo andran gispuoni. So uuaz so ih uuidar gotes uuillen gitati. Meinero eido. Ubilero fluocho. Liogannes. Stelannes. Huores. Manslahti. Unrehtes girates. Odo mir iz thuruh min kinthisgi giburiti. Odo thuruh ubartruncani. Odo thuruh min selbes gispensti. Odo thuruh anderes mannes gispensti. Girida. Abunstes. Nides. Bisprachido. Ubilero gelusto. Thaz ih ci chirichun ni quam so ih mit rehtu scolta. Mina fastun ni biheilt so ih mit rehtu scolta. Zuuene ni gisuonta. Sunta ni furleiz themo ih mit rehtu scolta. Heilaga sunnuntaga. Inti heilaga missa. Inti then heilagon uuizzod ni erita so ih mit rehtu scolta. Una urloub gap. Una urloub intpheing. Uncitin ezzenti. Uncitin trinchanti. Uncitin slafenti. Uncitin uuahchanti. Thes alles enti anderes manages. Thes ih uuidar got almahtigon sculdig si. Thes ih gote almahtigen in minero kristanheiti gihiezi enti bi minan uuizin forliezi. So ih es gihuge. So ni gihuge. So ih iz githahti.

---

[1] Worttrennung bezw. -verbindung sind im folgenden einigemal geändert nach dem (auch andere Handschriften berücksichtigenden) Abdruck der „Fuldaer Beichte" in: Müllenhoff u. Scherer, Denkmäler deutscher Poesie und Prosa aus dem 8. bis 12. Jahrh., 3. A. (Berlin 1892), I, 241 f. Dagegen sind die grossen Anfangsbuchstaben beibehalten, wie sie der Göttinger Codex (in Goldschrift) bietet, und ist demgemäss auch die Interpunktion gestaltet. Statt „Una urloub" (Mitte) wäre beidemal zu lesen: „Ana u."; „der Goldschreiber hat das U des nachfolgenden Uncitin zu früh einzusetzen begonnen" (a. a. O.).

So ih iz gisprachi. So ih iz gitati. So mir iz slaffenti giburiti. So
uuahhenti. So gangenti. So stantenti. So sizzenti. So liganti.
So bin ih es gote almahtigen bigihtig. Inti allen gotes heilagon.
Inti thir gotes manne. Inti gerno buozziu framort. So fram so mir
got almahtigo mahti. Inti giuuizzi forgibig. Almahtig truhtin forgib
uns mahti inti giuuizzi thinan uuillon zi giuuircanne. Inti zi gifremenne.
So iz thin uuillo si. Amen.

Post confessionem dicat(que) sacerdos hanc orationem:

Omnipotens deus, qui dixit [Matth. 10, 32]: ‚Qui me confessus 2378
fuerit coram hominibus, confitebor et ego eum coram patre meo‘,
ille te benedicat et custodiat et det tibi remissionem omnium peccatorum tuorum, ut hic bene ualeas uiuere et in futuro communionem
et societatem cum angelis et archangelis et cum omnibus sanctis
habere merearis in regno dei. Amen.

Et tunc decanta septem psalmos sine gloria, quorum initium est:
Domine ne in furore tuo I [Ps. 6].
Beati quorum remisse sunt iniquitates [Ps. 31].
Domine ne in furore tuo II [Ps. 37].
Miserere mei deus *usque* et spiritu principali confirma me
[Ps. 50, 3—14].
Domine exaudi orationem meam et clamor [Ps. 101].
De profundis [Ps. 129]. Domine exaudi II [Ps. 142].

Deinde dic orationes has:

Exaudi domine pre-[fol. 188]ces nostras et tibi confitentium 2379
parce [etc = n. 655].

Alia. Preueniat huic famulo tuo quesumus domine misericordia 2380
tua, ut omnes iniquitates eius celeri indulgentia deleantur. P.

Alia. Adesto domine supplicationibus nostris nec sit ab hoc famulo 2381
tuo clementiae tuae longinqua miseratio; sana uulnera eiusque remitte
peccata, ut nullis a te iniquitatibus separatus tibi domino semper
ualeat adherere. P.

Alia. Domine deus noster, qui offensione nostra non uinceris, sed 2382
satisfactione placaris, respice quesumus ad hunc famulum tuum, qui
se tibi peccasse grauiter confitetur. Tuum est ablutionem criminum
dare et ueniam prestare peccantibus, qui dixisti paenitentiam te malle
peccatorum quam mortem. Concede ergo domine hoc, ut [1]) tibi paeni-

---

[1]) Hs.: ut hoc.

tentiae excubias celebret et correctis actibus suis conferri sibi a te sempiterna gaudia gratuletur P.

2383   Donetque tibi ueram humilitatem et ueram patientiam, sobrietatem et tolerantiam, bonam perseuerantiam et bonum finem et perducat te in uitam aeternam. Amen.

2384   Indulgeat tibi dominus omnia peccata tua preterita presentia et futura. Amen.

2385   Illuminet te spiritus sanctus a patre et filio procedens. Amen.

2386   Saluum te faciat dominus seruum sperantem in se. Amen.

2387   Dominus custodiat te ab omni malo, custodiat animam tuam dominus. Amen.

2388   Dominus custodiat introitum tuum¹).

2389   Dominus conseruet te et uiuificet te et beatum faciet te in terra et non tradet te in animas inimicorum tuorum. Amen.

2390   Christus filius dei saluator mundi saluet et custodiat te in omnibus operibus tuis. Amen.

2391   [P]ropitius sit tibi omnipotens deus hic et in perpetuum. Amen.

2392   Deus tibi ueniam tribuat, deus culpas tuas parcendo ignoscat, criminum tuorum maculas abluat et ab omni malo expurget. Amen.

2393   Omnipotens sempiterne deus confitentium tibi, huic famulo tuo *ill.* pro tua pietate [peccata] relaxa, ut non plus ei noceat reatus ad paenam quam indulgentia pietatis ad ueniam. P.

438.
ORDO AD UISITANDUM ET UNGUENDUM INFIRMUM.

Ingredientes sacerdotes domum infirmi, primum dicendum est: Pax huic domui. *Responsio:* Et cum spiritu tuo. *Deinde dicatur antiphona:*

Benedic domine domum istam et omnes habitantes in ea, quia tu domine dixisti [Luc. 10, 5]: ‚Pax huic domui‘. Benedic domine timentes te, pusillos cum maioribus; benedicti uos a domino, qui fecit caelum et terram [Ps. 113, 13. 15].

Ecce quam bonum [Ps. 132, 1].

¹) Vergl. n. 29.

Et aspergatur aqua benedicta cum odore incensi. Et canendi sunt VII paenitentiae psalmi[1]) cum letania infra inserta.

Parce domine, parce famulo tuo, quem redemisti Christe sanguine 2394 tuo, ne in aeternum irascaris ei. [Qui uiuis].

Kyrie eleison. *Ter.*

Christe eleison. *Ter.*

Christe audi nos. *Ter.*

Sancta Maria, dei genitrix, ora pro nobis et pro famulo tuo.

Sancta et perpetua uirgo, succurre in angustiis constituto.

Omnes sancti angeli, orate pro nobis et pro hoc infirmo.

Omnes sancti archangeli, orate pro nobis et pro hoc infirmo.

Omnes sancti patriarchae, orate pro nobis et pro hoc infirmo.

Sancte Iohannes baptista, ora pro nobis et pro hoc infirmo.

Omnes sancti prophetae, orate pro nobis et pro hoc infirmo.

Sce Petre	Sce Dyonisi
Sce Paule	Sce Rustice
Sce Andrea	Sce Eleutheri
Sce Iacobe	Sce Maurici
Sce Iohannes	Sce Syxte
Sce Thoma	Sce Laurenti
Sce Iacobe	Sce Felicissime
Sce Philippe	Sce Agapite
Sce Bartholomee	Sce Magne
Sce Mathee	Sce Ianuari
Sce Simon	Sce Yppolite
Sce Tathee	Sce Cosma
Sce Mathia	Sce Damiane
Sce Marce [fol. 189]	Sce Tyburti
Sce Luca	Sce Ualentine
Sce Barnaba	Sce Uitalis
Sce Timothee	Sce Geruasi
Omnes sancti apostoli, orate pro nobis et pro hoc infirmo.	Sce Protasi
	Sce Nazari
Sce Stephane	Sce Celse
Sce Line	Sce Fabiane
Sce Clete	Sce Sebastiane
Sce Clemens	Sce Uincenti

[1]) Hs.: psalmos.

Sce Ualeri

Sce Georgi

Sce Quintine

Sce Marcelline

Sce Petre

Sce Iohannes

Sce Paule

Sce Abdo

Sce Sennes

Sce Prote

Sce Iacinthe

Sce Corneli

Sce Cypriane

Sce Processe

Sce Martiniane

Sce Bonifati

Sce Eoban

Sce Adalhari

Sce Uite

Sce Eoni

Sce Antoni

Sce Albane

Sce Kiliane

Sce Leodegari

Sce Lantberte

Sce Salui

Sce Pancrati

Sce Adriane

Sce Cristophore

Sce Simphoriane

Sce Crissogone

Sce Saturnine

Sce Crispine

Sce Crispiniane

Sce Peregrine

Sce Innocenti

Omnes sancti martyres, orate
    pro nobis et pro hoc infirmo.

Sce Hilari

Sce Martine

Sce Siluester

Sce Benedicte

Sce Leo

Sce Gregori

Sce Eusebi

Sce Hieronime

Sce Ambrosi

Sce Augustine

Sce Germane

Sce Medarde

Sce Remigi

Sce Uedaste

Sce Amande

Sce Marcelle

Sce Euurti

Sce Aniane

Sce Pauline

Sce Audoene

Sce Basili

Sce Maximine

Sce Seuerine

Sce Albine

Sce Rihhari

Sce Eligi

Sce Philiberte

Sce Columbane

Sce Galle

Sce Sulpici

Sce Bricci

Sce Antoni

Sce Paule

Sce Iohannes

Sce Machari

Sce Pachomi

Sce Arseni

Sce Effrem

Sce Honorate

Sce Equiti

Sce Bauo
Sce Lupe
Sce Auite
Sce Philippe
Sce Marse
Sce Arator
Omnes sancti confessores, orate
  pro nobis et pro hoc infirmo.
Sca Felicitas
Sca Perpetua
Sca Petronella
Sca Agatha
Sca Agnes
Sca Lucia
Sca Cecilia
Sca Anastasia
Sca Tecla
Sca Sabina
Sca Susanna
Sca Cristina
Sca Iustina
Sca Iuliana
Sca Praxedis
Sca Prisca
Sca Columba
Sca Scolastica
Sca Basilissa
Sca Daria
Sca Eugenia
Sca Aldegundis
Sca Radegundis
Sca Balthildis
Sca Gerdrudis
Sca Eufemia
Sca Genofeua
Sca Brigida
Sca Theodosia
Sca Thorothea
Sca Eulalia

Sca Sotheris
Sca Afra
Sca Fara
Sca Iulitta
Sca Flora
Sca Uualtburgis
Sca Eusebia
Sca Helena
Sca Emerentiana
Sca Dafroxa
Sca Felicula
Sca Liutdrudis
Sca Regina
Sca Ragemfledis
Sca Nathalia
Sca Pudentiana
Sca Lioba
Omnes sancti dei ab initio mundi
  usque ad praesens, orate pro
  nobis et pro hoc infirmo
Omnes sancti, orate pro nobis et
  pro hoc infirmo
Propitius nobis esto et libera eum
  domine
Propitius nobis esto et parce ei
  domine
Ab omni malo, libera eum domine
Ab hoste malo, libera eum domine
Ab insidiis diaboli, libera eum
  domine
[A] cruciatu et morte perpetua, libera
Ab ira tua nimium tremenda, libera
Ab iniqua morte, libera eum domine
Ab omni cogitatione inmunda,
  libera
Ab omni iniquitate, libera
Ab omni inmunditia cordis et cor-
  poris, libera
A cunctis erroribus diaboli, libera

A uinculis diaboli, libera

A potestate tenebrarum, libera

Per crucem tuam, libera eum domine

Per passionem et resurrectionem tuam, libera

Per ascensionem tuam, libera

Peccatores, te rogamus audi nos

Ut pacem perpetuam ei dones, te rogamus

Ut conpunctionem cordis ei dones, te rogamus

Ut fontem lacrimarum ei dones, te rogamus

Ut cogitationes prauas ab eo auferre digneris, te rogamus audi nos

Ut illicitas uoluptates ab eo abscidere digneris, te rogamus audi nos

Ut spatium paenitentiae, si fieri potest, ei dones, te rogamus

Ut gratiam spiritus sancti cordi illius infundere digneris

Ut intercessionem et solatium sanctorum ei dones, te rogamus

Ut uerae humilitatis et patientiae bonum ei dones

Ut timorem et amorem ac laudem sancti tui nominis ei dones, te rogamus audi nos [fol. 190]

Ut[1]) gratiam tuam ei concedere digneris, te rogamus

Ut in presenti periculo ei succurrere digneris

Ut murmurationem et inpatientiam ab eo auferre digneris, te rogamus audi nos

Ut repellas ab eo omnes principes tenebrarum

Ut ad gaudia aeterna eum perducere digneris

Ut aecclesiam tuam in eo exaltare digneris, te

Ut nos exaudire digneris, te rogamus

Fili dei, te rogamus audi nos

Agne dei qui tollis peccata mundi, parce nobis et isti domine.

Agne dei qui tollis peccata mundi, miserere nobis et isti domine.

Christe audi nos. *Ter.*

Kyrie eleison. Christe eleison.

Kyrie eleison. Pater noster.

Et ne nos inducas in temptationem.

Saluum fac seruum tuum.

Dominus conseruet eum.

Dominus opem ferat illi.

Dominus custodiat eum ab omni malo.

Angelis suis deus mandauit de illo.

Perfice gressus eius.

---

[1]) Hs.: Et. So auch bei den sechs folgenden Bitten.

Unctio infirmi.
Bl. 192[b]; S. 292, vor n. 2411.

Mitte ei domine auxilium.

Esto illi domine turris fortis.

Conuertere domine aliquantulum.

Domine auerte faciem tuam a peccatis illius.

Cor mundum crea in eo deus et spiritum rectum.

Adiuua nos deus salutaris noster.

Tibi domine derelictus est pauper, pupillo tu eris adiutor.

Iuxta est dominus his qui tribulato sunt corde et humiles spiritu saluabit.

Desiderium pauperum exaudiuit dominus.

Exurge domine adiuua nos et libera nos.

Dominus uobiscum.

Oremus. Omnipotens et misericors deus, qui sacerdotibus tuis pre 2394 ceteris tantam gratiam contulisti, ut quidquid [ab eis] in tuo nomine digne perfecteque agitur, a te fieri credatur: quesumus inmensam clementiam tuam, ut quidquid modo uisitaturi sumus visites, quidquid benedicturi benedicas, sitque ad nostrae humilitatis introitum sanctorum tuorum meritis fuga daemonum, angeli pacis ingressus. P.

Oratio in domo. Exaudi nos domine sancte pater omnipotens 2395 aeterne deus et mittere dignare sanctum angelum tuum de caelis, qui custodiat foueat protegat visitet et defendat omnes habitantes in hoc habitaculo. P.

Super infirmum. Omnipotens mitissime deus respice propitius 2396 preces [etc. = n. 2256]. P. d. n. in unitate eiusdem sp. s.

Alia. Deus qui illuminas omnem uenientem in mundum, illu- 2397 mina quesumus cor famuli tui *ill.* gratiae splendore, ut digna [ac placita] maiestati tuae cogitare et diligere ualeat. P.

Alia. Dimitte domine peccata nostra et tribue nobis misericor- 2398 diam tuam, qua oris nostri alloquio deprecatus famuli tui humilitatem et angustiam attendas [etc. = n. 2286].

Alia. Domine Iesu Christe, qui corripiendo parcis et parcendo 2399 remittis, qui flagellando disperdis et miserando conuertis, quesumus, corripe famulum tuum in misericordia et non in furore, qui et correptione tua corrigatur, indulgentia consoletur, disciplina erudiatur, medicina curetur, uerbere castigetur, pietate sanetur. Placeat ergo tibi domine eum liberare corripere eripere et non disperdere. P.

19

2400   *Alia.* Deus, in cuius manu est correptionis iudicium et saluationis ac misericordiae uotum, qui ita flagellas peccatores, ut redeant, et occasiones admonendi tribuis, ne recedant: praesta nobis quesumus supplicibus tuis, ut famulo tuo *ill.* integritas salutis, animae et corporis a te dirigatur in celis. P. d. n.

2401   *Alia.* Domine Iesu Christe, saluator humani generis, qui corpus in te suscipiens nostrae mortalitatis alios ad purgationem feriendo castigas, alios ad dampnationem flagellando reseruas, te supplices quesumus et humili deuotione precamur, ut famulum tuum *ill.*, quem aegritudinis molestia quassat, pietas tuae miserationis benigne absoluat. Da ei domine pietate tua, ut quicquid deliquit[1]) in saeculo totum in eo puniat illata correptio. Dolorum eius ac febrium sana discrimina, omnis uitae preteritae mundana piacula non diutina paena coerceat reum, sed absoluat tua miseratio iam prostratum. Mitiga in eo, pie [fol. 191] pater et domine, aestus febrium, putredines ulcerum, contractiones neruorum atque cunctarum crutiationes infirmitatum. Sit in eo quesumus ita respectus pie parcentis, ut nec infirmitatum ulterius saucietur stimulis [nec] paenam post transitum sentiat de commissis. Qui uiuis et regnas.

2402   *Alia.* Quesumus omnipotens et misericors deus, ut famulus tuus [2]) *ill.*, quem inmensus languor excruciat, te donante a lapsibus uitiorum expurgetur, et reparatio tuae uisitationis quantotius ad salutem corroboret; expolietur criminibus in attritione flagelli et uestiatur uirtutibus in expiatione delicti. Da ei domine tolerandi in persecutionibus uotum, ut tolerantiae percipiat fructum. Sitque ei amabilius pro admissis criminibus in carne sustinere penuriam, dum sibi opitulari crediderit ad coronam, ut feliciter peragens huius uite excursum ad te perueniat, ablutionem peccaminum sortemque capiat in terra uiuentium. P.

2403   *Alia.* Omnipotens dominus, qui famulum suum *ill.* corporali corripit uulnere, ipse quoque ab aegritudine expiet corporis ac mentis suae, et unicus dei filius, qui in se nostram excepit infirmitatem, tribuat ei tolerantiae sine fine mercedem. Sicque eius pietas eum foueat, ut nec salus correptionis suae deserat [?] nec desperationi illata infirmitas succumbat. P.

2404   *Alia.* Saluator mundi deus, qui es uerus medicus et medicina caelestis, propitiare et fer opem famulo tuo *ill.*, omnem languorem

---

[1]) Hs.: deliquid. — [2]) Hs.: famulum tuum.

et infirmitatem eius sana morbosque animae suae ac corporis pestes et ualitudines uniuersas absterge. Casibusque uulnerum suorum propitiatus succurre, ut et dum iniquitates auertis aegritudines cures. Qui cum patre.

Alia. Miserere nobis, domine sancte pater omnipotens aeterne 2405 deus, qui non uis miseria consumere miseros sed misericorditer liberare festinas, necnon per uindictam absorbere peccatores sed expiare intendis. Sentiat quaesumus domine famulus tuus *ill.* manum tuam medentem potius quam percutientem, fouentem magis quam ferientem, et sic presentia adhibe flagella, ut supplicia arceas sempiterna, paterna pietate corripias et non abicias, erudias et non confundas. Tribue propitius peccatori indulgentiam et aegroto integerrimam sanitatem. P. d. n.

Tunc sacerdos infirmi roget pro eo orare. Dicant:
Kyrie eleison. Pater noster. Et ne nos inducas in temptationem.
Saluum fac seruum tuum.
Mitte ei domine. Nihil proficiet.
Dominus conseruet eum. Dominus opem ferat illi.
Dominus uobiscum. *Resp[onsio].*

Domine deus, qui per apostolum tuum locutus es: ‚Infirmatur 2406 quis in uobis, inducat presbiteros aecclesiae et orent super eum unguentes eum oleo sancto in nomine domini, et oratio fidei saluabit infirmum et alleuabit eum, et si in peccatis sit dimittentur ei' [Iac. 5, 14. 15]: cura, quaesumus redemptor noster, gratia spiritus sancti languores istius infirmi eiusque sana uulnera ac dimitte peccata atque dolores cunctos cordis ac corporis ab eo expelle et plenam ei interius exteriusque sanitatem misericorditer redde, ut [ope] misericordie tuae restitutus et sanatus ad pristina pietatis tuae reparetur officia. Qui cum patre et spiritu sancto.

Sic et decantetur antiphona:
Sana domine infirmum istum, cuius ossa conturbata sunt[1]) ualde, sed tu domine conuertere et sana eum et eripe animam eius a morte. *Ps.* [6] Domine ne in ira tua I *usque in finem. Cum gloria. Et repetatur antiphona a capite.*

Oratio. Oremus dominum nostrum Iesum Christum et cum 2407 omni supplicatione rogemus, ut hunc famulum suum *ill.* per angelum suum sanctum uisitare laetificare et confortare dignetur. Qui uiuit.

---

[1]) Hs.: est.

Sequitur antiphona. Dominus locutus est discipulis suis: ‚In nomine meo daemonia eicite et super infirmos manus uestras imponite et bene habebit'.[1]) [fol. 192] *Ps.* [49] Deus deorum. *Cum gloria. Et repetatur* In nomine meo.

2408 *Sequitur oratio.* Deus qui Ezechie famulo tuo ter quinos annos donasti ad uitam, ita et famulum [etc. = n. 2366].

Cor contritum et humiliatum deus non spernit. [Ps. 50] Miserere mei deus I. *Et repetatur antiphona a capite.*

2409 *Oratio.* Respice domine famulum tuum N. in angustia sui corporis [etc. = n. 2368].

Sequitur antiphona. Succurre domine infirmo isti in presenti aegritudine et medica eum spiritali medicamine, ut in pristina sanitate a te restitutus gratiarum tibi in aecclesia tua sanus referat actiones. [Ps. 119] Ad dominum dum tribularer. *Cum gloria. Et repetatur antiphona a capite.*

2410 *Oratio.* Adesto domine supplicationibus nostris, nec [etc. = n. 2381].

Et sic perunguant singuli sacerdotes infirmum de oleo sanctificato facientes crucem in collum pectus et inter scapulas et super quinque sensus corporeos et in supercilia oculorum et in aures intus et foris et in narium summitatem siue interius et in labia exterius et in manus similiter exterius, id est de foris, ut maculae, quae per quinque sensus mentis et corporis fragilitate carni aliquo modo inheserunt, ha(e)c medicina spiritali et domini misericordia pellantur.

Primum ad aurem dexteram fac crucem et dic:

2411 In nomine patris et filii et spiritus sancti accipe sanitatem. Amen.

2412 Benedicat te deus pater. Sanet te deus filius. Illuminet te deus spiritus sanctus. Corpus tuum custodiat. Animam tuam saluet. Cor tuum irradiet.[2]) Sensum dirigat. Et ad supernam uitam te perducat. Qui in trinitate perfecta uiuit per omnia s. s.

2413 In nomine patris [etc. = n. 2411].

2414 Benedicat te deus caeli. Adiuuet te Christus filius dei. Corpus tuum in seruitio suo custodire et conseruare faciat. Mentem tuam illuminet. Sensum tuum custodiat. Gratiam suam ad profectum animae tuae in te augeat. Ab omni malo te liberet. Dextera sua te defendat. Qui sanctos suos semper adiuuat, ipse te adiuuare et

---
[1]) Vergl. Marc. 16, 17. 18. — [2]) Hs.: irradiat.

conseruare dignetur in unitate [fol. 193] spiritus sancti deus per
omnia s. s.

Deinde ad sinistram aurem fac crucem et dic:
In nomine patris [etc = n. 2411].   2415
Ungo has aures sacrati olei liquore, ut quicquid peccati eruc- 2416
tatione nociui auditus admissum est, medicina spiritalis euacuet. P.

Deinde unguantur oculi.
In nomine patris [etc. = n. 2411].   2417
Ungo oculos tuos de oleo sanctificato, ut quicquid illicito uisu 2418
deliquisti, huius olei unctione expietur.[1]) P.

Deinde unguantur nares.
In nomine patris [etc. = n. 2411].   2419
Ungo has nares de oleo sacro, ut quidquid noxae contractum est 2420
odoratu superfluo, ista emaculet medicatio. P.

Deinde unguantur labia.
In nomine patris [etc. = n. 2411].   2421
Ungo labia ista consecrati olei medicamento, ut quicquid otiosa 2422
uel etiam criminosa peccasti locutione, diuina clementia miserante
expurgetur[2]) hac unctione. P.

Deinde unguatur pectus.
In nomine patris [etc. = n. 2411].   2423
Ungo pectus tuum de oleo sancto, ut hac unctione protectus[3]) 2424
certare fortiter ualeas aduersus aereas cateruas. Amen.

Item pectus   In nomine patris [etc. = n. 2407].   2425
Ungo etiam te de oleo sancto inuocata magni creatoris maiestate, 2426
qui iussit Samuelem prophetam ungi Dauid in regem. Operare creatura olei in nomine dei patris omnipotentis, ut non lateat hic spiritus
inmundus neque in membris neque in medullis neque in ulla com-
pagine membrorum, sed habitet in eo uirtus Christi altissimi et
sanctificatio spiritus sancti, ut more militis uncti preparatus ad luctam
possis aereas superare cateruas.

Deinde fac crucem inter scapulas et dic:
In nomine patris [etc. = n. 2411].   2427
Ungo has scapulas siue medium scapularum de oleo sacro, ut 2428
ex omni parte spiritali protectione munitus piacula diabolici impetus

---

[1]) Hs.: expientur. — [2]) Hs.: expurgentur. — [3]) Hs.: prospectu.

uiriliter contempnere ac procul possis cum robore superni iuuaminis
repellere.

Deinde fac crucem in dextera et sinistra palma et dic:

2429   In nomine patris et filii et spiritus sancti accipe sanitatem.

2430   Ungo has manus de oleo sacrato, ut quicquid de illicito uel
noxio opere peregerunt, per hanc unctionem euacuetur[1]). Amen.

Deinde in dextera latera fac crucem.

2431   In nomine patris et filii et spiritus sancti sit tibi haec unctio
olei sanctificati ad purificationem mentis et corporis et ad munimen
et ad defensionem contra iacula inmundorum spirituum.

Deinde in sinistra latera fac crucem et dic:

2432   Ungo te oleo sancto in nomine patris et filii et spiritus sancti
obsecrans misericordiam unici dei ac domini nostri, ut fugatis omnibus
doloribus uel incommoditatibus corporis tui recuperetur in te uirtus
et salus, quatenus per huius operationem mysterii et[2]) per hanc
sacrati olei unctionem atque nostram deprecationem uirtute sanctae
trinitatis medicatus pristinam et magis robustam recipere [merearis]
sanitatem. P.

Deinde ungantur pedes et dic:

2433   In nomine domini nostri Iesu Christi Nazareni surge et ambula.
In nomine domini ungo hos pedes de oleo benedicto, ut quicquid
superfluo uel nociuo incessu commis(s)erunt, ista aboleat perunctio.
Amen.

*Unctus infirmus[3]) dicantur hae singulae orationes a singulis
sacerdotibus:*

2434   Domine Iesu Christe, qui es saluatio et redemptio nostra et qui
es uera salus et medicina et a quo omnis sanitas et medicamentum
uenit, qui apostoli tui uoce nos instruis, ut languidos olei liquore
tangentes tuae postulemus misericordiam pietatis, [fol. 194] respice
propitius super hunc famulum tuum ab illa mirabili summitate caelorum, ut quem languor curuat ad exitum et uirium contractio iam
pertrahit ad occasum, medela tuae gratiae saluti restituat castigatum.
Extingue in eodem libidinum et febrium aestus, dolorum stimulos
ac uitiorum optere cruciatus, aegritudinum et cupiditatum tormenta
dissolue, superbiae inflationem tumoremque compesce, ulcera et putredines uitiorum euacua, uiscerum interna cordiumque ac medullarum et

---

[1]) Hs.: euacuentur. — [2]) Hs.: ut. — [3]) Sic!

cogitationum sana discrimina, conscientiarum atque plagarum obducito cicatrices, physicis typicisque adesto periculis, ueteres inmensasque remoue passiones, opera carnis sanguinisque materiam compone ac delictorum illi ueniam propitiatus attribue, sicque illum iugiter custodiat pietas tua, ut nec ad corruptionem aliquando sanitas nec ad perditionem te auxiliante nunc perducat infirmitas fiatque illi haec olei sacra perunctio concita morbi praesentis expulsio et peccatorum omnium optata remissio te concedente, saluator mundi. Qui uiuis et regnas cum patre in unitate spiritus sancti deus per omnia s. s.

Item ab alio sacerdote.

Omnipotens deus qui per os beati Iacobi apostoli tui hoc mini- 2435 sterium infirmis hominibus precepisti facere, conserua famulo tuo *ill.* tuarum dona uirtutum et concede, ut medelam tuam non solum in corpore sed etiam percipiat in mente. P.

Item ab alio sacerdote.

Propitietur dominus cunctis iniquitatibus huius infirmi et sanet 2436 omnes languores illius redimatque de interitu perpetuae mortis uitam eius et corroboret ac satiet in bonis omnibus desiderium illius. Qui solus in trinitate unus deus uiuit et regnat per inmortalia saecula saeculorum. Amen.

Item ab alio sacerdote:

Deum uiuum omnipotentem, cui omnia restaurare et confirmare 2437 facillimum est, fratres karissimi, pro fratre nostro *ill.* suppliciter oremus, ut creatura manum sentiat-creatoris atque in reparando et recipiendo hominem suum pius pater opus recreare dignetur. P.

Item ab alio sacerdote.

Deus qui confitentium tibi corda purificas et accusantes se con- 2438 scientias ab omni uinculo iniquitatis absoluis, da indulgentiam reo et medicinam tribue uulnerato, ut percepta remissione omnium pecca-torum in sacramenti tui sincera deinceps deuotione permaneat et nullum redemptionis aeterne sustineat detrimentum. P.

Item ab alio sacerdote.

Domine sancte pater uniuersitatis auctor omnipotens aeterne deus, 2439 cui cuncta uiuunt, qui uiuificas mortuos et uocas ea quae non sunt tanquam ea quae sunt, tuum (est) solatium, qui es magnus artifex, pie exerce[re] in hoc tuo plasmate rogamus. P.

Item ab alio sacerdote.

2440   Exaudi nos domine sancte pater omnipotens aeterne deus, et uisitationem tuam conferre dignare super hunc famulum tuum *illum,* quem diuersa uexat infirmitas; uisita eum sicut uisitare dignatus es socrum Petri puerumque centurionis et Tobiam et Saram famulos tuos per angelum tuum sanctum Raphahel, ita et eum restitue ad pristinam sanitatem, ut merea[tu]r in atrio domus tuae dicere ore proprio: ‚Castigans castigauit me dominus et morti non tradidit me' [Ps. 117, 18]. P.

Item ab alio sacerdote.

2441   Inclina domine quaesumus aures clementiae tuae ad preces nostras et opem tuam sanitatemque pristinam tribue benignus infirmo, ut sincera mente deuotus et praesentis uitae remediis gaudeat et futuris. P.

Item ab alio sacerdote:

2442   Deus cuius prospectio de celis frequens fuisse et esse cognoscitur, omnipotens pater, tibi preces fundimus et obsecramus misericordiam pro famulo tuo N., qui secundum carnis infirmitatem diuersis aegritudinum generibus detinetur atque uexatur. Qui solus [fol. 195] potens es domine, omnia infirma naturae nostrae misericordiae tuae uirtute confirma atque repelle omnes morbos inualescentes, aestus febrium extingue et causam uniuersi doloris auerte. Qui sanas contritos corde, aspice Christe, uerbo misericordiae tuae succurre, quia tu es medicus salutaris. Qui cum deo patre et spiritu sancto uiuis et regnas in saecula saeculorum.

Reconciliatio paenitentis ad mortem.

2443   Deus misericors, deus clemens, qui secundum multitudinem miserationum tuarum peccata penitentium deles et preteritorum criminum culpas uenia remissionis euacuas, respice super hunc famulum tuum N. et remissionem sibi omnium peccatorum suorum intima cordis confessione poscentem deprecatus exaudi. Renoua in eo, piissime pater, quicquid terrena fragilitate córruptum uel quicquid diabolica fraude uiolatum est, et in unitatem corporis aecclesiae tuae membrum perfecta remissione restitue. Miserere domine gemituum, miserere lacrimarum et non habentem fiduciam nisi in tua misericordia ad sacramentum reconciliationis admitte. P.

2444   *Item alia.* Maiestatem tuam domine supplices deprecamur, ut huic famulo tuo N. longo squalore paenitentiae macerato miserationis

tuae ueniam largiri digneris, ut nuptiali ueste recepta ad regalem
mensam unde eiectus fuerat mereatur introire. P.

Item alia. Maiestatem tuam quaesumus domine sancte pater 2445
omnipotens aeterne deus, qui non mortem sed peccatorum uitam
semper inquiris: respice flentem famulum tuum N., attende prostratum
eiusque planctum in gaudium tua miseratione conuertens scinde
delictorum saccum et indue eum laetitia salutari, ut post longum
peregrinationis sue famem de sanctis altaribus tuis satietur ingressusque cubiculum regis in ipsius aula benedicat nomen gloriae tuae
semper. P.

*Hic cantetur missa pro eo. Deinde communicet eum sacerdos
corpore et sanguine domini. Et sic septem continuos dies, si neces-
sitas contigerit, tam de communione quam et de alio officio faciant illi.
,Et suscitabit eum dominus ad salutem et si in peccatis fuerit,
dimittentur ei', ut apostolus dicit* [Iac. 5, 15].

Oratio ad communicandum [infirmum]. Domine Iesu Christe, 2446
deus noster, exaudi nos pro fratre nostro infirmo *ill.* te rogantes, ut
tua sancta eucharistia ei sit tutela. Qui cum deo patre.

Post communionem. Domine sancte pater omnipotens aeterne 2447
deus, te fideliter deprecamur, ut accipienti fratri nostro *ill.* sacram
hanc eucharistiam corporis et sanguinis domini nostri Iesu Christi
filii tui tam corpori quam anime sit salus. Per eundem.

Alia post communionem. Accepto salutari diuini corporis cybo 2448
saluatori nostro Iesu Christo gratias agamus, quod per sui corporis
et sanguinis sacramentum nos a morte liberauit et tam corporis
quam anime humano generi remedium donare dignatus est. Qui uiuit.

*Debent etiam ex ministris sanctae dei aecclesie cum summa
reuerentia infirmis decantare per singulos dies uespertinales et matu-
tinales laudes cum antiphonis et responsoriis siue lectionibus et
orationibus ad hoc pertinentibus cum hymno:*

[1] Christe caelestis medicina patris,
Uerus humanae medicus salutis,
Prouide plebis precibus potenter,
Pande fauorem.

[2] En ob infirmos tibi supplicamus,
Quos nocens pestis ualitudo quassat,

Ut pius[1]) morbum releues iacentum,
Quo quatiuntur.

[3] Qui potestate manifestus extans
Mox [fol. 196] Petri socrum febribus iacentem,
Reguli prolem puerumque saluans
Centurionis :

[4] Ferto languenti populo uigorem,
Efflue largam populis salutem
Pristinis more solito reformans
Uiribus aegros.

[5] Corporum morbos animaeque sana,
Uulnerum causis adhibe medelam,
Ne sine fructu cruciatus urat
Corpora nostra.

[6] Omnis impulsus perimens recedat,
Omnis incursus crucians liquescat,
Uigor optate foueat salutis
Membra dolentis.

[7] Iam deus nostros miserato fletus,
Sic quibus te nunc petimus medere,
Ut tuam omnis recubans medelam
Sentiat aeger.

[8] Quo per illata mala dum teruntur
Eruditorum numero decoros
Compotes intrent sociante fructu
Regna polorum.

[9] Gloria patri genitoque proli
Et tibi compar utriusque semper
Spiritus alme deus unus omni
Tempore saecli.

[10] Gloriam psallat chorus et resultet,[2])
Gloriam dicat canat et reuol[u]at:
Spiritus alme deus unus omni
Tempore saecli.

2449   *Oratio in consummatione huius officii.* **Omnipotens sempiterne**
deus, qui subuenis in [etc. = n. 2352].

---

[1]) Hs.: pios. — [2]) Hs.: resultat.

Alia oratio. Da nobis domine, (ut) sicut publicani precibus et 2450 confessione placatus, ita et huic famulo tuo N. placare domine et precibus eius benignus aspira, ut in confessione flebili permanens et petitione perpetua clementiam tuam celeriter exoret sanctisque altaribus et sacramentis restitutus rursus caelesti gloria mancipetur. P. d. n.

His ita explicitis sacerdotes dicant has benedictiones super infirmum unusquisque suam. Si autem episcopus affuerit, ipsius officii hoc erit.

Dominus Iesus Christus apud te sit, ut te defendat; intra te sit, 2451 ut te reficiat; circa te sit, ut te conseruet; ante te sit, ut te ducat; post te sit, ut te iustificet; super te sit, ut te benedicat. Qui cum patre.

Item ab alio sacerdote. Benedicat te deus pater, qui in principio 2452 cuncta creauit; benedicat te deus filius, qui de supernis sedibus pro nobis saluator descendit; benedicat te spiritus sanctus, qui in similitudine columbae in Iordane flumine requieuit in Christo; ipseque te in trinitate sanctificet, quem omnes gentes futurum expectant ad iudicium. Qui cum patre.

Item ab alio. Benedicat te deus pater, custodiat te Iesus 2453 Christus, illuminet te spiritus sanctus omnibus diebus uitae tuae, confirmet te uirtus Christi, indulgeat tibi dominus uniuersa delicta tua, qui in trinitate perfecta uiuit et regnat deus.

[B]enedictio dei patris.   2454

Si uero infirmus proximus fuerit morti, tunc decantetur pro eo haec missa.

Antiphona. Circumdederunt me. *Ps.* [17] Diligam te domine.

Omnipotens sempiterne deus, conseruator animarum, qui quos 2455 diligis corripis, et quos recipis pie ad emendatione[m] coherces, te inuocamus domine, ut medelam tuam conferri digneris animae famuli tui N., qui in corpore patitur membrorum debilitationem, uim laboris, stimolos infirmitatum; da ei domine gratiam tuam, ut in hora exitus sui de corpore (ut) absque macula peccati tibi datori proprio per manus sanctorum angelorum representari mereatur. P.

Lectio Isaiae prophetae [55, 6—7].

In diebus illis: Locutus est Isaias propheta dicens: Quaerite dominum, dum inueniri potest; inuocate eum, dum prope est. Derelinquat impius uiam suam et uir iniquus cogitationes suas et reuertatur ad dominum, et miserebitur eius, et ad deum nostrum, quoniam multus est ad ignoscendum.

Graduale. Miserere mei deus. V̂ Misit de caelo [Ps. 17, 17].

Sequentia sancti [fol. 197] *euangelii secundum Marcum* [11, 22—24]. In illo tempore: Respiciens Iesus in discipulos suos ait illis: Habete fidem dei. Amen dico uobis, quia quicumque dixerit huic monti: Tollere et mittere in mare, et non hesitauerit in corde suo, sed crediderit, quia quodcumque dixerit fiat, fiet ei. Propterea dico uobis: Omnia quaecumque orantes petitis, credite quia accipietis, et euenient uobis.

Off[erenda]. Exaudi deus orationem meam et ne dispexeris [Ps. 54, 2].

2456   *Super oblata.* Adesto domine pro tua pietate supplicationibus nostris et suscipe hostiam, quam tibi offerimus pro famulo tuo N. iacente in crabatto salutem non corporis sed animae petente(m): praesta omnipotens deus indulgentiam ei omnium iniquitatum suarum propter inmensam misericordiam tuam, et per intercessionem omnium sanctorum tuorum per hoc quod sustinet flagellum in corpore a sanctis angelis tuis eius anima suscepta peruenire mereatur ad tuae gloriae regnum. P.

Communio. Redime me deus Israel [Ps. 24, 22].

2457   *Ad complendum.* Gratias agimus domine multiplicibus largitatibus tuis, quibus animas in te sperantium deus satiare consuesti; nam fidi de tua pietate precamur, ut misereri digneris famulo tuo N., ne preualeat aduersus eum aduersa[rius] in hora exitus sui de corpore, sed transitum habere mereatur ad uitam. P.

439.

IN AGENDA MORTUORUM.

Cum igitur anima in agone sui exitus dissolutioneque corporis uisa fuerit laborare, conuenire studebunt fratres uel ceteri quique fideles et canendi sunt VII penitentiae psalmi et agenda est laetania, prout miserit ratio temporis et secundum quod in causa egressuri perspici poterit uel aestimari. Finitis sanctorum nominibus mox incipiatur ab omnibus R̂ Subuenite sancti dei. V̂ Chorus angelorum.

Sequitur oratio. Tibi domine commendamus animam famuli tui 2458 N., ut defunctus saeculo tibi uiuat, et quae per fragilitatem mundanae conuersationis peccata admisit, tu uenia(m) misericordissime pietatis absterge. P.

Alia. Misericordiam tuam, domine sancte pater omnipotens 2459 aeterne deus, pietatis tuae affectu rogare pro aliis cogimur, qui pro nostris supplicare peccatis nequaquam sufficimus; tamen de tua confisi gratuita pietate et inolita benignitate clementiam tuam deposcimus, ut animam serui tui ad te reuertentem cum pietate suscipias. Assit ei [angelus] testamenti tui Michahel, et per manus sanctorum angelorum tuorum inter sanctos electos tuos in sinibus Abrahae Isaac et Iacob patriarcharum tuorum eam collocare digneris, quatenus liberata de principibus tenebrarum et de locis poenarum nullis iam prime natiuitatis uel ignorantiae aut proprie iniquitatis seu fragilitatis confundatur erroribus, sed potius agnoscatur a tuis et sanctae beatitudinis requie perfruatur, ut cum magni dies iudicii aduenerit, inter sanctos et electos tuos resuscitatus gloria manifestatae contemplationis tuae perpetuo satietur. P.

Si autem quidam superuixerit, canantur alii psalmi uel agatur laetania, usquequo anima [uinculo] terrenae corruptionis absoluatur. In cuius egressu dicatur antiphona:

Suscipiat te Christus qui creauit te et in sinu[m] Abrahae angeli deducant te. *Ps.* [113] In exitu.

Omnipotens sempiterne deus, qui humano corpori animam ad 2460 similitudinem tuam inspirare dignatus es, dum te iubente puluis in puluerem reuertitur, tu imaginem tuam cum sanctis et electis tuis aeternis sedibus precipias sociari eamque ad te reuertentem de Aegypti partibus blande leniterque suscipias et angelos tuos sanctos [fol. 198] ei obuiam mittas uiamque illi iustitiae demonstra et portas gloriae tuae aperi. Repelle quaesumus ab ea omnes principes tenebrarum et agnosce depositum fidele quod tuum est. Suscipe domine creaturam tuam non ·ex diis alienis creatam, sed a te solo deo uiuo et uero, quia non est alius deus preter te et non est secundum opera tua. Laetifica clementissime deus animam serui tui N. et clarifica eam in multitudine misericordiae tuae. Ne memineris quaesumus iniquitatum eius antiquarum et ebrietatum, quas suscitauit furor mali desiderii. Licet enim peccauerit, te tamen [non negauit, sed signo fidei insignitus te, qui omnia et eum inter omnia] fecisti, adorauit. Qui uiuis.

[Antiphona.] Chorus angelorum te suscipiat et in sinu Abrahae te collocet, ut cum Lazaro quondam paupere aeternam habeas requiem. [Ps. 114] Dilexi quoniam *usque* [Ps. 119] Ad dominum dum tribularer.

2461   *Oremus.* Diri uulneris nouitate perculsi et quodam modo cordibus sauciati misericordiam tuam mundi redemptor flebilibus uocibus imploramus, ut cari nostri N. animam ad tuam clementiam qui fons pietatis es reuertentem blande leniterque suscipias, et quas illa ex carnali contagione[1]) contraxi[t] maculas, tu deus inolita benignitate clementer deleas, pie indulgeas, obliuioni in perpetuum tradas atque hanc laudem tibi cum ceteris reddituram et ad corpus quandoque reuersuram sanctorum tuorum coetibus aggregari precipias. Qui cum deo patre.

Tunc roget pro eo orare sacerdos.

Pater noster. Et ne nos inducas.

Requiem aeternam dona ei domine.

Anima eius in bonis demorabitur.

Ne tradas bestiis animam confitentis tibi.

Ne intres in iuditium cum seruo tuo.

A porta inferi. In memoria aeterna.

Domine misericordia tua in saeculum.

Suscipe domine animam eius.

Pretiosa est in conspectu domini.

2462   *Oremus.* Partem beatae resurrectionis obtineat uitamque aeternam habere mereatur in caelis per te Christe Iesu, qui cum patre.

2463   *Oremus.* Deus cui soli competit medicinam prestare post mortem, praesta quaesumus, ut anima famuli tui N. terrenis exuta contagiis in tuae redemptionis parte numeretur. P.

Tunc lauatur corpus et lazarizatur feretroque componitur.

Oratio antequam de domo efferatur.

Dominus uobiscum.

2464   Suscipe domine animam serui tui N., quam de ergastulo huius saeculi uocare dignatus es, et libera eam de principibus tenebrarum et de locis poenarum, ut absoluta omnium uinculo peccatorum quietis ac lucis aeterne beatitudinis perfruatur et inter sanctos et electos tuos in resurrectionis gloria resuscitari mereatur. P.

---

1) Hs.: commemoratione.

[℟] Subueni(en)te sancti dei *et aliis responsoriis defunctorum [cantatis] deportetur corpus ad aecclesiam. Cum autem appropinquatum fuerit aecclesiae, canitur antiphona* Requiem aeternam. *Ps.* [50] Miserere mei deus.

Postquam uero in aecclesia positum fuerit, oretur pro eo ab omnibus, ut supra. Demum deputandi[1]*) sunt, qui ibidem sine intermissione psalmos psallant. At cum uenerit hora uigiliarum, omnes pro ipsa anima uigilia[s] celebrent. Psalmi responsoria antiphonae sine Alleluia et lectiones huic officio congruentes. Corpus autem in aecclesia sit, quousque pro eius anima missa canatur ab omnibus, quibus uisum fuerit.*

Quesumus domine, pro tua pietate miserere anime famuli tui 2465 N. et a contagiis mortalitatis exutam in aeterne saluationis parte [fol. 199] restitue. P.

Super oblata. Animam famuli tui N. domine ab omnibus uitiis 2466 et peccatis conditionis humanae haec absoluat oblatio, quae totius mundi tulit immolata peccatum. P.

Infra actionem. Hanc igitur oblationem, quam tibi pro anima 2467 famuli tui N. offerimus, quam hodie a carnali corruptione liberasti, quaesumus domine placatus accipias, et quicquid humanae conditionis surreptione contraxit expedias, ut tuis purificata remediis ad gaudium sempiternum perueniat. Diesque.

Ad complendum. Prosit domine quesumus anime famuli tui N. 2468 diuini celebratio sacramenti, ut eius in quo sperauit et credidit aeternum capiat te miserante consorcium. P.

Alia. Annue nobis domine, ut anima famuli tui N. remissionem 2469 quam semper optauit mereatur percipere peccatorum. P.

Post celebrationem denique missae stans sacerdos iuxta feretrum dicat hanc orationem:
Non intres in iudicium cum seruo tuo domine N., quoniam nullus 2470 apud te iustificabitur homo, nisi per te peccatorum omnium [tribuatur] remissio. Non ergo eum tua quaesumus iudicialis sententia premat, quem tibi uera supplicatio fidei christiane commendat, sed gratia tua illi succurrente mereatur euadere iudicium ultionis, qui dum uiueret insignitus est signaculo sanctae trinitatis. P.

---

[1]) Hs.: dimidi. Vielleicht zu ergänzen: dimi[tten]di oder dimidi[andi]?

Sequitur responsorium Subueni(en)te sancti dei. V̂ Chorus angelorum. *Et ter* Kyrie eleison.

2471 *Oremus.* Deus cui omnia uiuunt et cui non pereunt moriendo
corpora nostra sed mutantur in melius, te supplices deprecamur, ut
quicquid anima famuli tui N. uitiorum tuaeque uoluntati contrarium
fallente diabolo et propria iniquitate atque fragilitate contraxit, tu
pius et misericors ablue indulgendo eamque suscipi iubeas per manus
sanctorum angelorum tuorum deducendam in sinum patriarcharum
tuorum, Abraham scilicet amici tui et Isaach electi tui atque Iacob
dilecti tui, quo aufugit dolor et tristitia atque suspirium, ubi etiam
fidelium animae felici iocunditate laetantur, et in nouissimo magni
iudicii die inter sanctos et electos tuos eam facias perpetuae glorie
percipere portionem, quam oculus non uidit nec auris audiuit et in
cor hominis non ascendit quae praeparasti diligentibus te.

Sequitur responsorium Antequam nascerer. Commissa mea. *Et
ter* Kyrie eleison.

2472 *Oremus.* Fac quaesumus domine hanc cum seruo tuo N. defuncto
misericordiam, ut factorum suorum in poenis non recipiat uicem, qui
tuam in uotis tenuit uoluntatem, et quia illum uera fides iunxit
fidelium turmis, illic eum tua miseratio societ angelicis choris. P.

Tunc roget pro eo sacerdos orare Pater noster. *Capitulum
et preces. Ut supra.*

2473 *Oratio.* Inclina domine aurem tuam ad preces nostras, quibus
misericordiam tuam supplices deprecamur, ut anima famuli tui N.,
quam de hoc seculo migrare iussisti, in pacis ac lucis regione constituas et sanctorum tuorum iubeas esse consortem. P.

*Tunc leuatur corpus de aecclesia precedentibus cereis turibulis
aqua benedicta, clero antiphonam decantante:* In paradysum deducant
te angeli et cum gaudio suscipiant te martyres, perducant te in
ciuitatem sanctam Hierusalem. [Ps. 24] Ad te domine leuaui.
[*Antiphona*] Aperite mihi [Ps. 117, 19—20].

Sequitur antiphona cum psalmo [117] Confitemini domino IIII.
Deportatur ad sepulchrum.

Allocutio priusquam sepeliatur ad circumstantes.

2474 Piae recordationis affectu, fratres karissimi, commemorationem
faciamus cari nostri N., quem dominus de temptationibus huius seculi
assumpsit, obsecrantes misericordiam dei nostri, ut ipse ei tribuere
dignetur placidam et quietam mansionem et remittat omnes lubricae

[fol. 200] temeritatis offensas, ut concessa uenia plenae indulgentiae, quicquid in hoc saeculo proprio uel alieno reatu deliquit, totum ineffabili pietate ac benignitate sua deleat et abstergat. Quod ipse prestare dignetur, qui cum patre et spiritu sancto uiuit et gloriatur deus per omnia s. s.

Sequitur antiphona Ingrediar, *psalmus* [41] Sicut ceruus. *Et ponitur in sepulchro.*

Obsecramus misericordiam tuam, omnipotens aeterne deus, qui 2475 hominem ad imaginem tuam creare dignatus es, ut animam famuli tui N., quam hodierna die rebus humanis eximi et ad te accersiri iussisti, blande et misericorditer suscipias. Non ei dominentur umbrae mortis nec tegat eum chaos et caligo tenebrarum, sed exutus omnium criminum labe in sinu Abrahae patriarchae collocatus locum lucis et refrigerii sese adeptum esse gaudeat, et cum dies iudicii aduenerit, cum sanctis et electis tuis eum resuscitari iubeas. P.

Item antiphona Hec requies mea. *Ps.* [131] Memento domine Dauid.

Oremus. Deus apud quem mortuorum spiritus uiuunt et in quo 2476 electorum animae deposito carnis onere plena felicitate laetantur, praesta supplicantibus nobis, ut anima famuli tui N., quae temporali per corpus uisionis huius luminis caruit uisu, aeternae illius lucis solatio potiatur. Non eum tormentum mortis attingat, non dolor horrendae uisionis afficiat, non poenalis timor excruciet, non reorum proxima catena constringat, sed concessa sibi delictorum omnium uenia optatae quietis consequatur gaudia repromissa. P.

Item antiphona De terra plasmasti me. *Ps.* [138] Domine probasti me. *Et*[1]*) humo cooperitur.*

Allocutio post sepultum corpus ad asstantes.

Oremus fratres karissimi pro spiritu cari nostri N., quem dominus 2477 de laqueo huius seculi liberare dignatus est, cuius corpusculum hodie sepulturae traditur, ut eum pietas domini in sinu Abrahae Isaac et Iacob collocare dignetur, ut cum dies iudicii aduenerit, inter sanctos et electos suos eum in parte dextera collocandum resuscitari faciat, prestante domino nostro Iesu Christo, qui cum patre et spiritu sancto uiuit et gloriatur deus.

Ant. Suscipe domine animam eius in regnum tuum. *Ps.* [69] (Domine) deus in adiutorium.

[1]) Hs.: *At.*

20

2478   *Alia.* Deus qui iustis supplicationibus semper presto es, qui pia
nota digneris intucri, qui uniuersorum es conditor et redemptor,
misericordia quoque peccatorum et tuorum beatitudo sanctorum: da
famulo tuo N., cuius depositioni hodie officia humanitatis exhibemus,
cum sanctis et fidelibus tuis beati muneris portionem eumque a corporalibus [nexibus] absolutum in resurrectione electorum tuorum facias
presentari. P.

Ant. Animam de corpore. *Ps.* [115] Credidi propter quod
locutus sum.

2479   *Item alia.* Deus uitae dator et humanorum corporum reparator,
qui te a peccatoribus exorari uoluisti, exaudi preces quas spetiali
deuotione pro anima famuli tui N. tibi lacrimabiliter fundimus, ut
liberare eam ab infernorum cruciatibus et collocare inter agmina
sanctorum tuorum digneris, ueste quoque caelesti et stola immortalitatis indui et paradysi amoenitate confoueri iubeas. P.

Ant. Michahel tamen numquam dimittas animam. *Ps.* [129]
De profundis clamaui ad te domine.

2480   *Alia.* Deus qui humanarum animarum aeternus amator es,
animam famuli tui N., quam uera dum in corpore maneret tenuit
fides, ab omni cruciatu inferorum redde extorrem, ut segregata ab
infernalibus claustris sanctorum mereatur adunari consortiis. P.

Ant. Tuam deus. *Ps.* [141] Uoce mea II.

2481   *Alia.* Temeritatis quidem est domine, ut homo hominem, mortalis
mortalem, cinis cinerem tibi domino deo nostro audeat commendare;
sed quia terra suscipit terram et puluis conuertitur in puluerem, donec
omnis caro in suam redigatur originem, inde tuam piissime pater
lacrimabiliter quaesumus pietatem, ut huius famuli tui animam, quam
[de] huius mundi uoragine coenuculenta ducis ad patriam, Abrahae
amici tui sinu recipias et refrigerii rore perfundas. Sit ab aestuantis
gehennae truci incendio segregata et beatae requiei te donante [fol. 201]
coniuncta, et quae illi sunt domine dignae cruciatibus culpae, tu eas
gratia mitissimae lenitatis indulge, ne peccati recipiat uicem, sed
indulgentiae tuae piam sentiat bonitatem; cumque finito mundi termino
supernum cunctis illuxerit regnum, nouus homo sanctorum omnium
coetibus aggregatus cum electis tuis resurgat in parte dextera coronandus. P.

Ant. Ne intres in iudicio. *Ps.* [142] Domine exaudi II.

Oratio. Debitum humani corporis sepeliendi officium fidelium 2482 more complentes deum cui omnia uiuunt fideliter deprecemur, ut hoc corpus cari nostri N. a nobis in infirmitate sepultum in ordine sanctorum suorum aggregari iubeat, cum quibus inenarrabili gloria et perenni felicitate perfrui mereatur, prestante domino [etc. = n. 2477].

Ant. Erue domine animam eius. *Ps.* Ego dixi [Is. 38, 10—20].

Oratio. Tibi domine commendamus animam famuli. *Ut prius.* 2483

Ant. Ego sum resurrectio. *Ps.* Magnificat [Luc. 1, 46—55].

Tunc roget pro eo orare sacerdos et dicat:
Partem beate resurrectionis. *Ut supra.* [n. 2462]   2484

Deinde Ps. Miserere mei deus. *Canticum.* Requiem aeternam.

Oratio. Absolue quesumus domine animam famuli tui N. ab 2485 omni uinculo delictorum, ut in resurrectionis gloria inter sanctos tuos resuscitatus respiret. P.

Requiescat in pace per Christum dominum et maneat in uita 2486 aeterna. Amen.

440.
MISSA PRO DEFUNCTO EPISCOPO IN DIE DEPOSITIONIS.

Adesto domine quesumus pro anima famuli tui *ill.*, cuius in 2487 depositionis suae diem officium commemorationis impendimus, ut uitia mundialia secularesque maculas ei inherentes dono tuae pietatis indulgeas et extergas. P.

Super oblata. Munera quesumus domine, quae tibi pro anima 2488 famuli tui *ill.* offerimus, placatus intende, ut remediis purgata caelestibus in tua pietate requiescat. P.

Ad complendum. Inclina domine quesumus aurem tuam ad preces 2489 nostras, quibus misericordiam tuam supplices exoramus, ut animam famuli tui N., quam hodie assumpsisti, in pacis ac lucis regione constituas et sanctorum tuorum iubeas esse consortem. P.

441
MISSA IN DIE DEPOSITIONIS III. VII. UEL XXX.

Quesumus domine, animae famuli tui *ill.*, cuius *ill.* obitus sui 2490 diem commemoramus, sanctorum atque electorum tuorum largire consortium et rorem misericordiae perennem infunde. P. d. n.

2491   *Super oblata.* Adesto domine supplicationibus nostris et hanc oblationem, quam tibi offerimus ob diem depositionis III. VII. seu **XXX.** pro anima famuli tui *ill.,* placidus et benignus suscipe. P.

2492   *Praefatio.* UD. p. Chr. d. n. Per quem salus mundi, per quem uita omnium, per quem resurrectio mortuorum. Per ipsum te domine suppliciter deprecamur, ut animae famuli tui *ill.,* cuius diem *ill.* celebramus, indulgentiam largiri digneris perpetuam. Per quem.

2493   *Infra actionem.* Hanc igitur oblationem domine, quam tibi offerimus pro anima famuli tui *ill.,* cuius depositionis diem *ill.* celebramus, quo deposito corpore animam tibi creatori reddidit quam dedisti, quesumus clementer accipias, pro quo petimus diuinam clementiam tuam, ut mortis uinculis absolutus transitum mereatur ad uitam. P. Chr.

2494   *Ad complendum.* Omnipotens sempiterne deus, collocare dignare animam famuli tui *ill.,* cuius diem *ill.* celebramus depositionis, in sinibus Abrahe Isaac et Iacob, ut cum dies agnitionis tuae uenerit, inter sanctos et electos tuos eam resuscitari precipias. P.

442.

MISSA IN ANNIUERSARIA UNIUS DEFUNCTI.

2495   Praesta domine quesumus, ut anima famuli tui *ill.,* cuius anniuersarium depositionis diem celebramus, his purgata sacrificiis indulgentiam pariter et requiem capiat sempiternam. P.

2496   *Super oblata.* Propitiare domine supplicationibus [fol. 202] nostris pro anima et spiritu famuli tui *ill.,* cuius hodie annua dies agitur, pro qua tibi offerimus sacrificium laudis, ut eam sanctorum tuorum consortio sociare digneris. P.

2497   *Infra actionem.* Hanc igitur oblationem, quam tibi offerimus pro anima famuli tui *ill.,* cuius hodie annua dies agitur, quesumus ut placatus accipias et ei per hoc sacrificium, quod esse cunctis remedium singulare uoluisti, salutem tribuas sempiternam. Diesque nostros.

2498   *Ad complendum.* Inclina domine precibus nostris aures tuae pietatis et animae famuli tui *ill.* remissionem omnium tribue peccatorum, ut in resurrectionis die in lucis amoenitate requiescat. P.

443.
MISSA IN ANNIUERSARIA PLURIMORUM DEFUNCTORUM.

Deus indulgentiarum domine, da famulis tuis *ill.*, quorum anni- 2499
uersarium depositionis diem commemoramus, refrigerii sedem, quietis
beatitudinem, luminis claritatem. P. d. n.

Super oblata. Hostias tibi domine humili placatione deferimus, 2500
ut animae famulorum famularumque tuarum *ill.* per haec piae placationis officia tuam misericordiam consequantur. P.

Praefatio. UD. aeterne deus. Quoniam quamuis humano generi 2501
mortis illata conditio pectora nostra contristet, tamen clementiae tuae
dono spe futurae immortalitatis erigimur ac memores salutis aeternae
non timemus lucis huius sustinere iacturam, quoniam beneficio gratiae
tuae fidelibus uita non tollit[ur], sed mutatur, atque animae corporeo
ergastulo liberatae horrent mortalia, dum immortalia consequuntur.
Unde quesumus, ut animae famulorum famularumque tuarum *ill.*
beatorum tabernaculis constitutae euasisse se carnales glorientur an-
gustias diemque iudicii cum fiducia et uoto glorificationis expectent.
P. Chr.

Infra actionem. Hanc igitur oblationem, quam tibi offerimus pro 2502
animabus famulorum famularumque tuarum *ill.*, quesumus domine ut
propitiatus accipias et miserationum tuarum largitate concedas, ut
quicquid terrena conuersatione contraxerunt his sacrificiis emundetur
ac mortis uinculis absolutae transitum mereantur ad uitam. Diesque.

Ad complendum. Suscipe domine preces nostras pro animabus 2503
famulorum famularumque tuarum *ill.*, ut maculae, quae eis de terrenis
contagiis adheserunt, remissionis tuae misericordia deleantur. P.

444.
MISSA IN CIMITERIO.

Deus in cuius miseratione animae fidelium requiescunt, famulis 2504
et famulabus tuis *ill.* uel omnibus hic in Christo quiescentibus da
propitius ueniam peccatorum, ut a cunctis reatibus absoluti sine fine
letentur. P.

Alia. Quesumus domine pro animabus famulorum famularum- 2505
que tuarum *ill.* et omnium hic quiescentium, ut si quae carnales
maculae de terrenis contagiis adheserunt, miserationis tuae uenia
deleantur. P. d. n.

2506 *Super oblata.* Pro animabus famulorum famularumque tuarum *ill.* hic dormientium et omnium catholicorum hostiam domine suscipe benignus oblatam, ut sacrificio singulari uinculis horrende mortis exuti uitam mereantur aeternam. P.

2507 *Praefatio.* UD. p. Chr. d. n. Cuius sacram passionem pro immortalibus et bene quiescentibus animabus sine dubio celebramus; pro his precipue, quibus secunde natiuitatis gratiam prestitisti, qui exemplo Iesu Christi domini nostri ceperunt esse de resurrectione securi. Quippe qui fecisti quae non erant, posse monstrasti reparari quae fuerant. Nam ut in illo pleno aridis ossibus campo ad uocem tube dispersa ossa et membra ad iuncturas corporum ac liniamenta neruorum compaginata sunt, sic credimus domine in resurrectione futurum, ut officium suum rediuiuum corpus accipiat. P. Chr.

2508 *Infra actionem.* Hanc igitur oblationem, quam tibi pro defunctis offerimus, quesumus domine propitius accipias et miserationis tuae largitate concedas, ut ab omnibus uitiis, quae terrena conuer-[fol. 203] satione traxerunt, his sacrificiis emundentur. Diesque.

2509 *Ad complendum.* Multiplica domine super animas famulorum famularumque tuarum *ill.*, quorum hic corpora requiescunt uel quorum quarumque spetialitate scis nos tuam uelle deprecari clementiam et misericordiam tuam; et quibus donasti baptismi sacramentum, da eis aeternorum plenitudinem gaudiorum. P.

445.
ALIA MISSA IN CIMITERIO.

2510 Omnipotens sempiterne deus, annue precibus nostris ea quae poscimus et dona omnibus quorum hic corpora requiescunt refrigerii sedem, quietem, beatitudinem, luminis claritatem, ut qui peccatorum suorum pondere pregrauantur, eos supplicatio commendet aecclesiae. P.

2511 *Super oblata.* Suscipe clementissime pater pro commemoratione famulorum famularumque tuarum *ill.* hostiam placationis et laudis, ut sacrificii presentis oblatio ad refrigerium animarum eorum et gaudium te miserante perueniat. P.

2512 *Praefatio.* UD. aeterne deus. Qui nobis in Christo unigenito filio tuo domino nostro spem beatae resurrectionis condonasti, praesta quesumus, ut animae, pro quibus hoc sacrificium redemptionis nostrae tuae offerimus maiestati, ad beatae resurrectionis requiem te miserante cum sanctis tuis peruenire mereantur. Per eundem Christum.

Infra actionem. Hanc igitur oblationem, quam tibi offerimus 2513 domine pro tuorum requie famulorum et famularum *ill.* et omnium fidelium catholicorum orthodoxorum in hac basilica et in circuitu huius aecclesiae in Christo quiescentium, quesumus domine placatus accipias, ut per haec salutis humanae subsidia in tuorum numero redemptorum sorte perpetua censeantur. Diesque.

Ad complendum. Deus fidelium lumen animarum, adesto suppli- 2514 cationibus nostris et da famulis uel famulabus tuis *ill.* uel quorum corpora hic requiescunt refrigerii sedem, quietis beatitudinem, luminis claritatem. P. d. n.

Alia. Presta quesumus omnipotens et misericors deus, ut animae, 2515 pro quibus hoc sacrificium laudis tuae obtulimus maiestati, per huius uirtutem sacramenti a peccatis omnibus expiatae lucis perpetuae te miserante recipiant consorcium. P.

446.
MISSA PRO DEFUNCTO EPISCOPO.

Presta quesumus domine, ut anima famuli tui *ill.* episcopi, quem 2516 in hoc seculo comm(em)orantem sacris muneribus decorasti, in caelesti sede gloriosa semper exultet. P.

Alia. Deus cuius misericordiae non est numerus, suscipe pro 2517 anima famuli tui *ill.* episcopi preces nostras et lucis ei letitiaeque in regione sanctorum tuorum societatem concede. P.

Super oblata. Suscipe domine quesumus hostias pro anima 2518 famuli tui *ill.* episcopi, ut cui pontificale donasti premium, dones et meritum. P.

Praefatio. UD. p. Chr. d. n. Qui se ipsum pro nobis obtulit 2519 immolandum, cuius morte uita nobis collata est sempiterna, qui sanctarum et fidelium spes est animarum, quia idem ipse est earum conditor et redemptor, meritorum bonorum idem remunerator qui donator. Unde quesumus, ut anima famuli tui *ill.* episcopi corona remunerari mereatur aeterna, cum idem ipse dominus noster Iesus Christus in gloria tua uenerit cum angelis suis. Quem laudant.

Infra actionem. Hanc igitur oblationem seruitutis nostrae, quam 2520 tibi offerimus pro anima famuli tui *ill.* episcopi, quesumus domine placatus accipias, et cum presulibus apostolicae dignitatis, quorum est secutus officium, habere tribuas sempiternae beatitudinis portionem. Diesque nostros.

2521   *Ad complendum.* Presta quesumus omnipotens deus, ut animam famuli tui *ill.* episcopi in congregatione iustorum aeternae beatitudinis iubeas esse consortem. P.

447.
MISSA PRO DEFUNCTO SACERDOTE.

2522   Deus qui inter apostolicos sacerdotes famulum tuum *ill.* sacerdotali fecisti dignitate uigere, presta quesumus, ut eorum quoque perpetuo aggregetur consorcio. P.

2523   *Super oblata.* [fol. 204] Hostias nostras quesumus domine, quas in famuli tui depositione deferimus, propitiatus exaudi, ut qui nomini tuo ministerium fideliter dependit, perpetua sanctorum societate laetetur. P.

2524   *Infra actionem.* Hanc igitur oblationem, quam tibi pro depositione famuli et sacerdotis tui *ill.* offerimus, quesumus domine placatus intende, pro quo maiestati tuae supplices fundimus preces, ut in numero tibi placentium censeri facias sacerdotum. Diesque.

2525   *Ad complendum.* Propitiare domine supplicationibus nostris et animam famuli tui *ill.* sacerdotis in uiuorum regione aeternis gaudiis iubeas sociari. P.

448.
MISSA PRO PLURIMIS SACERDOTIBUS. [1])

2526   Concede quesumus omnipotens deus animabus famulorum atque sacerdotum tuorum *ill.* felicitatis aeternae consorcium, quibus donasti sacri altaris tui consequi ministerium. [2]) P.

2527   *Super oblata.* Munera tibi domine dicanda sanctifica et animas famulorum et sacerdotum tuorum *ill.* ab omni labe humanae conditionis absolue, quia tu solus totius mundi deluisti peccata. P.

2528   *Infra actionem.* Hanc igitur oblationem domine, quam tibi offerimus pro animabus famulorum et sacerdotum tuorum *ill.*, quesumus ut placatus accipias, pro quibus maiestati tuae supplices fundimus

---

[1]) Hs.: SACERDOTES. — [2]) Hs.: ministrum.

preces, ut electorum ministrorum tuorum, quorum secuti sunt officium, iubeas beatitudini sociari. Diesque.

Ad complendum. Quesumus omnipotens deus, ut animae famu- 2529 lorum ac sacerdotum tuorum *ill.* caelestis gloriae premia consequantur, quibus spiritalis gratiae munera contulisti. P.

449.
MISSA PRO DEFUNCTO SACERDOTE UEL ABBATE.

Deus qui famulum tuum *ill.* sacerdotem atque abbatem sancti- 2530 ficasti uocatione misericordiae et assumpsisti consummatione felici, suscipe propitius preces nostras et presta quesumus, ut sicut ille tecum est meritis, ita a nobis non recedat exemplis. P.

Alia. Omnipotens sempiterne deus, maiestatem tuam suppliciter 2531 exoramus, ut famulo tuo *ill.* abbati atque sacerdoti, quem in requiem tuam uocare dignatus es, dones sedem honorificatam et fructum beatitudinis sempiternae, ut (in) ea, quae in oculis nostris docuit et gessit, non iudicium nobis pariant sed profectum attribuant, ut pro quo nunc in te gaudemus in terris, cum eodem apud te exultare mereamur in caelis. P.

Super oblata. Concede quesumus omnipotens deus, ut anima 2532 famuli tui abbatis atque sacerdotis per haec sancta mysteria in tuo conspectu semper clara consistat, quae fideliter tibi ministrauit. P. d. n.

Infra actionem. Hanc igitur oblationem, quam tibi pro anima 2533 famuli tui *ill.* abbatis atque sacerdotis offerimus, quesumus domine placatus intende, pro qua maiestati tuae supplices fundimus preces, ut eam in numero sanctorum tuorum tibi placentium facias dignanter ascribi. Diesque nostros.

Ad complendum. Prosit quesumus domine animae famuli tui 2534 *ill.* abbatis atque sacerdotis misericordiae tuae implorata clementia, ut eius [etc. = n. 2468].

450.
MISSA PRO MONACHO DE SAECULO CONUERSO.

Presta quesumus omnipotens et misericors deus, ut anima famuli 2535 tui *ill.*, qui pro tui nominis amore a seculi huius uanitate conuersus cursum suum coenobialiter consummauit, in sinu Abrahae recepta non timeat in aduentu gloriae tuae, sed secura de regni tui gloria uitam aeternam consequi mereatur. P.

2536 *Super oblata.* Intuere quesumus omnipotens aeterne deus placatus et suscipere dignare hoc sacrificium, quod tibi offerimus pro famulo tuo *ill.* monacho, et concede illi pacem perpetuam et requiem sempiternam. P. d. n.

2537 *Ad complendum.* Presta domine, ut sicut animas electorum suorum celesti remuneratione letificas, ita et anima famuli tui *ill.* monachi clementia tuae pietatis ueniam consequi mereatur. P. d. n. [fol. 205]

451.

MISSA PRO DEFUNCTO NUPER BAPTIZATO.

2538 Deus qui ad caeleste regnum nonnisi renatis per aquam et spiritum sanctum pandis introitum, multiplica super animam famuli tui *ill.* misericordiam tuam, et cui donasti celestem et incontaminatum transitum, da ei aeternorum plenitudinem gaudiorum P.

2539 *Alia.* Deus qui omne meritum uocatorum donis tuae bonitatis anticipas, propitiare animae famuli tui *ill.*, quem in fine istius uitae regenerationis unda mundauit, et quem fecisti non timere de culpa, fac gaudere de gratia. Per.

2540 *Super oblata.* Propitiare domine supplicationibus nostris pro anima famuli tui *ill.*, pro [etc. = n. 2496].

2541 *Infra actionem.* Hanc igitur oblationem, quam tibi offerimus domine pro anima famuli tui *ill.*, benignus assume eamque regenerationis fonte purgatam et periculis uitae huius exutam beatorum numero digneris inserere spirituum. Diesque.

2542 *Ad complendum.* Haec communicatio, quesumus domine, expurget nos a crimine et caelestis gaudii tribuat esse participes, et refrigerare dignare animam famuli tui *ill.*, cuius diem commemorationis celebramus, ut ante thronum glorie Christi tui segregatus cum dextrit nihil commune habeat cum sinistris. Per eundem.

2543 *Alia.* Propitiare domine animae famuli tui *ill.*, ut quem in fine istius uitae regenerationis fonte mundasti, ad celesti[s] regni beatitudinem facias peruenire. P. d. n.

452.

DE EO QUI PENITENTIAM DESIDERAT ET MINIME PERFICIT.

Si quis penitentiam petens, dum sacerdos uenerit, officio linguae fuerit priuatus, constitutum est, ut si idonea testimonia hoc dixerint et ipse per motus aliquos satisfecerit, sacerdos impleat omnia circa penitentem, ut mos est.

Omnipotens et misericors deus, in cuius humana conditio potestate 2544 consistit, animam famuli tui *ill.* quesumus ab omnibus absolue peccatis, ut penitentiae fructum, quem uoluntas eius optauit, preuentus mortalitatis non perdat. P.

Super oblata. Satisfaciat tibi domine quesumus pro anima 2545 famuli tui *ill.* sacrificii presentis oblatio, et peccatorum ueniam quam quaesiuit inueniat, et quod officio linguae implere non potuit, desiderate paenitentiae compensatione percipiat. P.

Infra actionem. Hanc igitur oblationem, quam tibi offero ego 2546 famulus tuus pro anima famuli tui *ill.*, cuius depositionis diem celebramus, quesumus domine ut placatus accipias et ineffabili pietate concedas, ut quod exequi preuentus conditione mortali ministerio linguae non potuit, mereatur indulgentia sempiterna. Diesque.

Ad complendum. Deus a quo speratur humano corpori omne 2547 quod bonum est, tribue per haec sancta quae sumpsimus, ut sicut animae famuli tui *ill.* paenitentiam uelle donasti, sic indulgentiam tribuas miseratus optatam. P.

453.
MISSA UNIUS DEFUNCTI.

Omnipotens sempiterne deus, cui numquam sine spe misericordiae 2548 supplicatur, propitiare animae famuli tui *ill.*, ut qui de hac uita in tui nominis confessione discessit, sanctorum tuorum numero facias aggregari. P.

Super oblata. Propitiare domine quesumus animae famuli tui 2549 *ill.*, pro qua tibi hostias placationis offerimus, et quia in hac luce in fide mansit catholica, in futura uita pia ei retributio condonetur. P.

Praefatio. UD. p. Chr. d. n. In cuius aduentu, cum geminam 2550 iusseris sistere plebem, iubeas famulum tuum *ill* a numero discerni malorum, [fol. 206] quem tribuas penae aeternae euadere flammas et iustae potius adipisci premia uitae. Induique eum iubeas deuicta morte uigorem semperque inextinctam habere luminis auram et possidere perpetuam preclaro in corpore uitam, ut ubi nox nulla suas diffundit atras tenebras, securus de salute placidis laetetur in horis semper uicturus semperque in luce futurus. Per eundem Chr.

2551   *Infra actionem.* Hanc igitur oblationem, quam tibi pro requie animae famuli tui *ill.* offerimus, quesumus domine placatus accipias et tua pietate concedas, ut mortalitatis nexibus absoluta inter fideles tuos mereatur habere portionem. Diesque.

2552   *Ad complendum.* Presta quesumus omnipotens deus, ut animam famuli tui *ill.* ab angelis lucis susceptam in preparata habitacula deduci facias beatorum. P.

454.
MISSA UNIUS DEFUNCTI.

2553   Adiuua nos domine deus noster et beatissimae dei genitricis Mariae precibus exoratus animam famuli tui *ill.* in beatitudine sempiternae lucis constitue. P.

2554   *Super oblata.* Suscipe domine quesumus hostias placationis et laudis, quas tibi in honore beatae dei genitricis Mariae nomini tuo consecrandas deferimus et [pro] requie famuli tui *ill.* tibi suppliciter immolamus. P.

2555   *Infra actionem.* Hanc igitur oblationem, quam tibi in honore beatae dei genitricis Mariae pro requie famuli tui *ill.* offerimus, quesumus domine placatus intende, ut eum in [etc. = n. 2533].

2556   *Ad complendum.* Ascendant ad te [domine] preces nostre et animam famuli tui *ill.* gaudia aeterna suscipiant, et quem fecisti adoptionis participem, intercedente beata dei genitrice Maria iubeas hereditatis tuae esse consortem. P.

455.
ITEM MISSA PRO UNO DEFUNCTO.

2557   Beati martyris tui Bonifatii quesumus domine intercessione nos protege et animam famuli tui *ill.* sanctorum tuorum iunge consortiis. P.

2558   *Alia.* Adiuua nos domine deus noster beati martyris tui Bonifatii precibus exoratus et animam [etc. = n. 2553].

2559   *Super oblata.* Suscipe domine quesumus hostias placationis et laudis, quas in honore sancti martyris tui Bonifatii nomini [etc. = n. 2554].

2560   *Alia.* Annue nobis domine, ut animae famuli tui *ill.* haec prosit oblatio, quam immolando totius mundi tribuisti relaxari delicta. P.

Ad complendum. His sacrificiis, quesumus omnipotens deus, pur- 2561 gata anima famuli tui *ill.* ad indulgentiam et refrigerium sempiternum peruenire mereatur. P. d. n.

Alia. Ascendant ad te domine preces nostre et animam famuli 2562 tui *ill.* gaudia aeterna suscipiant, ut quem fecisti adoptionis participem iubeas hereditatis tuae esse consortem. P. d. n.

456.
ITEM MISSA PRO UNO DEFUNCTO.

Suscipe piissime deus in sinu patriarchae Abrahae animam famuli 2563 tui *ill.* eamque sanctis et electis omnibus adiunge, nec ei noceat culpa carnis ad paenam, sed prosit illi tuae miseratio pietatis ad ueniam P.

Super oblata. Absolue [quesumus] domine animam famuli tui 2564 *ill.* ab omni uinculo delictorum, ut in resurrectionis gloria inter sanctos tuos resuscitata respiret. Per.

Ad complendum. Annue nobis domine ut anima [etc. = n. 2469]. 2565

457.
MISSA COMMUNIS DEFUNCTORUM.

Propitiare quesumus domine animabus famulorum famularumque 2566 tuarum *ill.* misericordia sempiterna, ut mortalibus nexibus expeditas lux eas aeterna possideat. P.

Super oblata. Hostias tibi domine humili [etc. = n. 2500]. 2567

Praefatio. UD. aeterne deus. Qui es redemptor animarum 2568 sanctarum. Quamuis enim mortis [fol. 207] humano generi illata conditio pectora humana mentesque contristet, tamen clementiae tuae dono spe futurae immortalitatis erigimur et memores salutis aeternae non timemus lucis huius subire dispendium, quia misericordiae tuae munere fidelibus uita mutatur, non tollitur, et in amoris tui obseruatione defunctis domicilium perpetuae felicitatis adquiritur. Tibi igitur cle-mentissime pater preces supplices fundimus et maiestatem tuam deuotis mentibus exoramus, ut anime famulorum famularumque tuarum *ill.*, quorum domine commemorationes celebramus, mortis uinculis absolutae transitum mereantur ad uitam et in ouium tibi placitarum benedictione aeternum numerentur ad regnum. P. Chr.

Infra actionem. Hanc igitur oblationem quesumus domine 2569 propitius intuere, quam tibi pro animabus famulorum famularumque tuarum *ill.* offerimus, et concede, ut mortuis prosit ad ueniam quod cunctis uiuentibus preparare dignatus es ad medelam. P. Chr. d. n.

2570   *Ad complendum.* Inueniant quesumus domine animae famulorum famularumque tuarum *ill.* omniumque in Christo quiescentium lucis aeternae consortium, qui in hac luce positi tuum consecuti sunt sacramentum. P.

458.
ALIA MISSA COMMUNIS DEFUNCTORUM.

2571   Maiestatem tuam domine supplices exoramus, ut animae famulorum famularumque tuarum *ill.* ab omnibus quae humanitus commiserunt exutae peccatis in tuorum censeantur sorte iustorum. P.

2572   *Super oblata.* Hostias tibi domine humili supplicatione pro animabus famulorum famularumque tuarum *ill.* deferimus, ut per haec salutis nostrae sacrificia perpetuam tuae beatitudinis misericordiam consequantur. P.

2573   *Infra actionem.* Hanc igitur oblationem, quam tibi pro animabus famulorum famularumque tuarum *ill.* et omnium in Christo dormientium suppliciter immolamus, quesumus domine, ut placatus accipias et tua pietate concedas, ut et nobis proficiat ad medelam et illis impetret beatitudinem sempiternam. P. Chr. d. n.

2574   *Ad complendum.* Deus uita uiuentium, spes morientium, presta propitius, ut animae famulorum famularumque tuarum *ill.* a nostrae mortalitatis tenebris absolutae in perpetua cum sanctis tuis luce laetentur. P.

459.
MISSA PRO DEFUNCTIS.

2575   Deus cui soli competit medicinam prestare post mortem, tribue quesumus ut animae famulorum famularumque tuarum *ill.* ab omnibus exutae peccatis in electorum tuorum societatibus aggregentur. P. d. n.

2576   *Alia.* Fidelium deus omnium conditor et redemptor, animabus quesumus famulorum famularumque tuarum *ill.* remissionem cunctorum tribue peccatorum, ut indulgentiam quam semper optauerunt piis supplicationibus consequantur. P.

2577   *Super oblata.* Hostias quesumus domine, quas tibi pro animabus famulorum famularumque tuarum offerimus, propitiatus intende, ut quibus fidei christianae meritum contulisti, dones et premium. P.

Infra actionem. Hanc igitur oblationem domine quesumus 2578 placatus intende, quam pro animabus famulorum famularumque tuarum *ill.* tuae supplices exhibemus pietati, ut per haec sancta mysteria ab omnibus absolute peccatis aeternae beatitudinis participes efficiantur. P. Chr.

Ad complendum. Presta quesumus domine animabus famulorum 2579 famularumque tuarum *ill.* misericordiam sempiternam, ut mortalibus [etc. = n. 2566].

Alia. Animabus quesumus domine famulorum famularumque 2580 tuarum *ill.* oratio proficiat supplicantum, ut eas et a peccatis exuas et tuae redemptionis facias esse participes. P.

460
ITEM MISSA PRO DEFUNCTIS.

Omnipotens sempiterne deus, qui contulisti famulis tuis remedia 2581 uitae post mortem, presta quesumus propitius ac placatus, ut animae famulorum famularumque tuarum *ill.* a peccatis omnibus expiatae in tuae redemptionis sorte requiescant. P. d. n.

Super oblata. [fol. 208] Munera quesumus domine, quae tibi pro 2582 animabus famulorum famularumque tuarum *ill.* offerimus, placatus intende, ut remediis purgatae caelestibus in tua pietate requiescant. P.

Infra actionem. Hanc igitur oblationem domine, quam tibi 2583 offerimus pro animabus famulorum famularumque tuarum *ill.*, quesumus placatus intende easque mortalitatis nexibus absolutas inter tuos fideles ministros habere perpetuam iubeas portionem. P. Chr.

Ad complendum. Diuina libantes sacramenta concede quesumus 2584 omnipotens deus, ut haec eadem nobis proficiant ad salutem et animabus omnium fidelium defunctorum, pro quibus tuam deprecamur clementiam, prosint ad indulgentiam. P. d. n.

461.
ITEM MISSA PRO DEFUNCTIS.

Animabus quesumus domine famulorum famularumque tuarum, 2585 *ill.* misericordiam concede perpetuam, ut eis proficiat in aeternum quod in te sperauerunt et crediderunt. P.

2586   *Super oblata.* His quesumus domine placatus intende muneribus, et quod ad laudem tui nominis supplicantes offerimus, ad indulgentiam proficiat omnium defunctorum. P.

2587   *Ad complendum.* Supplices domine pro animabus famulorum famularumque tuarum *ill.* preces effundimus petentes, ut quicquid conuersatione contraxerunt humana et clementer indulgeas et in tuorum sede laetantium constituas redemptorum. P. d.

462.

ITEM MISSA PRO DEFUNCTIS.

2588   Deus cui proprium est misereri et preces exaudire supplicantium, propitiare animabus famulorum famularumque tuarum *ill.*, ut te miserante a peccatorum uinculis absolutae ad aeternae beatitudinis requiem peruenire mereantur. P.

2589   *Super oblata.* Suscipe clementissime pater pro [etc. = n. 2511].

2590   *Ad complendum.* Praesta domine quesumus, ut animae famulorum famularumque tuarum *ill.* his purgatae sacrificiis indulgentiam pariter et requiem capiant sempiternam. P. d. n.

463.

MISSA TAM UIUORUM QUAM ET DEFUNCTORUM.

2591   Omnipotens sempiterne deus, qui uiuorum dominaris simul et defunctorum omniumque misereris, quos tuos fide et opere futuros esse prenoscis, te suppliciter exoro, ut pro quibus effundere preces decreui, quosque uel presens adhuc seculum in carne retinet uel futurum iam exutos corpore suscepit, pietatis tuae clementia delictorum suorum ueniam consequantur. P.

2592   *Super oblata.* Deus cui soli cognitus est numerus electorum in superna felicitate locandus, tribue quaeso, ut uniuersorum, quos in oratione commendatos suscepi, uel omnium fidelium nomina beatae predistinationis liber ascripta retineat. P. d. n.

2593   *Ad complendum.* Purificent nos quesumus omnipotens et misericors deus sacramenta, quae sumpsimus, et praesta, ut hoc tui mysterii sacramentum non sit nobis reatus ad poenam, sed intercessio salutaris ad ueniam, sit ablutio scelerum, sit fortitudo fragilium, sit contra mundi pericula firmamentum, sit uiuorum atque defunctorum remissio omnium delictorum. P. d. n.

464.

MISSA GENERALIS UEL OMNIMODA.

Deus cui proprium est misereri semper et parcere, maiestatem 2594
tuam suppliciter deprecor, ut mihi famulo tuo precibus beatae dei
genitricis Mariae ueniam meorum largiri digneris peccatorum et famulis
ac famulabus tuis, qui mihi consanguinitatis familiaritatis subiectionis
confessionis et dilectionis uinculo innectuntur, uiuis et defunctis,
quorum et quarum nomina tibi uiuunt, pro quibus tuam misericordiam
exoro, interuentu omnium supernorum ciuium cunctarum propitius indulgentiam culparum et plenitudinem aeternorum largiaris gaudiorum. P.

Super oblata. Miserere quaeso clementissime deus mihi famulo 2595
tuo, qui hoc sacrifi-[fol. 209]cium laudis tuae offero maiestati, et
precibus beatae uirginis Mariae omnes iniquitates meas dele indulgentia
tuae propitiationis, nec plus apud te ualeat offens:o delinquentium
quam misericordia indulta precibus supplicantium, et quod deuota
mente pro peccaminum meorum absolutione gero, proficere mihi
sentiam ad medelam, famulis quoque et famulabus tuis, qui mihi
consanguinitatis familiaritatis subiectionis confessionis et dilectionis
uinculo innectuntur, uiuis et defunctis, quorum et quarum nomina tibi
uiuunt, pro quibus tuam misericordiam exoro, remissionem omnium
peccatorum et aeternitatis gloriam tribue. P.

Praefatio. UD. aeterne deus. Maiestatem tuam suppliciter 2596
exorantes, ut precibus beatae Mariae semper uirginis et omnium
sanctorum tuorum me famulum tuum ab omnibus peccatis clementer
eripias, famulis etiam et famulabus tuis, qui mihi consanguinitatis
familiaritatis subiectionis confessionis et dilectionis uinculo innectuntur,
uiuis et defunctis premia largiri digneris aeterna. P. Chr.

Ad complendum. Sumentes domine perpetuae sacramenta salutis 2597
tuam deprecamur clementiam, ut per ea me famulum tuum interuentu sanctae dei genitricis Mariae ab omnium peccatorum labe propitius emundes atque a cunctis aduersitatibus protegas et aeternae
felicitatis consortem efficias; famulos etiam et famulas tuas, qui mihi
consanguinitatis familiaritatis subiectionis confessionis et dilectionis
uinculo innectuntur, uiuis et defunctis, quorum uel quarum nomina
tibi uiuunt, pro quibus tuam misericordiam exoro, precibus omnium
sanctorum tuorum a cunctis iniquitatibus exuant et ad sempiterna
promissa perducant. P. d. n.

465.
MISSA COMMUNIS UIUORUM ET DEFUNCTORUM.

2598   Maiestatem tuam clementissime pater suppliciter exoramus et
mente deuota postulamus pro fratribus et sororibus nostris et pro his,
qui propria crimina uel facinora ante tuam maiestatem confessi fuerunt,
et pro his, qui se in nostris orationibus commendauerunt, tam pro
uiuis quam et pro solutis debito mortis, et quorum elemosynas ad
erogandum suscepimus et quorum nomina ad memorandum conscripsimus uel quorum nomina supra hoc sanctum altare tuum ascripta
esse uidentur: concede domine propitius, ut haec sacra oblatio mortuis
prosit ad ueniam et uiuis proficiat ad medelam et ceteris fidelibus
pro quibus offertur indulgentia tuae pietatis succurrat. P.

2599   *Super oblata.* Preces nostras quesumus domine clementer exaudi
et supplicationem nostram efficaciter comple et suscipe propitius
oblationem, quam tibi pro fratribus et sororibus nostris offerimus, seu
et pro cunctis benefactoribus et quorum elemosynas ad erogandum
suscepimus et quorum nomina ad memorandum conscripsimus uel
quorum nomina supra hoc sanctum altare tuum ascripta esse uidentur,
siue uiuorum siue defunctorum, et ceteris fidelibus tuis, pro quibus
haec oblatio offertur, cunctis proficiat ad salutem. P.

2600   *Praefatio.* UD. aeterne deus. Quia tu es rerum omnium opifex,
tu bone conditor orbis, tu fabricae mundi egregius propagator, tu
cuncta complectens, sursum deorsumque continens uniuersa. Annue
quesumus opulens pater, prebe libens auditum precumque nostrarum
[clamoribus] accom[m]oda aurem et horum famulorum famularumque
tuarum et omnium pro quibus haec oblatio uictimarum offertur uota
pinguesce, ut prosit illis ad tutelam salutis et tam uiuis quam et mortis
debito solutis, quorum numerum et nomina deus tu scis, qui nobis
animas suas in fide Christi filii tui fideliter commendauerunt et in
amore tui nominis elemosynarum subsidia prerogantes indiderunt.
Petimus omnipotens deus, ut eorum peccata dimittas, fidem augeas,
spiritalia dona multiplices eosque facias premio beatos, quos in hac
uita fecisti pietate deuotos. P. Chr.

2601   *Ad complendum.* Quesumus omnipotens deus, uota humilium
respice et supplicantium preces exaudi dexte-[fol. 210]ramque tuae
maiestatis extende et animabus famulorum famularumque tuarum tam
uiuorum quam et defunctorum, quorum confessiones uel elemosynas

suscepimus et quorum nomina ad memorandum conscripsimus uel
quorum nomina supra hoc sanctum altare tuum ascripta esse uidentur,
remissionem cunctorum tribue peccatorum, ut indulgentiam quam
semper optauerunt, piis supplicationibus consequantur. P.

466.
MISSA PRO SALUTE UIUORUM UEL IN AGENDA MORTUORUM.

Sanctorum tuorum intercessionibus quesumus domine et nos 2602
protege et famulis ac famulabus tuis, quorum commemorationem
agimus uel quorum elemosynas recepimus, seu etiam his qui nobis
familiaritate iuncti sunt, misericordiam tuam ubique pretende, ut ab
omnibus impugnationibus defensi tua opitulatione saluentur et animas
famulorum famularumque tuarum omnium, uidelicet fidelium catholicorum orthodoxorum, quorum commemorationem agimus et quorum
corpora in hoc monasterio requiescunt uel quorum nomina ante
sanctum altare tuum scripta adesse uidentur, electorum tuorum iungere
digneris consortio. P.

Super oblata. Propitiare domine supplicationibus nostris et has 2603
oblationes, quas pro incolumitate famulorum famularumque tuarum
et pro animabus omnium fidelium catholicorum orthodoxorum, quorum
nomina ante sanctum altare tuum scripta adesse uidentur, nomini tuo
consecrandas deferimus, benignus assume, ut sacrificii presentis oblatio
ad refrigerium animarum eorum te miserante perueniat. P. d. n.

Ad complendum. Purificet nos quesumus domine et diuini sacra- 2604
menti perceptio et gloriosa sanctorum tuorum oratio, et animabus
famulorum famularumque tuarum, quorum commemorationem agimus,
remissionem cunctorum tribue peccatorum. P. d. n.

467.
INCIPIT ACTIO NUPTIALIS.
Missa.

Adesto domine supplicationibus nostris et .institutis, quibus pro- 2605
pagationem humani generis ordinasti, benignus a[s]siste, ut quod te
auctore iungitur, te auxiliante seruetur. P.

Alia. Quesumus omnipotens deus, instituta prouidentiae tuae 2606
pio fauore comitare, et quos legitima societate con[n]ectis, longeua pace
custodi. P.

21*

2607   *Super oblata.* Adesto domine supplicationibus nostris et hanc oblationem famulorum famularumque tuarum, quam tibi offerunt pro famulo et famula tua, quos ad statum maturitatis et ad diem nuptiarum perducere dignatus es, placidus ac benignus assume, ut quod tua dispositione expetitur, tua gratia compleatur. P.

2608   *Alia.* Deus qui in conditione humani generis feminam ex masculo creans unitatem carnis atque dulcedinis ex ipsa formatione inter eos esse constituisti, ad hoc uotiuum sacrificium propitiatus attende et famulos tuos *ill.*, qui coniugali copulandi sunt foedere, unito uinculo dilectionis asstringe, ut pacem ad inuicem seruent, foedus coniugale non uiolent, fructificent caritate, sicque eos in tuo timore conserues, ut nos quoque in tua dilectione multiplices. P.

2609   *Infra actionem.* Hanc igitur oblationem famulorum famularumque tuarum, quam tibi offerunt pro famulo ac famula tua *ill.*, quesumus domine placatus accipias, pro quibus nos quoque maiestatem tuam supplices exoramus, ut sicut eos ad aetatem nuptiis congruentem peruenire tribuisti, sic eos consortio maritali tuo munere copulatos desiderata subole gaudere perficias atque ad optata[m] seriem proue[h]as benignus annorum. P. Chr.

2610   *Alia.* Quesumus omnipotens [deus], ex cuius gratia prebetur nubentium fides, coniugatorum dilatatur progenies: famulorum tuorum *ill.* suscipe uota, fidem robora, spem confirma, uotum accumula, seruent sibimet coniugale foedus, inuicem seruent mutuam coniugalis gratiae caritatem, filiorum gaudio polleant, [fol. 211] timoris tui dono proficiant, sicque eorum uita opulenta et tuo dono sit utilis et a tua preceptione non inueniatur extorris, ut per hoc sacrificium quod tibi offerunt coniugali gratia floreant et suorum peccaminum remissionem percipiant, ut habeant te propitio faecunditatem prolis, ubertatem dulcedinis et abundantiam tui timoris. Diesque nostros.

    Expleta canone et oratione dominica benedices eam his uerbis:
2611   Deus qui mundi crescentis exordia¹) multiplicata prole benedixisti, propitiare supplicationibus nostris et super hanc famulam tuam opem tuae benedictionis infunde, ut in coniugali consortio affectu compari, mente consimili, sanctitate mutua copuletur. P.

2612   *Alia.* Deus mundi conditor, nascentium genitor, multiplicandae originis institutor, qui Adae comitem addidisti, cuius ex ossibus ossa

¹) Hs.: exordio.

crescentia parem formam admirabili diuersitate signarent: hinc ad totius multitudinis incrementum coniugalis thori iussa consortia, quo totum inter se seculum colligarent, humani generis foedera nexuerunt. Sic enim tibi domine placitum, sic necessarium fuit, ut quia longe esset infirmius quod homini simile quam quod tibi deo feceras, additus sit[1]) fortiori sexus infirmior, ut cum humanum genus efficeres ex duobus et pari pignore subolis mixtim maneret, tunc per ordinem flueret digesta posteritas et priora uentura sequerentur, nec ullum sibi finem in tam breui termino, quamuis essent caduca, proponerent. Ad haec igitur data sunt legis instituta uentura. Quapropter huius famulae tuae pariter rudimenta sanctifica, ut bono et prospero sociata consortio legis aeternae iussa custodiat memineritque se domine tantum ad licentiam coniugalem et ad obseruantiam fidei sanctorum delegatam. Fidelis et casta nubat in Christo imitatrixque sanctarum feminarum; sit amabilis ut Rachel uiro suo, sapiens ut Rebecca, longeua et fidelis ut Sara. Nihil ex hac subdolus ille auctor preuaricationis usurpet; nexa fide mandatisque permaneat; seruiens deo uero deuota muniat infirmitatem suam robore disciplinae; uiri thoro iuncta contactus uitae illicitos fugiat; sit uerecundia grauis, pudore uenerabilis, doctrinis caelestibus erudita; sit faecunda in subole, sit probata et innocens et ad beatorum requiem atque caelestia regna perueniat. P.

Alia. Super utrumque. Domine deus noster, qui purum hominem 2613 inmaculatumque finxisti, ex uno tamen alterum faciendum in propagine generis caritatis mysterio uoluisti, ut cum natura transiret carnis, suam dilectionem cognatio creata seruaret, nec odisse ullus alium fas putaret, cum suam in omnibus portionem ex unius massae dilatatione cognosceret: propter quod te piissime deus exposcimus, ut famulorum tuorum *ill.* uota acceptans sic copulandis eis coniugio benedicas, ut et hic feliciter uiuant et ad te ablutis criminibus sine confusione perueniant, ut a domino nubendi gratiam subeuntes sic congregatione carnali fructificent ut deo uacent, sic procurent propria ne impediant aliena, sic carnale sibi debitum reddant sicque ea quae mundi sunt agant, ut operari quae precipis non omittant. P.

Post haec dicit: Pax domini sit semper uobiscum. *Deinde postquam communicauerint*[2]*), dicit super eos orationem hanc:*

---

[1]) Hs.: est. — [2]) Hs.: uenerunt.

2614   Domine sancte pater [omnipotens] aeterne deus, iteratis precibus te supplices exoramus, pro quibus apud te supplicator est spiritus sanctus, ut coniunctionem famulorum tuorum fouere digneris: benedictiones tuas excipere mereantur, ut filiorum successibus faecundentur; nuptias eorum sicut piorum hominum confirmare dignare; auertantur ab eis inimici omnes insidiae[1]), ut sanctitatem patrum etiam in ipso coniugio imitentur, qui prouidentia tua domine coniungi meruerunt. P. d. n.

2615   *Ad complendum.* Exaudi nos domine sancte pater omnipotens aeterne deus, ut quod nostro ministratur officio, tua benedictione potius impleatur. P. d. n.

Expleta missa [fol. 212], *antequam absoluat diaconus, accedant ad sacerdotem hi qui coniungendi sunt. Et parentes puellae uel propinqui tradent eam sacerdoti. Ille uelans eam de pallio dicit orationem:*

2616   Deum qui ad multiplicandam humani generis prolem benedictionis suae dona largiri dignatus est, fratres karissimi, deprecemur, ut hos famulos suos *ill.,* quos ad coniugalem copulam ipse preelegit, ipse custodiat; det eis sensus pacificos, pares animos, mores mutua caritate deuinctos; habeant quoque optatas eius munere suboles, quas sicut donum ipsius tribuit, ita ipsius benedictio consequatur, ut famuli sui in omni eidem concordes humilitate deseruiant, a quo se creatos ac dicatos esse non dubitant. P.

2617   *Alia.* Deus qui ad propagandam generis humani progeniem in ipsis adhuc quodammodo nascentis mundi primordiis[2]) ex osse uiri feminam figurasti, ut sinceram[3]) dilectionis insinuans unitatem ex uno duos faciens, duos in uno esse monstrares; quique ita prima co[n]nubii fundamenta iecisti, ut sui corporis portionem uir amplecteretur in coniuge nec a se putaret esse diuersum quod de se cognosceret fabricatum: aspice propitius ab aethereis sedibus et precibus nostris as[s]iste placatus, ut hos famulos tuos *ill.,* quos coniugii copula benedicendo coniungimus, benignitate propitia benedicas et propitiatione benigna sustollas. Dona eis domine in timore tuo animorum concordiam parem et dilectione sui amoris similem bonitate[m]. Diligant se nec recedant a te; ita sibi coniugale debitum reddant, ne te ullatenus sub hac occasione contempnant; numquam extra se defluant, sed fidem sibimet seruando tibi complaceant. Tribue eis domine rerum pre-

---
[1]) Hs.: fidei. — [2]) Hs.: primordia. — [3]) Hs.: sincerem.

sentium copiam et generis propaginem dilatatam. Ita eorum corda uel corpora tuae benedictionis dulcedo circumfluat, ut quicquid eorum fuerit admixtione progenitum, cunctis sit hominibus placitum et a te domine benedictum. Da eis domine felicem presentis uitae longitudinem et futurae desiderium sine fine. Sic temporalia cuncta disponant, ut aeterna fideliter concupiscant. Sic bona transitoria diligant, ut mansura perenniter non amittant, ut se ueraciter diligentes et sincere tibimet seruientes uideant suorum filios filiorum et post diuturnum uitae huius excursum perueniant ad regna caelorum. P.

His expletis tradet sacerdos puellam uiro admon[en]s eos, ut pro sancta communione ea nocte se abstineant a pollutione. Tunc absoluet diaconus dicens: Ite missa est.

468.
MISSA PRO STERELITATE MULIERUM.

Deus qui emortuam uuluam Sarae ita per Abrahae semen fae- 2618 cundare dignatus es, ut ei etiam contra spem suboles nasceretur, preces famule tuae *ill.* pro sua sterelitate deprecantis propitius respice, ut iuxta tenorem precedentium matrum et faecunditatem ei tribuas et fidei lumine quod donaueris benedicas. P.

Alia. Deus qui anxietatem sterilium pie recipiens in eis faecun- 2619 ditatem etiam in sua desperatione mirabiliter operaris, concede propitius, ut famula tua *ill.* de percipienda subole, quod per se non ualet, sancti martyris tui Bonifatii mereatur precibus obtinere. P.

Alia. Omnipotens sempiterne deus, qui maternum affectum nec 2620 in ipsa sacra uirgine Maria quae redemptorem nostrum genuit denegasti, concede propitius, ut eiusdem dei genitricis precibus famula tua *ill.* esse genitrix mereatur. P.

Super oblata. Suscipe domine preces nostras cum muneribus 2621 hostiarum, quas pro famula tua *ill.* clementiae tuae supplici mente deferimus, ut quia affectum filiorum maxime in matrum uisceribus indidisti, merorem infaecunditatis ab ea submoueas et ad concipiendam subolem misericorditer [fol. 213] benedicas. P.

Praefatio. UD. aeterne deus. p. Chr. d. n. Qui ex inuisibili 2622 potentia omnia inuisibiliter et mirabiliter condens hominem tanto mirabilius prestantiorem ceteris animantibus, quanto eum ad imaginem tuae similitudinis bonitate ineffabili condidisti, cui etiam adiutorium

simile sui ex ossibus illius auferendo efficiens eis ut per ordinatum
affectum in filiis prole generosa multiplicarentur benedixisti; cuius
benedictionis gratiam dum mulier per peccatum primae preuaricationis
amitteret, ne sterilitate humanum genus funditus interiret, ei etiam
post peccatum licet in doloribus tamen generare filios precepisti.
Quod affectum procreandorum filiorum ita in uisceribus matrum te
disponente est inditum, ut etsi cum dolore, esse tamen genitrices uel
dolentes uelint, quia nec aliter feminae fuit post preuaricationem
iuxta uocem apostoli tui Pauli, nisi per filiorum generationem posse
recuperari salutem. Quod quidem sacramentum in aecclesiae figura
intellegimus predicatum, in rebus tamen humanis etiam carnaliter
ordine tuae dispositionis cotidie cernimus adimpleri. Hinc est, quod
prioris seculi sanctarum feminarum desideria pia exaudiens pro percipienda prole, ne eis de infaecunditate inter homines obproprium
remaneret et tanquam benedictione pristina se excludi decernerent,
dolori earum pie consulens eas multiplicius oblata spe concipiendi in
senectute, quam in iuuentute (non) poterant, benedicendo mirabilius
fecundasti. Itaque deprecamur te, domine sancte pater omnipotens
aeterne deus, et per Iesum Christum filium tuum unicum dominum
nostrum te obsecramus, ut preces famulae tuae *ill.* ne sterilis
remaneat opem a tua pietate quaerentis clementissimus exaudire
atque benignissimus eius uterum fecundare digneris. Per quem
maiestatem.

2623 *Infra actionem.* Hanc igitur oblationem seruitutis nostrae sed
et cunctae familiae tuae, quam tibi offerimus pro famula tua *ill.*,
quesumus domine placatus suscipias, pro qua maiestati tuae supplices
effundimus preces, ut orationem eius exaudias et eius uterum uinculo
sterilitatis absoluens prole[m], in qua nomen tuum benedicatur, concedas. Diesque.

2624 *Ad complendum.* Celestis uitae munus accipientes quesumus
omnipotens deus, ut quod pro famula tua *ill.* deprecati sumus, clementer a tua pietate exaudiri mereamur. P.

469.
MISSA IN NATALE GENUINUM.[1])

2625 O[mnipotens sem]piterne deus, totius conditor creaturae, preces
nostras clementer exaudi et annos famuli tui *ill.*, quem de maternis

[1]) Hs.: INGENUINUM.

Taufscrutinium.

Bl. 214 ª; S. 329, vor n. 2630.

uisceribus in hanc uitam prodere iussisti, prosperos plurimosque largire, ut omnem tibi exigat placiturus aetatem. P.

Super oblata. Adesto domine supplicationibus nostris et hanc 2626 oblationem famuli tui *ill.*, quam tibi offert ob diem natalis sui genuini, quo eum de maternis uisceribus in hunc mundum nasci iussisti, placidus ac benignus assume. P.

Praefatio. UD. p. Chr. d. n. Ad cuius imaginem hominem 2627 formare dignatus es, cui ad uitae substantiam ceteras statuisti temporum uices et ad alimoniam tui muneris preparasti. Tu igitur, qui es creator et auctor humani generis, defensor esto operis tui, ut huius ministerii nostri deuotio, quam maiestati tuae annua sollemnitate deferimus, longeua facias consecratione firmari. Per eundem Christum.

Infra actionem. Hanc igitur oblationem famuli tui *ill.*, quam 2628 tibi offert ob diem natalis sui, quo eum de maternis uisceribus in hunc mundum nasci iussisti ad te cognoscendum deum uiuum et uerum, ut placatus suscipias deprecamur. Ob hoc igitur reddit tibi uota sua deo uiuo et uero, pro quo nos quoque maiestati tuae supplices fundimus preces, ut adicias ei annos et tempora uitae, ut per multa annorum curricula laetus tibi sua uota persoluat atque ad optatam perueniat senectutem et te benedicat omnibus diebus uitae suae. P. Chr.

Ad complendum. Deus uita fidelium, timentium te saluator et 2629 custos, qui famulum tuum *ill.* ad hanc diem natalis sui genuini [fol. 214] expleto anno perducere dignatus es, gratiam in eo uitae longioris augmenta et dies eius annorum numerositate multiplica, ut te annuente per felicem prouectus aetatem ad principatum caelestium gaudiorum peruenire mereatur. P. [fol. 214]

470.

DENUNTIATIO SCRUTINII IN DOMINICA III. QUADRA-GESIMAE.

Scrutinii diem, dilectissimi fratres, quo electi nostri diuinitus 2630 instruantur, imminere cognoscite; ideoque sollicita deuotione succedente II. feria circa horam diei tertiam conuenire dignemini ad aecclesiam *ill.* uel *ill.*, ut electionis mysterium, quo diabolus cum sua pompa destruitur et ianua regni caelestis aperitur, inculpabili deo iuuante ministerio peragere ualeamus.

471.

FERIA II. ORDO SCRUTINII.

Ut autem uenerint ad aecclesiam hora tertia, scribantur nomina infantum uel eorum qui eos suscepturi sunt ab acolito ita dicente: Si quis initiari cupit sacramentis sanctae fidei, det nomen.

Secundus acolitus: Si quis renasci ad uitam aeternam desiderat, det nomen.

Tertius accolitus: Si quis ad pascha uult baptizari, det nomen.

Et uocantur ipsi infantes ab accolito in ecclesiam per nomina uel ordinem sicut scripti sunt ita dicente: Ill. puer. *Et sic per singulos. Et statuuntur masculi seorsum ad dexteram partem. Deinde dicit: Ill.* uirgo. *Et sic per singulas. Et statuuntur feminae seorsum in sinistra parte. Tunc legitur iste sermo:*

2631   Homo ille, quem deus bona uoluntate condidit ad imaginem et similitudinem suam, tibi dicitur: Esto instructus siue audiens catecuminus et auditum prebe, ueni ad cognitionem dei, da nomen per officium adnotationis meae scribendum in libro uitae, desidera gratiam dei et ingredere ad uitam. Tu enim es ille, quem beatum atque rationis munere plenum sibique seruiturum in perennis gloriae famulatu unus deus condidit et creauit. Tu ad ruinam angelicam reparandam conditus preparatus es homo: substantia tua ex nihilo, corpus ex limo. Quod autem es et unde es, prorsus totum ex nihilo. Ita uero formatoris imago, ut esses persistendo beatus in conditoris aspectu, esses decidentibus angelis impiis successor in caelo, esses aeternus in laudibus conditoris saeculo infinito. Post paululum angelus ille cunctis angelis excellentie sublimitate prestantior, citatim et prime superbus, quoniam in ueritate non stetit, in sue dampnationis precipitio de celesti gloria mox deiectus, inuidus tibi astitit et occurrit. Qui statim impietatis commertium in transgressione precepti tecum agens te promissione fefellit, suasione decepit, deceptione occidit, occisione in perpetuam mortem misit. Sed sicut ad similitudinem excellentissimae maiestatis dei superbus peruenire non potuit, ita inuidus superhabundantem in te immensae pietatis misericordiam non extinxit, dum ad aeternitatis consilium in dispositione diuinitatis miranda satis dispensatio permansit, ut qui cuncta fecerat ex nihilo te repararet ex aliquo et non esset aliud hec ipsa reparatio tui, quam unius mediatoris dei et hominis humiliata sublimitas et assumpta uerae humanitatis [fol. 215] humilitas. Per quam tibi nunc aditus reseratur ad uitam, per quam inuitaris ut uenias, per quam pie prouocaris, ut mortem quam incurristi deseras et ad uitam quae te uocat concurras. Conditio tua gratia conditoris fuit, et nunc quod in dampnationem uenisti, ira consistit, qui per deum extitisti liberabilis gratiae, non consistis filius execrabilis irae, et non poteris ex reatus huius dampnatione resolui, nisi te misericordia redimentis et praeueniat, ut uelis, et subsequatur, ut adiutus ab illo redire ad illum possis. Per dei immensae miserationis gratiam, qui uult omnes homines saluos fieri et ad agnitionem ueritatis uenire, ostenditur tibi hodie salus et salutis uia, ueritas et potentia ueritatis, uita et aeternita(ti)s uitae. Audi itaque hodie in me loquentem deum, qui olim locutus est per Moysen; totus sic excitatus uige, ut audias et sentias uim dei, sicut uiguisti, cum insufflauit in faciem tuam idem auctor uitae et factus es homo in animam uiuentem. Uidisti, quod ipse esset dominus deus tuus, et nunc ex uetustate perditionis reformaris in nouitatem salutis. Dico tibi: Audi, Israhel, Dominus deus tuus unus est [Deut. 6,4], iterumque dico: Dominum deum tuum adorabis et illi soli seruies [Deut. 6,13]. Audisti, quia unus est deus. Recedat omnis superstitio uanitatis, recedat zabuli et angelorum eius honor, recedat cultus idolorum, recedat gentilium error; nulla creatura pro creatore colatur, nulla creatura diuinum habebit honorem; solus colendus, solus adorandus, solus timendus plus quam omnia, solus diligendus est deus super omnia qui est benedictus in saecula, qui dominus in trinitate personarum pater et filius et spiritus sanctus unus est deus. Cuius trinitatis sacramentum cum mysterio redemptionis quidem factum in salutem humani generis per mortem mediatoris ordinum gradibus prouectus postmodum agnosces. Dicerem plurimarum instrumenta uirtutum, quae fidem tuam et precedenti et subsequenti operatione iuuarent, si aetas capessendae predicationis apta consisteret. At nunc sat est et ad initium fidei sufficiat, quod per me se tibi uoluit deus innotescere, ut nihil aliud pro deo habens quam hunc, qui per me tibi hodie innotuit deus, mecum et cum omni populo hereditatis eius adores eum et seruias [1]) illi, instruendus [2]) postmodum, quomodo considerare et aggredi ualeas divitias pietatis eius, cum competens factus baptismi gratiam desideraueris et baptizatus in unitatem corporis redemptoris nostri assumptus extiteris. At nos, dilectissimi fratres, quos fides dei solidauit, quos disciplina docuit, quos timor regit, quos dilectio impleuit, quos spiritus sanctus unxit, cum uniuersitate sanctae aecclesiae copiosae redemptionis dominum

---

[1]) Hs.: seruies. — [2]) Hs.: instruendum.

et pietatis immensae deum, apud quem exundans et interminabilis misericordia est, promptc ac suppliciter exoramus, ut et istos, quibus salutem per cognitionem eius annuntiamus, ad perfectionem redemptionis adducat et nobis iam percepte redemptionis gratiam, quam accepimus nouimus et habemus, usque ad remunerationem beatitudinis concedat, ut amabiliter teneamus, quo et istos plena redemptio iustificet et nos iam redemptos cum eis beatitudo aeternitatis extollat, quatenus et ipsi per unitatem fidei et per dignitatem operis nobiscum in dei domo habitent et nos cum illis in dei nostri laudibus gloriemur seculis sempiternis. Prestante deo nostro Iesu Christo filio suo qui cum eo in unitate spiritus sancti uiuit et regnat deus per omnia saecula saeculorum. Amen.

Et tunc primitus exsufflans presbiter facit in singulorum frontibus crucem cum pollice dicendo:
In nomine patris et filii et spiritus sancti.

Et ponens manum super capita eorum dicat:

2632   Omnipotens sempiterne deus, pater domini nostri Iesu Christi, respicere dignare [fol. 216] super hos famulos tuos. *Ut in baptisterio.*

2633   Preces nostras quesumus domine clementer exaudi et hos electos tuos. *In baptisterio.*

2634   Deus qui humani generis ita es conditor, ut sis etiam reformator. *In baptisterio.*

Deinde uertit se ad feminas et facit similiter easdem tres orationes dicens super illas. Postea benedicit sal hoc modo:

2635   Exorzizo te creatura salis. *In baptisterio.*

Expleta autem ista oratione accipit sacerdos de ipso sale et ponit in ore uniuscuiusque infantis ita dicendo:

2636   *Ill.* Accipe sal sapientiae propitiatus in uitam aeternam.

2637   *Oratio post datum sal.* Deus patrum nostrorum, deus uniuersae conditor ueritatis. *In baptisterio.*

Similiter super feminas. Inde uero exeunt foras aecclesiam expectantes, dum reuocentur. Tunc incipit clerus antiphonam: Dum sanctificatus fuero in uobis. *Ea finita ascendat sacerdos ad altare et dicit orationem:*

2638   Da quesumus domine electis nostris digne atque sapienter ad confessionem tuae laudis accedere, ut dignitatis pristinae, quam originali transgressione perdiderant, per tuam gratiam reformentur. P.

Postea sedeat in sede sua. Et dicit diaconus: Catecumini procedant. *Et uocantur infantes ab accolito per nomina uel ordinem sicut seripti sunt et statuentur ut prius. Et postmodum admonentur a diacono ita:* Orate electi, flectite genua. *Postquam orauerint, iterum dicit:* Leuate, complete orationem uestram in unum et dicite: amen. *Iterum dicit diaconus:* Signate illos, accedite ad benedictionem. *Et signant ipsos infantes patrini uel matrinae cum pollicibus suis in frontibus eorum dicentes:* In nomine patris et filii et spiritus sancti. *Tunc uenit accolitus et facit crucem in frontibus singulorum dicendo:* In nomine patris. *Ut supra. Et ponens manum super eos dat orationem excelsa uoce tangendo capita singulorum.*

Deus Abraham, deus Isaac, deus Iacob, deus qui Moysi famulo. *In baptisterio.* 2639

Uertit se ad feminas et facit similiter.

Deus caeli, deus terrae, deus angelorum. *In baptisterio. Et annuntiat diaconus ut prius:* Orate electi. 2640

Et signant infantes patrini uel matrinae ut prius. Tunc uenit alius accolitus et facit per omnia ut prior.

Oratio. Deus immortale presidium. *In baptisterio. Similiter super feminas.* 2641

Oratio. Deus Abraham, deus Isaach, deus Iacob, deus qui tribus Israhel de aegyptia seruitute liberatas per Moysen famulum tuum de custodia mandatorum tuorum in deserto monuisti et Susannam de falso crimine liberasti, te supplex deprecor domine, ut liberes et has famulas tuas et perducere eas digneris ad gratiam baptismi tui. 2642

Audi ergo maledicte. *Ut supra.* 2643

Tertio annuntiat diaconus ut prius: Orate electi.

Et signant ipsos infantes patrini uel matrine ut prius.

Tunc uenit accolitus tertius et facit per omnia ut prior.

Oratio. Exorzizo te inmunde spiritus. *In baptisterio. Similiter super feminas.* 2644

Exorzizo te inmunde spiritus per patrem et filium et spiritum sanctum, ut exeas et recedas ab his famulabus dei. Ipse tibi imperat maledicte dampnate, qui caeco nato oculos aperuit et qui triduanum Lazarum de monumento suscitauit. 2645

Ergo maledicte. 2646

Quarto annuntiat diaconus ut prius. [fol. 217] *Et signant infantes patrini uel matrine ut prius. Tunc descendit sacerdos ad*

eos et imposita manu super masculos facit crucem in frontibus sin-
gulorum dicendo:
In nomine patris et filii et spiritus sancti.

Deinde dicit orationem hanc adhuc imposita manu super eos:
2647   Aeternam ac iustissimam pietatem. *In baptisterio. Similiter*
super feminas omnia facit et dicit eandem orationem:
2648   Aeternam ac iustissimam.

Quibus peractis iterum annuntiat diaconus: Orate electi, *ut prius.*
[I]tem dicit diaconus: Signate illos et state cum disciplina et cum
silentio. *Et signant infantes patrini uel matrinae ut prius e[t] inde*
reuertitur sacerdos ad sedem suam. Et legitur lectio Ezechielis
prophete [36, 25—29]: Haec dicit dominus: Effundam super uos
aquam mundam et mundabimini *usque* et saluabit uos ex uniuersis
inquinamentis uestris.

Sequitur responsorium Uenite filii. V̇ Accedite ad eum.

Postea admonentur a diacono ita:
Catecumini recedant. Si quis catecuminus est, recedat. Omnes
catecumini exeant foras. *Tunc egrediuntur ipsi electi de aecclesia*
expectantes pro foribus usque dum completa fuerint missarum sollemnia.

Deinde legitur euangelium: Sequentia sancti euangelii secundum
Matthaeum [11, 25—30]. In illo tempore: Respondens Iesus dixit:
Confiteor tibi, domine pater caeli et terrae, qui abscondisti haec a
sapientibus et prudentibus *usque* et onus meum leue.

Off. Benedicite gentes. *Cum uersibus tribus. Et offeruntur*
oblationes a parentibus uel ab his qui eos suscepturi sunt et ponit
eas sacerdos super altare.

2649   *Oratio super oblata.* Miseratio tua deus ad haec percipienda
mysteria famulos tuos quesumus et proue[h]at competenter et deuota
conuersatione perducat. P.

2650   Memento domine famulorum famularumque· tuarum, qui electos
tuos suscepturi sunt ad gratiam baptismi tui. *Et recitantur nomina*
uirorum ac mulierum, qui ipsos infantes suscepturi sunt. Quibus
recitatis redeat ad canonem. Et omnium circumastantium.

2651   Hanc igitur oblationem domine ut propitius suscipias deprecamur,
quam tibi offerimus pro famulis et famulabus tuis, quos ad aeternam
uitam et beatum gratiae tuae donum eligere atque uocare dignatus

es. *Et recitantur nomina electorum.* Hos domine fonte baptismatis innouandos spiritus tui munere ad sacramentorum tuorum plenitudinem poscimus preparari. P. Chr. Diesque.

Communio. Lutum fecit ex [s]puto dominus [Ioh. 9, 6].

Tunc communicent praeter ipsos infantes.

Oratio ad complendum. Adesto domine quesumus redemptionis 2652 effectibus, ut quos sacramentis aeternitatis instituis, eisdem protegas dignanter aptandos. P.

[S]uppliciter domine sacra familia munus tuae miserationis expectat: 2653 concede quesumus, ut quod te iubente desiderat, te largiente percipiat. P.

Finita missa annuntiat diaconus, ut ipsa ebdomada reuertantur ad scrutinium, ita dicendo:

Die sabbato uenientes colligite uos temperius ad aecclesiam illam.

472.
[SABBATO. ORDO SCRUTINII.]

Ueniente autem sabbato, cum colligerint se ad aecclesiam, sicut denuntiatum est, faciunt ipsum scrutinium, sicut antea in II. fecerunt.

Istas uero orationes ad missam.

Omnipotens sempiterne deus, aecclesiam tuam spiritali faecundi- 2654 tate multiplica, ut qui sunt generatione terreni, fiant regeneratione caelestes. P.

Super oblata. Remedii sempiterni munera domine laetantes 2655 offerimus suppliciter exorantes, ut eadem nos et digne uenerari et pro sal-[fol. 218]uandis congruenter exhibere facias. P.

Infra actionem, ut prioris scrutinii.

Ad complendum. Tu semper, quesumus domine [etc. = n. 533]. 2656

Super populum. Tu famulis tuis [etc. = n. 2292].   2657

Tunc annuntiat diaconus, ut insequenti ebdomada, quae est post medium quadragesimae, in quarta feria conueniant ad aurium apertionem.

473.
[FERIA IIII. POST MEDIUM QUADRAGESIMAE. ORDO SCRUTINII.]

Ueniente autem quarta feria, cum collecti fuerint omnes ad aecclesiam, clamat diaconus dicens: Catecumini procedant. *Et uocantur ipsi infantes ab accolito sicut scripti sunt et statuuntur in ordine quo supra masculi ad dexteram, femine ad sinistram. Et canunt antiphonam ad introitum:* Sitientes uenite ad aquas [Is. 55, 1].

Ipsa expleta dat presbiter orationem:

2658 Conce[de] quaesumus domine electis nostris, ut sanctis edocti mysteriis et renouentur fonte baptismatis et inter aecclesiae tuae membra numerentur. P.

Deinde omnia aguntur ut in scrutinio scripta sunt usque ad lectiones. Tunc legitur lectio Isaie prophetae [55, 2—7]: Haec dicit dominus: Audite audientes me et comedite bonum *usque* et ad deum nostrum, quoniam multus est ad ignoscendum.

Sequitur responsorium Uenite filii. *Cum uersu.*

Alia lectio epistole beati Pauli apostoli ad Colossenses [3, 9—17]: Fratres: Expoliate uos ueterem hominem cum actibus eius *usque* omne quodcumque facitis in uerbo aut in opere, omnia in nomine domini Iesu Christi gratias agentes deo et patri per ipsum Iesum Christum dominum nostrum. *Aut usque* in fines orbis terrae uerba eorum [1]).

Sequitur resp. Beata gens. *Cum uersu. Hoc finito incipit clerus antiphonam:*

Sitientes uenite ad aquas. V̂ Inclinate aurem uestram et uenite ad me, audite et uiuet anima uestra [Is. 55, 3]. *Sequitur* Gloria. *Ad. repet[endum].* Et feriam uobiscum pactum sempiternum misericordias Dauid fideles [Is. 55, 3]. *Deinde* Kyrie eleison. *Dum haec canuntur, procedunt IIII diaconi de sacrario cum quattuor libris euangeliorum precedentibus eos duobus candelabris cum turibulis et incenso et ponunt ipsa euangelia in quattuor angulis altaris.*

Antequam autem aliquis eorum legat, tractat presbiter his uerbis:

2659 Aperiuntur uobis, filii karissimi, euangelia, id est gesta diuina. Ideo prius [per] ordinem insinuare debemus quid sit euangelium et unde descendat et cuius in eo uerba ponuntur et quare quattuor sint, qui haec scripserunt, uel qui sint ipsi quattuor, qui diuino spiritu annuntiante propheta signati sunt, ne forte sine hac ordinis ratione uel causa stuporem uobis in mentibus relinquamus. Et quia ad hoc

---

[1]) Rom. 10, 18.

uenistis, ut aures uobis aperiantur, ne incipiant[1]) sensus uestri obtundi. Euangelium dicitur bona annuntiatio proprie, quae utique annuntiatio est domini nostri Iesu Christi Descendit autem euangelium ab eo qui annuntiat et ostendit, quia is, qui per prophetas suos loquebatur, uenit in carne, sicut scriptum est: ,Qui loquebar, ecce assum' [Is. 52, 6]. Explicantes autem breuiter, quid sit euangelium uel qui sint hi IIII, qui per prophetam ante monstrati sunt, nunc sua quaeque nomina singulis assignemus indiciis. Ait enim propheta Ezechiel [1, 10]: ,Et similitudo uultus eorum ut facies hominis et facies leonis a dextris eorum et facies uituli et facies aquilae a sinistris eorum'. Hos quattuor has figuras habentes euangelistas esse non dubium est. Sed nomina eorum qui euangelia scripserunt haec sunt: Matheus Marcus Lucas Iohannes. [fol. 219]

Tunc annuntiat diaconus dicens: State cum silentio audientes intente.

Et accipiens desuper angulo altaris sinistro euangelii librum precedentibus eum duobus cand[el]abris cum turibulis ascendit ad legendum: Initium sancti euangelii secundum Matheum [1, 1—21]. Liber generationis Iesu Christi filii Dauid filii Abraham *usque* ipse enim saluum faciet populum suum a peccatis eorum.

Quo lecto suscipiat subdiaconus ab eo ipsum librum super linteum et portet in sacrarium. Et diaconus annuntiat dicens: State cum silentio audientes intente.

Et tractat presbiter his uerbis:

Filii carissimi, ne diutius ergo uos teneamus, exponimus uobis, 2660 quam rationem et quam figuram unusquisque in se contineat et quare Matheus in se figuram hominis habeat. Quia initio suo nihil aliud agit, nisi natiuitatem saluatoris pleno ordine generationis enarrat. Sic enim coepit: ,Liber generationis Iesu Christi, filii Dauid, filii Abraham'. Uidetis, quia non inmerito huic hominis assignata persona est, quando ab hominis natiuitate[2]) initium comprehendit. Nec immerito ut diximus huic mysterio assignata est Mathei persona.

Item annuntiat diaconus dicens: State cum silentio audientes intente.

Item accipiat alius diaconus desuper alio sinistro angulo altaris librum ut prior et legat:

---

[1]) Hs.: incipient. — [2]) Hs.: hominibus natiuitatis.

Initium sancti euangelii secundum Marcum. Initium euangelii Iesu Christi, filii Dauid *usque* ille uero baptizabit spiritu sancto [Marc. 1, 1—8]. *Et suscipiat subdiaconus librum ut prior. Item annuntiat diaconus:* State cum silentio, *ut prius. Sequitur presbiter his uerbis:*

2661   Marcus euangelista leonis gerens figuram a solitudine incipit dicens: ,Uox clamantis in deserto: parate uiam domini'. Huius leonis multifarie inuenimus exempla. Et non uacet dictum illud: ,Iuda filius meus catulus leonis, de germine mihi ascendisti, recubans dormiuit ut leo et sicut catulus leonis. Quis excitabit eum?' [Gen. 49, 9].

Item annuntiat [diaconus] dicens: State cum silentio audientes.

Et tertius diaconus accipiat librum de angulo dextero altaris ut priores fecerunt et legat:

Initium sancti euangelii secundum Lucam. Fuit in diebus Herodis regis Iudeae sacerdos quidam *usque* parare domino plebem perfectam [Luc. 1, 5—17]. *Et suscipiat subdiaconus librum ut priores. Item annuntiat diaconus ut supra. Sequitur presbiter his uerbis:*

2662   Lucas euangelista uituli spetiem gestat, ad cuius instar saluator noster est immolatus. Hic enim Christi euangelium locuturus coepit de Zachiria et Elisabeth, de quibus Iohannes baptista in summa natus est senectute. Et ideo Lucas uitulo comparatur, quia duo cornua duo testamenta et quattuor pedum ungulae quattuor euangelia quasi tenera firmitate nascentia in se plenissime continebat.

Item annuntiat diaconus dicens: State.

Et quartus diaconus accipiat librum de alio dextro angulo altaris ut priores et legat:

Initium sancti euangelii secundum Iohannem. In principio erat uerbum *usque* plenum gratiae et ueritatis [Ioh. 1, 1—14]. *Et suscipiat subdiaconus librum ut priores. Item annuntiat diaconus ut supra. Sequitur presbiter his uerbis:*

2663   Iohannes habet similitudinem aquilae, eo quod nimis alta petit. Ait enim: ,In principio erat uerbum et uerbum erat apud deum et deus erat uerbum. Hoc erat in principio apud deum.' Et Dauid dixit de persona Christi [Ps. 102,5]: ,Renouabitur sicut aquilae iuuentus tua', id est Iesu Christi domini nostri, qui resurgens a mortuis ascendit in celos. Unde iam uobis conceptis pregnans gloriatur aecclesia omni festiuitate uotorum ad noua tendere christianae legis exordia, ut aduenienti die(i) [fol. 220] uenerabilis paschae lauacro baptismatis renas-

centes sicut sancti omnes mereamini fidele munus infantie a Christo
Iesu domino nostro percipere, qui uiuit et regnat cum deo patre in
unitate spiritus sancti deus per omnia secula seculorum.

Hoc expleto dicit presbiter prefationem symboli.

Dilectissimi nobis accepturi sacramenta baptismatis et in nouam 2664
creaturam sancti spiritus procreandi, fidem qua credentes iustificandi
estis toto corde concipite et animis uestris uestra conuersatione
mutatis ad deum qui mentium uestrarum est illuminator accedite, suscipientes euangelici symboli(s) sacramentum a domino inspiratum, ab
apostolis instructum. Cuius pauca quidem uerba sunt, sed magna
mysteria. Sanctus etenim spiritus, qui magistris aecclesiae ista dic-
tauit, tali eloquio talique breuitate salutiferam condidit fidem, ut quod
credendum uobis est semperque profitendum nec intellegentiam possit
latere nec memoriam fatigare. Intentis itaque animis symbolum
discite, et quod uobis sicut accepimus tradimus, non alicuius
materiae, quae corrumpi potest, sed paginis uestri cordis inscribite.
Confessio itaque fidei quam suscepistis hoc [in]coatur exordio.

*Post haec accipiens accolitus unum ex ipsis infantibus masculum
et tenens eum in sinistro brachio ponit manum super eum.*

Et interrogat eum presbiter dicens:
Qua lingua confitentur dominum nostrum Iesum Christum?
Respondit accolitus: Greca.

Iterum dicit presbiter: Annuntia fidem ipsorum qualiter credant.
*Et tenens accolitus manum dexteram super infantis [caput] dicit
symbolum decantando grece:* l'ysteu. *Ut in baptisterio.*

*Iterum uertit se alter accolitus ad feminas et tenens unam ex
eis in sinistro brachio ponit manum dexteram super caput ipsius.*

Et interrogat presbiter dicens: Qua lingua confitentur dominum
nostrum Iesum Christum?
Respondit accolitus: Latina.

Dicit ei presbyter: Annuntia fidem ipsarum qualiter credant.
*Et tenens accolitus manum dexteram super caput femine dicit
symbolum decantando latine:* Credo in unum deum.

Hoc expleto prosequitur presbiter his uerbis:
Haec summa est fidei nostrae, dilectissimi nobis, haec uerba 2665
sunt symboli, non sapientie humane sermone facta, sed uera diuinitus
ratione disposita. Quibus comprehend[end]is atque seruandis nemo
non idoneus, nemo non aptus. Et hic dei patris et filii et spiritus

sancti una et equalis pronuntiatur potestas. Hic unigenitus dei de
Maria uirgine et spiritu sancto secundum carnem natus ostenditur,
hic eiusdem crucifixi sepultura ac die tertia resurrectio predicatur,
hic ascensio ipsius super celos et consessio in dextera paternae
maiestatis agnoscitur uenturusque ad iudicandos uiuos et mortuos
declaratur. Hic spiritus sanctus in eadem qua pater et filius deitate
indiscretus accipitur. Hic postremo aecclesie uocatio, peccatorum remissio
et carnis resurrectio perdocetur. Uos itaque dilectissimi ex ueteri
homine in nouum reformamini et de carnalibus spiritales, de terrenis
incipite esse caelestes. Secura et inconcussa fide credite resurrectionem,
quae facta est in Christo, etiam in uobis omnibus esse complendam,
et hoc secuturum in toto corpore, quod precessit in capite, quoniam
et ipsum quod percepturi estis baptismi[1]) sacramentum in omnibus
spe(tie)i exprimit formam. Quedam enim ibi mors et quedam resurrectio celebratur. Uetus homo deponitur et nouus assumitur; peccator
aquas ingreditur et iustus egreditur. Ille abicitur qui traxit [fol. 221]
ad mortem, suscipitur ille qui reduxit ad uitam. Per cuius gratiam
uobis confertur, ut filii dei sitis non carnis uoluntate editi, sed sancti
spiritus uirtute generati. Et ideo hanc breuissimam plenitudinem ita
debetis uestris cordibus inserere, ut omni tempore presidio huius
confessionis utamini. Inuicta est enim semper talium armorum
potestas et contra omnes insidias inimici tanquam bonis Christi
militibus profutura. Diabolus, qui hominem temptare non desinit,
munitos suos hoc symbolo semper inueniat, ut deuicto aduersario
cui abrenuntiastis gratiam domini incorruptam et inmaculatam usque
in finem ipso quem confitemini protegente seruetis, ut in quo peccatorum remissionem accipitis, in eo gloriam resurrectionis habeatis.
Ergo dilectissimi, qui prefatum symbolum cognouistis in presenti fidei
catholicae [traditione], nunc euntes edocemini nullo mutato sermone.
Potens est enim dei misericordia, que et uos ad baptismi fidem
perducat et nos, qui uobis mysteria tradimus, una uobiscum ad regna
caelestia faciat peruenire. Prestante domino nostro Iesu Christo qui
cum patre et spiritu sancto.

Et admonet diaconus dicens: State cum silentio audientes intente.
Inde sequitur sacerdos hanc praefationem dominicae orationis:

2666 Dominus et saluator noster Iesus Christus inter cetera sacra
precepta discipulis suis petentibus quemadmodum orare deberent non

---

[1]) Hs.: baptismum.

solum eis formam orationis concessit, uerum etiam qua mente et
puritate precarentur ostendit, ut sacra lectione presenti et uos plenius
cognoscetis. Audiat nunc dilectio uestra, quemadmodum doceat
discipulos suos orare patrem omnipotentem: Tu autem cum oraueris,
intra in cubiculum tuum et clauso ostio ora patrem tuum [Matth. 6, 6].
Cubiculum, quod nominat, non occultam domum ostendit, sed cordis
nostri secreta illi soli patere commemorat, et clauso ostio deum adorare
debere, id est ut a mala cogitatione pectus nostrum mystica claue
claudamus ac labiis clausis incorrupta mente loquamur. Deus autem
noster fidei et non uocis auditor est. Claudatur ergo claue fidei
pectus nostrum contra insidias aduersarii et soli deo pateat, cui templum esse cognoscitur, ut cum habitat in cordibus nostris, ipse sit
aduocatus in precibus nostris. Ergo dei sermo et dei sapientia
Christus dominus noster hanc orationem nos docuit, ut ita oremus.

Et admonet diaconus dicens: State cum silentio audientes intente.

Pater noster qui es in caelis.

Haec libertatis uox est et plena fiducia. Ergo his uobis moribus 2667
est uiuendum, ut et filii dei et fratres Christi esse possitis. Nam
patrem suum deum qua temeritate dicere presumit, qui ab eius uoluntate degenerat! Unde uos dilectissimi dignos exhibete adoptione(m)
diuina(m), quoniam scriptum est [Ioh. 1, 12]: ,Quotquot crediderunt
in eum, dedit eis potestatem filios dei fieri'.

Sanctificetur nomen tuum.

Id est, non quo deus nostris sanctificetur orationibus, qui semper 2668
est sanctus, sed petimus, ut nomen eius sanctificetur in nobis, ut qui
in baptismate eius sanctificamur, in eo quod esse incipimus perseueremus. [1])

Adueniat regnum tuum.

Deus namque noster quando non regnat(ur), maxime cuius regnum 2669
est immortale? Sed cum dicimus: ,Ueniat regnum tuum', nostrum
regnum petimus aduenire a deo promissum, Christi sanguine et
passione quaesitum.

Fiat uoluntas tua sicut in caelo et in terra.

Id est, fiat uoluntas tua, ut quod tu uis in caelo, hoc nos in 2670
terra positi irreprehensibiliter faciamus.

[1]) Hs.: perseueramus.

Panem nostrum coti-[fol. 222]dianum da nobis hodie.

2671 Hic spiritalem cibum intellegere debemus. Christus enim panis noster est, qui dixit [Ioh. 6, 41]: ,Ego sum panis uiuus, qui de celo descendi'. Quem cotidianum dicimus, per quem ita nobis semper immunitatem petere debemus peccati, ut digni simus caelestibus alimentis.

Et dimitte nobis debita nostra, sicut et nos dimittimus debitoribus nostris.

2672 Hoc pactum est significans non nos aliter peccatorum ueniam posse promereri, nisi prius nos in nobis delinquentibus aliis ueniam relaxamus, sicut in euangelio [Matth. 6, 15] dominus noster dicit ,Nisi dimiseritis peccata hominibus, nec pater uester dimittet uobis: peccata uestra'.

Et ne nos inducas in temptationem.

2673 Id est, ne nos patiaris induci ab eo qui temptat, prauitatis auctore. Nam dicit scriptura [Iac. 1, 13]: ,Deus enim intemptator malorum est'. Diabolus uero est temptator, ad quem euincendum dominus dicit [Matth. 26, 41]: ,Uigilate et orate, ne intretis in temptationem'.

Sed libera nos a malo.

2674 Hoc ideo ait, quia dixit apostolus [Rom. 8, 26]: ,Nescitis quid nos oporteat orare'. Unde et deus omnipotens ita a nobis orandus est, ut quicquid humana fragilitas cauere aut uitare non preualet, hoc ille ut possimus propitius nobis conferre dignetur, cui est honor et gloria in secula seculorum.

Et admonet diaconus ut prius. Et dicit presbiter:

2675 Audistis dilectissimi dominicae orationis sancta mysteria. Nunc euntes ea uestris cordibus innouate, ut ad exorandam ac percipiendam dei misericordiam perfecti in Christo esse possitis. Potens est enim dominus deus noster, qui et uos, qui ad fidem curritis, ad lauacrum aquae regenerationis perducat et nos, qui uobis mysterium fidei catholicae tradimus, una uobiscum ad caelestia regna faciat peruenire. Qui uiuit et regnat cum deo patre.

Hoc expleto admonentur a diacono ita: Catecumini recedant *et cetera, ut in scrutinio scripta sunt, usque*

2676 *Super oblat[a].* Exaudi nos omnipotens deus et famulos tuos, quos fidei christianae primitiis imbuisti, huius sacrificii tribuas operatione mundari. P.

Coniunctio et infra actionem ut in scrutinio.

Ad complendum. Concurrat domine plebs fidelis et toto tibi corde 2677 subiecta obtineat, ut ab omni perturbatione secura et saluationis suae gaudia prompta exerceat et pro regenerandis benigna exoret. P. d. n.

Super populum. Deus qui, cum salutem hominum semper opereris, 2678 nunc tamen populum tuum gratia habunda[n]tiore multiplicas, respice propitius ad electionem tuam, ut paternae protectionis auxilio et rege[ne]randos munias et renatos conserues. P.

Tunc annuntiat diaconus, ut in sequenti ebdomada feria II. reuertantur ad scrutinium, quod hoc ordine ut priora scrutinia celebratur. IIII. scrutinium in sabbato ante palmas, V. in feria II. post palmas, VI. in sabbato sancto, quod isto ordine celebratur:

474.
[SABBATO SANCTO. ORDO SCRUTINII.]

Uenientes ad aecclesiam hora tertia reddunt symbolum. Postea sacerdos faciens crucem in frontibus singulorum imposita manu primum super masculos, deinde super feminas dicit:
Nec te latet satana. *Ut in baptisterio.* 2679

475.
INCIPIT ORDO BAPTISTERII.

Primitus enim in sacramento baptisterii ita agendum est.
Ill. Abrenuntias satanae? Abrenuntio. [fol. 223]
Et omnibus [operibus] eius? [A]brenuntio.
Et omnibus pompis eius? Abrenuntio.

Deinde ter catecuminum in faciem exsufflare et imperando dicere:
Recede diabole ab hac imagine dei et da locum spiritui sancto. 2680

Deinde facere crucem in fronte eius dicendo:
Signum sancte crucis domini nostri Iesu Christi in frontem 2681 tuam pono.

Et in pectore similiter crucem facere dicendo:
Signum saluatoris domini nostri Iesu Christi in pectus tuum pono. 2682

Deinde tenens manum super capita infantum dicat orationem hanc:
Omnipotens sempiterne deus, pater domini nostri Iesu Christi, 2683 respicere dignare super hunc famulum tuum, quem ad rudimenta

fidei uocare dignatus es. Omnem cecitatem cordis ab eo expelle, disrumpe omnes laqueos satanc quibus fuerat colligatus. Aperi ei domine ianuam pietatis tuae, ut signo sapientiae tuae imbutus omnium cupiditatum foetoribus careat, ut ad suauem odorem preceptorum tuorum letus tibi in aecclesia tua deseruiat et proficiat de die in diem, ut idoneus efficiatur accedere ad gratiam baptismi tui percepta medicina. Per eundem qui uenturus est.

2684   *Alia.* Preces nostras quesumus domine clementer exaudi et hunc electum tuum crucis dominicae cuius impressione † eum signamus uirtute custodi, ut magnitudinis gloriae rudimenta seruans per custodiam mandatorum tuorum ad regenerationis gloriam peruenire mereatur. P. d. n.

2685   *Alia.* Deus qui humani generis ita es conditor, ut sis etiam reformator, propitiare populis adoptiuis et nouo testamento subolem noue prolis ascribe, ut filii repromissionis quod non potuerunt assequi per naturam gaudeant se percepisse per gratiam. P.

Exorcismus salis ad dandum catecumino.

2686   Exorzizo te creatura salis in nomine dei patris omnipotentis et in caritate domini nostri Iesu Christi et in uirtute spiritus sancti. Exorzizo te per deum † uiuum, per deum uerum, qui te ad tutelam generis humani procreauit et populo uenienti ad credulitatem per seruos suos consecrari precepit, ut in nomine sanctae trinitatis efficiaris salutare sacramentum ad effugandum inimicum. Proinde rogamus te domine deus noster, ut hanc creaturam salis sanctificando † sanctifices, benedicendo † benedicas, ut fiat omnibus sumentibus perfecta medicina permanens in uisceribus eorum. In nomine domini nostri Iesu Christi, qui uenturus est iudicare uiuos ac mortuos et seculum per ignem.

2687   *Benedictio salis.* Benedic omnipotens deus hanc creaturam salis tua benedictione caelesti in nomine domini nostri Iesu Christi et in uirtute tui sancti spiritus ad effugandum inimicum, quam sanctificando † sanctifices, benedicendo † benedicas, fiatque omnibus accipientibus perfecta medicina permanens in uisceribus sumentium. In nomine domini nostri Iesu Christi, qui uenturus.

Postea uero interroget nomina ipsorum et ponat de ipso sale in ore singulorum ita dicens:

2688   *Ill.* Accipe salem sapientiae propitiatus in uitam aeternam.

Oratio post datum sal super masculos. Deus patrum nostrorum, 2689
deus uniuerse conditor creature, te supplices exoramus, ut hunc
famulum tuum respicere digneris propitius et hoc primum pabulum
salis gustantem non diutius esurire permittas, quominus cibo expleatur
caelesti, quatenus sit semper spiritu feruens, spe gaudens, tuo nomini
seruiens. Perduc eum ad nouae regenerationis lauacrum, ut cum
fidelibus tuis promissionum tuarum aeterna premia consequi mereatur.
P. [fol. 224]

Iterum faciat crucem in fronte eius et dicat hanc orationem:

Deus Abraham, deus Isaac, deus Iacob, deus qui Moysi famulo 2690
tuo in monte Sinai apparuisti et filios Israhel de terra Aegypti
eduxisti deputans eis angelum pietatis tuae, qui custodiret eos die ac
nocte: te quesumus domine, ut mittere digneris sanctum angelum
tuum, ut similiter custodiat et hunc famulum tuum *ill.* et perducat
eum ad gratiam baptismi tui.

Ergo maledicte diabole, recognosce sententiam tuam et da 2691
honorem deo uiuo et uero, da honorem Iesu Christo filio eius et
spiritui sancto et recede ab hoc famulo dei, quia istum sibi deus et
dominus noster Iesus Christus ad suam sanctam gratiam et benedictionem fontemque baptismatis uocare dignatus est, et hoc signum
sanctae † crucis, quod nos fronti eius damus, tu maledicte diabole
numquam audeas uiolare. P. d. n. qui uenturus.

Alia oratio. Deus immortale presidium omnium postulantium, 2692
liberatio supplicum, pax rogantium, uita credentium, resurrectio mortuorum, te inuoco super hunc famulum tuum, qui baptismi tui donum
petens aeternam consequi gratiam spiritali regeneratione desiderat.
Accipe eum domine, et quia dignatus es dicere [Matth. 7, 7]: ‚Petite
et accipietis, quaerite et inuenietis, pulsate et aperietur uobis‘, petenti
itaque premium porrige et ianuam pande pulsanti, ut aeternam
caelestis lauacri benedictionem consecutus promissa tui muneris regna
percipiat.

Audi [ergo] maledicte satana adiurate per nomen aeterni [dei] 2693
et saluatoris nostri filii eius: cum tua uictus inuidia tremens gemens-
que discede. Nihil tibi sit commune cum seruo dei iam caelestia
cogitanti, renuntianti tibi ac seculo tuo et beatae immortalitati uicturo.
Da igitur honorem aduenienti spiritui sancto, qui ex summa caeli arce
descendens perturbatis fraudibus tuis diuino fonte purgatum pectus
id est sanctificatum deo templum et habit[acul]um perficiat, et ab

omnibus penitus noxiis preteritorum criminum liberatus hic seruus dei gratias perenni deo referat semper et benedicat nomen eius sanctum in secula seculorum. P. d. n. qui uenturus.

2694 *Item alia oratio.* Exorzizo te inmunde spiritus in nomine patris et filii et spiritus sancti, ut exeas et recedas ab hoc famulo dei. Ipse tibi imperat, maledicte damnate, qui pedibus super mare ambulauit et Petro mergenti manum porrexit.

2695 Ergo maledicte. *Ut supra.*

Similiter super feminas facit crucem in fronte dicens:

2696 Deus caeli, deus terrae, deus angelorum, deus archangelorum, deus prophetarum, deus martyrum, deus uirginum, deus omnium bene uiuentium, deus cui omnis lingua confitetur et omne genu flectitur caelestium terrestrium et infernorum, te inuoco domine super hanc famulam tuam, ut perducere eam digneris ad gratiam baptismi tui.

2697 Ergo maledicte. *Ut supra.*

2698 *Alia.* Deus Abraham, deus Isaac, deus Iacob, deus qui tribus Israhel de aegyptia seruitute liberatas per Moysen famulum tuum de custodia mandatorum in deserto monuisti et Susannam de falso crimine liberasti, te supplex deprecor domine, ut liberes et hanc famulam tuam et perducere eam digneris ad gratiam baptismi tui.

2699 Ergo maledicte. *Ut supra.*

2700 Exorzizo te inmunde spiritus in nomine patris et filii et spiritus sancti, ut exeas et recedas ab hac famula dei. Ipse tibi imperat, maledicte damnate, qui caeco nato oculos aperuit et qui [qua]triduanum Lazarum de monumento suscitauit.

2701 Ergo maledicte.

2702 *Oratio super masculos.* Aeternam ac iustissimam pietatem tuam deprecor domine sancte pater omnipotens aeterne deus, qui es auctor luminis et ueritatis, ut super hunc famulum tuum benedictionem tuam infundas, ut digneris eum illuminare lumine intellegentiae tuae. Munda eum et sanctifica, da ei scientiam ueram, ut dignus efficiatur accedere ad gratiam baptismi tui; teneat firmam [fol. 225] spem, consilium rectum, doctrinam sanctam, ut aptus sit ad percipiendam gratiam baptismi tui. P. [d. n.] qui uenturus.

Deinde facta cruce in fronte eius ponat manum super caput eius dicens:

2703 Nec te latet satana imminere tibi poenas, imminere tibi tormenta, imminere tibi diem iudicii, diem supplicii sempiterni, diem qui uenturus est uelut clybanus ardens, in quo tibi atque uniuersis angelis tuis aeternus superueniat interitus. Proinde damnate da honorem deo uiuo et uero, da honorem Iesu Christo filio eius et spiritui sancto. In cuius nomine atque uirtute precipio tibi, quicumque es inmunde spiritus, ut exeas et recedas ab hoc famulo dei, quem hodie deus et dominus noster Iesus Christus ad suam sanctam gratiam et benedictionem fontemque baptismatis uocare dignatus est, ut fiat eius templum per aquam regenerationis in remissionem omnium peccatorum. In nomine eiusdem domini nostri Iesu Christi qui uenturus.

Demum tangat ei nares et aures de sputo et dicat:
Effeta quod est aperire in odorem suauitatis. Tu autem effugare 2704 diabole, appropinquabit enim iudicium dei.

Postea ei pectus de oleo exorcizato crucem faciendo tangat et dicat:
Exi inmunde spiritus et da honorem deo uiuo et uero. 2705

Similiter inter scapulas:
Fuge inmunde spiritus et da locum patri et filio et spiritui sancto. 2706

Et uocato nomine eius dicat:
Abrenuntias satanae? Abrenuntio.
Et omnibus operibus eius? Abrenuntio.
Et omnibus pompis eius? Abrenuntio.

Sicque manu capiti infantis superposita dicat hoc[1]) symbolum:
Credo in unum deum patrem omnipotentem, factorem caeli et 2707 terrae, uisibilium omnium et inuisibilium. Et in unum dominum Iesum Christum filium dei unigenitum; de patre natum ante omnia secula; deum de deo, lumen de lumine, deum uerum de deo uero; natum, non factum; consubstantialem patri; per quem omnia facta sunt; propter nos homines et propter nostram salutem descendentem de caelis et incarnatum de spiritu sancto et Maria uirgine et humanatum; crucifixum etiam pro nobis sub Pontio Pylato et passum et sepultum; et resurgentem tertia die secundum scripturas; et ascendentem in caelos et sedentem ad dexteram patris; et iterum uenturum cum gloria iudicare uiuos et mortuos; cuius regni non erit finis. Et in spiritum sanctum dominum et uiuificatorem; ex patre procedentem; cum patre et filio simul adoratum et conglorificatum, qui locutus est per prophetas. Et unam sanctam catholicam et apostolicam aeccle-

[1]) Hs.: hunc.

siam. Confiteor unum baptisma in remissionem peccatorum et expecto resurrectionem mortuorum et uitam futuri seculi. Amen.

Tunc canitur laetania a clero.

Christe audi nos. Christe audi nos. Christe audi nos.

Sca Maria, ora pro nobis.
Sce Michahel
Sce Gabriel
Sce Raphahel
Sce chorus angelorum, ora pro nobis.
Sce chorus archangelorum, ora pro nobis.
Sce chorus patriarcharum
Sce Iohannes
Sce chorus prophetarum
Sce Petre
Sce Paule
Sce Andrea
Sce Iacobe
Sce Iohannes
Sce Thoma
Sce Mathe[e]
Sce Philippe
Sce Bartholome[e]
Sce Tathe[e]
Sce Symon
Sce Iacobe
Sce Mathia
Sce Barnaba
Sce Thimothe
Sce Luca
Sce Marce
Sce chorus apostolorum
Sce Stephane
Sce Line
Sce Clete
Sce Clemens
Sce Syxte
Sce Corneli

Sce Cypriane
Sce Laurenti
Sce Yppolite
Sce Ualentine
Sce Geruasi
Sce Protasi
Sce Iohannes
Sce Paule
Sce Cosma
Sce Damiane [fol. 226]
Sce Felix
Sce Adriane
Sce Dionysi
Sce Uincenti
Sce Maurici
Sce Krispine
Sce Krispiniane
Sce Saturnine
Sce Marcelle
Sce Firmine
Sce Romane
Sce Uitalis
Sce Cyriace
Sce Quintine
Sce Maximine
Sce Kristophore
Sce Albane
Sce Iustine
Sce Landeberte
Sce Bonifati
Sce Eoban
Sce Adalhari
Sce Eoni
Sce Antoni
Sce Marcelline

Sce Petre
Sce Kyliane
Sce Nazari
Sce Uite
Sce Pancrati
Sce Sergi
Sce Bache
Sce Prote
Sce Iacinthe
Sce Quiriace
Sce chorus martyrum
Sce Martine
Sce Siluester
Sce Remigi
Sce Gregori
Sce Germane
Sce Ambrosi
Sce Ieronime
Sce Augustine
Sce Ysidore
Sce Medarde
Sce Uedaste
Sce Amande
Sce Richari
Sce Arnulfe
Sce Leudegare
Sce Aniane
Sce Seuere
Sce Seuerine
Sce Candide
Sce Sulpici
Sce Brici
Sce Walarici
Sce chorus confessorum
Sce Paule
Sce Antoni
Sce Machari
Sce Columbane
Sce Benedicte

Sce Honorate
Sce Equite
Sce Hilarion
Sce Uenanti
Sce Libertine
Sce Galle
Sce Otmare
Sce Saba
Sce Theodosi
Sce Arseni
Sce Iohannes
Sce Philiberte
Sce Eustasi
Sce Patrici
Sce Sola
Sce chorus monachorum
Sca Felicitas
Sca Perpetua
Sca Petronella
Sca Agnes
Sca Agatha
Sca Caecilia
Sca Sabina
Sca Anastasia
Sca Genofefa
Sca Gerthrudis
Sca Tecla
Sca Columba
Sca Scolastica
Sca Aldegundis
Sca Regula
Sca Prisca
Sca Lucia
Sca Theodosia
Sca Candida
Sca Benedicta
Sca Afra
Sca Digna
Sca Eugenia

Sca Euprepia
Sca Regina
Sca Brigida
Sca Kristina
Sca Scolastica
Sca Flora
Sca Iulitta
Sca Margareta

Sca Iuliana
Sca Marina
Sca Lioba
Sca Waltburg
See chorus uirginum, ora pro nobis.
Omnes sancti, orate pro nobis.

Propitius esto, parce nobis domine
Propitius esto, libera nos domine
Ab omni malo, libera nos domine
Ab hoste malo, l.
A periculo mortis, l.
Ab insidiis demonum, l.
Per crucem tuam, l.
Per genitricem tuam, l.
Peccatores, te rogamus audi nos
Ut pacem nobis dones, te r.
Ut sanitatem nobis dones, te r.
Ut aeris temperiem bonam nobis dones, te r.
Ut exercitum Francorum perpetua pace conseruare digneris, te r.
Ut cunctum populum christianum pretioso sanguine tuo redemptum conseruare digneris, te r.
Ut fructus terre nobis dones, te r.
Fili dei, te r.
Agne dei qui tollis peccata mundi, parce nobis domine.
Agne dei qui tollis peccata mundi, miserere nobis.
Christe audi nos.
Kyrie eleison. Christe eleison. Kyrie eleison.

His expletis procedat sacerdos ad fontes benedicendos et dicat:
Dominus uobiscum. Et cum spiritu tuo.

2708   *Oremus.* Omnipotens sempiterne deus, adesto magne tue pietatis mysteriis, adesto sacramentis et ad creandos nouos populos, quos tibi fons baptismatis parturit, spiritum adoptionis emitte, ut quod nostrae humilitatis gerendum est ministerio, tuae uirtutis impleatur effectu. P. d. [etc. = n. 966].

Dominus uobiscum. Et cum spiritu tuo.
Sursum corda. Habemus ad dominum.

Gratias agamus domino deo nostro. Dignum et iustum est.

UD. [etc. = n. 1] aeterne deus. Qui inuisibili potentia sacra- 2709
mentorum tuorum mirabiliter operaris effectum, et licet tantis mysteriis
exequendis simus indigni, tu tamen gratiae tuae dona non deserens
etiam ad nostras preces aures tuae pietatis inclinas. Deus cuius
spiritus super aquas inter ipsa mundi primordia ferebatur, ut iam
tunc uirtutem sanctificationis aquarum natura conciperet; [fol. 227]
deus qui nocentis mundi crimina per aquas abluens regenerationis
speciem in ipsa diluuii effusione signasti, ut unius eiusdemque elementi
mysterio et finis esset uitiis et origo uirtutibus: respice domine in
faciem aecclesiae tuae et multiplica in ea regenerationes tuas, qui
gratiae tuae affluentis impetu laetificas ciuitatem tuam fontemque
baptismatis aperis toto orbe terrarum gentibus innouandis, ut tue
maiestatis imperio sumat unigeniti tui gratiam de spiritu sancto.

Hic cum manu sua diuidat aquam in modum crucis.

Qui hanc aquam regenerandis hominibus preparatam archana
sui luminis admixtione fecundet, ut sanctificatione concepta ab imma-
culato diuini fontis utero in nouam renata creaturam progenies caelestis
emergat; et quos aut sexus in corpore aut aetas discernit in tempore,
omnes in unam pariat gratia mater infantiam. Procul ergo hinc
iubente [te] domine omnis spiritus immundus abscedat, procul tota
nequitia diabolicae fraudis absistat. Nihil hic loci habeat contrariae
uirtutis admixtio, non insidiando circumuolet, non latendo surripiat,
non inficiendo corrumpat.

Sit haec sancta et innocens creatura libera ab omni impugnatoris
incursu et totius nequitiae purgata discessu. Sit fons uiuus, aqua
regenerans, unda purificans, ut omnes hoc lauacro salutifero diluendi
operante in eis spiritu sancto perfecte purgationis indulgentiam consequantur.

Unde benedico te † creatura aquae per deum † uiuum, per
deum † sanctum, qui te in principio uerbo separauit ab arida, cuius
spiritus super te ferebatur in mundi creatione, qui te de paradyso
manare et in quattuor fluminibus totam terram rigare precepit. Qui
te in deserto amaram suauitate indita fecit esse potabilem et sitienti
populo de petra produxit.

Benedico te et per Iesum Christum filium eius unicum dominum
nostrum, qui te in Chana Galileae signo admirabili sua potentia
conuertit in uinum; qui pedibus super te ambulauit et a Iohanne in

Iordane in te baptizatus est; qui te una cum sanguine de latere suo produxit et discipulis suis iussit, ut credentes baptizarentur in te, dicens [Matth. 28, 19]: ,Ite docete omnes gentes baptizantes eas in nomine patris et filii et spiritus sancti'.

Hic muta uocem quasi ad legendum.

Haec nobis praecepta seruantibus tu deus omnipotens clemens adesto, tu benignus aspira, tu has simplices aquas tuo ore benedicito, ut praeter naturalem emundationem, quam lauandis possunt adhibere corporibus, sint etiam purificandis mentibus efficaces.

Hic depon[e][1]*) cereos.*

Descendat in hanc plenitudinem fontis uirtus spiritus tui (*et insufflas ter* Ψ *in aquam*) totamque huius aquae substantiam regenerandi fecundet effectu; hic omnium peccatorum maculae deleantur hic natura ad imaginem tuam condita et ad honorem sui reformata principii cunctis uetustatis squaloribus emundetur, ut omnis hoc sacramentum regenerationis ingressus in uere innocentiae nouam infantiam renascatur. P. d. qui uenturus.

Hic mittas chrisma in modum crucis in fontem his uerbis:

2710   Fecundetur et sanctificetur fons iste ex eo renascentibus in uitam aeternam. In nomine patris et filii et spiritus sancti.

Commiscesque chrisma cum aqua aspergens tam super fontem quam super circumstantes. Qui autem uoluerit, accipiat tunc de ipsa aqua ad spargendum[2]*) in domo. Et eo tenente infantem a quo suscipiendus est interroget sacerdos ita:*

Quis uocaris? *Ille.*

Credis in deum patrem omnipotentem [fol. 228] creatorem caeli et terrae? Credo.

[C]redis et in Iesum Christum filium eius unicum dominum nostrum natum et passum? Credo.

Credis et in spiritum sanctum, sanctam aecclesiam catholicam, sanctorum communionem, remissionem peccatorum, carnis resurrectionem et uitam aeternam? Credo.

Uis baptizari? Uolo.

2711   *Deinde baptizet sacerdos sub trina mersione tantum sanctam trinitatem semel inuocans ita dicens:* Et ego te baptizo in nomine patris *et mergit semel* et filii *et mergit iterum* et spiritus sancti *et*

---

[1]) Hs.: depont. — [2]) Hs.: adspergendum.

*mergit tertio. Ut autem surrexerint a fonte, faciat presbiter signum
crucis de chrisma[te] cum pollice in uertice eius dicens orationem hanc:*
Deus omnipotens, pater domini nostri Iesu Christi, qui te rege- 2712
nerauit ex aqua et spiritu sancto quique dedit tibi remissionem
omnium peccatorum, ipse te linit chrismate salutis in eodem filio suo
Christo Iesu domino nostro in uitam aeternam. Amen.

Et indues eum ueste candida dicens:
Accipe uestem candidam, quam immaculatam perferas ante 2713
tribunal Christi, ut habeas uitam aeternam. Amen.

*Si uero episcopus adest, statim confirmari eum oportet chrismate
et postea communicare. Et si episcopus deest, communicetur a pres-
bitero dicente ita:*
Corpus et sanguis domini nostri Iesu Christi custodiat te in 2714
uitam aeternam.

Ad infantes consignandos.
Omnipotens sempiterne deus, qui regenerare dignatus es hos 2715
famulos et famulas tuas ex aqua et spiritu sancto quique dedisti eis
remissionem omnium peccatorum, emitte in eos septiformem spiritum
sanctum tuum paraclytum de caelis, spiritum sapientiae et intellectus,
spiritum consilii et fortitudinis, spiritum scientiae et pietatis, adimple
eos spiritu timoris tui et consigna eos signo crucis in uitam propitiatus
aeternam. P. d.

Oratio postquam communicatur.
Omnipotens sempiterne deus, qui regenerasti famulum tuum ex 2716
aqua et spiritu sancto quique dedisti ei remissionem omnium peccatorum, tribue ei et continuam sanitatem ad agnoscendam unitatis tuae
ueritatem. P. d. n.

476.
[ORDO BAPTIZANDI INFIRMUM.]
Oratio ad baptizandum infirmum.
Medelam tuam deprecor domine sancte pater omnipotens aeterne 2717
deus, qui subuenis in periculis, qui temperas flagella dum uerberas.
Te ergo domine supplices deprecamur, ut hunc famulum tuum eruas
ab hac ualitudine, ut non preualeat inimicus usque ad animae temptationem; sicut in Iob terminum ei pone, ne inimicus de anima ista
sine redemptione baptismatis incipiat triumphare. Erige eum egritudinis languore depressum et omnem sensum eius dignare tuis

uisitationibus refouere, quatenus adoptionem tuam possit cum gaudio sanitatis percipere. Expelle itaque ab eo cuncta contrariae ualitudinis tela, ut ad gratiam tuam gratanter occurrat. Differ domine exitum mortis et spatium uite extende; releua quem perducas ad gratiam baptismi tui, quem redimere gloriaris, ut baptismus[1]) sit in illo palma non mortis et gloriosum semper baiulet quod accepit signaculum crucis. Per. qui uenturus.

Benedictio aquae ad baptizandum infirmum, postquam catecizatus fuerit.

2718   Exaudi nos omnipotens deus et in huius aquae substantiam tuam immisce uirtutem, ut[2]) abluendus per eam et sanitate[m] simul et uitam mereatur aeternam. P.

2719   *Alia.* Exorzizo hanc creaturam aquae [fol. 229] in nomine domini nostri Iesu Christi et sancti spiritus, et si quod fantasma, si qua uirtus inimici, si qua incursio diaboli, eradicetur et effugetur ab hac creatura aquae, ut fiat fons saliens in uitam aeternam. Et cum in ea baptizatus fuerit hic famulus domini, fiat templum dei uiui in remissionem omnium peccatorum. In nomine eiusdem domini nostri Iesu Christi qui uenturus.

Baptizas eum et linis de chrismate in uertice et dicis taliter:

2720   Baptizo te in nomine patris et filii et spiritus sancti.

Postea tangis eum de chrismate in capite et dicis orationem hanc:

2721   Deus omnipotens pater domini nostri Iesu Christi, qui te regenerauit. *Ut supra.*

Deinde chrismario capiti imposito dicis[3]):

2722   Accipe uestem candidam. *Ut supra.*

Communicas et confirmas eum.

2723   Omnipotens sempiterne deus, qui regenerasti. *Ut supra.*

477.
AD CATECIZANDUM PAGANUM.

Gentilem hominem cum susceperis, inprimis catecizes eum diuinis sermonibus et des ei monita quemadmodum post cognitam ueritatem uiuere debeat. Post haec facias eum catecuminum et exsuffles in faciem eius et facias ei crucem in fronte, impones manum super caput eius his uerbis dicens:

---
[1]) Hs.: baptismi. — [2]) Hs.: et. — [3]) Hs.: dicit.

Accipe signum crucis tam in fronte quam in corde, sume fidem 2724
caelestium preceptorum, talis esto moribus, ut templum dei iam esse
possis, ingressusque aecclesiam dei euasisse te laqueos mortis letus
agnosce; horresce idola, respue simulacra, cole deum patrem omnipotentem et Iesum Christum filium eius. Qui uiuit cum patre et cum
spiritu sancto.

Sequitur oratio. Te deprecor domine sancte pater omnipotens 2725
aeterne deus, ut huic famulo tuo, qui in seculi huius nocte uagatur
incertus et dubius, uia[m] ueritatis et agnitionis tuae iubeas demon-
strari, quatenus reseratis oculis cordis sui te unum deum patrem in
filio et filium in patre cum sancto spiritu recognoscat atque huius
confessionis fructum et hic et in futuro seculo percipere mereatur. P. d.

*Inde postquam gustauerit medicinam salis et ipse se signauerit,
benedicas eum.*

Domine sancte pater omnipotens aeterne deus, qui es et qui eras 2726
et permanes usque in finem, cuius origo nescitur nec finis comprehendi
potest, te domine supplices inuocamus super hunc famulum tuum,
quem liberasti de errore gentilium et conuersatione turpissima: dignare
exaudire eum, qui tibi ceruices suas humiliat; perueniat ad lauacri
fontem, ut renatus ex aqua et spiritu sancto expoliatus ueterem
hominem induatur nouum qui secundum deum creatus est; accipiat
uestem incorruptam et immaculatam tibique domino deo nostro seruire
mereatur. P. d. n.

478.
BENEDICTIO CRUCIS.

Benedic domine hanc crucem tuam per quam eripuisti mundum 2727
a potestate daemonum et superasti passione tua suggestorem peccati,
qui gaudebat in preuaricatione primi hominis, in reparatione secundi
tristis efficiebatur et amisit per lignum crucis tuae, quos seductos
habuit per lignum uetitum. Sanctifica domine signaculum istud crucis
tuae, ut sit inimicis tuis obstaculum et credentibus in te refugii
uexillum. Qui cum patre.

Alia. Rogamus te domine sancte pater omnipotens aeterne deus, 2728
ut digneris benedicere hoc lignum crucis tuae, ut sit remedium salutare generi humano, sit soliditas fidei, profectus bonorum, remedium
animarum, protectio ac tutela contra seua iacula inimici. P.

2729 *Alia.* Domine Iesu Christe, salus immortalitatis, rex angelorum, uia ueritas et uita credentibus in te, qui pro salute totius mundi descendisti ad terram et in crucem ascendisti suspensusque in ligno pro nostra salute et pro sanitate omnium gentium et pro restauratione [fol. 230] humani generis, hoc tu domine sponte, non inuitus suscepisti; hoc enim signum crucis tuae quo nos redemisti portamus tam in fronte quam in corde contra astutiam inimici, uexillum fidei et ueritatis ad nostram aeternam salutem. Amen.

2730 *Alia.* Proinde rogamus te domine suppliciter inuocantes, ut signum istud sanctae crucis sit salus credentibus in te per passionem crucis tuae et per signum sanctitatis tuae: signum dei uiui, signum salutis, signum beatae trinitatis, signum caelestis gloriae, signum saluationis Iesu Christi domini. Hoc est crux saluatoris Christi, crux patriarcharum, crux prophetarum, crux apostolorum sanctorum, crux martyrum Christi, crux aecclesiae dei, crux omnium credentium in sanctam et perfectam trinitatem. Amen.

2731 *Alia.* Te[1]) domine quesumus, qui das animas ad salutem per signum crucis tuae, ut in locis ac domibus ubi crux ista fixa maneat fugentur doemones et immundi spiritus ac pestifer expellatur inimicus; morbisque careant et immundiciis, ac omnes aduersae potestates cognitione tua depulsae, et uirtute benedictionis tuae sit benedicta[2]) et sanctificata et mundata digniter, ut in quocumque loco crux ista maneat, in tuo nomine omnes terrores meridiani atque nocturni et omnes terrores liuoresque serpentis excludantur, abscedantque insidiae inimici et fantasme peribunt. P.

2732 *Alia.* Deus qui beate crucis patibulum quod prius erat scelestis ad poenam conuertisti redemptis ad uitam, concede plebi tuae eius uallari presidio, cuius est armata uexillo; sit ei crux fidei fundamentum, spei suffragium in aduersis; sit ei in hoste uictoria, in ciuitate custodia, in campis protectio, in domo fultura, ut pastor in futuro gregem seruet incolumem, que nobis a agno uincente(m) conuersa est in salutem. P.

2733 *Alia.* Sanctifica domine istud lignum in nomine patris et filii et spiritus sancti; et benedictio illius ligni sit in loco isto, in quo sancta membra saluatoris suspensa sunt, ut orantes inclinantesque se propter dominum ante istam crucem inueniant sanitatem. Per eundem dominum.

---

[1]) Hs.: Tu. — [2]) Hs.: benedictum.

479.

BENEDICTIO CRUCIS EX METALLO PRAEPARATAE.

Deus gloriae excelse sabaoth, fortissime emmanuel deus, pater 2734
ueritatis, pater sapientiae, pater beatitudinis et pulchritudinis, pater
illuminationis atque uigilationis nostrae, qui mundum regis, qui cuncta
regna disponis, qui es bonorum collator munerum et bonorum omnium
attributor, cui omnes gentes populi tribus et linguae seruiunt, cui
omnis angelorum legio famulatur, qui largiris famulis tuis fidem et
laudem nominis tui, ut debita tibi oblata persoluant, cui prius fides
offerentium complacet, deinde sanctificatur oblatio: quesumus exora-
bilem misericordiae tuae pietatem, ut sanctifices tibi atque hoc signum
crucis consecres, quod tota mentis deuotione famulis tuis religiosa
fides construxit, tropaeum scilicet uictoriae tuae ac redemptionis
nostrae, quod in amore Christi triumphali gloria consecrauit; aspice
hoc signum crucis insuperabile, quo(d) diaboli est exinanita potestas,
mortalium restituta libertas. Licet fuerit aliquando in poenam, sed
nunc uersa est in honorem per gratiam, et quae quondam reos puniebat
supplicio, nunc innoxios absoluit a debito. Et tibi quid per hoc
placere potuit, nisi id per quod tibi placuit nos redimere? Nullum
tibi dilectum amplius munus est, quam quod tibi tunc corporis dedicauit affixio; nec tibi est magis familiaris oblatio, quam quae fami-
liari manuum tuarum extensione sacrata est. Illis ergo manibus hanc
crucem accipe, quibus illam amplexus es, et de sanctitate illius hanc
sanctifica, [fol. 231] ac sicuti per illam mundus expiatus est a reatu,
ita offerentium famulorum tuorum animae deuotissime huius crucis
merito et obsecrationibus huius sancti martyris tui N., cuius reliquiae
in presenti aecclesia continentur, omni careant perpetrato peccato et
tuae uerae crucis [signo] optecta[e] enitescant successibus assiduis trium-
phorum. Radiet hic unigeniti tui filii splendor diuinitatis in auro,
emicet gloria passionis eius in ligno, in cruore rutilet nostrae mortis
redemptio, in splendore christalli nostrae uitae purificatio. Sit suorum
protectio, spei certa fiducia, eos simul cum gente et plebe fide confirmet, spe et pace consociet, augeat triumphis, amplificet in seculis;
proficiat eis ad perpetuitatem temporis, ad uitam aeternitatis, ut eos
temporali florentes gloria muniat, ad perpetuam redemptos coronam
et ad regna celestia potenti uirtute perducat. Presta per propitiationem
sanguinis eius, per ipsum datorem, qui se ipsum dedit redemptionem
pro multis, qui se hostiam pro delictis offerre dignatus est, qui

exaltatus in ligno crucis sue principatus et potestates humiliauit, qui tecum siderio considet throno indissolubili con[n]exione spiritus sancti per infinita secula seculorum. Amen.

480.
BENEDICTIO CEREI IN PURIFICATIONE SANCTAE MARIAE.

2735   Omnipotens sempiterne deus, qui hodierna die unigenitum tuum ulnis Symeonis in templo sancto tuo suscipiendum presentasti, tuam supplices deprecamur clementiam, ut hos caereos, quos nos tui famuli in tui nominis magnificentia suscipientes gestare cupimus, luce accensos benedicere et sanctificare atque lumine superne benedictionis accendere digneris, quatinus eos tibi domino deo nostro offerendo digni et sancti igne tuae caritatis dulcissime succensi in templo sancto gloriae tuae representari mereamur. Per eundem d. n. I. Chr.

481.
BENEDICTIO FRONDIUM SIUE FLORUM IN PALMIS.

2736   Omnipotens deus Christe, mundi creator et redemptor, qui nostrae liberationis et saluationis gratia a summa caeli arce descendere, carnem sumere et passionem subire dignatus es, quique sponte propria loco eiusdem propinquans passionis a turbis cum ramis palmarum obuiantibus benedici laudari et rex benedictus in nomine domini ueniens elata uoce appellari uoluisti, tu nunc nostrae laudationis confessionem acceptare et hos frondium ac florum ramos benedicere et sanctificare digneris, ut quicumque in tuae seruitutis obsequio exinde aliquid tulerit, celesti benedictione sanctificetur, remissionem peccatorum et uitae aeternae premia percipere mereatur. Per te saluator mundi qui uiuis et regnas.

482.
ORATIO AD CAPILLOS INFANTIBUS TONDENDOS.

2737   Christe Iesu saluator domine deus omnipotens, prestitor clemens pius misericors terribilis laudabilis, innocens et innocentiae amator, humilis et humilitatis assumptor, mansuetus et mansuetudinis inhabitator, qui uenientibus ad te paruulis manus tuae benedictionis imponens talium dixisti esse regnum caelorum: benedic hunc paruulum, cui in tuo nomine initia incidimus capillorum; tu ei domine intellectum cum aetatis augmento largire, ut te sapiat, te intellegat et tua mandata custodiat et usque ad canos summamque perueniat senectutem. Per te saluator, qui cum patre.

483.
AD PUEROS TONDENDOS.

Omnipotens sempiterne deus, respice propitius super hunc famulum 2738 tuum *ill.*, quem ad nouam tondendi gratiam uocare dignatus es, tribuens ei remissionem omnium peccatorum atque ad celestium donorum peruenire consortium. P.

Alia. Domine Iesu Christe qui es caput nostrum et corona 2739 omnium sanctorum, respice quesumus super infantiam famuli tui *ill.*, [fol. 232] qui in tuo nomine sua celebrat uota et capillos capitis sui tonsorat, ut per huius benedictionis copiam ad iuuenilem uenire mereatur aetatem, congaudeat ad futuram gloriam dum saluandus peruenerit. Te donante qui cum patre.

Alia. Benedic domine hunc famulum tuum *ill.* nostri oris allo- 2740 quio et eum tuo locupleta dono, ut fideli uita consecratus et semper tuo adiutorio floreat uitamque suam honestissime ducat et semper in mandatis tuis persistat. P.

484.
AD BARBAM TONDENDAM.

Deus cuius spiritu creatura omnis adulta congaudet, preces nostras 2741 super hunc famulum tuum *ill.* iuuenilis aetatis decore laetantem et primis auspiciis adtondendum exaudi, ut in omnibus protectionis tuae munitus auxilio aeuoque longiori prouectus celestem benedictionem accipiat et presentis uitae presidiis gaudeat et futurae. P.

485.
ORATIO AD CLERICUM FACIENDUM.

Oremus dilectissimi fratres dominum nostrum Iesum Christum 2742 pro hoc famulo suo *ill.*, qui ad deponendam comam capitis sui pro eius amore festinat, ut donet ei spiritum sanctum, qui habitum reli- gionis in eo perpetuum conseruet et a mundi impedimento uel seculari desiderio cor eius defendat, ut sicut immutatur in uultu, ita manus dexterae eius ei uirtutis tribuat incrementa et ab omni caecitate spiritali oculos eius aperiat et lumen ei aeternae gratiae concedat. Per. qui tecum.

2743 *Alia.* Adesto domine supplicationibus nostris et hunc famulum tuum benedicere dignare, cui in tuo sancto nomine habitum sacrae religionis imponimus, ut te largiente et deuotus in aecclesia persistere uitamque percipere mereatur aeternam in corde. P. d.

2744 *Alia.* Omnipotens sempiterne deus, propitiare peccatis nostris et ab omni seruitute secularis habitus hunc famulum tuum *ill.* emunda, ut dum ignominiam deponit, tua semper in aeuum perfruatur gratia, et sicut similitudinem corone tuae gestare facimus in capite, sic tua uirtute hereditatem subsequi mereatur aeternam. P.

Antiphona. Tu es domine qui resti[tues] mihi hereditatem meam [Ps. 15, 5]. ℣ Dominus pars hereditatis meae et calicis mei [Ps. 15, 5]. *Item ant.* Tu es domine *et* Gloria *usque in finem. Item ant.* Hic accipiet benedictionem a domino et misericordiam a deo salutari suo [Ps. 23, 5]. *Item* Gloria. *Item ant.* Hic accipiet.

2745 *Oratio post tonsura[m].* Presta quesumus omnipotens deus, ut famulus tuus *ill.*, cuius hodie comam capitis pro amore diuino deposuimus, in tua dilectione perpetua maneat et eum sine macula in sempiternum custodias. P.

486.
ORATIO CUM IN ALIQUOD OPUS ORDINANTUR MONACHI.

2746 Tuam clementissime pater omnipotentiam supplices deprecamur, ut infundere digneris super hunc famulum tuum *ill.*, quem tuo seruorumque tuorum seruitio mancipamus, spiritum sapientiae et intellegentiae discretionisque gratiam ei concedere digneris. Dona ei in hac domo tua ita agere, ut iniunctum sibi temporale officium digne administret et ut tibi placere ualeat et utilitatem seruorum tuorum te auxiliante perfectissime expleat, propter quod et hic et in futuro seculo mercedem laboris sui in consortio sanctorum tuorum a te piissimo largitore percipiat. P.

487.
ORATIO CUM EXPLETO OPERE ABSOLUITUR.

2747 Domine Iesu Christe, qui pie seruientibus tibi munificus retributor et clemens largitor existis, huic famulo tuo *ill.*, qui in hac domo tua hucusque fideliter laborauit et tibi seruisque tuis oboediendo iniunctum sibi te auxiliante administrauit officium, pro laboribus suis solita benignitate responde et pius remunerator appare et presta, ut in hac

domo tua iugiter permaneat et mercedem laboris sui et hic et in
retributione iustorum a te percipiat largitore omnium bonorum. Qui
cum patre.

488.
ORATIO SUPER [f. 233] UIRGINES, QUANDO UESTEM MUTANT.

Deus aeternorum bonorum fidelissime promissor, certissime per- 2748
solutor, qui uestimentum salutare et indumentum iocunditatis tuis
fidelibus promisisti, clementiam tuam suppliciter exoramus, ut haec
indumenta humilitatem cordis et contemptum mundi significantia,
quibus famulae tuae sancto uisibiliter sunt informandae proposito,
propitius benedicas, ut beatae castitatis habitum quem te inspirante
suscipiunt te protegente custodiant, et quas uestibus uenerandae promissionis induis temporaliter, beata facias immortalitate uestiri. P.

Alia. Te inuocamus domine sancte pater omnipotens aeterne 2749
deus super has famulas tuas, quae tibi uolunt seruire puris mentibus
mundoque corde, ut eas sociare digneris inter illa centum quadraginta
quattuor milia infantum, qui uirgines permanserunt et se cum mulieribus
non coinquinauerunt, in quorum ore dolus non est inuentus: ita has
famulas tuas facias permanere immaculatas usque in finem per immaculatum Iesum Christum dominum nostrum cum quo uiuis et regnas.

Ad missam.

Da quesumus domine famulabus tuis, quas uirginitatis honore 2750
dignatus es decorare, inchoati operis consummatum effectum, ut perfectam tibi offerant plenitudinem et initia sua perducere mereantur
ad finem. P.

Super oblata. Oblatis hostiis domine quesumus presentibus 2751
famulabus tuis perseuerantiam perpetuae uirginitatis accommoda, ut
apertis ianuis summi regis aduentum cum laetitia mereantur intrare. P.

Infra actionem. Hanc igitur oblationem famularum tuarum, 2752
quam tibi offerimus ob diem natalis earum quo eas sacro uelamine
protegere dignatus es, quesumus domine placatus accipias; pro quibus
maiestati tuae supplices fundimus preces, ut in numerum sanctarum
uirginum transire praecipias, ut tibi sponso uenienti cum lampade
suo inextinguibili possint occurrere atque intra regna caelestia clausae
gratias tibi referant choris sanctarum uirginum sociatae. Diesque
nostros.

Consecratio, antequam dicatur: Per quem haec omnia.

2753   Deus castorum corporum benignus habitator et incorruptarum amator animarum, deus qui humanam substantiam in primis hominibus diabolica fraude uitiatam ita in uerbo tuo per quod omnia facta sunt reparas, ut eam non solum ad primae originis innocentiam reuoces, sed etiam ad experientiam bonorum quae in nouo seculo sunt habenda perducas et obstrictos adhuc conditione mortalium iam ad similitudinem prouehas [angelorum; respice domine super has] famulas tuas, [quae] in manu tua continentiae suae propositum collocantes tibi deuotionem suam offerunt, a quo ipsa uota sumpserunt. Quando enim animus mortali carne circumdatus legem naturae, libertatem licentiae, uim consuetudinis et stimulum aetatis euinceret, nisi tu hanc flammam uirginitatis accenderes, tu hanc cupiditatem in earum corde benignus aleres, tu fortitudinem ministrares? Effusa namque in omnes gentes gratia tua ex omni natione quae est sub caelo in stellarum innumerabilem numerum noui testamenti heredibus adoptatis, inter caeteras uirtutes, quas filiis tuis non ex sanguinibus neque ex uoluptate carnis, sed de tuo spiritu genitis indidisti, etiam hoc donum in quorundam mentes de largitatis tuae fonte defluxit, ut cum honorem nuptiarum nulla interdicta minuissent ac super coniugalem copulam tua benedictio permaneret, existerent tamen sublimiores animae, quae non hoc concupiscerent quod habet mortale connubium, sed hoc eligerent quod promittit diuinum Christi aecclesiae sacramentum. Agnouit auctorem suum beata uirginitas et aemula integritatis angelicae [fol. 234] illius thalamo, illius cubiculo se deuouit, qui sic perpetuae uirginitatis est sponsus, quemadmodum perpetuae uirginitatis est filius. Implorantibus ergo auxilium tuum domine et confirmari se benedictionis tuae consecratione cupientibus da protectionis tuae munimen et regimen, ne hostis antiquus, qui excellentiora studia subtilioribus infestat insidiis, ad obscurandam perfecte continentiae palmam per aliquam serpat mentis incuriam et rapiat de proposito uirginum, quod etiam moribus decet inesse nuptiarum. Sit in eis domine per donum spiritus tui prudens modestia, et quod sunt professe, custodiant scrutatori pectorum non corpore placiturae sed mente. Transeant in numerum sapientium puellarum, ut celestem sponsum accensis lampadibus cum oleo preparationis expectent nec turbate improuisi regis aduentu, secuturae cum lumine ut precedentium choro iungantur occurrant, nec excludantur cum stultis, sed regularem ianuam cum sapientibus uirginibus licenter introeant et in agni tui perpetuo comitatu probabiles mansura castitate permaneant. Per quem haec omnia.

Ad complendum. Respice domine famulae tuae debitam serui- 2754 tutem, ut inter humanae fragilitatis incerta nullis aduersitatibus opprimatur, quae de tua protectione confidit. P.

489.
ORATIO AD UELANDAM UIDUAM, QUANDO FUERIT CASTITATEM PROFESSA.

Consolare domine hanc famulam tuam uiduitatis merore con- 2755 strictam, sicut consolari dignatus es sarapthenam uiduam per Heliam prophetam; concede ei propitius pudicitiae fructum, ut antiquarum non meminerit uoluptatum; nesciat etiam incentiua desideria, ut soli tibi subdat propria colla, quo possit pro laboribus tantis sexagesimum granum percipere, munus delectabile sanctitatis. P.

Ad missam.

Deus, castitatis amator et continentiae conseruator, supplicationem 2756 nostram benignus exaudi et hanc famulam tuam *ill.* propitius intuere,[1] ut quae pro timore tuo continentiae pudicitiam uouit, tuo auxilio conseruetur, ut sexagesimum fructum continentiae et uitam aeternam te largiente percipiat. P.

Alia. Da quesumus omnipotens deus, ut haec famula tua, quae 2757 pro spe retributionis promissi muneris se tibi desiderat consecrari, plena fide animoque permaneat; tribue ei pro operibus gloriam, pro pudore reuerentiam, pro pudicitia sanctitatem, ut ad meritum possit gloriae peruenire. P. d.

Super oblata. Munera quesumus domine famulae tuae *ill.* con- 2758 secratae, quae tibi consecrationem sui corporis offert, simul et ad eius animae medelam proficiant. P.

Ad complendum. Bonorum operum institutor, famulae tuae *ill.* 2759 cor purifica, ut nihil in ea quod punire sed quod coronare possis inuenias. P.

490.
MISSA IN NATALE ANCILLARUM DEI

Preces famule tuae *ill.* quesumus domine benignus exaudi, ut 2760 assumptam castitatis gratiam te auxiliante custodiat. P.

---

[1] Hs.: induere.

2761   *Super oblata.* Uotiuis quesumus domine famulae tuae *ill.* adesto muneribus, ut te custode seruata hereditatem benedictionis aeternae percipiat. P. d.

2762   *Infra actionem.* Hanc igitur oblationem. *Ut supra in consecratione uirginis.*

2763   *Ad complendum.* Deus qui habitaculum tuum in corde pudico fundasti, respice super hanc famulam tuam *ill.*, et quae castigationibus assiduis postulat, tua consolatione percipiat. P.

491.
BENEDICTIO SALIS ET AQUAE AD [f. 235] SPARGENDUM IN DOMO.

2764   Presta domine tuum salubre remedium per sanctam benedictionem tuam, qua hanc creaturam salis benedicimus, ut ubicumque intercesserit, ad animae et corporis proficiat sanitatem. Per. qui uenturus.

2765   *Benedictio aquae.* Exorcizo te creatura aquae in nomine dei patris omnipotentis et in nomine Iesu Christi filii eius et spiritus sancti: omnis uirtus aduersarii, omnis incursio diaboli, omne fantasma, omnis inimici potestas eradicare et effugare ab hac creatura aquae. Unde exorcizo te creatura aquae per deum uiuum, per deum uerum, per deum sanctum et per dominum nostrum Iesum Christum, ut efficiaris aqua sancta, aqua benedicta, ut ubicumque effusa fueris uel sparsa, siue in domo, siue in agro, effuges omnem fantasiam, omnem inimici potestatem, et spiritus sanctus habitet in illo loco. P. d. n. I. Chr. filium tuum qui uenturus est iudicare uiuos et mortuos et seculum per ignem.

2766   *Benedictio salis et aquae pariter.* Deus pater omnipotens, instaurator et conditor omnium elementorum, qui per Christum Iesum filium tuum hanc creaturam spiritum creantem ius[s]isti, te deprecamur domine, uti hanc creaturam salis et aquae benedicere digneris, ut ubicumque aspersa fuerint, omnis spiritus inmundus ab eo loco confusus et increpatus effugiat nec ulterius in eo loco habeat potestatem commorandi. Per. qui uenturus.

2767   *Quando aqua spargitur.* Presta domine per hanc creaturam aspersionis sanitatem mentis, integritatem corporis, tutelam salutis, securitatem spei, corroborationem fidei, hic et in aeterna s. s. Amen.

492.
BENEDICTIO DOMUS NOUAE.

Aeternum atque omnipotentem deum unanimiter orantes petamus 2768
pro hac domo atque omnibus inhabitantibus in ea, uti eis dominus
angelum pacis, angelum lucis, angelum defensionis assignare dignetur;
tutos eos defensosque prestet; augeat eis a rore caeli pinguedinem
terrae frumenti uini et olei; pacem sanitatem laetitiam benignitatem
ab homine usque ad pecus prestare dignetur. Per. qui uiuit et
regnat in s. s.

Alia oratio. Oremus pro hac domo et domino huius domus, ut 2769
eum dominus in bonis laetificet digneturque ei tribuere a rore caeli
desursum et a fertilitate terrae habundantiam uitae; desideriis eius
suas miserationes inmisceat et introitu nostro hanc domum benedicere
dignetur, atque in his parietibus angelus pacis ac benedictionis inha-
bitet, qui custodiat ac defendat omnes inhabitantes in eis. Per.
qui uiuit.

Alia. Protector in te sperantium deus et subditarum tibi mentium 2770
custos, habitantibus in hac domo famulis tuis adesse dignare: ueniat
super eos sperate a te benedictionis ubertas, ut pietatis tuae repleti
muneribus exultent. P.

Alia. Omnipotens sempiterne deus, insere te officiis nostris et 2771
in hac manentibus domo presentiae tuae concede custodiam, ut familiae
tuae defensor ac totius habitaculi huius habitator appareas. P.

Alia. Suscipe domine preces famulorum tuorum *ill.* et muro 2772
custodiae tuae eorum domum circumda, ut omni aduersitate depulsa
sit hoc semper domicilium incolumitatis et pacis. P.

Item alia oratio. Protector fidelium deus et subditarum tibi 2773
mentium frequentator, habitantibus in hac domo famulis tuis propitius
adesse dignare, ut quos nos humana uisitamus sollicitudine, tu diuina
munias potestate. P.

493.
BENEDICTIO IGNIS UEL LUMINIS.

Deus pater omnipotens, exaudi nos, lumen indeficiens; tu es 2774
sancte conditor omnium luminum; benedic domine hoc lumen quod
a te sanctificatum et benedictum est; tu illuminasti omnem mundum,
ab eo lumine accendimur [fol. 236] et illuminamur igni claritatis tuae;

igne ergo quo illuminasti Moysen illumina quesumus corda et sensus nostros, ut ad uitam aeternam peruenire mereamur. P.

2775 *Alia.* Rogamus te domine deus omnipotens, ut digneris benedicere hunc ignem, ne impediat domum hanc in qua accenditur. P.

494.
BENEDICTIO NOUARUM ARBORUM.

2776 Deus qui haec arboris poma tua iussione et prouidentia progenita esse uoluisti, nunc etiam eadem benedicere et sanctificare digneris precamur, ut quicumque ex eis sumpserint, incolumes esse ualeant. P.

2777 *Alia.* Benedic domine hunc fructum nouarum arborum, ut hi qui utuntur ex eo sint sanctificati. P.

495.
BENEDICTIO POMORUM.

2778 Te deprecamur omnipotens aeterne deus, ut benedicas hunc fructum nouum pomorum, ut qui aesu interdictae arboris loetalis pomi in protoparente iuste funeris sententia multati sumus, per illustrationem unici filii tui redemptoris nostri Iesu Christi et spiritus sancti sanctificata omnia atque benedicta depulsis atque abiectis uetusti hostis atque primi facinoris incentoris insidiis salubriter ex hac die de uniuersis terrae edendis germinibus sumamus. P.

496.
BENEDICTIO NOUARUM FRUGUM.

2779 Oramus pietatem tuam omnipotens deus, ut has primitias creaturae tuae, quas aeris et pluuiae temperamento nutrire dignatus es, benedictionis tuae imbre perfundas et fructus terrae tuae usque ad maturitatem perducas, tribuasque populo tuo de tuis muneribus tibi gratias agere, ut a fertilitate terrae esurientium animas bonis affluentibus repleas et egenus et pauper laudent nomen gloriae tuae. P. d. n.

2780 *Alia.* Domine sancte pater omnipotens aeterne deus, qui caelum et terram, mare et omnia creasti, te supplices quesumus, ut hunc fructum nouum benedicere et sanctificare digneris et multiplicare abundanter famulorum tibi offerentium dona, ut repleas eorum cellaria cum fortitudine frumenti et uini laetantesque in eis tibi deo omnipotenti laudes et gratias referant. P.

497.
BENEDICTIO PANIS NOUI.

Benedic domine creaturam istam panis noui, sicut benedixisti 2781
quinque panes in deserto, ut sit dominis eiusdem abundans in annum
alimentum gustantesque ex eo accipiant tam corporis quam animae
sanitatem. P. d. n.

Alia. Benedic domine hos panes, quos tibi offerunt familiae 2782
tuae de primitiis mensium suarum, ut sint eis abundantes in escam
et diabolus non habeat potestatem nocendi, sed omnem placidam
saturitatem eis prestare digneris. P. d. n.

498.
BENEDICTIO PANIS COTIDIANI AD[1]) DANDUM INFIRMIS QUI FANTASIAM PATIUNTUR.

Domine sancte pater omnipotens aeterne deus, benedicere digneris 2783
hunc panem tua sancta et spiritali benedictione, ut sit omnibus
cum fide et reuerentia ac gratiarum actione sumentibus salus mentis
et corporis et contra omnes morbos atque uniuersas cunctorum
inimicorum insidias tutamentum per dominum nostrum Iesum Christum
filium tuum, panem uitae qui de celo descendit, qui dat uitam ac
salutem mundo et tecum uiuit et regnat deus in unitate spiritus
sancti per omnia s. s.

499.
BENDICTIO UUAE UEL FABAE.

Benedic domine hos fructus nouos uuae siue fabae, quos tu 2784
domine rore caeli et inundantia pluuiarum et temporum serenitate
atque tranquillitate ad maturitatem perducere dignatus es ad percipiendum nobis cum gratiarum actione in nomine domini nostri Iesu
Christi, qui tecum et cum spiritu sancto uiuit et regnat.

500.
BENEDICTIO IN CAMPO.

Benedicat nos deus deus noster, benedicat nos deus et terrae 2785
nostrae fructus uberes multiplicet, ut seminantes in gaudio seminent [2])
et metentes in exultatione [fol. 237] colligant [3]) manipulos et te
semper benedicant. P.

---

[1]) Hs.: ET. — [2]) Hs.: seminant. — [3]) Hs.: colligent.

2786   *Alia.* Quesumus omnipotens deus misericordiam tuam, ut benedicere digneris et multiplicare fines et fruges famulorum tuorum,
sicut multiplicasti fruges patriarcharum Abrahae Isaac et Iacob; et
sint serui tui abundantes donis tuis, ut egenus et pauper laudent
nomen gloriae tuae. P.

2787   *Alia.* Deus caeli terraeque dominator, te supplices exoramus,
ut digneris mittere angelum tuum, qui custodiat et defendat fines et
fruges famulorum tuorum ab omni incursione inimici, ut abundantia
benedictionis tuae repleas eorum inopiam et tibi semper laudes referant, ut hic et in aeternum salui esse mereantur. P.

501.
BENEDICTIO UINI.

2788   Omnipotens domine Iesu Christe, qui ex quinque panibus et duobus
piscibus quinque milia hominum satiasti et in Cana Galileae ex aqua
uinum fecisti, qui es uitis uera: multiplica super seruos tuos misericordiam pietatis, quemadmodum fecisti cum patribus nostris in tua
misericordia sperantibus, uti benedicere et sanctificare digneris hanc
creaturam uini quam ad seruorum tuorum subsidium tribuisti, quatenus
ubicumque ex hac creatura fuerit fusum uel a quolibet potatum, diuinae
benedictionis tuae opulentia repleatur, quo accipientibus ex ea cum
gratiarum actione sanctificetur in uisceribus eorum. Per te Iesu
Christe qui cum patre.

502.
BENEDICTIO PUTEI NOUI.

2789   Benedic quesumus omnipotens deus hanc cisternam aquae, in qua
exhiatum terrae interiora per spicula profluentem laticem inundare
iussisti, ut fugata ab ea cuncta diabolica machinatione quisquis ex ea
gustauerit tibi immensas referat gratiarum actiones. P.

503.
BENEDICTIO PUTEI.

2790   Deprecamur domine clementiam pietatis tuae, ut aquam putei
huius caelesti benedictione sanctifices et ad commune[m] uitam concedas salubrem atque ex eo effugare digneris omnem diabolicae temp-
tationis incursum, ut quicumque ex eo abhinc hauserit biberitue uel
in quibuslibet necessariis usibus haustum fuerit, totius uirtutis ac sani-

tatis dulcedine perfruatur, ut tibi semper sanctificatori et saluatori omnium domino gratias agere mereatur. P.

504.
BENEDICTIO FONTIS UBI ALIQUA NEGLEGENTIA CONTIGIT.

Domine sancte pater omnipotens aeterne deus, qui per inuisibili- 2791 tatis tue potentiam has aquas ex nihilo conditas in huius materiae forma uisibiles prebuisti atque ex abditis inuestigabilibus concauam per abyssi magnitudinem largitatis tuae gratia humanis usibus fluenta fontibus influxisti, te tui famuli supplices exoramus, uti has aquas, quas neglegentia polluit, sancti spiritus tui gratia ad munditiam reuocet atque purificet et spiritus callidi hostis abscedat ac deinceps sanctificatas familiae tuae potabiles tribuas, ut et potantium mundent corpora cordaque sanctificent. P.

505.
BENEDICTIO SUPER UASA IN ANTIQUIS LOCIS REPERTA.

Omnipotens sempiterne deus, insere te officiis nostris et haec 2792 uascula arte fabricata gentilium sublimitatis tuae potentia ita emundare digneris, ut omni immunditia depulsa sint fidelium tuorum tempore pacis atque tranquillitatis usibus apta. P.

Alia. Domine deus omnipotens, (qui) largitate tua immensa te 2793 quesumus, presentia ministeria sint dono tuae gratiae sanctificata, et quotiens fuerint tuis repleta donis, tua super ipsa ad tuis seruulis opulentiam gloria sit laudabilis. P.

Alia. Deus qui aduentu filii tui domini nostri omnia tuis mundasti 2794 fidelibus, adesto propitius inuocationibus nostris et haec uascula tuae indulgentiae emunda largitate.

506.
PRO QUIBUSLIBET UASIS.

Protector fidelium deus, subditorum tibi pectorum habitator, 2795 [fol. 238] quesumus, ut serenis oculis tuae pietatis haec uascula ita illustrare digneris, ut descendat [super] ea gratiae tuae benedictio larga, ut cum salubritate utentibus eis ipsi[s] per gratiam tuam tua mereantur uasa effici munda; et licet ego sim indignus tanti officii, tu clementissime domine tua dona locupletans etiam ad meam obsecrationem aurem pietatis inclina, ut procul tuo imperio hinc

24

humani generis hostis abscedat, procul diaboli fraus absistat, procul omnis pollutio nequitiac abstersa euanescat; sint libera ab omni impugnatione fantasmatica, sint prorsus benedicta atque sanctificata per cooperatorem filium tuum dominum nostrum Iesum Christum, qui tecum una cum spiritu sancto uiuit et regnat.

507.
BENEDICTIO AD OMNIA QUAE UOLUERIS.

2796   Benedic domine creaturam istam *ill.*, ut sit remedium salutare generi humano,[1]) et presta per inuocationem tui nominis, ut quicumque ex ea sumpserit, corporis sanitatem et animae tutelam percipiat. P.

508.
BENEDICTIO SALIS ET AQUAE DOM[INICIS] AC COTIDIANIS DIEBUS.

2797   Exorzizo te creatura salis per deum uiuum, per deum uerum, per deum sanctum, per deum qui te per Heliseum prophetam in aquam mitti iussit, ut sanaretur sterilitas aquae, ut efficiaris sal exorcizatum in salutem credentium et sis omnibus te sumentibus sanitas animae et corporis, ut effugiat atque discedat ab eo loco in quo aspersus fueris omnis fantasia uel uersutia diabolicae fraudis omnisque spiritus immundus adiuratus per eum qui uenturus [etc. = n. 2765].

2798   *Benedictio salis.* Immensam clementiam tuam omnipotens deus humiliter imploramus, ut hanc creaturam salis, quam in usum generis humani tribuisti, benedicere et sanctificare digneris, ut sit omnibus sumentibus salus mentis et corporis, et quicquid ex eo tactum uel respersum fuerit, careat omni immunditia omnique impugnationė spiritalis nequitiae. Per eum qui uenturus.

2799   *Exorcismus aquae.* Exorcizo te creatura aquae in nomine dei patris et in nomine Iesu Christi filii eius domini nostri, ut fias aqua exorcizata ad effugandam omnem potestatem inimici et ipsum inimicum eradicare et explantare ualeas cum angelis suis apostaticis per uirtutem eiusdem domini nostri Iesu Christi qui uenturus.

2800   *Alia.* Deus qui ad salutem generis humani maxima quaeque sacramenta in aquarum substantia condidisti, adesto inuocationibus

[1]) Hs.: humani.

nostris et elemento huic multimodis purificationibus preparato uirtutem tuae benedictionis infunde, ut creatura mysteriis tuis seruiens ad abiciendos daemones morbosque pellendos diuinae gratiae sumat effectum, ut quicquid in domibus uel in locis fidelium hec unda resperserit, careat immundicia, liberetur a noxa; non illic resideat spiritus pestilens, non aura corrumpens; abscedant omnes insidiae latentis inimici, et si quid est quod aut incolumitati habitantium inuidet aut quieti, aspersione huius aquae effugiat, ut salubritas per inuocationem tui nominis expetita ab omnibus sit impugnationibus defensa. P. d. n. I. Chr. filium tuum qui uenturus.

Hic mittatur sal in aquam.

Benedictio salis et aquae pariter.

Deus inuictae uirtutis auctor et inseparabilis imperii rex ac semper 2801 magnificus triumphator, qui aduersae dominationis uires reprimis, qui inimici rugientis seuitiam superas, qui hostiles nequitias potens expugnas, te domine trementes et supplices deprecamur ac petimus, ut hanc creaturam salis et aquae dignanter accipias, benignus illustres, pietatis tuae more sanctifices, ut ubicumque fuerit aspersa, per inuocationem tui sancti nominis omnis [fol. 239] infestatio immundi spiritus abiciatur terrorque uenenosi serpentis procul pellatur et presentia sancti spiritus nobis misericordiam tuam poscentibus ubique adesse dignetur. Per. in unitate eiusdem.

Sicque aspergatur aqua super circumstantes decantante clero hanc antiphonam:

Asperges me domine hysopo et mundabor, lauabis me et super niuem dealbabor [Ps. 50, 9].

Post aspersionem aquae oratio in aecclesia.

Omnipotens et misericors deus, qui sacerdotibus [etc. = n. 2394]. 2802

509.
[ORATIONES IN MONASTERIO.]

In introitu claustri.

Domine Iesu Christe, qui [per] introitum [tuum] portarum Hieru- 2803 salem ualuas[1]) sanctificasti, dumque splendore gemmarum duodecim totidemque apostolorum nomina presignasti et qui per organum propheticum promisisti: ‚Lauda Hierusalem dominum, quia confortauit seras portarum tuarum, benedixit filios tuos in te‘ [Ps. 147, 12 s.]: te quesumus,

[1]) Hs.: saluans.

ut ponas in omnes fines monasterii istius pacem, ut uelociter currens interius sermo tuus adipe frumenti satict seruos tuos, spiritus sanctus defendat illos, ut numquam eis nocere preualeat inimicus, sed omnes habitantes interius uoce corde et o[pe]re decantent dicentes: ‚Magnus dominus noster Iesus Christus et magna uirtus eius et sapientiae eius non est numerus' [Ps. 146, 5]. Qui uiuit et regnat cum patre et spiritu sancto.

Orationes in domo.

2804   Exaudi nos domine sancte pater omnipotens aeterne deus et mittere [etc. = n. 2395].

2805   *Alia.* Adesto domine supplicationibus nostris et hanc domum serenis oculis tuae pietatis illustra; descendat super inhabitantes in ea tua larga benedictio, ut in his manufactis habitaculis cum salubritate manentes ipsi tuum semper sint habitaculum. P.

In keminata.

2806   Omnipotens sempiterne deus, cuius sapientia hominem docuit, ut domus haec careret aliquando frigore a uicinitate ignis, te quesumus, ut omnes habitantes uel conuenientes in ea careant in corde infidelitatis frigore a feruore ignis spiritus sancti. P. d. in unitate eiusdem.

In scriptorio.

2807   Benedicere digneris domine hoc scriptorium famulorum tuorum et omnes inhabitantes in eo, ut quicquid hic diuinarum scripturarum ab eis lectum uel scriptum fuerit, sensu capiant, opere perficiant. P.

In domo scolae.

2808   Caelorum habitator deus, adesto supplicationibus nostris et hanc domum cum omnibus qui in ea habitant custodire et protegere digneris ab omnibus insidiis inimici, ut in lege tua meditantes mereantur ipsi tuum semper esse habitaculum. P.

In capitolio.

2809   Benedic domine deus omnipotens locum istum, ut sit nobis in eo sanitas sanctitas castitas uirtus uictoria et sanctimonia et humilitas et bonitas et mansuetudo et lenitas et plenitudo legis et oboedientia deo patri et filio et spiritui sancto, et sit semper benedictio super hunc locum et super omnes habitantes in eo. P.

In dormitorio.

2810   Benedic domine hoc famulorum tuorum dormitorium, qui non dormis neque dormitas, qui custodis Israel; famulos tuos in hac domo quiescente[s] post laborem custodi ab illusionibus fantasmaticis satanae; uigilantes in preceptis tuis meditentur, dormientes te per soporem sentiant et hic et ubique defensionis tuae auxilio muni-[fol. 240]antur. P.

In refectorio.

Omnipotens et misericors deus, qui famulos tuos in hac domo 2811 alis refectione carnali: cibum uel potum te benedicente cum gratiarum actione percipiant et hic et in aeternum per te salui esse mereantur, saluator mundi, qui uiuis et regnas in secula seculorum.

Orationes ante cibum.

Refice nos domine donis tuis et opulentiae tuae largitate 2812 sustenta. P.

Alia. Reficiamur domine de donis ac datis tuis et tua bene- 2813 dictione satiemur. P.

Alia. Benedic domine dona tua, quae de tua largitate sumus 2814 sumpturi. P.

[Alia.] Deus qui ad spiritales dilicias nos semper inuitas, da 2815 benedictionem super dona tua, ut ea, que in nomine tuo sunt aedenda, sanctificata percipere mereamur. P.

Orationes super mensam.

Benedicantur nobis domine tua dona, quae de tua largitate nobis 2816 ad remedium deducta sunt, qui es deus benedictus et regnas per omnia s. s.

Alia. In nomine sanctae et unicae trinitatis **quod** nobis est 2817 allatum sit benedictum. Per omnia.

Alia. Sanctae dei genitricis Mariae gloriosae et intemeratae 2818 uirginis orationibus quod nobis appositum est redemptor omnium benedicat. Qui uiuit et regnat.

Alia. Beati Petri principis apostolorum interuentionibus quae 2819 nobis ad remedium sunt prolata Christus dei filius benedicat. Qui uiuit.

Alia. Predicatoris atque doctoris gentium beati Pauli apostoli 2820 precibus **quod** nobis additum est Christus dei filius benedicat. Qui uiuit.

Alia. Sancti Andreae apostoli precibus quod nobis appositum 2821 est redemptor omnium benedicat. Qui uiuit.

2822   *Alia.* Beati Iohannis apostoli et euangelistae orationibus quae nobis oblata sunt unigenitus dei filius benedicat. Qui uiuit.

2823   *Alia.* Omnium sanctorum intercessionibus quae nobis apposita sunt omnipotens deus benedicat. Qui uiuit.

2824   *Alia.* Omnium sanctorum qui propter amorem dei nostri sanguinem suum fuderunt precibus quod nobis illatum est saluator omnium benedicat. Qui uiuit.

2825   *Alia.* Deo placentium omnium atque seruientium interuentionibus quod nobis additum est Christus dei filius benedicat. Qui uiuit et regnat.

   Consurgendum est a mensa.

2826   Fragmenta panis quae superauerunt seruis tuis redemptor humani generis benedicat et multiplicet, qui regnat cum deo patre et spiritu sancto per omnia.

   Orationes post cibum.

2827   Satiati domine opulentiae tuae donis tibi gratias agimus pro his que te largiente suscepimus obsecrantes misericordiam tuam, ut quod corporibus nostris necessarium fuit, mentibus non sit onerosum. P.

2828   *Alia.* Satiasti nos domine de tuis donis ac datis : reple nos de tua misericordia, quia tu es deus benedictus qui regnas in s. s.

   In coquina.

2829   Deus aeterne, ante cuius conspectum a[s]sistunt angeli et cuius nutu reguntur uniuersa, qui etiam necessarii[s] humanae fragilitatis tua pietate consulere non desinis, te humiliter imploramus, ut habitaculum istius officinae illa benedictione perfundas, qua per manus Helisei prophetae in olla heremitica gustus amarissimos dulcorasti; et semper hic tuae benedictionis copia redundante laudes tibi referant serui tui, qui das aescam omni carni et reples omne animal benedictione, saluator mundi. Qui cum patre.

   In lardario.

2830   Omnipotens et misericors deus, qui necessitatem humani generis clementer preuidens adminucula temporalia contulisti, te humiliter imploramus, ut benedicere digneris hoc lardarium famulorum tuorum, ut quod hic tua misericordia pie contulit, nostro merito non depereat. P.

In cellario.

Omnipotens et misericors deus, qui ubique presens es, maiestatem 2831
tuam suppliciter deprecamur, ut h[u]ic promptuario gratia tua adesse
dignetur, que¹) cuncta aduersa ab eo repellat et abundan-[fol. 241]tiam
benedictionis tuae largiter infundat. P.

In potionario.

Omnipotens et misericors deus, sempiterna dulcedo et aeterna 2832
suauitas, te humiliter quesumus, ut hoc potionarium et omnes labo-
rantes in eo benedicas benedictionis tuae abundantia, per quam qui
haec odoramenta naribus corporis discernunt labentia atque pereuntia
contemnentes aeterna perfruantur gloria. P.

In pistrino.

Sanctificetur istius officinae locus domine et fugetur ab eo omnis 2833
immundus spiritus per uirtutem domini nostri Iesu Christi deturque
omnibus in eo commorantibus sanitas claritas hilaritas protegente ac
conseruante maiestate omnipotentis dei. Qui uiuit.

Benedictio in area noua.

Omnipotens sempiterne deus, multiplica super nos misericordiam 2834
tuam et preces nostras benignus exaudi, ut [super] hanc aream famuli
tui *ill.* spiritum sanctum tuum paraclytum mittere digneris; et ueniat
in eam sperate benedictionis ubertas, ut repleti de frugibus tuis in
tuo nomine et in tua gratia leti semper exultent. P.

Alia oratio in area. Multiplica super nos domine misericordiam 2835
tuam et preces nostras propitius exaudire dignare, et sicut exaudisti
famulum tuum regem Dauid, qui te in area hostias offerendo placauit,
iram auertit, indulgentiam impetrauit, ita ueniat quesumus super hanc
aream speratae benedictionis ubertas, ut repleti frugibus tuis de tua
semper misericordia gloriemur. P.

In granario.

Omnipotens et misericors deus, qui benedixisti horrea Ioseph, 2836
aream Gedeonis et adhuc quod maius est iacta terrae semina surgere
facis cum foenore messis, te humiliter quesumus, ut sicut ad petitionem
famuli tui Heliae non defuit uiduae farina, ita ad nostrae paruitatis
suffragia huic horreo famulorum tuorum non desit benedictionis tuae
abundantia. P.

---

¹) Hs.: qui.

Ubi uestimenta conseruantur.

2837   Deus qui famulantibus tibi mentis et corporis subsidia misericorditer largiris, presta quesumus, ut quae hic pietas tua in usus et necessaria corporum famulorum tuorum contulit, clementer abundare et conseruari facias, ut his exterius utentes interius indumento amicti iustitiae deuoti tibi semper existere mereantur. P.

In domo fratrum infirmorum.

2838   Omnipotens et misericors deus, quesumus immensam clementiam tuam, ut ad introitum humilitatis nostrae hos famulos tuos hoc in habitaculo fessos iacentes salutifere uisitare digneris, et sicut uisitasti domine Tobiam et Saram ac socrum Petri puerumque centurionis, ita et isti pristina sanitate animae et corporis recepta gratiarum tibi in aecclesia tua referant actionem. P.

Ad portam et hospitale.

2839   Omnipotens et misericors deus, qui es doctor cordium humanorum et magister angelorum, te humiliter quesumus, ut cordibus famulorum tuorum ob gratiam saluationis locum hunc frequentantium semper adesse digneris; sit eorum sermo in timore tuo atque sale conditus, utilitate proximi plenus, ut cum hinc aduenientes recesserint, de exemplo eorum gloriam tui nominis predicent. P.

In capella abbatis.

2840   Supplicationem seruorum tuorum [etc. == n. 1847].

In aecclesia senum ad sanctam crucem.

2841   Deus qui unigeniti tui filii pretioso [etc. = n. 1837].

In eadem ad apostolos Philippum et Iacobum.

2842   Protector in te sperantium deus, familiam tuam propitius respice et per beatos apostolos tuos Philippum et Iacobum a cunctis [etc. = n. 1870].

In dormitorio [fol. 242] *fratrum in capella australi.*

2843   Concede nos famulos tuos quesumus domine deus perpetua [etc. = n. 1842].

In capella occidentali.

2844   Apostolicis nos domine quesumus attolle presidiis, ut quanto fragiliores [etc. = n. 1104].

In aecclesia rotunda.

2845   Deus qui miro ordine angelorum ministeria hominumque dispensas [etc. = n. 1343].

In capella regis.

Presta populo tuo domine quesumus consolationis auxilium et 2846
diuturnis calamitatibus laborantem beatorum apostolorum Pauli et
Barnabae intercessione [etc. = n. 184].

In ecclesia hospitum.

Presta quesumus omnipotens deus, ut populus tuus ad plenae 2847
deuotionis affectum beatorum martyrum Alexandri Euentii et Theodoli
supplicatione preparetur et eorum patrocinio promerente plenae capiat
securitatis augmentum. P.

Alia in superiori.

Aures pietatis tuae quesumus domine precibus nostris inclina, 2848
ut qui peccatorum nostrorum flagellis percutimur, intercedente beato
Amando confessore tuo miserationis tuae gratia liberemur. P.

In aecclesia egenorum.

Presta quesumus omnipotens deus, ut beatus Stephanus [etc. = n. 81]. 2849

In introitu aecclesiae.

Uia sanctorum omnium, qui ad te uenientibus claritatis gaudia 2850
contulisti, introitum templi istius spiritus sancti luce perfunde; qui
locum istum sanctorum tuorum sacrosanctis corporibus consecrasti,
presta omnipotens deus, ut omnes in te credentes istic obtineant ueniam
pro delictis [et] ab omnibus liberentur angustiis, impetrent quicquid
petierint pro necessitatibus suis, placere semper preualeant coram oculis
tuis, quatenus beatorum apostolorum et sanctorum martyrum hic
corpore quiescentium Bonifatii Eobani Adalharii Eonii atque Antonii
necnon et eorum sanctorum quorum patrocinia in ista continentur
aecclesia interuenientibus suffragiis mereantur aulam paradysi introire.
Te donante qui cum patre.

In choro.

Omnipotens sempiterne deus, qui nos idoneos non esse perpendis 2851
ad maiestatem tuam sicut dignum est exorandam, da sancto martyri[1])
tuo Bonifatio cum omnibus sanctis pro nostris supplicare peccatis,
quos digne possis audire. P.

Alia. Concede quesumus omnipotens deus, ut sancta dei genitrix 2852
Maria sanctique tui apostoli et omnes sancti martyres et confessores
ac uirgines perfectique tui iusti nos hic et ubique laetificent, ut dum
eorum merita recolimus, patrocinia sentiamus. P.

---

[1]) Hs.: martyre.

510.

IMPOSITIO MANUS SUPER ENERGUMINUM CATECUMINUM PARUULUM.

2853   Domine sancte pater omnipotens aeterne deus, uirtutem tuam totis exoro gemitibus pro huius famuli tui a diabolo oppressa infantia; qui etiam indignis inter pressuras donas presidium, exurge pro huius infantia debellata et noli diu retinere uindicta[m] nec ante conspectum tuum ueniant parentum delicta, qui nec pro filio patrem nec pro patre promisisti filium iudicari[1]); auxiliare quesumus inimici furore uexato, ne sine baptismate facias eius animam a diabolo possideri, sed potius tenera aetas maligni oppressionibus liberata tibi referat gratias sempiternas. Per. qui uenturus.

511.

SUPER ENERGUMINUM CATECUMINUM MAIORIS AETATIS.

2854   Omnipotens sempiterne deus, a cuius facie caeli distillant, montes sicut caera liquescunt, terra [fol. 243] tremit, cui patent abyssi, quem infernus pauescit, quem omnis irarum motus aspiciens humiliatur: te supplex deprecor, dominator domine, ut per inuocationem nominis tui ab huius famuli tui uexatione inimicus confusus abscedat et ab huius possessione anima liberata ad auctorem suae salutis recurrat liberatoremque suum diabolico furore depulso et odore suauissimo spiritus sancti percept(i)o consequatur. Per. in unitate eiusdem.

512.

SUPER ENERGUMINUM BAPTIZATUM.

2855   Deus angelorum, deus archangelorum, deus prophetarum, deus apostolorum, deus martyrum, deus uirginum, deus pater domini nostri Iesu Christi, inuoco sanctum nomen tuum ac preclare maiestatis tuae clementiam supplex exposco, ut mihi auxilium prestare digneris aduersus hunc nequissimum spiritum, ut, ubicumque latet, audito tuo nomine uelociter exeat uel recedat. Ipse tibi imperat, diabole, qui te de supernis caelorum in inferiora terrae demergi praecepit. Audi ergo et time, satana; uictus et prostratus abscede in nomine domini

---

[1]) Ezech. 18, 20.

nostri Iesu Christi. Tu ergo, nequissime satana, inimice fidei generis humani, mortis amator, iustitiae declinator, malorum radix, fomes uitiorum, seductor hominum, perditor gentium, incitator inuidiae, origo auaritiae, causa discordiae, excitator dolorum, demonum magister, quid stas et resistis, cum scias eum tuas perdere uires? Illum metue, qui in Isaac immolatus est, in Ioseph uenundatus, in agno occisus, in homine crucifixus. Deinde, peccati inuentor, recede in nomine patris et filii et spiritus sancti, et da locum eidem spiritui sancto per hoc signum crucis domini nostri Iesu Christi. Qui uenturus.

Alia. Deus conditor et defensor generis humani, qui hominem 2856 ad imaginem et similitudinem tuam formasti, respice super famulum tuum hunc, qui dolis inuidi serpentis appetitur, quem uetus aduersarius et hostis antiquus atrae formidinis horrore circumuolat et sensum mentis humanae stupore defigit, terrore conturbat et metu trepidi timoris exagitat; repelle domine uirtutem diaboli fallacesque eius insidias amoue; procul impius temptator aufugiat; sit nominis tui signo famulus tuus et animo tutus et corpore; tu pectoris huius interna custodias, tu uiscera regas, tu corda confirmes; inania (et) aduersariae potestatis temptamenta uanescant; da ad hanc inuocationem nominis tui gratiam, ut qui hucusque terrebat territus abeat et uictus abscedat tibique possit hic seruus tuus corde confirmato et mente sincera debitum prebere famulatum. P.

Alia. Domine sancte pater omnipotens aeterne deus, osanna in 2857 excelsis, pater domini nostri Iesu Christi, qui illum refugam tyrannum gehennae deputasti, qui ipsum unigenitum tuum in hunc mundum misisti, ut ipsum rugientem leonem contereret: uelociter attende et accelera, ut eripias homin[em] ad imaginem et similitudinem tuam creatum a ruina et demonio meridiano. Da domine terrorem tuum super bestiam quae exterminat uineam tuam. Da fiduciam seruis tuis contra nequissimum draconem fortiter stare, ne contempnat sperantes in te et dicat, sicut in Pharaone iam dixit [Exod. 5, 2]: ,Deum non noui nec Israel dimitto'. Urgeat illum dextera tua domine potens discedere a famulo tuo N., ne diutius presumat captiuum tenere hominem, quem tu ad imaginem tuam facere dignatus es. Adiuro te ergo serpens antique per iudicem uiuorum et mortuorum, per factorem mundi, per eum qui habet potestatem mittere in gehennam, ut ab hoc famulo dei N., qui ad aecclesiae presepia concurrit, cum metu et exercitu furoris tui festinus discedas. Adiuro te non mea infirmitate, sed in uirtute spiritus sancti, ut desinas [fol. 244] ab hoc famulo dei, quem omnipotens deus ad imaginem suam fecit; cede, cede non mihi sed mysteriis Christi. Illius enim te perurguet potestas, qui te affigens cruci suo subiugauit imperio. Illius brachium contremesce, qui deuictis gemitibus inferni animas ad lucem perduxit. Sit tibi terror corpus hominis, sit tibi formido imago dei; nec resistas nec moreris discedere ab homine, quoniam complacuit Christo, ut in homine habitaret. Et ne me infirmum contempnendum putes, dum me peccatorem nimis esse cognoscis: imperat tibi dominus, imperat tibi maiestas Christi, imperat tibi deus pater, imperat tibi filius et spiritus sanctus, imperat tibi apostolorum fides, sancti Petri et Pauli et ceterorum apostolorum, imperat tibi indulgentia confessorum, imperat tibi martyrum sanguis, imperat tibi sacramentum crucis, imperat tibi mysteriorum uirtus. Exi transgressor, exi seductor plene omni dolo et fallatia, ueritatis inimice, innocentiae persecutor. Da locum durissime, da locum impiissime, da locum Christo, in quo nihil inuenisti de operibus tuis, qui te expoliauit, qui regnum tuum destruxit, qui te uictum ligauit et uasa tua distribuit. Qui te proiecit in tenebras exteriores, ubi tibi cum ministris tuis est preparatus interitus. Sed quid nunc truculente recogitas, quid temerarie retractas? Reus omnipotenti deo, cuius statuta transgressus es, reus filio eius Iesu Christo, quem temptare ausus es et crucifigere presumpsisti, reus humano generi, cui mors tuis persuasionibus uenit. Adiuro ergo te draco nequissime in nomine agni inmaculati, qui ambulauit super aspidem et basiliscum, qui conculcauit leonem et draconem, ut discedas ab homine, discedas ab aecclesia dei. Contremisce et effuge inuocato nomine domini, illius quem inferi tremunt, cui uirtutes caelorum et potestates et dominationes subiectae sunt, quem cherubin et seraphin indefessis uocibus laudant. Imperat tibi uerbum caro factum, imperat tibi natus ex uirgine, imperat tibi Iesus Nazarenus, qui te, cum discipulos eius contempneres, elisum et prostratum exire iussit ab homine, quo presente, cum te superasset[1]), nec porcorum gregem presumebas contingere. Recede ergo nunc adiuratus in nomine eius ab homine quem ipse plasmauit. Durum est tibi Christo uelle resistere, durum est tibi contra stimulum calcitrare, quia quanto tardius exis, tanto tibi supplicium crescit, quoniam non hominem contempnis, sed illum qui dominator est uiuorum et mortuorum, qui uenturus est iudicare uiuos ac mortuos ac seculum per ignem. Amen.

---

[1]) Hs.: separasset.

[APPENDIX.]

513.

MISSA IN ELECTIONE EPISCOPI UEL ABBATIS.

Deus qui praefecisti Moysen et Aaron duces populo tuo et in 2858 columna nubis ignisque uerus ei ductor extitisti, da quesumus nobis quoque electione gratiae tuae pium pontificem, ut (in) preceptis tuis eius doctrina parentes terram repromissionis ingredi mereamur. P. d. n.

Super oblata. Suscipe clementissime pater hostias deuotionis 2859 nostrae et his placatus rectorem elige animarum nostrarum, ut eius exemplo instituti te uerum pastorem sectemur. P.

Ad complendum. Sumentes sacramenta salutis perpetuae tuam 2860 domine clementiam deprecamur, ut pietate tua protecti deuoto tibi pastore potiamur. P.

514.

MISSA PRO ORDINATO EPISCOPO [1]).

Deus qui non propriis suffragantibus meritis, [fol. 245] sed sola 2861 ineffabili gratiae largitate famulum tuum familiae tuae preesse uoluisti, tribue tibi digne persoluere ministerium sacerdotalis officii et aecclesiasticis conuenienter seruire mysteriis plebemque commissam te in omnibus protegente gubernare concede. P.

Ad Ephes. [4, 7—13]. Fratres. Unicuique nostrum data est gratia secundum mensuram donationis Christi *usque* in mensuram aetatis plenitudinis Christi.

S. Math. [28, 18—20]. In illo tempore dixit Iesus discipulis suis: Data est mihi omnis potestas *usque* omnibus diebus usque ad consummationem seculi.

Super oblata. Ad gloriam domine tui nominis annua festa 2862 repetentes sacerdotalis exordii hostiam [tibi] laudis offerimus suppliciter exorantes, ut cuius ministerii uice tibi seruit inmeritus, suffragiis eius tibi reddatur acceptus. P.

Infra actionem. Hanc igitur oblationem, quam tibi offerimus pro 2863 famulo tuo sacerdote N. ob diem, in quo illum dignatus es in ministerio sacro constituere sacerdotem, obsecramus domine placatus suscipias. Unde maiestatem [tuam] supplices exoramus, ut quod in illo largiri dignatus es, propitius custodire digneris. Diesque nostros.

[1]) Hs.: EPISCOPI.

2864   *Ad complendum.* Repleantur consolationibus tuis domine quesumus tuorum corda fidelium pariterque etiam et de aecclesiae presule et de suorum uotorum plenitudine gratiarum referant actionem. P.

515.
MISSA PRO ABBATE.

2865   Concede quesumus domine famulo tuo abbati nostro, ut predicando et [ex]ercendo que recta sunt exemplo bonorum operum animos suorum instruat subditorum et aeterne remunerationis mercedem cum credito sibi grege a te piissimo pastore percipiat. P.

2866   *Super oblata.* Munera nostra quesumus domine suscipe placatus et famulum tuum abbatem nostrum cum commisso sibi grege semper et ubique misericorditer protege.

2867   *Ad complendum.* Haec nos communio domine purget a crimine et famulum tuum abbatem nostrum cum commisso sibi grege benigna pietate conseruet. P.

516.
MISSA PRO PASTORIBUS.

2868   Deus omnium fidelium pastor et rector, famulos tuos quos aecclesiae tuae preesse uoluisti propitius respice et da eis quesumus uerbo et exemplo quibus presunt proficere, ut ad uitam una cum grege sibi credito peruenant sempiternam. P.

2869   *Super oblata.* Oblatis domine placare muneribus et famulos tuos quos pastores populo tuo preesse uoluisti assidua protectione guberna. P.

2870   *Ad complendum.* Haec nos quesumus domine diuini sacramenti perceptio protegat et famulos tuos quos preesse uoluisti una cum commisso sibi grege saluet semper et muniat. P.

517.
MISSA PRO PRINCIPIBUS.

2871   Da quaesumus domine deus noster omnibus fidelibus tuis rem publicam gubernantibus recta semper meditari et agere eisque feliciter ad uitam peruenire concede perpetuam. P.

2872   *Super oblata.* Munera domine quesumus oblata sanctifica et per haec famulos tuos rem publicam gubernantes a cunctis defende periculis. P.

Ad complendum. Quesumus domine deus noster, ut haec diuini 2873
sacramenti perceptio ab omnibus nos emundet delictis et famulos tuos
omnes fideles rem publicam gubernantes a cunctis eximat malis
repleatque omnibus per omnia bonis. P.

518.
MISSA PRO OMNIBUS PERSECUTIONEM PRO IUSTITIA PATIENTIBUS.

Famulos tuos quesumus domine pro tui nominis amore perse- 2874
cutionem et iniuriam patientes misericorditer respice et ab inimicorum
iniuriis clementer erue eosque hic et in perpetuum salua semper et
protege. P.

Super oblata. Quesumus domine nostris placare muneribus et a 2875
cunctis fideles tuos pro tui nominis amore persecutionem patientes
defende periculis. P.

Praefatio. [fol. 246] UD. p. Chr. d. n. Per quem te summe 2876
deus rogamus, ut preces nostras propitiabili dignatione attendas et
hanc oblationem, quam pro ereptione et releuatione famulorum tuorum
pro tui nominis amore persecutionem patientium [1]) offerimus, benignus
respicias. Iam eos domine placabili uultu intende et misericordia
singulari ab eis amoue quod seuitia prauorum promittit, quod inimicorum prauitas infert, quod prauorum consiliis aduersitas alligat, quod
ex iudicio imminet[2]), quod ex sententia pendet, quod conspiratione
machinatur, quod accusatione confingitur, quod eorum merentur iniquitates, quod alienis finctionibus alligat[ur], quod pressuris deicitur,
quod cruciatibus premitur, quod angustiis angustiatur. Non iustitiam
tuam domine in iniustitiis iniquorum exerceas, sed potius pietatem
tuam in eorum iniquitatibus manifesta. Non illos in persecutione
deicias, non per intolerantiam perdas, sed per tribulationem exerce,
per pietatem attolle, per misericordiam rege. Quo per te ab inimicorum iaculis tuti, ab omni tribulatione exempti te deum unum in
trinitate consona uoce collaudent cum angelis et archangelis, cum
thronis et dominationibus.

Infra actionem. Hanc igitur oblationem quesumus domine, quam 2877
tibi pro liberatione famulorum tuorum pro tui nominis amore persecutionem patientium simul et consolatione offerimus, benignus respicias
uultu sereno, ut non eos fraus humana deiciat, non tua deitas ex

---
[1]) Hs.: patientibus. — [2]) Hs.: immineret.

iudicio puniat, non castigatos iustitia usquequaque demergat, non iniquitas propria, non aduersitas aggrauet aliena. Quicquid tibi deliquerunt, ignosce, quicquid offenderunt in hominibus, tu dimitte. Submoue ab eis cruciatus mentis simul et corporis, ut te conpuncti requirant, a te tacti non doleant, per te sustentati aduersa despiciant et tibi correcti gratias referant atque bonitate tua gubernati ad te quandoque perueniant. Diesque nostros.

2878   *Ad complendum.* Haec nos participatio diuini mysterii quesumus domine mundet a crimine et fideles tuos persecutionem pro iustitia patientes muniat semper et protegat. P.

519.
MISSA PRO CONSACERDOTIBUS.

2879   Domine deus noster, uerus promissor, propitiare operi tuo et nobis famulis tuis seruientibus tibi tribue perseuerantem in tua uoluntate famulatum, ut in diebus nostris et merito et numero populus tibi seruiens augeatur. P.

2880   *Super oblata.* His sacrificiis domine benigne acceptis mihi nostrisque consacerdotibus sacerdotii dignitatem largire indignis, ut qui grauamur pondere nostrae fragilitatis, tua gratia impertiente reddamur apti his mysteriis. P.

2881   *Ad complendum.* Perfice domine benignus in nobis, ut quae sacris mysteriis profitemur, piis actionibus exequamur. P.

520.
MISSA PRO OMNI GRADU AECCLESIASTICO.

2882   Exaudi quaesumus domine pro omni gradu aecclesiae supplicum preces et deuoto tibi pectore famulantes perpetua defensione custodi, ut nullis perturbationibus impediti liberam seruitutem tuis semper exhibeamus seruitiis. P.

2883   *Super oblata.* Suscipe domine quesumus preces et hostias pro omni gradu sancte aecclesiae tuae eosque sanctorum tuorum precibus in cunctis corrobora bonis. P.

2884   *Ad complendum.* Tua nos domine medicinalis operatio a cunctis eximat clementer periculis et famulos tuos in omnibus sacris officiis constitutos tuis faciat semper inherere mandatis. P.

1. **O** (von n. 252 .

2. **D** (von n. 1125).

3. **O** (von n. 1133).

4. **O** (von n. 2326).

5. **A** (von n. 2322).

6. **D** (von n. 2327).

Initialen.

[MISSAE PRO REMISSIONE PECCATORUM ET REQUI DEFUNCTORUM.]

521.

Exaudi domine preces nostras et dimitte nobis cunctas offensas; 2885 manus tuae fortitu-[fol. 247]dine a cunctis angustiis liberemur, ut cum tuis sanctis hic et in aeternum laetemur. P.

Super oblata. Memores sumus, aeterne deus pater omnipotens, 2886 gloriosissimae passionis filii tui, resurrectionis etiam eius et ascensionis in caelum; petimus ergo maiestatem tuam deus, ut ascendant preces humilitatis nostrae in conspectu tuae clementiae et descendat super hunc panem et super hunc calicem plenitudo tuae diuinitatis; descendat etiam domine illa tui spiritus sancti incomprehensibilis inuisibilisque maiestas, sicut quondam in patrum hostias descendebat. Per eundem. in unitate eiusdem.

Ad complendum. Gratias tibi domine referentes oramus, ut 2887 mundes propitius cor nostrum a uitiis et repleas iugiter spiritalibus donis. P.

522.

Ignosce queso domine, quod maculatae uitae conscientia trepidus 2888 et criminum meorum confusione captiuus et qui pro me ueniam optinere non ualeo pro aliis rogaturus assisto; perfero ad te, si digneris domine, gemitus captiuorum, tribulationes plebium, pericula populorum, neces- sitates peregrinorum, inopiam debilium, desperationes languentium, defectus senum, suspiria iuuenum, uota uirginum, lamenta uiduarum; sed quoniam me eadem quae populum peccati catena constringit, ideo communes lugeo passiones, non obsit domine populo tuo oratio subiugata peccatis; per me tibi offertur uotum, per te meum com- pleatur officium. P.

Super oblata. Oblatis domine libaminibus sacrificiorum respice 2889 humilitatis nostrae confessionem, ut haec oblata sanctifices, quae tibi offerimus pro remissione peccatorum nostrorum uel pro defunctorum fratrum requie et ut sumentium ariditatem tuae benedictionis ubertas sustentet. P. d. n.

25

2890 *Ad complendum.* Deus apud quem est misericordia copiosa, effice nos tibi uasa mundissima et spiritalibus diliciis refice infirmitatem nostram, ut corda nostra te semper esuriant atque sitiant et uota nostrae humilitatis clament. P.

523.

2891 Domine deus incomprehensibilis aeterne perpetue benedicte, qui dıxisti [Matth. 9, 13]: ‚Non ueni uocare iustos sed peccatores ad poenitentiam‘, et cum profectu nostro non egeas, gaudes tamen super uno peccatore poenitentiam agente quam super nonaginta nouem iustis qui non indigent poenitentia, quia tu es solus deus et praeter te non est alius, qui non uis mortem peccatoris, sed ut conuertatur et uiuat, conuerte nos domine ad te et conuertemur, conuerte nos deus salutaris noster et auerte iram tuam a nobis; ne perdas nos cum peccatis nostris, ne tradas bestiis animas confitentes tibi, ne derelinquas nos in finem, ne intres in iudicium cum seruis tuis neque in ira furoris tui corripias nos; miserere nobis domine, miserere nobis, opera manuum tuarum sumus, ne pereamus; memento congregationis tuae quam creasti ab initio, dirige nos in uiam rectam, doce nos facere uoluntatem tuam, quia tu es deus noster. Qui uiuis et regnas.

2892 *Super oblata.* Hanc quoque oblationem domine quaesumus digneris misericorditer benedicere et clementer sanctificare, quam tibi pro remissione peccatorum nostrorum et pro requie defunctorum fratrum offerimus, ut tua sanctificatio salus sit et defensio omnium animarum. P. d. n.

2893 *Ad complendum.* Quos caelesti domine dono satiasti, presta quesumus, ut sicut piissima misericordia tua dedisti nobis uoluntatem ueniendi ad te, ita nobis seruis tuis donare digneris sapientiae intellectum, uirtutem, possibilitatem, ut tibi secundum uoluntatem tuam seruire mereamur. P.

524.

2894 Offerentes tibi domine hostiam iubilationis pro delictis nostris pietatem tuam exposcimus, ut placabili pietate petitionibus nostris aurem accommodes, uotum nostrum pia dignatione acceptes, tribulationes cordis nostri multiplici miseratione laeti-[fol. 248]fices, et quod in oratione lingua nostra enarrare non sufficit, tu qui cordis cogitationes agnoscis et renum scrutator es, que desiderat mens deuota per tuam misericordiam consequatur. P. d. n.

Acceptare digneris terribilis et piissime deus hoc sacrificium, 2895 quod tibi pro remissione peccatorum nostrorum uel pro requie defunctorum fratrum offerimus, quia uota nostra dona sunt tua nec tibi quicquam melius nisi quod dederis offerimus, hoc est inprimis in commemoratione ut iustum est dominicae institutionis offerre in honore et gloria domini nostri Iesu Christi filii tui regis iudicisque uenturi, qui tecum uiuit.

Omnipotens deus, uota nostra dignanter suscipe et nos famulos 2896 tuos propitiatus intende, desideria nostra in bonis operibus comple et ab insidiis inimicorum nos defende. P.

525.

Domine deus omnipotens, qui saluos facis sperantes in te, tu 2897 clementissime qui reuocas errantes, tu misericors qui non despicis confitentes, tu domine, cum ceciderit iustus, manum opponis, tu excelsus in caelis habitatorem te promisisti in terris, ubi fuerint congregati in tuo nomine duo uel tres, esse in medio eorum, te domine tenemus promissorem, ut des ueniam petentibus; te inueniant omnes qui querunt te, te enim perscrutatorem conscientiarum nostrarum scimus, ideo ueniam delictorum, tu magnus dominus et laudabilis ualde, te precamur et petimus, ut sis nobis propitius; tibi confitemur mala nostra, ut mereamur consequi bona tua. Qui uiuis.

Super oblata. Tua domine pietate confisi et tua laude deuoti 2898 hanc hostiam immaculatam singularis sacrificii tibi deferimus, ut seruis tuis nobis uiuentibus peccatorum nostrorum ueniam concedas et defunctis fratribus nostris requiem sempiternam tribuas. P.

Ad complendum. Deus apud quem est misericordia. *Require* 2899 *in priori folio.*

526.

Omnipotens sempiterne deus, respice propitius ad preces aecclesiae 2900 tuae et da nobis fidem rectam, spem certam, caritatem perfectam, humilitatem ueram; concede nobis domine, ut sit in nobis simplex affectus, patientia fortis, oboedientia perseuerans, pax perpetua, mens pura, rectum et mundum cor, conpunctio spiritalis, uirtus animae, uita immaculata, consummatio irreprehensibilis, ut uiriliter currentes in tuum regnum mereamur feliciter introire. P.

2901 *Super oblata.* Haec tibi sancte pater licet manibus meis offerantur munera, qui nec inuocatione tui nominis dignus sum, tamen quia per spiritum atque sanctificatum filii tui nomen oblationes offeruntur, sicut incensum in conspectu tuo cum odore suauitatis ascendant. P.

2902 *Ad complendum.* Uota nostra domine clementer intende et peccata dimitte; quae optamus tribue et quae pauemus procul repelle, ut cum uniuersitate fidelium uouendo et reddendo sacrificium laudis ad fructum iustitiae peruenire possimus concedente clementia tuae diuinitatis. P.

527.

2903 Exaudi domine preces nostras et dimitte [etc. = n. 2885].

2904 *Super oblata.* Hanc quoque oblationem domine dignare quaesumus misericorditer benedicere et clementer sanctificare, quam tibi offerimus pro uiuorum salute et mortuorum requie, ut tua sanctificatione sit salus et defensio animarum eorum. P.

2905 *Ad complendum.* Omnipotens deus, propitius cordis nostri aspice gemitus et petitionibus nostris tuae pietatis aurem inclina nosque ab omni defensos merore laetifica, mentem nostram miserationis tuae subsidio muni et remedia gaudii sempiterni nobis clementer tribue. P. [fol. 249]

528.
IN NATALE UIRGINUM.

2906 *Praefatio.* UD. p. Chr. d. n. Quem beata uirgo pariter et martyr N. et diligendo timuit et timendo dilexit. Illi(c)que coniuncta est moriendo, cui se consecrauerat caste uiuendo. Et pro eo temporalem studuit sustinere poenam, ut ab eo perciperet gloriam sempiternam. Quae dum duplicem uult sumere palmam in sacro certaminis agone et de corporis integritate et fidei puritate, laboriosius duxit longa antiqui hostis sustin(u)ere temptamenta, quam uitam presentem cito amittere per tormenta. Quoniam cum in martyrio proponantur ea quae terreant, in carnis uero delectamentis ea quae mulceant, molestius sustinetur hostis occultus, quam superetur infestus. Cum ergo in utroqu etui sit muneris quod uicit, quia nihil ualet

humana fragilitas, nisi tua hanc adiuuet pietas, pro nobis quesumus
tuam pietatem exoret, quae a te accepit ut uinceret, et quae unigeniti tui intrare meruit thalamum, intercessione sua inter mundi
huius aduersa nobis prestet auxilium. Per quem maiestatem.

Praefatio. UD. p. Chr. d. n. Pro cuius caritatis ardore istae 2907
et omnes sanctae uirgines a beata Maria exemplum uirginitatis accipientes presentis seculi uoluptates ac dilitias contempserunt. Quoniam tuo dono actum est, ut postquam uirgo de uirgine prodiit, sexus
fragilis esset et fortis. Et in quo fuit peccandi facilitas, esset et
uincendi felicitas. Antiquus hostis qui per antiquam uirginem genus
humanum se uicisse gloriabatur, per sanctas nunc uirgines sequaces
potius Mariae quam Euae uincatur; et in eo ei maior confusio crescat,
quod de eo etiam sexus fragilis triumphat. Quapropter immensam
pietatem tuam humiliter exposcimus, ut per earum intercessionem,
quae et sexu[m] uicerunt et seculum tibique placuerunt et uirginitatis
decore et passionis uigore, nos mereamur et inuisibilem hostem superare et unigenito tuo domino nostro adherere. Per quem maiestatem.

529.

[IN NATALE MARTYRUM.]

Praefatio. UD. aequum et salutare. Passionem sanctorum 2908
tuorum predicare, supplicium diaboli, triumphum fidelium, laetitiam
angelorum. Quis enim tantae altitudinis potest enarrare mysteria,
ubi de supplicio beatitudo nascitur, de dedecore gloria procuratur, de
morte uita perficitur? O magnam mirabilem et inestimabilem uictoriam, ubi interfici laus est et interfecisse dampnatio! Magnum et
sacratissimum bellum, ubi alter occiditur et alter uidetur occidi, cum
percussore diabolus punitur et cum percussis Christus exultat, diabolus ministros suos secum precipitat ad gehennam, Christus sanctos
suos ad regna perducit, ubi assistunt angeli dicentes: Sanctus sanctus
sanctus.

530.

Praefatio. UD. p. Chr. d. n. Qui hominem in principio ad 2909
suam creauit imaginem, quem postea perditum propria redemit passione, per quem spem uitae recepimus, per quem remissionem peccatorum consequimur. Per ipsum redemptorem et dominum nostrum
te suppliciter deprecamur, ut famulo tuo N., pro quo tibi hostias

laudis immolamus, sicut dignatus fuisti ei in te fidem credulitatis largiri, ita concedere digneris, ut fidem opere bono ualeat adimplerc. Tribue rectum cor, ut te amet sicut patrem, timeat ut deum, mandata tua in integro custodiat; et si adhuc in eo iuxta humanam fragilitatem uitia aliqua manent, tu qui pius es et immunditias nostras solus ignoscis, iube eum de malo in bonum, de bono in melius migrare, et talem eum domine iube preparari, ut dignus sit in perpetuo sanctorum choro astare et te semper laudet cum angelis. Per quem maiestatem.

[Fol. 250—256 Kalendarium.]

Alphabetisches Verzeichnis der Gebete und Anreden.

intercedente, 1232.
intercessione, 1179.
iter nostrum, 2322.
me qui, 352, 364, 654.
nihil de, 1977.
populus, 65.
praesentis, 1761.
quibus, 1255.
sperantes, 865.
uiam, 2314.
Adesto dne supplicationibus nostris
nec sit ab, 2381, 2410.
quas in, 1307.
ut sicut, 949.
Adesto familiae tuae, 1300, 1987.
Adesto nobis dne d. noster
et quos, 581.
ut per haec, 1506.
Adesto nobis o. d.
b. Agnetis, 189.
b. Mariae, 1284.
Adesto nobis q. dne d. noster et
preces, 2070.
quos, 1840.
Adesto plebi tuae, 1349.
Adesto q. dne
familiae tuae et, 780, 799.
supplicationibus nostris et in, 403.
Adesto q. dne supplicationibus
nostris, ut
esse te, 429.
qui ex, 171.
Adesto
q. o. d. et ieiunio, 522.
supplicationibus nostris o. d. et
quibus, 450.
Adiuua dne fragilitatem, 621, 1771.
Adiuua nos d. salutaris noster
et ad, 637.
et in, 473.
ut quae, 383.
Adiuua nos dne d. n.

beati m. tui Bonifatii, 2558.
et beatissimae, 2553.
Adiuua nos dne q. eorum, 100.
Adiuuent nos q. dne et haec, 114, 193.
Adiuuet
ecclesiam tuam, 1469.
familiam tuam, 1477
Adiuuet nos q. dne
sanctae Mariae, 1283, 1285.
sanctum istud, 840.
Aeternam ac iustissimam pietatem,
2647, 2648, 2702.
Aeternum atque omnipotentem, 2768
Afflictionem familiae tuae, 595, 2095.
Agnus dei, 21.
Altare tuum dne, 1393.
Altari tuo dne superposita, 267.
Animabus q. . . . . .
misericordiam, 2585.
oratio, 2580.
Animae nostrae diuino, 1711.
Animam famuli tui, 2466.
Anniuersariam fratres, 1520.
Annua martyrum, 1412.
Annue dne
intercedente b. Leone, 1100.
q. ut mysteriis, 1450.
Annue m. d. ut
hostias, 597.
qui diuina, 976.
Annue nobis dne ut
anima famuli, 2469, 2565.
animae famuli, 240, 2560.
Annue q. dne
precibus nostris, 1407, 2143.
ut merita, 888.
Annue q. dne ut s martyris Eufe-
miae, 847.
Annue q. o. d. ut
nos sanctorum, 1334.
sacramentorum, 1529.
Annue tuis famulis q , 258
Aperiuntur uobis, 2659.

haec hostia, 1623.
per haec sacramenta, 1698.
Concede nobis
  famulis tuis, 1842.
  haec q. dne digne, 1595.
Concede nobis m. d.
  et digne, 326.
  studia peruersa, 1967.
  ut deuotus tibi, 503.
  ut sicut in nomine, 977.
Concede nobis o. d. sanctae m. Eufemiae, 846.
Concede nobis o. d. ut
  his muneribus, 1064.
  per annua, 397.
  salutare tuum, 64, 128.
Concede nobis q.
  dne alacribus, 243.
  o. d. uenturam, 1367.
Concede nos famulos, 2843.
Concede o. d. his salutaribus, 1932.
Concede q. dne
  apostolos tuos, 1116.
  electis nostris, 2658.
  famulo tuo, 2229, 2865.
  fidelibus tuis, 235.
  populo tuo, 1526.
  semper nos per, 783.
  ut oculis tuae, 285.
  ut perceptum noui, 669.
Concede q. o. d.
  ad b. Mariae, 1212.
  ad eorum, 912.
  animabus, 2526.
  fragilitati, 325
  hanc gratiam, 1775.
  sanctum nos spiritum, 1794.
Concede q. o. d. ut
  ad meliorem, 139, 1029.
  anima, 2532
  familia tua, 2299.
  festa paschalia, 743.
  huius sacrificii, 309, 552, 1731.

intercessio nos, 1914.
  magnae, 1773.
  nos unigeniti, 54.
  oculis, 1649.
  paschalis, 750.
Concede q. o. d. ut qui
  b. Iohannis baptistae, 1072.
  ex merito, 529.
  festa paschalia agimus, 705.
  festa paschalia uenerando, 781.
  hodierna die, 942.
  paschalis, 751.
  peccatorum, 742.
  protectionis, 515.
  resurrectionis, 730.
  sollemnitatem, 958, 992.
Concede q. o. d. ut
  quia sub, 1776.
  sancta dei genitrix, 1883, 2852.
  sicut apostolorum, 1383.
  ueterem, 812.
  uiam, 1588.
Concurrat dne plebs, 2677.
Conferat nobis dne, 1269
Conscientias nostras q., 1772.
Conserua dne
  familiam tuam, 498.
  populum tuum et quem, 1489.
Conserua
  in nobis, 826.
  populum tuum et tuo, 319.
Conserua q. dne
  familiam tuam, 294.
  famulum tuum, 2232.
Conserua q. dne populum tuum et
  ab omnibus, 425, 2094.
  quem salutaribus, 1632.
Conserua q. dne tuorum corda, 1626.
Conseruent nos q., 1748.
Consolare dne hanc famulam, 2755.
Conspirantes dne, 1979.
Conuerte nos d. salutaris, 404
Cor populi tui, 1974.

Corda nostra q., 115.
Cordibus nostris
    dne benignus, 609.
    q. dne benignus, 493.
Corpore et sanguine, 1836.
Corporis sacri et . . . . ut
    gratiae tuae, 2124, 2201.
    quod pia, 1124, 1154.
Corpus et sanguis, 2714.
Cotidiani dne q. munera, 1993.
Credo in unum, 2707.
Crescat dne semper, 164.
Cuncta q. dne his, 47.
Cunctis nos dne reatibus, 537.
Custodi dne q. ecclesiam, 1621.
Custodi nos
    dne q. in tuo, 1582.
    o d. ut tua, 1661.

Da
    aeternae consolationis pater, 1910.
    dne famulis et famulabus, 2345.
    ecclesiae tuae dne q. sancto Uito,
      1053.
    famulis et famulabus, 2276.
    famulo tuo, 2228.
    mihi dne quaeso, 2197.
Da misericors d. ut
    haec salutaris, 1691.
    in resurrectione, 798.
    quod in tui, 638.
Da nobis dne
    d. n. sanctorum, 232.
    obseruantiam, 615.
Da nobis dne q.
    b. Stephani, 80.
    d. n. ut qui natiuitatem, 44.
    perseuerantem, 594.
    pluuiam, 2001.
    regnum, 1532.
    unigeniti, 35.
    ut et mundi, 1563
    ut in tua gratia, 1576.

Da nobis
    dne sicut, 2450.
    dne ut natiuitatis, 32.
    mentem dne, 1523.
Da nobis misericors d. ut sancta tua
    quae, 1798.
    quibus, 532.
Da nobis o. d.
    b. archangeli Michaelis, 1348.
    ut b. Mathei, 1325.
    ut b. Yppoliti, 1201.
Da nobis q. dne
    ambire quae, 1976.
    b. apostoli tui Thomae, 1486.
    de tribulatione, 926, 2099.
    d. n b. apostoli tui Andreae, 1467.
    d. n. ut qui natiuitatem, 281.
    digne celebrare, 130
    imitari, 72.
    indignis, 2087.
    per gratiam, 966.
    piae supplicationis, 1995.
    semper haec uota, 1483.
Da nobis q. o. d.
    uitiorum, 1188
    ut ieiunando, 1644.
    ut qui natiuitatis, 278.
    ut sicut adoranda, 31.
Da
    nostrae summae, 550.
    plebi tuae dne, 556.
    populo tuo q., 1688.
    quaeso clementissime pater, 2204.
Da q. dne d. n. omnibus, 2871.
Da q. dne d. n. ut sicut
    b. Laurentii, 1183.
    tuorum, 1422.
Da q. dne
    electis nostris, 2638.
    famulabus tuis, 2750.
    famulo tuo, 2342.
Da q. dne fidelibus
    omnium sanctorum, 1400.

omnium, 1929.
pacis, 1964.
Deus caeli
deus terrae, 2640, 2696.
terraeque dominator, 2787.
Deus
caritatis et pacis, 2165.
castitatis amator, 2756.
castorum corporum, 2753.
celsitudo humilium, 712.
Deus conditor
et defensor, 2856.
mundi sub, 1962.
pacis et fons, 1988.
Deus cui
b. Caecilia, 1434.
cuncta obediunt, 892.
omne cor, 1790.
omnia uiuunt, 2471.
Deus cui proprium est ablutionem, 2190.
Deus cui proprium est misereri
et preces, 2588.
semper et parcere, maiestatem, 2594.
semper et parcere, suscipe, 2075.
Deus cui soli
cognitus, 2592.
competit, 2463, 2575.
Deus cuius
adorandae, 1648.
antiqua, 702.
Deus cuius arbitrio
omnis, 2157.
omnium, 2162.
Deus cuius
caritatis ardore, 1192.
dextera b. Petrum, 1125, 1864.
est regnum, 1938.
Deus cuius filius
in alta, 950.
per trophaeum, 930, 1304.
pro salute, 622.
Deus cuius

hodierna die, 92.
indulgentia nemo, 661.
miseratione delinquentes, 132.
misericordia praecurrente, 1073.
misericordiae non, 2517.
nutibus uitae, 2357.
prospectio, 2442.
Deus cuius prouidentia
in sui, 1581.
nec praeteritorum, 829.
Deus cuius
regnum est, 1946.
spiritu creatura, 2741.
spiritu totum, 965.
uirtute b. Benedictus, 260.
unigenitus in, 131.
Deus de cuius gratiae, 512.
Deus ecclesiae tuae redemptor, 746.
Deus fidelium
pater summe, 707.
remunerator, 138, 845.
lumen, 2514.
Deus fons bonitatis, 2189.
Deus gloriae, 2734.
Deus humanae salutis, 1645.
Deus humani generis
benignissime conditor, 659.
conditor et, 815.
Deus humilium consolator et
fidelium, 932, 2044.
fortitudo, 1810.
Deus humilium uisitator, 2327.
Deus illuminator omnium, 126.
Deus immortale praesidium, 2641, 2692.
Deus in cuius
libro, 2347.
manu, 2400.
miseratione, 2504.
praecipuis, 1491.
Deus in quo uiuimus, 2006.
Deus in te sperantium
fortitudo, 1540.
salus, 1934.

Deus
  incommutabilis uirtus, 957.
  indulgentiarum, 2499.
Deus infinitae misericordiae
  et maiestatis, 2317.
  ueritatisque, 656.
Deus
  infirmitatis humanae, 2359.
  innocentiae restitutor, 466, 782.
  inuictae uirtutis, 2801.
  inuisibilis et, 2033
  largitor pacis, 1806.
  lumen sincerum, 1541.
  misericordiae d., 2167.
  misericors d. clemens qui, 2443.
  mundi conditor, 2612
Deus mundi creator et rector
  ad humilitatis, 2213.
  qui hunc diem, 1193.
Deus namque noster quando, 2669.
Deus noster d. saluos faciendi tu, 27.
Deus o. pater dni, 2712, 2721.
Deus omnium
  fidelium pastor, 2868.
  misericordiarum, 571.
Deus pacis caritatisque, 1984.
Deus p. o.
  exaudi nos, 2774.
  instaurator, 2766.
Deus patrum nostrorum, 2637, 2689.
Deus
  per quem nobis, 779.
  perpetuitatis auctor, 1960.
Deus quem
  diligere, 631.
  docente, 1690.
  omnia, 431.
Deus qui ad aeternam . . . .
  erige, 807.
  imple, 814.
Deus qui ad
  animarum, 1002.
  b. Benedicti, 259.

Deus qui ad caeleste . . . .
  ex aqua, 774.
  per aquam, 2538.
Deus qui ad
  celebranda, 947.
  praedicandum, 1942.
  propagandam, 2617.
  salutem generis, 2800.
  spiritales delicias, 2815.
  uitam ducis, 2310.
Deus qui aduentu filii, 2794.
Deus qui animae famuli tui
  Gregorii, 239.
  Leonis, 1103.
Deus qui
  anxietatem sterilium, 2619.
  apostolis tuis sanctum, 979.
  apostolo tuo Petro, 1114.
  b. Apostolo tuo Petro, 224.
  b. confessoris tui Benedicti, 261.
  b. crucis patibulum, 2732.
  b. Gregorium, 242.
  b. Hermen, 1253.
  b. Iohannis euangelistae, 88.
  b. Leonem, 1097.
  b. Mathiam, 228.
  b. Petrum, 1152.
  b. Sebastianum, 159.
  b. uirginis tuae Scolasticae, 209.
  caritatis dona, 2265.
  confitentium tibi, 670, 2438.
Deus qui conspicis
  familiam tuam, 753.
  omni nos uirtute, 437.
Deus qui conspicis quia
  ex nostra prauitate, 1757.
  ex nulla, 332, 1423, 1899.
  nos undique, 901, 1085.
Deus qui
  conteris bella, 1918, 1948.
  contritorum non, 2284.
  cum salutem, 2678.

ineffabilibus mundum, 565.
infideles deseris, 1973.
Deus qui inter
  apostolicos, 2522.
  cetera, 203.
Deus qui
  iusta postulantes, 1600.
  iuste irasceris, 620, 2093.
  iustificas impium, 361, 2280.
  iustis supplicationibus, 2478.
  laboribus hominum, 2034.
  legalium differentias, 1583.
  licet sis, 99, 2183.
  ligandi soluendique, 1106.
  matutinam sacrae, 360.
  me indignum, 2200.
  mirabiliter creasti, 701.
Deus qui miro ordine
  angelorum, 1343, 2845.
  uniuersa, 1930.
Deus qui
  misericordia tua, 1534.
  misericordiae ianuam, 1509
  misericordiae tuae, 1965.
  misisti filium, 1816.
Deus qui multiplicas
  ecclesiam, 788.
  subolem, 765.
Deus qui multitudinem
  gentium, 1118.
  populorum, 1031.
Deus qui mundi crescentis, 2611.
Deus qui natiuitatis tuae, 61.
Deus qui nobis
  ad celebrandum, 770.
  b. apostolorum, 1097.
  in famulis, 2328.
  nati saluatoris, 105.
Deus qui nobis per
  b. Hieronymum, 1352.
  ministerium, 872.
  prophetarum, 955.
  singulos, 1406, 2142.

Deus qui non
  despicis, 1535.
  mortem, 2027.
  propriis suffragantibus, 2861.
Deus qui nos a saeculi, 2287.
Deus qui nos ad
  celebrandam, 956.
  celebrandum, 703.
  imaginem, 1803.
Deus qui nos annua
  apostolorum, 881.
  b. Clementis, 1438.
  b. Cyriaci, 1176.
  b. Hieronymi, 1351.
  b. Iohannis baptistae, 1083.
  b. martyrum, 1021.
  b. Saturnini, 1451.
Deus qui nos
  b. Bonifatii, 1025.
  b. Caesarii, 1403.
  b. Eusebii, 1205.
  b. Georgii, 855.
  b. Iohannis baptistae, 1087.
  b. Mariae, 1888.
  b. monachorum, 1880.
  b. Nicomedis, 1018.
  b. Stephani, 1160.
Deus qui nos concedis
  omnium sanctorum, 1895.
  sanctorum martyrum, 1170.
Deus qui nos
  conspicis ex nostra, 1372.
  conspicis in tot, 2119.
  de praesentibus, 1533.
  exultantibus, 796.
  fecisti, 733.
  formam, 510.
  gloriosis, 436.
  hodierna, 1297.
  in tantis, 307.
Deus qui nos per
  b. apostolos, 1388.

26

huius, 1504, 1668.
paschalia, 762.
Deus qui nos
pii confessoris, 262.
redemptionis, 30.
regendo, 1684.
resurrectionis, 754.
sacramentis, 2132.
Deus qui nos sanctorum tuorum
Processi, 1122.
temporali, 250.
Deus qui
nos unigeniti, 79.
ob animarum, 458.
omne meritum, 2539.
omnes in, 804.
omnipotentiam tuam, 1599.
omnium rerum, 2020.
paschale nobis, 723.
peccantium animas, 516, 2108.
peccati ueteris, 679.
Deus qui per
b. Mariae, 63.
coaeternam, 1812.
huius celebritatis, 125.
ineffabilem, 331.
os b. apostoli, 83.
sanguinem, 1305.
uerbum, 460.
unigenitum tuum deuicta, 797.
Deus qui
populis tuis, 2133.
populo tuo, 71.
populum tuum, 744.
post baptismi, 2338.
praeclaro salutiferae, 1841.
praefecisti Moysen, 2858.
praesentem diem, 1075.
Deus qui pro
animarum, 1758.
nobis filium, 646, 1303.
salute, 806.
Deus qui

proditoris, 229.
prouidentia, 1956.
regnorum, 1935.
Deus qui renatis
baptismate, 790.
ex aqua, 822.
fonte, 830.
Deus qui
renuntiantibus, 2298.
sacramento festiuitatis, 974.
sacrandorum . . . . effunde, 2136.
salutis, 277, 1851.
sanctis tuis Abdon, 1148.
Deus qui sanctorum
Thebaeorum, 1338.
tuorum libenter, 251.
Deus qui
sensus nostros, 802.
singulari corporis, 2153.
Deus qui sollemnitate paschali
caelestia, 755.
mundo, 734.
Deus qui solus es bonus, 314.
Deus qui sperantibus in te
miserere, 576, 2212.
misericordiam, 2318.
Deus qui
subiectas tibi, 1926.
superbis resistis, 1817.
supplicum, 2269.
tantae pietatis, 2079.
te in rectis, 1550.
te praecipuis, 2173.
transtulisti, 2329.
tres pueros, 1536.
tribulatos, 2285.
tribus pueris, 1005, 1762.
Deus qui tuorum corda . . . .
praesta q. huius, 2340.
praesta q. ut haec, 2344.
Deus qui
uirginalem aulam, 1209.
uiuorum es, 2170.

Deus qui unigeniti
  filii tui pretioso, 1837, 2841.
  tui dni nostri, 1296.
  filii pretioso, 2841.
  tui patientia, 1821.
Deus qui uniuersum mundum
  b. Pauli, 180.
  sanctorum, 1036.
Deus refugium
  nostrum, 1689.
  pauperum, 2076.
Deus regnorum omnium
  et christiani, 1939.
  regumque, 1944.
Deus
  seruientium tibi, 1957.
  spes et uita, 2278.
Deus sub cuius
  nutibus, 2367.
  oculis, 657, 2178.
Deus
  temporalis uitae, 1925.
  tibi ueniam, 2392.
  totius conditor, 787.
  tuorum gloria, 1173.
  uirtutum cuius, 1575.
Deus uita fidelium
  gloria, 1515, 1805.
  timentium, 2629.
Deus
  uita uiuentium, 2574.
  uitae dator, 2479.
Digne nos tuo nomini, 721, 1492.
Dilectissimi nobis accepturi, 2664.
Dimitte dne peccata, 2286, 2398.
Diri uulneris nouitate, 2461.
Dirigat corda nostra, 1666.
Discat ecclesia, 98.
Disrumpe dne uincula, 1827.
Diuina libantes mysteria
  quae pro beatorum, 1909.
  q. dne ut eorum, 1886.
  q. dne ut haec, 2268.

Diuina libantes sacramenta, 2584.
Diuini
  muneris largitate, 1242.
  satiati muneris, 541.
Domine adiutor meus, 1829.
Domine d. incomprehensibilis, 2891.
Domine d. n. multiplica, 212, 1392.
Domine d. n. qui
  in his, 524, 1537.
  offensione, 365, 2382.
  peccatis, 353.
  purum, 2613.
Domine d. n. uerus promissor, 2879.
Domine d. o. propitius esto, 347, 2375.
Domine d. o. qui
  largitate, 2793.
  saluos facis, 2897.
Domine d. pater o. nos, 1785.
Domine d. qui
  ad hoc, 916, 2052.
  in mysterio, 2014.
  per apostolum, 2406.
Domine Iesu Christe
  fili dei uiui qui ex, 25.
  d. n. exaudi nos pro, 2446.
Domine I. Chr. qui
  corripiendo, 2399.
  es caput, 2739.
  es saluatio, 2434.
  per introitum, 2803.
  pie seruientibus, 2747.
Domine I. Chr.
  saluator, 2401.
  salus, 2729.
Domine s. pater o. aet. d.
  benedicere digneris hunc panem,
    2783.
  da mihi, 26.
  iteratis precibus, 2614.
  osanna, 2857.
  propitiare, 2312.
Domine s. pater o. aet. d. qui
  benedictionis, 2360.

caelum et, 2780.
es ductor, 2313.
es et qui eras, 2726
fragilitatem, 2373.
per inuisibilitatis, 2791.
Domine s. p. o. aet. d.
respice super hunc, 663.
te fideliter, 2447.
uirtutem tuam, 2853.
Domine s. p. uniuersitatis auctor, 2439.
Dominus conseruet te, 2389.
Dominus custodiat
introitum, 29, 2388
te ab, 2387.
Dominus et saluator, 2666.
Dominus I. Chr. apud te, 2451.
Donetque tibi ueram, 2383.
Donis caelestibus da, 1376.

Ecclesia tua dne caelesti, 1017.
Ecclesiae dne preces intercedentibus, 1892.
Ecclesiae tuae dne
munera placatus assume, 440.
munera sanctifica, 1763.
preces placatus, 1990.
uoces, 318.
Ecclesiae tuae q. dne
dona, 121.
preces, 225, 1119
Ecclesiam tuam dne
benignus, 82.
miseratio, 1627.
perpetua, 468.
Effeta quod est, 2704.
Efficiatur haec hostia, 560.
Effunde dne benedictionem, 1513.
Eius tibi precibus, 1276.
Emitte dne salutare, 356.
Erectis sensibus et, 1519.
Ergo maledicte, 2646, 2691, 2695,
2697, 2699, 2701.

Erudi q. dne
plebem, 194
populum, 1396.
Esto dne
plebi tuae sanctificator, 1137.
propitius plebi tuae et quam, 422.
Esto q. dne propitius plebi tuae et
quae, 606.
Et ego te baptizo, 2711.
Exaudi dne
d. clementer, 1887.
gemitum populi, 2064.
Exaudi dne populum tuum
cum s. apostoli, 1471.
cum sanctorum, 152.
et sanctorum, 1363.
tota tibi, 1429, 2100.
Exaudi dne preces nostras
et confitentium, 348, 362, 655.
et dimitte, 2885, 2903.
et iter, 2311.
et sanctorum, 1324.
et tibi confitentium, 2379.
et ut digna, 196.
quas in, 842.
ut quod tui, 1503.
ut redemptionis, 769.
Exaudi dne q. preces n. et interueniente, 1357.
Exaudi dne supplicum preces et
deuoto, 2222.
Exaudi me o. aet. d.
et qui dixisti, 2215.
qui dixisti, 2188.
Exaudi nos d. salutaris noster
et apostolorum, 1113.
et dies, 1564, 1665.
et intercedente b. Bonifatio, 2032.
et intercedente b. Iohanne, 919.
ut sicut de, 1262.
Exaudi nos dne
d. n. et ecclesiam, 1694.

Exaudi nos dne s. p. o. aet. d.
  et mittere, 2395, 2804.
  et uisitationem, 2440.
  qui per b. Mariae, 266.
  ut quod nostro, 2615.
Exaudi nos o. d. et
  familiae, 800.
  famulos tuos, 2676.
  in huius aquae, 2718.
Exaudi nos o. et m. d. et continen-
    tiae, 499.
Exaudi o. d. deprecationem nostram
    pro, 2262.
Exaudi q.
  dne gemitum, 600, 2091.
  dne pro omni gradu, 2882.
  dne supplicum preces, 2069.
  o. d. preces nostras quas in, 2244.
Exauditor omnium d., 354.
Excita dne
  corda nostra, 1725.
  in ecclesia, 1185.
Excita dne potentiam tuam et ueni
  et magna, 1767.
  et quod, 1708.
  ut ab, 1713.
  ut hi, 1751.
  ut tua, 1718.
Excita dne
  q. tuorum fidelium uoluntates, 1695.
  tuorum corda, 1699.
Exercitatione ueneranda, 548.
Exi inmunde spiritus, 2705.
Exorabilis dne, 358
Exorcizo hanc creaturam aquae in,
    2719.
Exorcizo te creatura
  aquae in, 2765, 2799.
  salis et aquae in, 2024.
  salis in, 2635, 2686.
  salis per, 2797.
Exorcizo te inmunde spiritus

in nomine, 2644, 2694, 2700.
  per patrem, 2645.
Exuberet q. dne mentibus, 794.
Exultamus pariter, 207.
Exultemus q. dne, 1730.
Exultet
  iam angelica, 698.
  q. dne populus, 880.

Fac dne q. nos, 2288.
Fac me quaeso o. d. ita, 2172.
Fac nos dne
  d. n. tuis oboedire, 290.
  d. sanctae Mariae, 1891.
  q. prompta, 1654
  q. sanctorum, 1044.
Fac nos q. dne
  accepto, 477.
  b. confessoris, 246.
  d. n. peruigeles, 1738.
  his muneribus, 368.
  salutis, 381, 389.
Fac o. d. ut
  quae ueraciter, 644.
  qui paschalibus, 817.
Fac q. dne hanc cum, 2472.
Familiae tuae dne q. esto, 1659.
Familiam
  huius sacri coenobii, 2293.
  tuam d. suauitas, 1292.
Familiam tuam q. dne
  b. uirginis tuae Scolasticae, 208
Familiam tuam q. dne continua(ta)
    pietate custodi ut
  a cunctis, 1683.
  quae in, 313, 485.
Familiam tuam q. dne dextera . . .
  ut ab omni, 302, 1677.
  ut paschali, 818, 1495.
Familiam tuam q. dne propitiatus, 444.
Famulis tuis
  dne caelestis, 1280.
  q. dne sperata, 2296.

Famulorum tuorum dne delictis, 1214, 1848.
Famulos tuos q. dne
  benignus, 2294.
  pro tui, 2874.
Famulum tuum *ill.* q. dne
  corpore, 2248.
  tua semper, 2243.
Famulum tuum q. dne caelesti, 2255.
Fecundetur et sanctificetur fons, 2710.
Festina
  ne tardaueris, 1719.
  qu. dne ne, 1745.
Fiant dne tuo grata, 205.
Fiat dne q.
  hostia, 1045.
  per gratiam, 572.
Fiat nobis et, 22.
Fidelem famulum tuum, 1927.
Fideles tui d. per, 328, 394.
Fideles tuos dne
  benedictio, 435, 924, 1545.
  q. corpore, 1604.
Fideli populo, 1539.
Fidelium
  d. omnium conditor, 2576.
  tuorum, 257.
Filii carissimi ne diutius, 2660.
Fragmenta panis quae, 2826.
Fraterna nos dne, 1155.
Fuge inmunde spiritus, 2706.
Fundamentum fidei, 70.

Gaudeat
  dne plebs, 816, 1501.
  q. dne populus, 521.
Gloriam tuam dne, 1389.
Grata tibi sint dne munera
  nostra quae et, 906.
  q. deuotionis, 74.
  quibus mysteria, 640, 1746.
Grata tibi sint dne q. munera quibus
  s. Agnetis, 190.

Grata tibi sit dne
  haec, 2236.
  nostrae, 1290.
Gratanter dne ad, 1263.
Gratia tua nos dne, 463.
Gratiae tuae q., 1749, 2279.
Gratiam
  sancti spiritus, 1833.
  tuam dne mentibus, 273.
Gratias agimus dne
  multiplicatis, 78.
  multiplicibus, 2457.
Gratias tibi
  agimus o. d. qui, 2364.
  ago dne d. qui, 2221.
  dne referentes, 2887.
  referat dne, 497.
  referimus, 1670.
Guberna q. dne temporalibus, 1999.

Haec communicatio q. dne expurget, 2542.
Haec dne
  oratio, 1924.
  salutaris, 1933.
Haec hostia dne placationis et laudis
  q. ut, 1435.
  tua nos, 447.
Haec hostia dne q. et ab, 2066.
Haec hostia q. dne
  emundet, 303, 340, 559.
  pro nobis, 2319.
  quam in omnium, 1896.
Haec in nobis, 475.
Haec libertatis uox, 2667.
Haec munera
  dne q. et uincula, 579.
  q. dne et uincula, 868.
  q. dne quae oculis, 1674.
Haec nos communio dne
  exuat, 1989.
  purget, 1162, 2867.
Haec nos participatio diuini, 2878.

Haec nos q. dne
  diuini sacramenti, 2870.
  participatio, 568.
Haec nos reparent q., 378.
Haec oblatio dne
  ab omnibus, 1838.
  d. cordis, 1791.
  q. nobis, 1818.
Haec oblatio
  nos d. mundet, 321.
  q. dne omnium, 2198.
Haec sacra nos, 1715.
Haec sacrificia nos, 566.
Haec summa est, 2665.
Haec tibi dne
  oblata benignus, 1768.
  q. b. Cuthberti, 248.
Haec tibi sancte pater licet, 2901.
Hanc dne q. oblationem pro, 873.
Hanc ig. oblationem dne q. placatus,
  2578.
Hanc ig. obl. dne quam tibi offerimus pro
  anima, 2493, 2533.
  animabus, 2528, 2583.
  peccatis, 2072.
Hanc ig. obl. dne sed . . . . ob diem
  ieiunii, 667.
Hanc ig. obl. dne
  seruitutis meae quam tibi offero,
  2164.
  ut propitius, 2651.
Hanc ig. oblationem famularum, 2752,
  2762.
Hanc ig. obl. famuli tui *ill.* quam
  tibi offerimus ob diem necessitatis, 2350.
Hanc ig. obl. famuli tui *ill.* quam
  tibi offert, 2628.
Hanc i. obl. famulorum famularumque tuarum
  ill. quam tibi offerimus ob deuotionem, 2275.

quam tibi offerunt annua, 833.
quam t. offerunt pro famulo ac, 2609.
Hanc i. obl. famulorum tuorum
  ill. quam tibi ministerio, 1941.
  quam tibi in huius templi, 2140.
Hanc ig. obl. q. dne propitius intuere,
  2569.
Hanc i. obl. q. dne quam
  tibi pro liberatione, 2877.
  tuae maiestati, 1831.
Hanc ig. obl. quam tibi in honore,
  2555.
Hanc ig. obl. quam tibi offerimus
  dne pro
  anima, 2541.
  tuorum requie, 2513.
Hanc i. obl. quam tibi offerimus pro
  anima, 2497.
  animabus, 2502.
  ecclesia, 2155.
  famulis tuis quos ad presbyterii,
  2224.
  famulo tuo sacerdote, 2863.
  incolumitate, 2247.
Hanc i. obl. quam tibi offero
  dne pro peccatis, 2175.
  ego famulus tuus clementissime,
  2169.
  ego famulus tuus pro anima, 2546.
  ego tuus famulus ob diem, 2160.
Hanc i. obl. quam tibi pro
  adipiscenda, 1824.
  anima, 2467.
  animabus, 2573.
  defunctis, 2508.
  depositione, 2524.
  famulo tuo *ill.* et antistite, 2128.
  requie animae, 2551.
Hanc i. obl. seruitutis n. quam tibi
  offerimus
  in die hodierno, 2123.
  pro anima, 2520.
  pro famulo, 2231.

Id est
    fiat uoluntas, 2670.
    ne nos patiaris, 2673.
    non quo deus, 2668.
Ieiunia
    nostra q. dne benigno, 517.
    q. dne quae sacris, 601.
Iesu Christi dni nostri corpore, 1299.
Ignosce
    dne quod, 2186.
    quaeso dne quod, 2888.
Ih uuirdu gote, 2377.
Illius mensis ieiunia, 1521.
Illo nos igne, 1001.
Illumina q. dne populum, 118, 137.
Illuminet te spiritus, 2385.
Immensam clementiam, 2798.
Impleatur in nobis, 741.
Imploramus dne clementiam, 459, 1741.
Implorantes dne misericordiam, 484.
In
    afflictione maxima, 2004.
    ieiunio hoc, 920.
In nomine dni nostri Iesu, 2433.
In nomine patris . . . . .
    accipe sanitatem, 2411, 2413, 2415,
        2417, 2419, 2421, 2423, 2425,
        2427, 2429.
    sit tibi haec unctio, 2370, 2431.
In nomine sanctae et unicae, 2817.
In
    sanctae martyris, 222.
    tuorum dne, 1340.
Inchoata ieiunia, 382.
Inclina dne
    aurem tuam ad, 2473.
    pias aures tuas, 2361.
    precibus nostris aures, 2498.
    q. aurem tuam, 2489.
    q. aures clementiae, 2441.
    q. piissime d. aurem, 2083.
Inclinantes se dne maiestati, 379.
Indignos nos q., 1759.

Indulgeat tibi dns omnia, 2384.
Indulgentiam nobis dne, 202.
Indulgentiam nobis
    praebeant haec, 1476, 1862.
Ineffabili misericordia, 2040.
Infirmitatem
    meam respice, 2211.
    nostram respice, 155, 1142, 1911.
Infunde q.
    dne per haec, 1815.
    famulis tuis, 1795.
Intendant q. dne pietatis, 359.
Intende dne munera, 233.
Intende q. dne
    hostias, 334.
    preces, 2063.
    sacrificium, 1720.
Intercedentibus sanctis tuis, 1024.
Intercessio dne b. Hermetis, 1254.
Intercessio nos q. dne
    b. Benedicti, 1136.
    s. Luciae, 1478.
Intercessio q. dne
    b. Mariae, 1215.
    b. pontificis, 157.
Interueniat pro nobis, 1375.
Interuentionibus b. Benedicti, 1473.
Intra quorum nos, 1167.
Intuere q. o. aet. d. placatus, 2536.
Inueniant q. dne animae, 2570.
Inungo te de oleo sancto, 2369.
Iohannes habet similitudinem, 2663.
Ipsa maiestati tuae, 626.
Ipse tibi q. dne, 672.
Ipsi nobis dne q., 101.
Ipsis dne et, 14.
Iterata festiuitate b. Laurentii, 1225.
Iugiter nos dne sanctorum, 179.

Laeti dne
    frequentamus, 59.
    sumpsimus, 890, 1481.

Laetificet nos q. dne
  munus, 227.
  sacramenti, 1016.
Largiente te dne b. Petri, 1108.
Largire nobis dne q. semper, 1587.
Largire q. dne
  famulis, 62.
  fidelibus, 819, 1678.
Largire
  q. ecclesiae, 803.
  sensibus nostris, 651.
Laudis tuae dne hostias, 1206.
Libantes dne mensae, 223, 1059.
Libera
  dne q. a peccatis, 583.
  nos ab omni, 1854.
  nos q. ab omnibus, 20.
Lucas euangelista uituli, 2662.

Magnificantes dne clementiam, 1041.
Magnificentiam tuam dne precamur,
  2026.
Magnificet te dne, 1339.
Maiestatem tuam clementissime, 2598.
Maiestatem tuam dne supplices de-
  precamur ut
  huic famulo, 2444
  sicut nos, 1272, 1903.
Maiestatem tuam dne supplices exo-
  ramus ut
  animae, 2571.
  quos, 795.
Maiestatem tuam dne suppliciter
  deprecamur ut haec, 1662.
  exoramus ut sicut, 1461.
Maiestatem tuam nobis dne, 1361.
Maiestatem tuam q. dne sancte p. o.
  aet. d. qui non mortem, 2445.
Maiestati tuae nos q., 176.
Marcus euangelista leonis, 2661.
Martyris tui Praeiecti, 185.
Martyrum tuorum
  dne Geruasii, 1060.

nos dne semper, 177.
Simplicii, 1143.
Medelam tuam deprecor, 2717.
Memento
  dne famulorum, 3, 2650.
  etiam dne et, 13.
  mei, 12.
Memor esto
  obsecro miserationis, 2194.
  q. dne fragilitatis, 2118.
Memores sumus aeterne, 2886.
Mensae caelestis, 1217.
Mentem familiae tuae, 861.
Mentes nostras et corpora, 1631.
Mentes nostras q. dne
  lumine, 1774.
  paraclytus, 987.
  spiritus, 986.
Mentibus nostris dne spiritum, 1000.
Miseratio tua deus, 2649.
Mirabilium d. operator, 296.
Miserationum tuarum dne, 1760.
Miserere
  dne populo, 549.
  iam q. dne populo, 2104.
  nobis dne sancte, 2405.
  quaeso clementissime, 2595.
  q. dne famulis, 2266.
Misericordiae tuae remediis, 1633.
Misericordiam tuam
  dne nobis, 1482.
  dne sancte p. o. aet. d. pietatis, 2459.
  suppliciter deprecor, 2182.
Misericors et miserator dne qui nos
  2181.
Mitte q. dne spiritum, 1800.
Moueat pietatem tuam, 927, 2115.
Multa
  quidem et innumerabilia, 346.
  sunt dne peccata, 2376.
Multiplica dne
  q. per haec, 2145.
  super animas, 2509.

Multiplica
q. dne fidem, 772.
super nos dne, 2835.
Munda nos dne sacrificii, 1656.
Munera dne
apud clementiam, 1210.
nostrae deuotionis, 1398.
Munera dne oblata sanctifica
et intercedente, 1019.
ut et nobis, 1922.
ut tui, 1553.
Munera dne
quae pro apostolorum, 882.
q. natiuitatis, 41.
Munera dne q. oblata sanctifica et
corda, 968.
per haec, 2872.
Munera nostra
dne q. propitiatus, 1256.
q. dne suscipe, 2866.
Munera
nostrae oblationis, 1822.
populi tui dne propitiatus, 1068,
1321.
quae tibi dne pro, 1267.
Munera q. dne
famulae tuae, 2758.
Munera q. dne quae tibi pro
anima, 2488.
animabus, 2582.
Munera tibi dne
dicanda, 2527.
dicata, 1161.
nostrae deuotionis, 1171, 1889.
pro s. Felicitatis, 1444.
pro s. martyrum, 1149.
Munera
tua nos d. a delectationibus, 311.
tuae misericors, 1885.
Muneribus
diuinis perceptis, 2354.
dne te magnificamus, 848.

Muneribus nostris
dne apostolorum, 1384.
dne s. Caeciliae, 1431
q. dne precibusque, 172, 279, 902,
2158.
Muneris diuini perceptione, 2264.
Muniat dne fideles, 2047.
Munus populi tui dne
apostolicae, 1099.
q. dignanter, 1345.
Munus quod tibi dne, 494.
Mysteria nos dne sancta, 1567.
Mysteriis dne repleti corporis, 1455.
Mystica nobis dne prosit, 1373.

Ne despicias o. d. populum, 2113.
Nec te latet, 2679, 2703.
Nobis quoque, 15.
Non intres in, 2470.
Nos dne quos reficis, 526.
Nostra tibi q. dne sint, 590

Oblata b. confessoris, 244.
Oblatio
dne tuis aspectibus, 1981.
nos dne tuo nomini dicanda, 1547.
tibi sit dne, 56.
Oblationes in angustia, 2353.
Oblationes nostras q. dne propitiatus
intende quas i. h.
beatae et gloriosae, 268.
sanctae trinitatis, 1787.
Oblationes populi tui, 1138.
Oblationibus q. dne placare, 573.
Oblatis dne
libaminibus, 2889.
ob honorem, 253.
Oblatis dne placare muneribus et
famulos tuos, 2869
oportunum, 2008.
Oblatis dne q. placare muneribus et
nos, 1985.
Oblatis q. dne placare muneribus
et a, 410, 921, 1250, 1915.

Oblatis hostiis dne q. praesentibus, 2751.
Oblatum tibi dne sacrificium, 291, 333, 538.
Obsecramus misericordiam tuam,2475.
Obseruationis huius annua, 395.
Offerentes tibi dne hostiam, 2894.
Offerimus dne
preces et munera, 112, 1448.
tibi munera et uota, 2362.
Offerimus tibi dne
laudes et munera, 838, 2021.
preces et munera, 1126, 1865.
Omnipotens aeterne d.
salus credentium, 2355.
tuae gratiae, 2171.
Omnipotens clementissime d. qui post, 2343.
Omnipotens deus
Christe mundi, 2736.
christiani nominis, 1945.
famulos tuos dextera, 1846.
misericordiam tuam in, 2114.
propitius cordis, 2905.
Omnipotens deus qui
dixit, 2378.
per os b. Iacobi, 2435.
solus aquas, 2005.
Omnipotens deus uota nostra, 2896.
Omnipotens dne Iesu Christe, qui ex quinque, 2788.
Omnipotens dominus qui famulum, 2403.
Omnipotens et misericors d.
a bellorum, 1943.
ad cuius beatitudinem, 1014.
apta nos, 1522.
cuius pietatis, 2196.
cuius redditur, 2261.
in cuius humana, 2544
Omnipotens et m. d. q. immensam clementiam, 2838.

Omnipotens et m. d. qui
b. Benedictum, 256.
b. Iohannem baptistam, 1079.
benedixisti horrea, 2836.
es doctor cordium, 2839.
famulos tuos, 2811.
genus humanum, 1820.
necessitatem humani generis, 2830.
nos sacramentorum, 1175.
omnem animam, 2335.
peccantium animas, 915, 2056.
peccatorum indulgentiam, 664.
sacerdotibus tuis prae, 2394, 2802.
ubique presens, 2831.
Omnipotens et m. d.
sempiterna dulcedo, 2832.
uniuersa nobis, 1672.
Omnipotens mitissime d.
qui sitienti, 1830.
respice propitius preces, 2256, 2396.
Omnipotens sempiterne deus
a cuius facie, 2854.
adesto magnae, 2708.
annue precibus, 2510.
clementiam tuam, 614.
collocare digneris, 2494.
confitenti huic, 662.
confitentibus tibi, 2333.
confitentium tibi, 2393.
conseruator animarum, 2455.
creator humanae, 69.
cui numquam sine, 2548.
Omnipotens sempiterne d. cuius
bonitate humana, 2304
iudicio uniuersa, 683.
munere elementa, 2010.
sapientia hominem, 2806.
spiritu totum, 685.
Omnipotens sempiterne d. da
capiti nostro, 1834.
cordibus nostris, 1084.
mihi famulo, 2218.

nobis fidei, 1616.
nobis ita, 639.
Omnipotens sempiterne d.
de cuius munere, 1610.
deduc nos, 810.
dirige actus, 283.
ecclesiam tuam, 2654.
effunde super hunc, 2138.
fac nos tibi, 1514.
fidelium splendor, 127.
fortitudo certantium, 1275.
Iesu Christe, 2185.
in cuius manu, 687.
infirmitatem nostram, 301.
Omnipotens sempiterne d. insere te
officiis nostris et
haec uascula, 2792
in hac manentibus, 2771.
Omnipotens sempiterne d. maiestatem tuam
miserere famulo, 2239.
misericordiam tuam, 1704
moestorum consolatio, 691.
supplices exoramus, ut sicut, 195.
suppliciter exoramus, ut famulo,
2531.
Omnipotens sempiterne d. multiplica
in honorem, 708.
super nos, 2834.
Omnipotens sempiterne d.
mundi creator, 1387.
nostrorum temporum, 2326.
parce metuentibus, 2025.
pater dni n. I. Chr. respicere, 2632,
2683.
per. quem coepit, 1611.
propensius his, 828.
propitiare peccatis, 2744.
Omnipotens sempiterne d. qui
abundantiam, 1605.
ad aeternam, 729
aegritudines, 2356.

caelestia, 295.
Christi tui, 653.
coaeternum, 274.
contulisti, 2581.
dedisti, 1009, 1779.
ecclesiae tuae, 1356.
ecclesiam tuam noua, 689.
es misericordia, 2277.
es sanctorum, 1042.
et iustis, 551.
etiam iudaicam, 695.
facis mirabilia, 2148.
famulum tuum, 1928.
gloriam tuam, 681.
hodierna die carnis, 252.
hodierna die unigenitum, 2735.
huius diei uenerandam, 90, 1244.
humanam naturam, 809.
humano corpori, 2460.
humano generi, 625.
hunc diem per, 55.
hunc diem uenerabilem, 1472.
ideo delinquentibus, 2351.
Omnipotens sempiterne d. qui in
filii tui, 67.
meritis, 247.
omnium operum, 710.
omnium sanctorum, 1442.
unigenito, 106.
Omnipotens sempiterne d. qui
infirma mundi, 221, 1318, 1877.
instituta legalia, 1080.
iustitiam tuae, 1799.
maternum, 2620.
me peccatorem, 2202.
misericordiae tuae, 1809.
nobis in, 402.
non mortem, 697.
Omnipotens sempiterne d. qui nos
beatorum apostolorum, 1115.
et castigando, 2022.
idoneos non, 2851.
omnium apostolorum, 1117.

Praesta nobis aeterne
largitor, 1370.
saluator, 2073.
Praesta nobis dne
misericordiam, 1882.
q. auxilium, 467.
Praesta nobis dne q. intercedentibus
omnium sanctorum, 1890.
sanctis tuis, 234, 1172.
Praesta nobis m. d. ut placationem,
438, 1622.
Praesta nobis o. d. ut
b. Chrysogonum, 1447.
quia uitiis, 629.
uiuificationis, 1494
Praesta nobis o. et m. d. ut in resurrectione, 811.
Praesta nobis q.
dne ut salutaribus, 505.
o. d. ut nostrae humilitatis, 1233.
Praesta nobis q. o. et m. d. ut
nostrae humilitatis, 1912.
quae uisibilibus, 946.
Praesta
populo tuo, 184, 929, 2098, 2846.
q. clementissime, 2082.
Praesta q. dne animabus, 2579.
Praesta q. dne d. n. ut
familia, 36.
quae sollemni, 820.
quorum festiuitate, 1427.
sicut in, 1320.
Praesta q. dne
familiae, 1634.
huic famulo, 658.
mentibus, 165.
Praesta q. dne ut
a nostris, 995
anima, 2516.
animam, 2552.
b. Laurentii, 1189.
intercedente, 160.
mentium, 1978.

per haec, 107.
populus, 1071.
quod saluatoris, 109.
sacramenti, 1278.
s. confessoris, 1174.
semper nos, 1195.
sicut nobis, 1159.
Praesta q. o. d. pater ut nostrae
mentis, 936.
Praesta q. o. d. sic nos ab epulis, 1004.
Praesta q. o. d. ut
ad te toto, 866.
animam, 2521.
b. Felicitatis, 1443.
b. Leo, 843.
b. Stephanus, 81, 2849.
claritatis tuae, 959.
de perceptis, 104.
dignitas, 602.
diuino munere, 720, 923.
excellentiam, 89.
familia tua per, 1067, 1861.
familia tua quae, 446.
famulus tuus, 2745.
filii tui, 1777.
huius paschalis, 761
id quod, 1378.
ieiuniorum, 616.
intercedente, 876.
intercedentibus, 1874
natus hodie, 60.
obseruationes, 536, 1638.
per haec paschalia, 752.
populus tuus, 2847.
quae sollemni, 124.
Praesta q. o. d. ut qui
b. Menae, 1419.
caelestia, 1074.
gloriosos, 1129, 1411.
gratiam, 732.
in afflictione, 867.
iram, 928, 2106.
iugiter, 1333.

nostris, 645.

offensam, 2112.

paschalia, 789.

resurrectionis, 731.

sanctorum . . . natalitia, 898.

sanctorum . . . sollemnia, 851.

se affligendo, 523.

Praesta q. o. d. ut

quorum memoriam, 1158.

quos ieiunia, 558.

redemptionis, 1744.

saluatoris, 129.

salutaribus, 1003.

s. Sotheris, 215.

sanctorum tuorum, 1146.

semper (quae sunt) rationabilia, 320, 1971.

sicut diuina, 1428.

spiritus, 964.

Praesta q. o. et misericors d. ut

anima famuli, 2535.

animae pro, 2515.

haec oblatio, 2334.

inter huius, 1594.

per haec, 230.

sicut in, 623, 647.

spiritus, 988.

Praesta q. o. sempiterne d. ut fideli, 2130.

Praestent dne q. tua sancta, 238.

Praetende dne

famulis et famulabus, 2273.

fidelibus tuis, 527.

Praetende nobis dne misericordiam tuam

et tribue, 1416.

ut quae uotis, 871.

Praeueniat

huic famulo, 2380.

hunc famulum, 351, 363.

nos q. dne gratia, 2016.

Praeueniat nos q. o. d. tua gratia

et subsequatur, 925.

semper et, 1714.

Precamur te dne pro, 2270.

Preces dne tuorum respice, 153.

Preces famulae tuae, 2760.

Preces nostras q. dne clementer exaudi

atque a peccatorum, 339.

et contra, 413.

et hos electos, 2633.

et hunc electum, 2684.

et inter, 2323.

et supplicationem, 2599.

Preces nostras q. dne

et tuorum, 1364.

propitiatus admitte, 216.

Preces populi tui dne clementer exaudi, ut qui iuste, 330.

Preces populi t. q. dne cl. exaudi ut

b. Marcelli, 144.

qui de aduentu, 1712.

qui iuste, 1734.

Precibus

nostris q. dne aurem, 2097.

populi tui, 2013.

Precor dne clementiam, 660.

Pro

animabus famulorum, 2506.

nostrae seruitutis augmento, 1701, 2219.

sanctorum Basilidis, 1051.

sanctorum Proti, 1294.

Proficiat nobis ad salutem, 1012, 1784.

Proficiat q. dne

haec oblatio, 2240.

plebs tibi, 535.

Proinde rogamus te dne, 2730.

Prope esto dne omnibus, 1752.

Propitiare dne

animae, 2543.

q. animae, 2549.

humilitati, 1558.

Propitiare dne populo tuo

et ab, 1562.
propitiare, 1617.
Propitiare dne supplicationibus nostris et
animam, 2525.
animarum, 492.
Propitiare dne sup. n. et has obl. famulorum famularumque tuarum benignus assume, 1571.
ill. quas tibi pro, 2274.
Propitiare dne sup. n. et has oblationes quas
pro incolumitate, 2603.
tibi offerimus, 2315.
Propitiare dne sup. nostris
et has populi tui, 1577.
pro anima, 2496, 2540.
Propitiare
misericors d. supplicationibus, 284.
q. dne animabus, 2566.
q. dne nobis, 1906.
Propitietur dominus cunctis, 2436.
Propitius
dne q. haec dona, 980, 993.
esto dne supplicationibus, 1696.
Propitius sit tibi, 2391.
Prosequere o. d. ieiuniorum, 504.
Prosint nobis dne sumpta, 1755.
Prosit
dne q. animae, 2468.
q. dne animae, 2534.
Protector fidelium d. et
subditarum tibi, 2773.
subditorum tibi, 2795.
Protector in te sperantium d.
et subditarum, 2770.
familiam, 1870, 2842.
salua famulum, 2233.
salua populum, 1682.
sine quo, 1557.
Protector noster aspice d.
et ab hostium, 1947.
ut qui malorum, 428.

Protegat dne q.
dextera tua, 1913.
tua dextera, 1620, 2234.
Protegat nos dne
b. Andreae, 1475.
cum tui, 1135.
Protegat q. dne populum, 1231.
Protege dne famulos tuos subsidiis
mentis, 271.
pacis, 1959.
Protege dne plebem tuam et
festiuitatem, 220.
quam, 1091.
Protege dne populum tuum et
apostoli tui, 931.
apostolorum Petri, 1866.
apostolorum tuorum, 1112, 1248.
Protege nos dne q. tuis mysteriis, 1991.
Purifica nos misericors d., 545.
Purifica q. dne
familiam, 630.
mentes, 1658.
tuorum corda, 2102.
Purificent nos
dne sacramenta . . et intercedente, 1317.
q. dne sacramenta . . et famulos, 2283.
q. o. et m. d. sacramenta, 2593.
semper, 1625.
Purificet nos dne q.
et diuini, 1264, 2604.
muneris, 984, 2041.
Purificet nos q. dne caelestis, 2161.

Quaesumus dne animae, 2490.
Quaesumus dne d. n. ut
haec diuini, 2873.
interueniente, 1178.
per uexillum, 918, 1301.
quos diuinis, 1603.
sacrosancta mysteria, 199, 793, 1765.

Quaesumus dne nostris pl. m.
et a cunctis, 2875.
quoniam tu, 2049.
Quaesumus dne
salutaribus 151, 1310, 1876.
ut beatorum martyrum, 911.
Quaesumus dne pro
animabus, 2505.
tua pietate, 2465.
Quaesumus o. d.
afflicti populi, 2109.
clementiam tuam, 2019.
ex cuius, 2610.
familiam tuam, 578.
instituta, 2606.
misericordiam, 2786.
preces nostras, 1778.
tua nos, 201.
uota, 487, 2601.
Quaesumus o. d. ut
animae, 2529.
b. Andreas, 1456.
de perceptis, 1641.
et reatum, 1374.
famulus, 1921.
iam non, 824.
illius salutaris, 317, 411, 1707.
intercedentibus, 1132.
nos geminata, 1092.
plebs tua, 1220.
qui caelestia, 175, 907, 1382, 1405.
qui nostris, 2065.
quorum nos, 1433.
quos diuina, 1703.
sanctorum tuorum, 1046.
Quaesumus o. et m. d. ut famulum,
2402.
Quam oblationem tu, 6.
Qui
es omnium, 23.
hac die, 668.
pridie, 7, 676.
Quod ore sumpsimus, 2090.

Quos caelesti dne
alimento, 1111.
dono, 1573, 2893.
refectione, 211.
Quos
caelesti recreas, 2151.
caelestibus dne recreas, 245.
ieiunia uotiua, 496, 1530.
munere dne caelesti, 935.
Quos refecisti dne caelesti mysterio
intercedentibus, 1894.
propriis, 1970.
Quos refecisti dne sacramentis, 2225.
Quos tantis dne largiris, 305

Recede diabole ab hac, 2680.
Redemptionis nostrae, 786.
Refecti
benedictione, 1056.
cibo, 86, 170, 1879, 1898.
dne pane, 443, 903.
participatione muneris, 158, 879.
uitalibus alimentis, 677.
Refice nos dne donis, 2812.
Reficiamur dne donis, 2813.
Rege q. dne
famulum, 2249.
populum, 337.
Remedii sempiterni munera, 2655.
Reminiscere miserationum, 643.
Remotis obumbrationibus, 1015.
Renouatos dne fontis, 837.
Reparet nos q. dne, 445.
Repelle dne conscriptum, 313.
Repleantur consolationibus tuis, 2864.
Repleti alimonia caelesti
et spiritali, 896.
q. dne, 1355.
Repleti cibo spiritalis, 1729.
Repleti dne benedictione caelesti
q. clementiam, 1260.
suppliciter imploramus, 1858.
Repleti dne donorum, 343.

pro sanctis, 1061.
tuae offerimus, 2305.
Sacrificium nostrum
  dne q. ipsa, 1312.
  tibi dne q. b. Laurentii, 1186.
  tibi dne q. s. Andreae, 1463.
Sacrificium quadragesimale, 398.
Sacrificium
  quod tuae, 1832.
  salutis nostrae, 1793.
Sacrificium tibi dne
  celebrandum, 1709.
  laudis offerimus, 1439.
Sacris
  altaribus dne hostias, 103 (cf. p 430).
  dne mysteriis, 502.
  muneribus dne, 1555.
Sacro munere satiati
  q. o. d. ut, 1243.
  supplices te dne deprecamur, 163,
    854, 1191.
Sacrosancta dne sumentes, 1825.
Sacrosancti corporis et, 1920, 1951.
Sacrosancto corpore, 1693.
Saluator mundi deus, 2404.
Salutarem nobis edidit, 1311.
Salutari cibo et, 2081.
Salutaris tui munere, 407.
Saluum te faciat, 2386.
Sana q. dne uulnera, 2348.
Sancta tua nos
  dne q. et uiuificando, 562.
  dne sumpta, 1559.
  q. dne et a peccatis, 2074.
Sanctae
  dei genitricis Mariae, 2818
  martyris tuae Caeciliae, 1430.
  nos martyris Eufemiae, 850.
  Sotheris precibus, 217.
Sancte dne qui remissis, 355.
Sancti
  Andreae apostoli, 2821.
  Bonifatii martyris, 1040.

confessoris tui Augustini, 1257.
Eusebii natalicia, 1208.
Iohannis baptistae, 1266.
Laurentii nos, 1196.
Leonis confessoris, 844.
Sancti martyris
  atque pontificis tui dne Bonifatii,
    1038.
  tui Agapiti, 1229.
  tui dne Bonifatii, 1047.
Sancti
  nominis tui dne, 1546.
  nos q. dne Theodori, 1418.
  nos q. dne Uitalis, 877.
  spiritus dne corda, 973.
  spiritus gratia, 1801.
  Syxti dne, 1164.
Sanctifica
  dne haec tibi sacrificia, 2179.
  nos q. dne his, 610.
  istud lignum, 2733.
Sanctifica q. dne
  d. n. per unigeniti, 1010, 1781.
  nostra ieiunia, 584.
Sanctificati diuino mysterio, 2332.
Sanctificationem tuam nobis, 454, 1881.
Sanctificationibus tuis, 1664.
Sanctificato hoc ieiunio, 596.
Sanctificet nos dne
  qua pasti, 508.
  q. tui perceptio, 1323.
Sanctificetur
  istius officinae, 2833.
  q. dne d. huius nostrae, 1813.
Sancto Sebastiano interueniente, 161.
Sanctorum
  Basilidis, 1050.
  euangelistarum, 1871.
  martyrum nos dne, 1063.
  precibus confidentes, 143.
Sanctorum tuorum
  dne intercessione, 154.
  dne Nerei, 909.

— 423 —

intercedente beata ac gloriosa, 1288.
salutis nostrae, 2308.
Sumptis dne
salutaribus sacramentis, 464, 540.
salutis nostrae, 1845.
Sumptis
muneribus dne q. ut cum, 1549, 1770.
remediis sempiternis, 1102.
Sumpto
d. o. sacrificio, 1687.
dne sacramento, 1386.
Sumptum
dne caelestis remedii, 1485.
q. dne uenerabile, 1538.
Super
has q. hostias, 899, 913.
populum tuum, 401, 1037.
Supplicationem seruorum . . . ut qui
in natiuitate, 1279.
meritis, 1847, 2840.
Supplicationibus apostolicis, 1330.
Supplices
clementiam tuam, 1302.
dne te rogamus, ut his, 553.
dne pro animabus, 2587.
te rogamus o. d. iube, 11.
Supplices te rogamus o. d. ut
intercedente s. Bonifatio, 1035.
interuenientibus sanctis, 1446.
quos donis caelestibus, 1187.
quos tuis donis, 293, 442.
quos tuis reficis, 859, 914, 1020.
Suppliciter
dne sacra, 2653.
te piissime, 2166.
Supra quae propitio, 10.
Suscipe clementissime pater hostias
deuotionis, 2859.
Suscipe clementissime p. h. placationis et laudis quas
ego indignus, 2245.
tibi offero, 2205.

Suscipe clementissime p. pro, 2511,
2589.
Suscipe dne
animam, 2464.
fidelium preces, 1417, 1510.
hostiam redemptionis, 1153.
Suscipe dne munera
propitiatus oblata quae, 1165, 1316
quae in eius, 1230.
quae pro filii, 943.
quae tibi ego, 2210.
tuorum, 1058.
Suscipe dne munus oblatum, 2250.
Suscipe dne preces et hostias . . . salute
famuli, 1936.
famulorum, 1940.
Suscipe dne preces
et munera, 1123.
famulorum, 2772.
Suscipe dne preces nostras
cum muneribus, 2621.
et muro, 2297.
pro animabus, 2503.
Suscipe dne preces populi tui cum, 506.
Suscipe dne propitius
hostias, 1685.
orationem, 186, 1239.
pro salute famuli, 2253.
Suscipe dne q. hostias
placationis et laudis, quas tibi in,
2554, 2559.
pro anima, 2518.
Suscipe dne q. preces
et hostias pro, 2883.
nostras et ad, 418.
populi tui cum, 724.
Suscipe dne sacrificium
cuius te, 391, 530
placationis et, 1177, 1852
Suscipe misericors d. supplicum, 2045
Suscipe munera
dne quae in, 84, 1872
dne q. quae in, 204.

dne q. quae tibi, 1589.
q. dne quae tibi, 2088.
q. dne exultantis, 791.
Suscipe piissime d. in sinu, 2563.
Suscipe q. dne
deuotorum, 488.
et plebis, 715.
Suscipe q. dne munera
dignanter, 146.
populi, 213.
populorum, 766.
Suscipe q. dne
munus oblatum, 648.
nostris oblata, 423.
ob honorem, 210.
oblationes familiae, 747.
preces famulorum, 2330.
preces populi, 1653.
Suscipe s. pater o. aet. d. oblationem, 2300.
Suscipiamus dne misericordiam, 1717.
Suscipiat
clementia tua, 1907.
pietas tua, 2203.

Tantis dne repleti, 1544.
Tanto
nos dne, 33.
placabiles q., 857.
Te
deprecamur, 2778.
deprecor, 2725.
dne q. qui das, 2731.
dne s. pater o., 1996.
igitur clementissime, 2.
inuocamus, 2749.
Temeritatis quidem est, 2481.
Tempora nostra, 557, 1552, 1671.
Terram tuam dne, 2000.
Tibi dne
commendamus animam, 2458, 2483
d. n. nostrae deuotionis, 2289.
sacrificia dicata, 1601.

Tibi placitam dne, 1497.
Timentium te dne, 1013.
Tribue nobis
dne caelestis, 1512.
o. d. ut dona, 387.
q. dne indulgentiam, 613.
Tribue q. dne fidelibus, 1642, 1652.
Tribue q. dne ut
ei, 116.
per haec, 939.
Tribue q. o. d. ut
illuc, 763.
munere, 940, 948.
Tribulationem nostram, 2107.
Tu
famulis tuis, 2292, 2657.
semper q. dne, 533, 2656.
Tua dne
muneribus, 1076.
pietate, 2898.
propitiatione, 1843.
q. sacramenta, 2254.
Tua nos dne
medicinalis, 1585, 1676, 2884.
q. gratia et, 577.
q. gratia semper, 1655.
sacramenta, 1629.
sperantes in, 2321.
Tua nos misericordia, 636.
Tua nos q. dne
quae sumpsimus, 834.
sancta purificent, 575.
Tua sancta
nobis o. d., 2050.
sumentes, 1235.
Tuam clementissime pater omnipotentiam, 2746.
Tueatur q. dne dextera, 542.
Tuere dne populum tuum et
ab omnibus, 371.
salutaribus, 1609.
Tuere nos
dne q. tua sancta, 2031.

generi humano, 1517.
genus humanum, 310.
glorificaris in, 147.
hodie s. spiritus, 969.
hominem in, 2909.
humanos miseratus, 1499.
humanum genus, 1234.
ideo malis, 2037.
ieiunii, 525.
illuminatione, 554.
in filii tui, 1823.
in infirmitate, 1480.
innocens pro, 649.
inspicis, 1792.
inuisibili, 2709.
misisti, 2301.
nobis in, 2512.
UD. Qui non solum
    malis, 1203.
    peccata, 1764.
Qui nos
    assiduis, 1449.
    castigando, 1613, 2042.
    de donis, 1624.
    ideo, 1636.
    per paschale, 767.
    tanquam, 1721.
Qui
    notam fecisti, 122.
    noua nos, 1853.
    ob animarum, 455
    oblatione sui, 748.
    peccantium non uis, 501.
    peccato primi, 286.
Qui per
    b. Mariae, 269.
    passionem crucis, 895.
    s. apostolos, 2363.
Qui
    perficis in, 1436.
    post resurrectionem, 944.
    praecursorem, 1268.
Qui pro amore hominum factus

est homo, 2220.
in similitudinem, 2180.
UD. Qui
    profutura tuis, 1992.
    promissum, 981.
    properantis Iacob, 2316.
    propter redemptionem, 650.
    propterea iure, 1686.
    rationabilem creaturam, 335.
    sacramentum paschale, 961.
    salutem humani, 1839.
    sanctificator, 1754.
Qui sanctorum
    apud te gloriam, 2030.
    martyrum tuorum, 1381.
    tuorum Remigii, 1365.
Qui se ipsum . . . .
    cuius morte, 2519.
    ne brutorum, 627.
Qui
    secundum promissionis, 776.
    sempiterno consilio, 1998.
    septiformis ecclesiasticae, 2174.
    sic nos tribuis sollemne, 604.
    sic tribuis ecclesiam, 241, 1277.
    spiritus, 985.
    subiectas tibi, 1954.
    tui nominis, 1814.
    tuo inenarrabili, 1728.
    uicit diabolum, 1669.
    ut de hoste, 50.
Quia
    ad insinuandum, 519.
    cum laude, 1663.
    cum unigenitus, 292.
    fiducialiter, 1240.
    in saeculorum, 2159.
    licet in, 1157.
    licet nobis, 1139
    nostri saluatoris, 49.
    per ea quae, 327.
    per incarnati, 198.
    post illos, 1525.

sic tribuis ecclesiam, 237.
tu es mirabilis, 1385.
tu es rerum, 2600.
tu in nostra, 1618.
UD. Quoniam
    a te, 910.
    cognoscimus, 1336.
    fiducialiter, 1260.
    illa festa, 1558.
    martyris, 162.
    quamuis, 2501.
    salubre, 1735.
    supplicationibus, 1251.
UD. Referentes enim, 1724.
    Reuerentiae tuae, 1394, 1458.
UD. Salua me ex, 1828.
    Sancti Michahelis, 1346.
    Sanctificator et, 1736.
    Semperque uirtutes, 298.
    Sub cuius potestatis, 1950.
    Sub tuae maiestatis, 1640.
    Suppliciter exorantes, 1869.
    Suppliciter implorantes, 2071.
UD. Te dne
    b. Caeciliae, 1432.
    ieiunii, 1723.
    suppliciter, 1110
Te
    in tuorum apostolorum, 1390.
    laudis hostiam, 57.
Te o. d. in
    b. Martini, 1426.
    omnium, 858.
Te precamur ut, 2089.
Te quidem omni tempore sed in hac
    potissimum die, 725.
    potissimum nocte, 717.
    praecipue die, 737.
Te suppliciter exorantes, 586.
Teque in sanctorum, 1291.
Tibi dne sanctificare, 376.
Tuamque

in sanctorum, 1309.
misericordiam, 507.
UD. Uenientem natalem, 1369.
    Uerum aeternumque . . .
    cuius sanguine, 1578.
    per quem, 2127.
Ut quia tui est, 934.
Uere quia dignum, 699.
Uia sanctorum omnium, 2850.
Uirtutum caelestium d.
    de cuius, 665.
    qui ab humanis, 2372.
Uisita q. dne plebem, 619.
Uitia cordis humani, 2054.
Uiuificet nos q. dne
    huius participatio, 1614.
    participatio tui, 1955.
Unde et memores, 9.
Ungo etiam te, 2426.
Ungo has
    aures, 2416.
    manus, 2430.
    nares, 2420.
    scapulas, 2428.
Ungo
    labia ista, 2422.
    oculos tuos, 2418.
    pectus tuum, 2424.
    te oleo sancto, 2432.
Unigeniti tui dne nobis, 1281, 1849.
Uniuersitatis conditor, 134.
Uota nostra
    dne clementer, 2902.
    q. dne pio, 870.
Uota q. dne populi, 289.
Uotiua dne
    dona, 97.
    munera, 1022.
    pro b. martyris t. Praeiecti, 188.
Uotiua mysteria dne, 1156.
Uotiuis q. dne famulae, 2761.
Uox clamantis ecclesiae, 312.

Ure igni s. spiritus, 1826.
Ut accepta tibi sint, 1006, 1528.
Ut nobis dne
  terrenarum frugum, 1527.
  tua sacrificia, 1261.

Ut
  nos dne tribuis, 1647.
  percepta nos, 1295.
  sacris dne reddamur, 1681.
  tibi grata sint, 297.

O.
Aus Cod. Udin. fol. 84ª.

Corrigenda.

S. 17 Zeile 2 v. unten ist statt „quo" zu lesen: „quo[d]".

S. 31 in n. 248 ist statt „pro ea" zu lesen: „pro eo".

S. 40 in n. 327 lies: commonemur (statt commouemur).

S. 48 in n. 379 lies: Inclinantes [se].

S. 76 in n. 651 lies: „perpetuam".

S. 98 in der Ueberschrift lies: PAR[OCHIIS].

S. 122 ist in den Ueberschriften von Kap. 155 und 157 hinter SCI das Punctum zu tilgen.

S. 123 in der Ueberschrift von Kap. 158 lies: XIIII. Kl. Iul.

S. 124 „ „ „ „ „ 160 „ XIII. „ „

S. 127 in n. 1095 lies: sanctificent[ur].

S. 128 in n. 1104 lies „quanto" (statt quando).

S. 131 ist in Kap. 171 als Oration 1133 a zu ergänzen:

   Super oblata. Sacris altaribus domine quesumus hostias superpositas sanctus Benedictus in salutem [etc. = n. 103].

S. 153 in n. 1343 lies: hominum[que].

S. 171 in n. 1492 lies: famulari.

S. 210 in n. 1847 lies: instantis.

S. 220 in n. 1928 lies: commune.

S. 289 laute die erste Nummer, weil versehentlich wiederholt: 2394 **a**.

S. 325 Zeile 6 v. oben statt „sit" zu emendieren: „es[se]t".

S. 325 Anm. 2: „Hs.: uenerint".

S. 352 Zeile 10 lies: *depon[un]t*.

S. 357 lies: prae hoc (statt des handschriftlichen per hoc).

S. 367 in n. 2782 lies: messium (statt des handschriftlichen mensium).

Von den im Auftrage des „Historischen Vereins der Diözese Fulda"
durch Prof. Dr. G. Richter in Fulda herausgegebenen

Quellen und Abhandlungen zur Geschichte der Abtei u. der Diözese Fulda

sind früher erschienen und durch die Fuldaer Actiendruckerei sowie durch die
Buchhandlungen zu beziehen:

I. Statuta maioris Ecclesiae Fuldensis. Ungedruckte Quellen zur kirchlichen Rechts- und Verfassungsgeschichte der Benediktinerabtei Fulda.
Herausgegeben und erläutert von Dr. G. Richter. 1904. L u. 118 S. ℳ 3.—.

**II. Beiträge zur Geschichte der klösterlichen Niederlassungen
Eisenachs im Mittelalter.** Von Jos. Kremer, Pfarrer in Eisenach.
Mit drei Abbildungen. Im Anhang: Chronica Conventus Ordinis Fratrum
Minorum ad s. Elisabeth piope Isenacum. Herausgegeben von P. Michael
Bihl O. F. M. 1905. VIII und 190 S. ℳ. 3.50.

**III. Geschichte des Franziskanerklosters Frauenberg zu Fulda 1623
bis 1887.** Von P. Michael Bihl. 1907. X und 252 S. ℳ 3.80.

IV. Festgabe zur Konsekration des hochwürd. Herrn Bischofs von Fulda
Dr. Joseph Damian Schmitt. **Aus der Vergangenheit der Pfarrei Hofbieber.**
Von Heinrich Peter Noll. — **Johannes Haal, Pfarrer in Salmünster** von
1603 — 1609. Von P. Damasus Fuchs. — **Ein Reliquienverzeichnis der
Fuldaer Stiftskirche aus dem XV. Jahrhundert.** Mitgeteilt von Dr. G. Richter.
1907. 64 S. ℳ 1.20.

V. Kloster Kaufungen in Hessen. Aus dem Nachlasse des Majors a. D.
Hermann von Roques zusammengestellt und herausgegeben von Dr.
G. Richter. — **Die Servitenklöster Mariengart und Vacha.** Von J. Kremer.
— **Bruchstück eines Fuldaer Ordo missae aus dem frühen Mittelalter.** Mit einer
Einleitung von Dr. A. Schönfelder. — **Eine Predigt und ein Gedicht zur
Vollendung des Fuldaer Domes (1712). Ein Inventar der Fuldaer Domsakristei
aus dem Jahre 1717.** Von Dr. G. Richter. 1910. X und 128 S. ℳ. 2.50.

VI. (Noch unter der Presse.)

**VII. Untersuchungen über die Standesverhältnisse der Abteien Fulda
und Hersfeld** bis zum Ausgang des 13. Jahrhunderts. Von Dr. Fr. W. Hack.
— **Die bürgerlichen Benediktiner der Abtei Fulda** von 1627 bis 1802. Nebst
den Statuten des Konvents ad s. Salvatorem vom 25. Febr. 1762. Von Dr.
G. Richter. 1911. 242 S. ℳ 4.—.

**VIII. Geschichte des Kollegiatstifts und der Pfarrei zu den heiligen
Aposteln Petrus und Paulus in Salmünster.** Von P. Damasus
Fuchs. 1912. VIII und 225 S. ℳ 4.—.

Urkundenbuch des Klosters Kaufungen in Hessen. Im Auftrage des
Historischen Vereins der Diözese Fulda bearbeitet und herausgegeben von
Hermann von Roques, Major a. D.

I. Band. XLII und 540 S. nebst 4 Tafeln mit Siegel - Abbildungen. Kassel
(Drews & Schönhoven) 1900.

II. Band. XIII und 616 S. Mit einer Karte der Besitzungen des Klosters
Kaufungen. Kassel (Siering) 1902.

Bisheriger Preis im Buchhandel: 30 ℳ. Bis auf Widerruf kann das Werk
vom Historischen Verein der Diözese Fulda durch Vermittlung der Fuldaer
Actiendruckerei zum Preise von **15 ℳ** (für beide Bände zusammen) bezogen werden.